永州市地方志丛书

永州市检察志

（1994—2015）

永州市人民检察院　编

方志出版社
Publishing House of Local Records

图书在版编目（CIP）数据

永州市检察志. 1994—2015/永州市人民检察院编. —北京：方志出版社，2018. 8

ISBN 978-7-5144-3187-2

Ⅰ. ①永… Ⅱ. ①永… Ⅲ. ①检察机关—工作概况—永州—1994—2015 Ⅳ. ①D926. 32

中国版本图书馆 CIP 数据核字（2018）第 185631 号

永州市检察志（1994—2015）

编　　者：永州市人民检察院
责任编辑：陈　效
出 版 人：冀祥德
出 版 者：方志出版社
　　地址　北京市朝阳区潘家园东里 9 号（国家方志馆 4 层）
　　邮编　100021
　　网址　http：//www. fzph. org
发　　行：方志出版社图书经销中心
　　电话（010）67110500
经　　销：各地新华书店
印　　刷：衡阳顺地印务有限公司
开　　本：889×1194　1/16
印　　张：18. 5
字　　数：398 千
版　　次：2018 年 8 月第 1 版　2018 年 8 月第 1 次印刷
印　　数：0001～1000 册

ISBN 978-7-5144-3187-2　定价：260. 00 元

《永州市检察志（1994—2015）》编纂委员会

《永州市检察志（1994—2015）》编辑部

主　　编：罗厚清
副 主 编：盘树高（主笔）　唐承志
编　　辑：蒋利清　盘文光　蒋冬林　唐高清
图表数据：吴建华
资 料 员：黄　进　蒋　凡

《永州市检察志（1994—2015）》终审人员

蒋政平　李俊江　高　波

序

在人类历史发展的漫漫长河中，22 年时间转瞬即逝。而对于永州检察人来说，是积极向上、奋发有为、努力创新的 22 年，体现的是对党和国家、人民的忠诚，对宪法和法律的敬畏，以及对检察职业道德的执着和追求。

从 1994 年到 2015 年，是全市检察机关恢复重建以来的大发展时期，各项检察工作长足进步，特别是《中华人民共和国刑法》《中华人民共和国刑事诉讼法》修正后，深化了我国检察机关的各项职能，对我国的检察工作提出新的要求和任务。为此，在队伍建设方面，全院多次实行竞争上岗、双向选择、轮岗换岗，形成“能者上，庸者下”的良好用人氛围；在提升检察业务素质方面，通过全员培训，尝试实行主诉、主办检察官办案责任制；改革审查逮捕方式和公诉方式，形成适时介入侦查、强化侦查监督的工作机制；在查办职务犯罪方面，实施“一体化”侦查机制，全面履行法律监督职责，为维护宪法和法律统一正确实施，维护社会公平正义、和谐稳定，促进永州经济社会发展作出应有的贡献。

《永州市检察志（1994—2015）》（下称《永州市检察志》）凝聚了编纂人员的心血，体现了永州检察人的辛劳。她是永州检察历史中的美丽画卷，全书按序、概述、凡例、大事记、章节、附录、后记等组成，九篇二十三章六十七节，图片 169 幅。自 1994 年起至 2015 年止，以翔实的史料全方位、多角度、深层次、实事求是地再现永州检察工作从起步到全面发展的演变过程，以及永州检察人创建平安永州、和谐永州，维护宪法和法律尊严，维护公平正义所作出的艰辛努力。她具有鲜明的时代特点和浓郁的地方特色，折射出永州检察人敢为人先的创新意识和奋发向上的进取精神。全书记述了 22 年的各项检察工作、队伍建设、服务大局等，再现阶段性的检察历史变迁，为全市检察历史的延续起到承前启后的作用，对开创永州检察工作新局面具有重要意义。

“夫以铜为镜，可以正衣冠；以古为镜，可以知兴替；以人为镜，可以明得失。”修志可以资政，可以存史，可以教化。《永州市检察志》为永州检察事业的发展提供了历史借鉴，为研究市、县区检察史提供了详尽的历史资料，并将增进社会公众对永州检察事业、检察队伍的了解和关注。

“以志为鉴，面向未来。”对于过去的经验，应该予以总结；对于成绩，应该予以光大；对于不足，应该予以弥补，避免在前进的道路上出现不应有的失误和曲折，依法有所为，有所不为。如是，永州检察人将会再创辉煌。

永州市人民检察院党组书记、检察长　吴秋菊

2017 年 11 月

凡 例

一、《永州市检察志》以马克思列宁主义、毛泽东思想、邓小平理论、“三个代表”重要思想、科学发展观和习近平新时代中国特色社会主义思想为指导，坚持党的路线、方针、政策，坚持辩证唯物主义和历史唯物主义的立场、观点和方法，突出时代特征、地方特色和行业特点，全面系统地记述1994—2015年间永州检察工作，充分反映永州检察工作改革创新、不断发展的历史进程，以史为鉴，为今后的检察工作提供经验与镜鉴。

二、坚持实事求是与依法修志原则，严格遵守国家有关法律法规，依照国务院《地方志工作条例》，真实地记述永州检察工作改革发展、探索创新取得的成绩和经验，客观地反映不足和教训。

三、坚持志书体例，运用述、记、志、传、图、表、录等体裁，横分门类、纵述史实，述而不论。人物部分生不立传。

四、本志为1994年出版的《零陵地区检察志》的续篇，记述内容之时间上限为1994年，与前篇记述之下限相衔接，根据记述需要，适当上溯；下限为2015年12月，根据需要个别内容记述到2016年12月。

五、本志按照志书体例并依据检察业务门类分九篇，篇下设章、节、目；原始初稿、数据和典型案例均由相关部门提供，根据地方史志办多次提出的意见修改而成，并对刑事涉案人名隐去中间那个字，避免名誉侵权等事宜。

六、本志记述范围为现行永州市行政区划内的市、县、区检察机关和检察工作；先进集体和个人名录等资料由11个县、区政工科在规定的时间内提供；图表数据由永州市人民检察院（以下简称市检察院）统计人员提供。

七、时间表述、计量单位与数字、专有名词等一律按《〈永州市志〉编写行文通则》执行。

永州市行政区划图

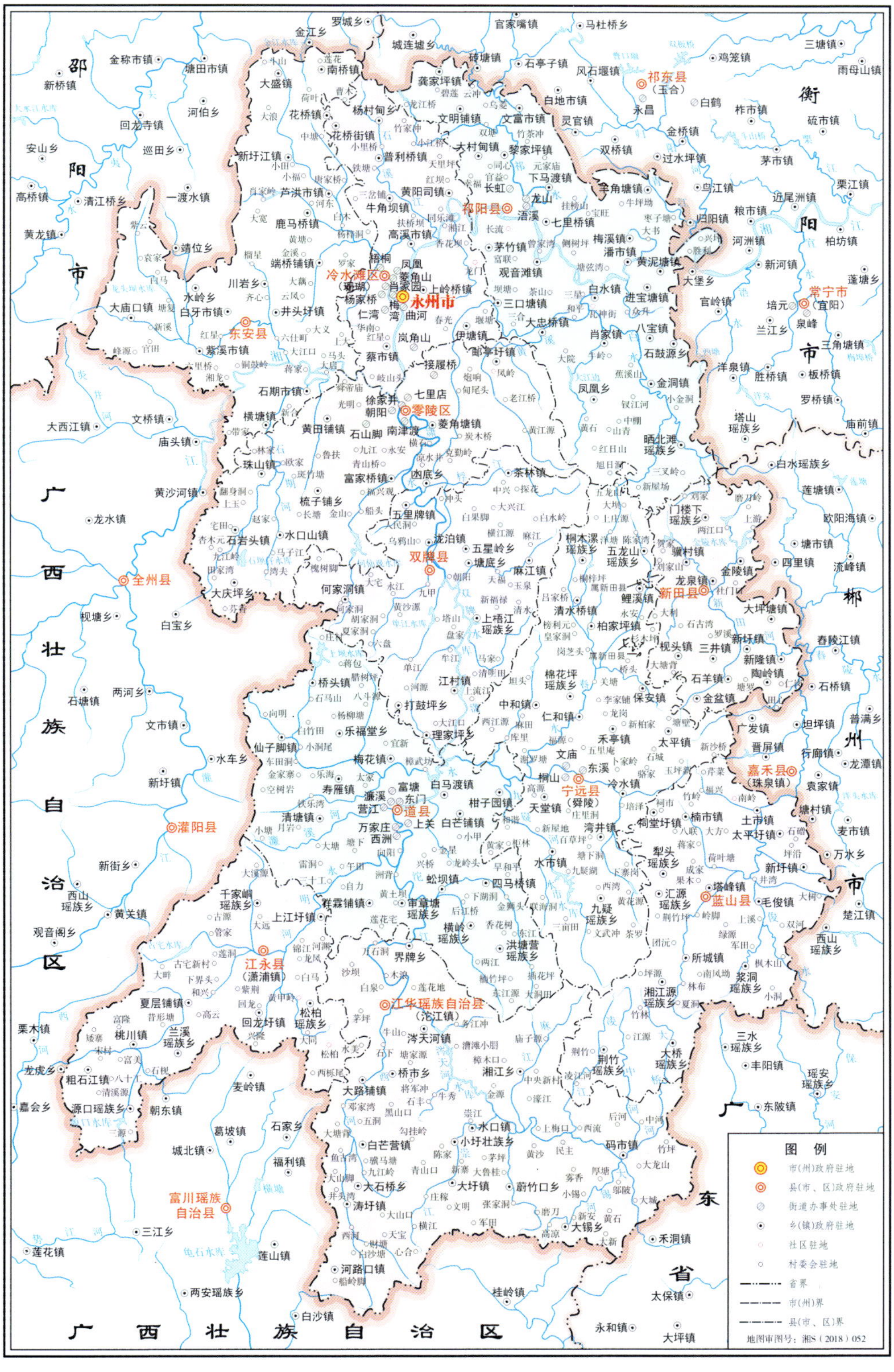

永州市
冷水滩区
零陵区
祁阳县
祁东县
（玉合）
东安县
双牌县
新田县
宁远县
（舜陵）
道县
江永县
（潇浦镇）
江华瑶族自治县
（沱江镇）
蓝山县
嘉禾县
（珠泉镇）
常宁市
（宜阳）
全州县
灌阳县
富川瑶族
自治县
邵
阳
市
衡
阳
市
郴
州
市
广
西
壮
族
自
治
区
广东省
广　西　壮　族　自　治　区
图　例
市(州)政府驻地
县(市、区)政府驻地
街道办事处驻地
乡(镇)政府驻地
社区驻地
村委会驻地
省界
市(州)界
县(市、区)界
地图审图号：湘S（2018）052

2013年10月9日，全院干警职工合影

领导关怀

① 2001年10月11日，最高人民检察院和湖南省委、省政府在长沙举行授予付玲玲荣誉称号暨表彰大会，最高人民检察院检察长韩抒滨（中）、湖南省委书记杨正午（右）给付玲玲（左）颁奖。

② 2014年12月15日，最高人民检察院和湖南省委在长沙召开表彰大会，追授陈运周“全国模范检察官”。最高人民检察院检察长曹建明（中），湖南省委书记、省人大常委会主任徐守盛（右）向陈运周家属（左）颁奖。

③ 2010年4月26日，最高人民检察院检察长曹建明（前排中）等高检院领导，同全国检察系统18位先进工作者合影（第二排右三为全国模范检察官蒋冬林）。

④ 2014年6月11日，湖南省委书记、省人大常委会主任徐守盛（右）接见参与办理“衡阳破坏选举案”（409案）的永州市检察院检察官。

⑤ 2009年4月22日，最高人民检察院副检察长姜建初（右）到永州市检察院调研。

⑥ 2004年5月，湖南省委常委、省委政法委书记李江（中）视察永州检察工作。

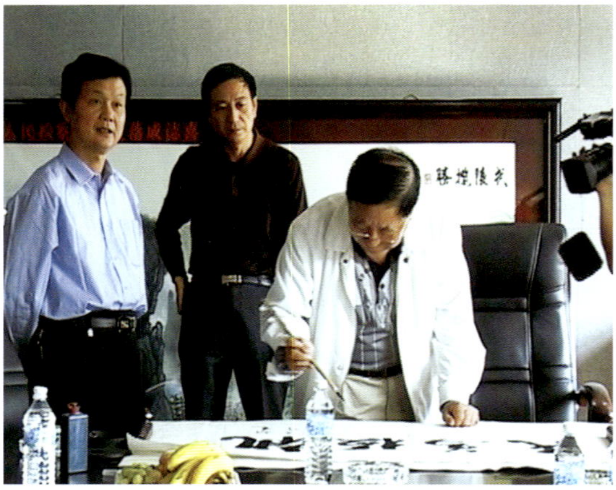

①	②	⑤	⑥
③			⑦
④			⑧
			⑨

① 2005年10月，湖南省人民检察院检察长张树海到永州市检察院调研，并题写“执检为民”书法作品。

② 2003年9月17日，湖南省人民检察院检察长何素斌（右）到永州调研。

③ 2014年11月18日—19日，湖南省人民检察院检察长游劝荣到永州就学习贯彻党的十八届四中全会精神、加强基层院建设等情况进行调研。

④ 2008年10月27日，湖南省人民检察院检察长龚佳禾（前排中）到永州调研。

⑤ 2000年5月，永州市委书记邹金鹜到永州市检察院调研。

⑥ 2004年，永州市委书记曾庆炎到永州市检察院调研。

⑦ 2008年6月5日，永州市委书记黄天锡（右二），市委常委、市委政法委书记蒋善生（右一）到永州市检察院调研。

⑧ 2012年12月21日，湖南省人民检察院党组副书记、副检察长卢乐云为永州市委中心组第七次集中学习讲课，市委书记张硕辅主持会议。

⑨ 2013年7月25日，永州市委书记陈文浩（左三）到永州市检察院调研。

机关建设

2008年6月，永州市检察院召开"解放思想、科学发展、富民强市"大讨论活动动员大会

2009年3月，永州市检察院召开深入学习实践科学发展观活动动员大会

2015年12月4日，永州市检察院举行宪法宣誓活动

2011年9月1日，永州市零陵区检察院驻七里店办事处"检察联络室"揭牌，系永州市检察机关设立的首个驻办事处检察联络室

2006年7月21日，永州市检察院举行全市检察机关"社会主义法治理念在我心中"演讲比赛

队伍建设

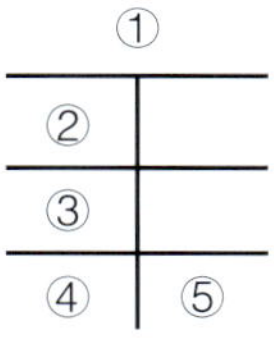

①　2008年11月19日，永州市检察院邀请市人大代表、政协委员和社会各界人士参观荣誉室等

②　2011年9月27—28日，永州市检察院反贪局举办反贪业务标兵和优秀审讯能手评选活动

③　2011年5月7日，永州检察干警参加全省检察机关公诉业务知识考试

④　2013年4月15日，永州市检察院举行职务犯罪预防部门岗位练兵素能比武活动演讲比赛

⑤　2013年6月25日，永州市检察院对机关应急分队进行集训

科技强检

远程案件讨论室

真人1:1视频会议室

电磁屏蔽柜和大数据库房

网络控制机房一角

2015年11月4日，湖南省人民检察院网络信息计财处对永州市检察院高清晰视频会议等系统进行验收

履行职责

①	
②	
③	⑤
④	⑥

① 2008年6月10日，永州市检察院、永州电业局召开2008年联合预防职务犯罪工作座谈会

② 20世纪90年代永州市检察院干警出庭公诉

③ 2000年，永州市检察院干警出庭公诉

④ 2010年，永州市检察院干警出庭公诉

⑤ 20世纪90年代永州市检察院自侦部门干警在依法执行逮捕

⑥ 1996年6月，永州市检察院自侦部门干警依法进行搜查

执法为民

2012年6月29日，永州市人民政府市长魏旋君(右二)与市检察院检察长文兆平(前左)深入社区调研

2011年5月29日，永州市检察院参与市委政法委组织的“妈妈禁毒联盟行动”活动

1998年4月7日，永州市委副书记谭政（中）在永州市检察院检察长赵光华（右）的陪同下，到零陵区法制宣传点听取群众意见

2008年5月16日，永州市检察院组织抗震救灾捐献活动

2011年8月12日，永州市检察院副检察长潘衡湘（左一）与干警深入社区开展“扶贫济困”活动

目　录

概 述

1994—2015 年，永州市检察机关（以下简称全市检察机关）围绕党和国家中心工作，履行法律监督职责，惩治各种刑事犯罪，查办和预防各类职务犯罪，加强对诉讼活动的法律监督，加强对自身执法活动的监督制约，加强检察队伍的素质建设，推进检察体制和工作机制改革，为维护宪法和法律统一正确实施，维护社会公平正义、社会和谐稳定，促进经济社会发展作出应有的贡献。

一

1994—2015 年，全市检察机关始终把维护稳定作为首要政治任务，全面履行检察职能，依法惩治刑事犯罪，重点惩治黑恶势力犯罪、严重暴力犯罪和盗窃、抢夺等多发性侵财犯罪，对重大刑事犯罪案件提前介入，引导侦查取证，依法快捕快诉。同时，突出惩治制假售假、金融诈骗、偷税骗税、走私贩私等经济犯罪，为全市社会经济发展服务。全市检察机关与公安、法院、司法行政等部门密切配合，批准逮捕各类刑事犯罪嫌疑人 53654 人，经审查提起公诉 53160 人。

从 1998 年开始，陆续开展围歼“车匪路霸”，反盗窃、反抢劫，惩治“村匪地霸”“打拐禁娼”“扫黄打非”，惩治涉毒犯罪及涉枪犯罪，重点地区、场所和路段的重点整治等专项斗争，严厉惩治危害国家安全、经济安全和社会治安的严重犯罪活动。截至 2015 年 12 月，批准逮捕重特大刑事犯罪嫌疑人 4819 人，起诉 2778 人；批准逮捕破坏社会主义市场秩序犯罪嫌疑人 936 人，起诉 714 人。

2007 年开始，全市检察机关在惩治刑事犯罪的同时，贯彻“宽严相济”刑事政策，对犯罪情节轻微的未成年犯、初犯，加大教育挽救力度，落实检察环节的综合治理措施，依法不批准逮捕 852 人，不起诉 76 人。

二

1994—2015 年，全市检察机关贯彻中央及湖南省委关于建立健全惩治和预防腐败体系的总体部署，依法履行查办贪污贿赂、渎职侵权等职务犯罪的职责，按照“严格执法、狠抓办案”的工作方针，不断加大查办和惩治职务犯罪力度，促进反腐败斗争深入开展。立案侦查国家工作人员贪污贿赂、渎职侵权等职务犯罪案件3326件4423人，挽回直接经济损失4.7亿元。

全市检察机关坚持标本兼治、综合治理原则，探索从机制和制度上预防职务犯罪的有效途径，加快举报线索消化，健全保护举报人制度，开通永州职务犯罪预防举报电话。2002年5月，市检察院设立职务犯罪预防处，11个县、区院也相应成立职务犯罪预防机构。全市检察机关联合国有企业、金融、工商、税务、经贸、建筑、医药等行业和领域开展系统预防，联合发布《关于开展系统预防工作的通知》，落实开展预防职务犯罪工作的各项任务。

三

1994—2015年，全市检察机关履行立案监督、侦查监督、审判监督、刑罚执行监督、民事行政检察监督和内部监督制约等法律监督职责，总结检察业务经验，深化检察改革，推进法律监督工作。

全市检察机关从群众反映强烈的突出问题着手，全面加大立案监督、侦查监督工作力度，重点纠正有案不立、有罪不究、以罚代刑等问题，建立和完善侦查监督的配套措施，制定无罪案件跟踪、加强刑事抗诉等规范性文件。同时，针对执法违法、司法不公等问题，从监督违反诉讼程序入手，加强对各个诉讼环节的法律监督。在强化刑事审判监督方面，重点纠正有罪判无罪和量刑畸轻畸重问题，对确有错误的刑事案件提起抗诉278件，在强化民事诉讼、行政诉讼监督方面，认真办理民事行政申诉案件，提起抗诉1447件。

针对监所执法活动中出现的多发性问题，全市检察机关加强监所检察工作的同时，开展罪犯减刑、假释、保外就医和劳教人员减教、所外执行、就医等专项检察活动，纠正监狱、看守所和劳教所执法活动中的违法情况1717件，提出超期羁押书面纠正意见1125份。

2003年，全市检察机关对执法过程中存在的突出问题进行集中专项清理，排查办理的不起诉案件25件，依法纠正不当处理10件；全面清理扣押冻结款物，依法分别上缴、移送或返还，发现和查处2起违纪问题。

四

1994—2015年，全市检察机关结合检察职业特点和实际，开展各项学习教育活动，加强检察队伍建设。

1995年，全市检察机关为适应新颁布实施的《中华人民共和国检察官法》对检察官提出新的更高要求，组织701名检察干警参加检察专业证书培训和初任检察官考试。1996 年，全市检察机关开展“敬检爱岗为民树形象”“争创先进检察院、争当优秀检察官”等活动，开展以依法办案、文明办案、安全办案为专项教育整顿活动，以解决少数检察干警在办案中违法违纪、作风简单粗暴等问题，开展以清理检察工作中的地方和部门保护主义、严禁刑讯逼供与非法拘禁为主题的专项治理活动。1997 年，修正后的《中华人民共和国刑法》《中华人民共和国刑事诉讼法》先后施行，全市检察机关原有的刑事检察部门分设为审查批捕部门和审查起诉部门。全市检察机关广泛开展对“两法”的学习培训活动，对全体检察干警普遍轮训。1998 年起，全市检察机关在加强检察队伍的思想政治建设方面，先后开展集中教育整顿、“理想信念、公正执法、艰苦奋斗”教育、警示教育和职业道德教育等活动。2001 年，全市检察机关围绕维护和促进公正执法目标，进行“公正执法”大讨论，开展以“反特权思想、反霸道作风”为主题的执法作风大检查，有针对性地预防和纠正行使检察权过程中出现的违法问题。全市检察机关制定实施检察教育“十五”规划后，加快引进培养人才步伐，加强学历教育和续职资格培训，组织全员基本素质考试，广泛开展岗位培训和业务练兵活动，举办各类培训班 209 期，完成全员轮训任务。2003 年，全市检察机关把学习贯彻“三个代表”重要思想作为重要政治任务，举办研读班、培训班，开展践行“三个代表”重要思想、牢记“两个务必”、强化检察职业责任三项大讨论，组织检察机关工作人员宣誓会，“公正执法为人民”演讲等形式多样的学习教育活动。2004 年，全市开展争创“学习型检察院、学习型检察官”“岗位练兵创百优”主题活动。2006 年、2009 年、2014 年，开展“创建学习型机关”“作风建设年教育整顿”活动，先后培养出付玲玲、蒋冬林、陈运周等全国模范检察官。2013 年、2014 年，全市开展转变执法理念教育活动和对司法不公、司法腐败现象专项治理，为建设品质活力永州做出贡献。2015 年，根据中央和湖南省委的统一部署，全市检察机关深入开展保持共产党员先进性教育活动，落实“规范执法行为，促进执法公正”专项整改活动，广泛征求意见，有针对性地制定整改措施。

五

1994—2015 年，全市检察机关加强侦查、审查逮捕、审查起诉、控告申诉、监所检察等执法环节之间的制约，制定加强内部监督、举报线索管理、侦查工作规划等制度，促进检察业务工作规范、有序、高效发展。

2000 年，市检察院和 11 个县、区院成立职务犯罪侦查指挥中心，初步建立侦查指挥、协作办案等机制。市检察院下发《关于主诉检察官办案责任制的实施细则》，全面推行主诉（主办）检察官办案责任制，开展主诉（主办）检察官办案责任制试点。改革审查逮捕方式和公诉方式，形成适时介入侦查、强化侦查监督工作机制。实行民事行政抗诉案件、不起诉案件、刑事申诉案件公开审查制度。全市检察机关建立预防职务犯罪工作联系、信息交流、案件移送、检察建议落实、典型案例剖析制度和警示教育等制度。全面扩大预防网络覆盖面，打造社会化职务犯罪预防工作新格局。

2003 年 10 月，全市检察机关全面开展人民监督员试点工作，按程序选任 180 名人民监督员。人民监督员对属于检察机关直接侦查职务犯罪案件中被逮捕的犯罪嫌疑人不服逮捕决定、拟撤销案件、拟不起诉三类案件启动监督程序，截至 2015 年 12 月，监督该类案件 198 件 223 人，其中人民监督员不同意检察机关拟处理决定的 6 件 10 人。同时，全市检察机关不断探索对该立不立、超期羁押、违法扣押款物、徇私舞弊等违法现象监督的方式方法，不断促进人民监督员工作。

2010 年后，全市检察机关相继建立和完善监督机构，以纠正违法办案、保证案件质量为中心，把执法办案过程纳入监督范畴，发挥内部制衡、个案监督、宏观预警和惩戒启动功能，加强对自身执法活动内部监督制约。11 个县、区院突出抓好案件线索统一管理、侦查活动统一组织指挥、跨地域侦查统一协调配合、侦查资源统一配置使用，推进侦查一体化建设。直接受理立案侦查案件的备案、批准工作全面推进，讯问职务犯罪嫌疑人实行全程同步录音录像。检察长列席法院审判委员会会议常态化，审查逮捕工作、公诉工作，介入侦查、引导取证方式方法不断规范，被告人认罪案件普通程序简化审理和实行量刑建议改革试点工作在全市顺利推行。全市检察机关办公、办案和信息发布应用系统相继建立，截至 2015 年 12 月，11 个县、区院全部建成检察专线网。

六

1996—2000 年，全市检察机关在中共永州市委（以下简称市委）和上级检察机关的正确领导下，加强与人大代表联系，自觉接受永州市人民代表大会常务委员会（以下简称市人大）、中国人民政治协商会议湖南省永州市委员会（以下简称市政协）及社会各界的监督，认真履行宪法和法律赋予的职责，全面开展各项检察工作，为维护永州市的社会稳定，推动廉政建设，促进依法治市，保障改革开放和社会主义现代化建设的顺利进行发挥积极作用。

2001—2006 年，全市检察机关忠实履行宪法和法律赋予的职责。深入贯彻落实检察工作主题和总体要求，加强和改进法律监督工作，切实加强执法规范化、队伍专业化、管理科学化建设，不断深化检察改革，全面推动各项检察工作创新发展，为坚持科学发展、致力加快崛起，全面建设小康永州提供有力的司法保障。

2007—2011 年，全市检察机关深入学习实践科学发展观，认真贯彻市人大历次会议决议精神，紧紧围绕永州市经济社会发展大局，坚持“强化法律监督，维护公平正义”检察主题，认真履行法律监督职能，大力加强检察队伍和基层院建设，各项检察工作不断创新发展。

2012—2016 年，全市检察机关始终突出“四抓四提升”（抓办案，提升执法公信力；抓管理，提升工作执行力；抓保障，提升发展续动力；抓创建，提升社会影响力）工作思路，忠实履行宪法和法律赋予的职责使命，成功实现永州检察工作新跨越：执法状况显著提升，在湖南省检察机关（以下简称全省检察机关）案件质量、涉检信访等执法状况综合考核中，连续四年进入全省先进行列，2013 年、2015 年排名全省第一。创先争优硕果累累，集体 28 次、个人 260 人次获市级以上表彰；全市检察机关成功创建全市文明行业，8 个县、区人民检察院（以下简称县、区院）获得省级以上文明单位称号；市检察院连续三年被市委、永州市人民政府（以下简称市政府）评为绩效考核优秀单位；涌现出“CCTV 中国法治人物”“全国模范检察官”“省优秀共产党员”陈运周等先进典型。基层基础逐步夯实，道县院被评为全国检察机关科技强检示范院，祁阳、江华、江永县检察院（以下简称县院）获全省先进基层检察院。群众满意度不断提升，连续四年在湖南省委政法委和湖南省人民检察院开展的群众满意度调查中名列前茅。

大事记

1994 年

3 月 22—30 日　湖南省人民检察院零陵分院（以下简称零陵分院）组织全地区法检部门 13 名负责人，赴全国模范检察院岳阳市华容县院学习办案经验。

7 月 8—10 日　零陵分院在永州市潇湘宾馆召开全地区检察长工作会议。研究加大全地区反腐败斗争的力度，安排部署反贪肃贿“百日战役”活动。

9 月 16—17 日　零陵分院、零陵地区公安处、零陵地区林业局在江华县召开江华、江永、道县、蓝山林区社会治安综合治理联席会；研究如何开展林区综合治理，惩治毁林犯罪问题。

10 月 13 日　湖南省人大常委会副主任朱东阳率省执法组到零陵地区进行执法检查。检察长卢腊庆代表零陵分院党组就零陵地区检察机关（以下简称全地区检察机关）执法等情况作全面汇报。

11 月 22 日下午 5 时 30 分许　一辆开往冷水滩载客中巴车，在七里店乡政府路段发生爆炸。零陵分院检察长卢腊庆带领 30 余名干警，出动 4 台车救助 23 人，并通知相关职能部门及时赶到现场抢救处理事故。

1995 年

1 月 10—11 日　湖南省民事行政检察工作会议在冷水滩市人民检察院（以下简称冷水滩市院）召开。总结上半年民事行政检察工作，部署 1995 年工作任务。零陵分院、冷水滩市院被评为全省民事行政检察工作先进单位，分别在会上作查办审判人员贪污、受贿、徇私舞弊、枉法裁判案经验发言。

1 月 23 日　零陵分院下发《关于胡×云私带枪支失控的情况通报》。对江永县人民检察院（以下简称江永县院）刑二股干警胡×云擅自携带枪支办私事，导致枪支失控问题进行通报批评，并在全地区检察机关重申枪支管理规定和要求做好春节期间安全防范工作。

4 月 27 日　江华瑶族自治县人民检察院（以下简称江华县院）朱龙凡被最高

人民检察院评为全国检察机关第三次“双先”先进个人。零陵地委政法委在零陵师范学校举行“全国检察系统一等功臣朱龙凡同志先进事迹报告会。”零陵分院号召全地区检察机关和干警，把学习朱龙凡先进事迹与学习党的好干部孔繁森紧密结合起来，掀起学先进、赶先进热潮。

1996 年

3 月 10 日　根据《国务院关于湖南省撤销零陵地区设立地级永州市的批复》，零陵分院向湖南省人民检察院请示将湖南省人民检察院零陵分院更名为湖南省永州市人民检察院（以下简称市检察院），湖南省永州市人民检察院（原县级市）更名为湖南省永州市芝山区人民检察院（以下简称芝山区院，现零陵区人民检察院），湖南省冷水滩市人民检察院（原县级市）更名为湖南省永州市冷水滩区人民检察院（以下简称冷水滩区院）。

4 月 24 日　市检察院举行更名挂牌仪式。

4 月 24 日，市检察院举行更名挂牌仪式

5 月 28 日　永州市检察学会成立，会长赵光华，常务副会长李荣成，副会长杨昌辉、戚洪德；名誉会长卢腊庆、武俊瑶、沈根元，秘书长周玉斗。

6 月 18 日　市检察院组织实施“先锋工程”“先导工程”“一加强三整顿树形象”活动，分三阶段五个月，采取学习、演讲、座谈等形式进行。

11 月 25 日　湖南省人民检察院和市委统一部署，在全市检察机关进行三个月的干警集中教育整顿活动。市检察院成立领导小组，组长赵光华，副组长杨昌辉、戚洪德，成员王蓟零、王应国、张德禄、周辉南。

1997 年

1 月 13 日　市委、市政府号召在全市捐款修建永连公路，市检察院 108 名干警募捐 2.28 万元。

2 月 25 日　市检察院全体干警集中观看邓小平追悼大会实况，追忆和缅怀小平同志光辉一生。

2 月 27—28 日　市检察院召开全市检察长会议，决定在全市开展查办贪贿大要案“侦破大会战”。11 个县、区院检察长、市检察院各科室负责人参会。市委常委、市委政法委书记唐代建，市人大常委会副主任杨祈贵到会讲话，鼓励检察机关发挥职能作用，开展好“侦破大会战”，为永州经济发展保驾护航。

2月27—28日，市检察院召开全市检察长会议

3月28日　市检察院召开春夏“严打”动员大会。市检察院副检察长王蓟零作动员报告，检察长赵光华要求全市检察机关严格工作方法，依法履职，圆满完成任务。

4月9日　湖南省检察机关政治处（部）主任会议永州片会在芝山区召开。湖南省人民检察院政治部副主任卿安民、宣教室主任薛献斌、基层室主任刘剑刚，长沙、湘潭、衡阳、永州等8个分、市检察院政治处主任参会。着重汇报检察长换届的准备工作和开展“文明执法年”活动情况，湖南省人民检察院副检察长陈祖吉到会。

4月4—18日　市检察院对11个县、区院分片进行工作督察，重点督察反贪“侦破大会战”的开展情况，春夏“严打”“文明执法年”的工作落实，表扬开展好的单位，对个别工作不到位的给予批评。

4月24—29日　湖南省人民检察院检察长张树海到蓝山、新田、宁远、江华、江永、道县、双牌县院，看望开展反贪“侦破大会战”一线干警，听取各单位的工作汇报，实地查看县、区院基础设施建设、干警工作生活等情况，要求全市检察机关认真开展反贪“严打”斗争、“文明执法年”活动等工作，积极争取党委、人大、政府、政协的支持，不断巩固成绩，圆满完成省检察院部署的各项工作任务。

5月16日　市检察院举行欢迎新田县人民检察院（以下简称新田县院）反贪局局长叶华友获全省“十佳反贪局长”载誉归来仪式，号召全市检察干警向叶华友学习，争当业务骨干。

5月16日，市检察院举行欢迎全省“十佳反贪局长”叶华友（中）载誉归来仪式

7月25日　全市法纪检察工作会议在道县召开，部署从7月25—11月5日，在全市开展查办徇私舞弊、玩忽职守“百日侦破大会战”。

8月16日　市委、市政府组织政法干警上街宣传修正后的《中华人民共和国刑法》，市检察院全体干警参加活动，散发300余份宣传资料。

1998 年

4 月 6 日，市检察院召开“夏季战役”新闻发布会

4 月 1 日　市检察院在东安召开全市反贪局长会议，安排部署 4—6 月集中开展查办贪污贿赂案“夏季战役”。

4 月 6 日　市检察院检察长赵光华发表“行动起来，积极举报，深入开展反腐败斗争”电视讲话后，全市检察机关办案数与上年同期比增加 15%。

4 月 14 日　市检察院召开队伍集中教育整顿总动员，检察长赵光华要求全院干警职工高度重视，积极参与，真正达到整改目的。副检察长杨昌辉宣读活动方案。

4 月 28 日　全市渎侦局长会议在祁阳县召开，部署“夏秋战役”。市检察院副检察长周进柱要求各单位全年办理案件 40 件以上，其中促成法院作出有罪判决 20 件。11 个县、区院渎侦局负责人向市检察院递交承诺书。

7 月 15—17 日　湖南省人民检察院检察长李志辉一行到永州市了解检察机关队伍集中教育整顿工作情况。实地考察市检察院、东安县人民检察院（以下简称东安县院）、双牌县人民检察院（以下简称双牌县院），并召开部分县、区院检察长座谈会，充分肯定全市检察机关队伍集中教育整顿工作。

7 月 22 日　最高人民检察院、湖南省人民检察院部署“检察长接待日”活动后，市检察院检察长赵光华当天接待 9 名群众，批转和限期控申部门解决信访案件 4 件。

10 月 13 日下午　市人大常委会在市检察院召开主任会议，听取检察长赵光华对全市检察机关开展队伍集中教育整顿工作情况汇报。市人大常委会主任郑邦淳，副主任胡参政、杨祈贵、谢田种等先后讲话，一致肯定市检察院开展该项工作所取得的成绩，同时提出要求和意见。

10 月 13—21 日　湖南省人民检察院监检处领导到道县、江永、芝山、冷水滩、东安等地检查三个“十佳”（最佳县区单位、最佳驻狱所检察员、最佳案件）的准备工作和报送情况。

11 月 21—24 日　全市检察机关自侦案件理论研讨会暨业务培训会在芝山区召开。市检察院反贪、渎侦部门和 11 个县、区院反贪局正副局长、渎侦局长 80 余人参会。湖南省人民检察院副检察长、反贪局局长唐正其到会授课。会议评出优秀论文一、二、三等奖7个，纪念奖9个。

12月20日　市检察院召开全市政工科（股）长会议，贯彻湖南省人民检察院评定检察官等级会议精神，全市开展首次检察官等级评定工作，至1999年3月底结束。

11月21—24日，市检察院召开全市检察机关自侦案件理论研讨暨业务培训会

12月20日，市检察院召开全市县区院政工科长工作会议

1999年

3月16日　市检察院召开全市清理枪支弹药工作会，对枪支配备、封存、上交、报废数量等事项进行安排部署。

4月12日上午　永州市零陵区徐家井派出所先进事迹报告团到市检察院作报告。下午，市检察院领导、中层骨干到徐家井派出所参观，掀起学习徐家井派出所精神热潮。

4月28—29日，全省检察机关办公室工作会议在市检察院召开

4月28—29日　全省检察机关办公室工作会议在市检察院召开，全省各分、市、州院主管副检察长、办公室主任参会，总结表彰1998年先进，讨论全省检察机关办公室系统考核评比办法和一事一奖、记功试行办法。湖南省人民检察院检察长李志辉要求办公室发挥好参谋助手作用，为检察工作正常运转不懈努力。

7月30日　市检察院党组决定把市检察院刑二科、冷水滩区院、道县人民检察院（以下简称道县院）作为“主诉检察官试点单位”，要求他们挑选优秀干警担任，严格履职，勇挑重担，多出成绩。

8 月 20 日　市检察院反贪局和祁阳县纪委在东安对祁阳县财委副主任邓××涉嫌受贿等经济问题进行初查时，由于陪护人员失职，邓跳楼自杀。市检察院领导立即赶赴现场，妥善处理。

10 月 11 日　市检察院举行全市检察机关公诉人法庭论辩选拔赛，冷水滩区院杨海超、市检察院卿飞舟获得一、二名，于同月 27—30 日到衡阳参加全省竞赛。

10 月 11 日，市检察院举行全市检察机关公诉人法庭论辩选拔赛

11 月 29 日　市检察院召开全院干警大会，传达市委、市政府关于开展机关作风建设整顿动员大会精神。检察长赵光华要求加强市检察院机关作风建设，树好检察形象。政治处主任张德禄宣读首次检察官等级评定情况，并对拟提升的干部、检察员进行民主推荐。

12 月 23 日　市检察院与市人民银行、市工商银行、市农业银行等五家金融机构，召开第二次预防职务犯罪联席会，商讨预防金融系统职务犯罪情况。

2000 年

1 月 21 日　市检察院党组作出决定，全市检察机关审查起诉部门从 3—5 月，全面推行主诉检察官办案责任制。

3 月 6 日　市检察院召开“三讲”教育动员大会，检察长赵光华主持会议、市委巡视组组长全裕果到会讲话；同月 16 日进行第二阶段动员。4 月 4 日进行民主评议、民主测评动员大会，全院干警分 4 组对“三讲”教育对象的剖析材料进行评议；4 月 10 日进行第三阶段动员，检察长赵光华作报告，副处级以上检察员参加；同月 19 日进行第四阶段动员，向全院干警通报党组民主生活会情况。

4 月 17 日　市检察院召开全市检察长紧急会议，副检察长王蓟零通报全市两起事故情况，重申和强调安全办案规定。市人大常委会副主任杨祈贵、内司委主任周松云到会指出：检察干警必须严格按照法律规定办案，吸取教训，杜绝类似情况发生。

4 月 24 日　市检察院召开“三讲”教育考察干部动员大会，检察长赵光华主持会议并通报院党组整改方案，市委巡视组组长全裕果到会讲话，党组成员王蓟零、周进柱、张少文、王应国、张德禄分别作述职报告。

7 月 8 日　全市检察机关主诉、主办检察官选拔考试在芝山区、宁远、道县院举行，全市有306名检察官参加选拔考试。同月29日，市检察院32名干警经过考试考核，周玉斗等29人被任命为主诉、主办检察官。

7月31日，市检察院召开全市检察长会议

7月31日　市检察院在芝山区召开全市检察长会议，从8月1日—10月11日，开展查办职务犯罪“百日侦破大会战”活动。市委常委、市委政法委书记唐代建，市人大常委会副主任杨祈贵到会，11个县、区院检察长及办公室主任参会。

2001年

1月19日　市检察院召开2000年度总结表彰大会，市检察院机关被市委、市政府授予“文明单位”。检察长赵光华讲话，副检察长王蓟零宣读表彰决定并颁奖。市委副书记、市长刘爱才到会慰问全院干警。

4月23日　市检察院召开全市检察机关“严打”整治工作会，传达省社会治安暨整顿和规范市场经济秩序工作及全省检察长会议精神，安排部署全市检察机关“严打”整治工作。

6月12日　市检察院分4组18人到11个县、区完成市委组织“两万干警下基层”活动任务。

8月26日，市检察院召开全市检察机关向付玲玲学习大会

8月26日　市检察院下发《关于向付玲玲同志学习活动的决定》，号召全市检察机关干警向付玲玲学习。29日，省委组织付玲玲先进事迹考察组到永州考察，市委副书记邓三龙，市委常委、市委政法委书记唐代建，市人大常委会副主任杨祈贵，市政协副主席邓香花与考察组进行交流。

12月15日　第二批全国检察人员基础素质考试永州考点在零陵商校举行。市检察院全体干警、11个县、区院政工、纪检负责人参加考试。市人大、市委政法委领导到考场巡查。

2002 年

2 月 9 日下午　市检察院举行欢迎祁阳县人民检察院（以下简称祁阳县院）杨东万检察长（该院荣获最高人民检察院集体一等功），荣获最高人民检察院个人一等功的宁远县人民检察院（以下简称宁远县院）检察长周伟平载誉归来仪式。

3 月 1 日　市政府副市长刘新普率市国土、市财政，芝山区委、区政府，芝山区萍洲开发区有关人员，到市检察院协调解决综合大楼用地问题。

4 月 8 日　市检察院召开优化经济环境工作集中评议大会，检察长赵光华、副检察长王蓟零和优化经济环境办公室成员及特邀市企业界、工商界人士进行座谈。检察长赵光华主持，要求全体检察干警有“人人都是永州环境，个个都是永州形象”和“永州发展我发展”的大局观念，增强优化经济环境责任感和使命感。

4 月 8 日，市检察院召开优化经济环境工作集中评议大会

4 月 13—15 日　湖南省人民检察院检察长李志辉到宁远县院、冷水滩区院检查指导工作，向市人大、社会各界了解对检察机关工作的意见建议。李志辉要求大家消除“无关论”“厌烦论”等模糊认识，深入宣传发动，依法履行法律监督职责，为当地经济建设作出积极贡献。

5 月 20 日　湖南省人民检察院副检察长龚佳禾一行对全市检察机关优化经济环境执法工作进行专项检查，重点检查祁阳等县院，要求做好“三个结合”，把优化经济环境工作与贯彻上级院、当地党委政府文件结合起来，并按要求抓好落实；把开展优化经济环境，行风政风评议与落实党风廉政建设责任制结合起来，不断提高机关和部门依法办事和规范化服务水平；建立健全和优化发展环境工作检查考核制。以自己放心、党组织放心、群众满意为标准。

7 月 18 日，市检察院举行侦查技术大楼奠基典礼

7 月 18 日上午 9 时 58 分　市检察院举行侦查技术大楼奠基典礼。杨析贵、刘新普、陈光凤、徐享模、唐定、熊春明、张复卿、蒋跃勇、黎立平、

赵光华、王蓟零、张少文、卢腊庆、李荣成、杨昌辉等领导参加。

11月7日 市委副书记龚武生到市检察院侦查技术大楼工地了解情况。

2003年

2月28日 市检察院召开全市检察长工作会议。市委副书记邓三龙、副秘书长刘山荣，市人大常委会副主任杨祈贵、内司委主任林遵槐，11个县、区院检察长及市检察院全体干警参会。检察长赵光华总结2002年工作，安排部署2003年工作。市委副书记邓三龙在会上要求全市检察机关加大对执法单位的监督力度；加强对经济犯罪案件的查处力度；加强对经济环境的保护力度；加强队伍建设、公正执法力度；加强对检察办案人员的支持力度。会上表彰了先进。

3月5日 市检察院下发《创“四优”活动实施方案》，成立领导小组，检察长赵光华任组长，副检察长王蓟零、周进柱任副组长，副检察长张少文、付玲玲、祝珍明，纪检组长陈明湖、政治部主任周伟平，何爱华、周辉为成员，办公室设纪检组。

3月11日上午 市检察院召开全院干警大会，检察长赵光华作创“四优”动员讲话；分宣传发动，调查研究，排忧解难，行风评议，制度规范，总结表彰六个阶段进行；各业务处室主要负责人在会上作表态发言。

4月27日 市委召开预防“非典”会后，市检察院于28日上午召开院务会，副检察长王蓟零传达市委会议精神，全市检察机关全面进入预防“非典”行动。

5月9日 市委政法委要求全市政法系统全面推行“三项制度”（民情日记制度、首问责任制度、领导接待制度）。市检察院结合检察工作实际，制定《关于认真推行“三项制度”的实施意见》，提出指导思想、目标要求、主要措施和组织领导等。

9月17日上午 湖南省人民检察院检察长何素斌一行3人到市检察院检查指导工作，听取工作情况汇报，视察在建的侦查技术大楼工程。下午到冷水滩区院听取汇报，市委常委、市委政法委书记唐代建到会，市检察院检察长赵光华陪同。18日，到东安县院、芝山区院（现零陵区院）听取工作汇报和视察东安县院新址。

9月28日 全市检察机关首次基础设施建设工作会议在宁远县九嶷宾馆召开。副检察长周进柱通报全市检察机关的基础设施建设情况，对下段工作进行安排。检察长赵光华到会讲话，宁远、江华、新田县、冷水滩区院作典型发言。

2004年

1月5日 市检察院领导班子、办公室负责人在市人大常委会集体汇报2003年、2004年工作。市人大常委会领导认为市检察院法治意识强，2003年检察工作强化法律监督、严打有新突破，查办职务犯罪有新突破，其中查办处级干部6人。在队伍建设中以人为本，连续三年被湖南省人民检察院评为“三强领导班子”，2004年全市检察工作指导思想明确，希望做得更好。

3月6—10日　湖南省人民检察院党组副书记、副检察长龚佳禾，研究室副主任邝邦永到冷水滩、芝山区、东安、道县、江永、江华、新田县院调研。龚佳禾在东安指出：要正确总结经验教训，不要有委屈感；坚决贯彻最高人民检察院的总体部署，全面理解，融会贯通；抓好当前工作，切实办出一批好案。在冷水滩区院指出，检察长要谋大事，谋大局；要加大办案力度，提高执法水平；对人员超编问题，要多渠道分流，把检察工作重头戏唱好。

5月12日　祁阳县院在办案中发生嫌疑人陈××跳楼自伤。市检察院下发《关于犯罪嫌疑人陈××跳楼自伤的情况通报》，要求11个县、区院向全体检察人员，特别是办案人员进行传达，并组织学习讨论，加强教育和管理，增强安全办案意识，把办案安全防范工作落实到每个环节，严肃办案安全责任制和责任追究制，杜绝办案安全事故发生，保证百日大会战顺利进行。

7月20日　市政府组织召开全市检察机关办案用房和专业技术用房建设标准（以下简称“两房”建设）工作会。双牌、蓝山、祁阳、宁远县县长，道县常务副县长，芝山、冷水滩区主管副区长，东安、江永、江华、新田县主管副县长，11个县、区计委、财政、规划建设、国土等单位主要负责人，检察院检察长参会。市政府副秘书长金国奇主持会议，检察长赵光华作《努力加快全市检察机关“两房”建设步伐，为公正执法、文明办案创造有利条件》讲话，副市长刘新普到会讲话，要求全市检察机关按照“抓班子、抓案子、抓房子”工作思路，规范管理，全面推动“两房”建设。

8月29日上午10时18分　市检察院举行新侦查技术大楼落成庆典。湖南省人民检察院原检察长李志辉、副检察长吴立明，市委副书记邓三龙，市人大常委会副主任杨祈贵，市政府副市长刘新普，市委政法委副书记肖斌，以及各友好单位、11个县、区院检察长、市检察院全体干警参加庆典。市检察院副检察长王蓟零主持，检察长赵光华就新侦查技术大楼落成致辞，湖南省人民检察院副检察长吴立明、市委副书记邓三龙到会讲话。

8月29日，市检察院举行新侦查技术大楼落成庆典

2005 年

1 月 28 日　市检察院制定《市检察院保持共产党员先进性教育活动实施方案》，成立检察长赵光华任组长，党组副书记、副检察长王蓟零为副组长的领导小组，明确工作职责。

2 月 2 日，市检察院召开保持共产党员先进性教育活动动员大会

2 月 2 日　市检察院召开保持共产党员先进性教育活动动员大会，检察长赵光华要求共产党员准确把握先进性教育活动的指导思想、目标要求、指导原则和方法步骤；高标准、高质量抓好第一批先进性教育活动各项工作。党组副书记、副检察长王蓟零宣读《市检察院保持共产党员先进性教育活动实施方案》，方案分“指导思想、目标要求、指导原则和开展先进性教育活动的时间安排、方法步骤四部分，切实加强对先进性教育活动的组织领导。

2 月 11 日下午　市委书记曾庆炎，市委常委、市委组织部部长唐松成到市检察院指导开展共产党员先进性教育活动，强调要善于联系实际，增强党性观念，增强执法观念；检察官就是要公道正派做人，公平正义做事。要善于查找不足，解决存在的问题，进一步推进检察工作。要善于听取不同意见，真心实意听取群众意见，做到执法为民。市委将进一步加大领导力度，加大支持检察工作力度，加大支持办案力度，加大帮助解决困难力度。

2 月 17 日下午　市检察院召开“保持共产党员先进性教育活动分析评议阶段动员大会”，全体党员（包括退休、离岗老党员）参会。检察长赵光华对学习动员阶段进行基本估价，对分析评议阶段提出具体意见。

3 月 26 日　市检察院下发《保持共产党员先进性教育活动整改提高阶段工作实施方案》，就整改提高阶段的工作重点及目的、时间安排、方法步骤、组织领导和相关要求做出部署。

4 月 12 日　市检察院召开“保持共产党员先进性教育活动整改提高阶段动员大会”，党组副书记、副检察长王蓟零对第二阶段活动从七个方面进行分析评议，即突出“细”字，在加强组织领导上下功夫；突出“广”字，在征求实质性意见上下功夫；突出“深”字，在提高党性分析质量上下功夫；突出“严”字，在确保民主评议效果上下功夫；突出“补”字，在“回头看”上查漏补缺上下功夫；

突出“改”字，在制定措施边整边改上下功夫；突出“促”字，在以先进性教育促工作上下功夫。

5 月 9 日上午　市委副书记邓三龙，市委组织部部长唐松成到市检察院宣布领导班子成员调整决定，赵光华主持会议，唐松成宣读同意赵光华于 4 月 13 日退休；任命王蓟零于 4 月 14 日为市检察院党组书记；任命张少文、付玲玲为市检察院党组副书记；提名赵秋生、潘衡湘为市检察院副检察长候选人、周伟平为永州市中级人民法院（以下简称市中级法院）副院长候选人等文件。

8 月 1 日　永州市芝山区更名为零陵区，芝山区人民检察院更名为零陵区人民检察院（以下简称零陵区院）。

2006 年

2 月 18 日　湖南省人民检察院召开全省检察机关“双先”（“全省模范检察院”“全省模范检察官”荣誉称号的先进单位和个人）表彰电视电话会。东安县院、蓝山县人民检察院（以下简称蓝山县院）被评为全省先进县检察院；东安县院检察长屈春苟被评为全省优秀检察长。

4 月 27 日　市检察院印发《优化经济环境工作落实“四零”目标公开承诺》，全面落实市委、市政府关于“执行政策零折扣、部门服务零距离、生产经营零干扰、处理问题零缺位”工作目标。

5 月 10 日　市检察院出台《全市检察机关积极服务建设社会主义新农村的意见》，以维护农村稳定为着力点，严厉惩治刑事犯罪；以促进经济发展为落脚点，严肃查处和预防职务犯罪案件；以提高农民素质为切入点，切实加强法制教育；以维护农民利益为出发点，坚持为群众办实事；以处理涉检上访案件为重点，坚持为群众排忧解难；以提高全市检察干警综合素质为目标，加强队伍管理。

12 月 10 日　市检察院严把接待、源头、办理、事后四道关，认真做好涉控信访工作。受理各类信访件 503 件、举报线索 432 件，移交到相关职能部门处理 205 件。

2007 年

4 月 20 日　市检察院决定从 2007 年 4 月—2008 年 4 月在全市开展“打黑除恶”专项斗争。

5 月 10 日—6 月 15 日　全市检察机关开展反渎职侵权工作宣传，在电视上有声、报纸上有文，发放宣传资料 2000 余份。

7 月 30 日　湖南省人民检察院巡视组到市检察院巡视一个月，对班子成员勤政廉政和贯彻落实上级方针政策等情况进行检查考评。

9月27日　全省纪检监察经验座谈会在市检察院召开，湖南省人民检察院、全省14个市、州检察院纪检、监察部门负责人到会，永州、长沙等11个单位作典型发言，湖南省人民检察院党组成员、纪检组长刘剑刚到会。

10月　市检察院侦监处带队参加全省侦监系统岗位练兵比武，宁远县院张红生荣获全省检察系统“十佳办案能手”。

5月10—6月15日，全市检察机关开展反渎职侵权工作宣传

2008年

1月　市检察院为“抗冰救灾”募捐9000元，冬衣、裤、鞋455件，棉被17床。

1月16日　市检察院反渎局局长潘振仕被评为“全国优秀侦查员”，赴湖南省人民检察院参加全国检察机关职务犯罪侦查部门第二届“百优双十佳”表彰电视电话会议。

5月16日，市检察院为“5·12”四川汶川地震灾区群众捐款

4月　市检察院举行全市首届司法警察培训。

5月16日上午　市检察院干警职工为“5·12”四川汶川地震受灾群众捐款1.96万元。

6月5—6日　市检察院举办全市检察机关“大学习、大讨论”专题研讨班，湖南省人民检察院副检察长周世雄、卢乐云到会，并分别就“如何规范追缴违法所得执法行为”“侦查工作如何适应法治文明”进行授课，11个县、区检察干警通过视频听讲课。

6月5日　市委书记黄天锡与市委政法委书记蒋善生到市检察院调研，要求全市检察机关坚持执法为民、立检为公，努力维护社会公平正义，有效服务全市经济社会发展大局。

7月27日　市检察院向市中级法院依法起诉被告人周×刚、吉×等44人涉及黑社会性质组织犯罪案。该案涉及犯罪罪名21个，犯罪91起，是公安部挂牌督办、犯罪手段极其恶劣、后果极其严重、影响极大的黑社会组织犯罪案件。公诉组阅卷178册、提审101人次、实地复核及补充证据120份。一审判处周×刚、肖×峰死刑；吉×、黄×友死刑，缓期二年执行；彭×海无期徒刑；张×龙等4人二十年有期徒刑；其他被告人分别被判处有期徒刑十八年至一年不等。

6月5日，市委书记黄天锡到市检察院调研

9月上旬　因死刑复核上收最高人民法院后，对复核的期限没有设限，导致11个县、区看守所关押判处死刑（死缓）的罪犯日益增多，对各看守所的监管活动产生一定影响。市检察院对全市看守所死刑（死缓）复核阶段罪犯情况进行专题调研。

9月24—26日　最高人民检察院侦监厅、湖南省人民检察院侦监处到永州调研、检查指导工作，对全市检察机关处理群众性案件、打黑除恶工作和侦查监督工作给予肯定。

10月24日上午　市检察院召开全市检察机关恢复重建30周年纪念大会，11个县、区院检察长、市检察院全体干警参加。市委常委、市委政法委书记蒋善生，市人大常委会副主任杨海河，市政协副主席盘玉花及市纪委、组织部、宣传部、市中级法院、公安局、司法局等单位的领导到会；市检察院检察长王蓟零、原检察长卢腊庆、市委政法委书记蒋善生讲话。

10月24日，市检察院召开全市检察机关恢复重建30周年纪念大会

10月27—30日　湖南省人民检察院检察长龚佳禾深入市检察院、零陵区、蓝山县、新田县院调研，听取工作汇报和与人大代表、政协委员座谈后，对永州检察工作给予肯定，并要求发挥职能作用，为永州经济建设发展保驾护航。

11月11日　市检察院办理的“曾×文不服追缴申诉案”被湖南省人民检察院评为全省十大优质案件；祁阳县院接待室被评为“全国文明接待室”；张红生等2名干警被湖南省人民检察院评为“十佳办案能手”。

12月26日　档案工作规范化管理晋升省特级评估组一行10人，对市检察院办公室综合档案室晋升省特级进行评估。副检察长赵秋生汇报工作后，观看档案电视专题片，现场查看档案库房、陈列室、资料室等场地。评估组经过逐项考核，综合档案室达到湖南省档案工作规范化管理省特级标准，晋升为“省特级档案室”。

2009 年

1 月 13 日，市检察院举行欢迎省“十佳百优检察干部”载誉归来座谈会

1 月 13 日下午　市检察院举行欢迎省“十佳百优检察干部”载誉归来座谈会。市委常委、市委政法委书记蒋善生到会鼓励；副检察长赵秋生宣读“十佳百优检察干部”先进事迹，全省十佳检察干部屈芳玲，百优检察干部曹智华、周辉分别发言。

3 月 27 日上午　市检察院召开深入学习实践科学发展观活动动员大会，市委指导小组第 10 组组长唐厚忠到会讲话。副检察长张少文主持，检察长王蓟零作动员报告，副检察长赵秋生布置工作。

4 月 13 日　市检察院召开蒋冬林事迹报告会。市委政法委副书记唐国玉、市委学习实践科学发展观指导小组第 10 组副组长李俊江到会讲话，号召全市检察机关向蒋冬林学习。

4 月 16 日　市检察院以被告人黄×平、刘×方犯间谍罪，向市中级法院提起公诉，该案系改革开放以来永州市第一例危害国家安全犯罪案件。

4 月 20—22 日　最高人民检察院副检察长姜建初到市检察院、宁远县院调研，就民行申诉案源逐步减少，民行队伍换岗频繁，民行检察工作制度体制完善等问题进行分析解答，要求在履行法律职能的基础上，积极应对社会转型期的新形势，进一步深化改革、解放思想；要关注当前司法体制改革的两个不同之处，更多地亲近人民，注重加强监督；要从扩大宣传、多分析司法形势、多路出击。

4 月 20—22 日，最高人民检察院副检察长姜建初到永州调研

4月28日　全省检察信息工作片会在市检察院召开。检察长王蓟零致辞，湖南省人民检察院党组副书记、副检察长吴立明到会讲话。长沙、郴州、邵阳、岳阳、娄底、衡阳等市、州院负责信息工作的人员参会。

6月17—19日　全省检察机关部分档案业务培训暨经验会在市检察院举行，衡阳、邵阳、郴州、永州市检察院及所辖县、区院58个单位，70余人参会。市检察院办公室介绍档案上省特级和如何利用《检察机关案件管理系统》软件查询应归档案件数的经验。

4月28日，全省检察信息工作片会在市检察院召开

6月17—19日，全省检察机关部分档案业务培训暨经验交流会

7月21—22日　《湖南日报》、湖南人民广播电台、湖南电视台、《潇湘晨报》等9家省级媒体，集中采访零陵区院干警蒋冬林先进事迹。

9月9—11日　最高人民检察院、公安部督办的何×勇特大涉黑团伙案，由市检察院向市中级法院提起公诉，市检察院副检察长付玲玲，专职委员、公诉处处长卢锦江及市检察院、部分县、区院公诉干警参加旁听，并在庭审结束后进行评议。该案涉案被告人27人，涉案45起，14个罪名，侦查卷55本。

12月3—5日　中央电视台、新华社、中新社、《法制日报》《检察日报》在湖南省人民检察院政治部领导的陪同下，到零陵区院采访报道蒋冬林先进事迹。检察长王蓟零主持召开蒋冬林先进事迹报告会。同月中旬，上述媒体集中刊播蒋冬林先进事迹。

2010年

1月　市检察院反渎局潘振仕被最高人民检察院评为深入查办危害能源资源和生态环境渎职犯罪专项工作先进个人。

4月23日　市检察院召开“三狱”（永州、东安、零陵监狱）、“两所”（市看守所、市劳教所）检察室上收市检察院派驻管理联席会议，检察长王蓟零、市委组织部副部长黄冰、干部一室主任黄保平、公务员管理室主任李永霞、市委政法委政治部主任蔡富强，市编办、市财政局、市人事局、市检察院、零陵区院、冷水滩区院、东安县院等单位领导和负责人参会。副检察长赵秋生主持会议，检察长王蓟零与零陵区、冷水滩区、东安县院检察长冯湘琳、章陵部、屈春荀签署移交协议；市委组织部副部长黄冰与王蓟零为五个检察室授牌。会后，院领导到各驻狱（所）检察室举行挂牌仪式。市检察院派驻“三狱”“两所”检察室正式履行监督职责。

4月22日　市检察院与市公安局召开协调会，检察长王蓟零，副检察长潘衡湘，专职委员、办公室主任卿飞舟，监所处处长王明安与市政府副厅级干部、市公安局局长蒋建湘、该局党委成员参会。双方就市看守所存在的突出问题进行交流，一致认为要深刻吸取市看守所发生的杨×脱逃案的经验教训，切实加强市看守所的硬件建设，改善设施；进一步加强机制创新，确保工作规范有序；切实加强队伍建设，努力打造政治坚定、业务过硬的干警队伍，要通过强化协作配合、加强监督管理，确保市看守所各项工作走上规范化、法制化轨道，确保不再发生类似事件。

4月，市检察院屈芳玲被评为全国维护妇女儿童权益先进个人

4月　市检察院屈芳玲被评选为“全国维护妇女儿童权益先进个人”。

6月　市检察院上报的《永州市“6·1”枪击事件致6名法官和工作人员伤亡的3名渎职犯罪嫌疑人被依法批准逮捕》信息，被最高人民检察院采用，检察长曹建明作出批示。

8月23—29日　湖南省人民检察院党组副书记、副检察长吴立明带领考察组，与市委组织部、市委政法委对市检察院领导班子进行届中考察。组织召开市检察院中层以上干部和县、区院检察长参加的动员大会，听取市检察院领导班子及成员在贯彻执行党的路线方针政策、完成目标任务、执行民主集中制、反腐倡廉、干部选拔任用等方面的述职，并进行民主测评、评议和领导班子成员、专职委员、副处级干部、内设机构负责人、县区院检察长、离退休老同志及干警代表个别谈话，向市委、市人大、市政府、市政协和市纪委、市委政法委、市委组织部等部门征求意见。

9月13日　最高人民检察院监检厅和湖南省人民检察院监检处派员来永州检查看守所久押不决罪犯的处理情况。

10月10日　省人大常委会委员、内司委员会副主任委员周红军、冯湘保，湖南省人民检察院检委会专职委员丁维群一行深入市检察院、双牌县院召开专题座谈会，就加强诉讼活动法律监督工作进行调研。市检察院检察长王蓟零、双牌县院检察长刘明向调研组作专题汇报。调研组就《湖南省人民代表大会常务委员会关于加强人民检察院对诉讼活动法律监督工作的决议（征求意见稿）》向与会代表征求意见，在听取意见中与各界人士就《决议》中涉及的实际操作、诉讼监督工作中部门之间的配合、怎样具体落实等问题进行探讨。

11 月 19 日上午　市检察院为贯彻落实最高人民检察院 2009 年 9 月 3 日通过《检察官职业道德基本准则（试行）》第 12 条“初任检察官、检察官晋升，应当进行宣誓，牢记誓词，弘扬职业精神，践行从业誓言”的规定，组织 100 多名检察官首次在办公大楼前向国旗庄严宣誓。

12 月　市检察院依法抗诉被告人廖×旺故意杀人案。2009 年 12 月 22 日，市检察院以廖×旺涉嫌故意杀人罪向市中级法院提起公诉，该院以被告人廖×旺有自首情节且被害方有过错为由，判处其无期徒刑。市检察院向湖南省高级人民法院提出抗诉，二审改判其死缓。

2011 年

3 月 22 日　市检察院反贪局将落实《关于办理死刑案件审查判断证据若干问题的规定》《关于办理刑事案件排除非法证据若干问题的规定》纳入考核规定，指定专人对案件证据进行审查，从起诉、审判、辩护的角度找出不足，提前查漏补缺，确保证据合法、全面。

3 月 28 日　市检察院控诉申诉举报接待室被最高人民检察院授予全国检察机关“文明接待室”。

4 月 1 日　市检察院被中共湖南省委、省政府评为“湖南省 2010 届文明单位”。

4 月 2 日　市检察院召开“发扬传统、坚定信念、执法为民”主题教育实践活动动员大会。检察长王蓟零要求明确目标，扎实推进主题教育实践活动，努力实现弘扬优良传统、坚定理想信念，坚持执法为民、加强党的建设、促进检察工作，服务中心工作目标。

4 月 21 日　市检察院与市公安局联合召开永州市行政执法与刑事司法衔接工作座谈会。检察机关侦监部门加强重大行政执法案件提请介入工作力度，与行政机关建立重大行政案件通报备案制度，扩大备案审查及相关案件立案监督工作范围，加大监督力度，增强监督效果。

6 月 10 日　全市检察机关从 6 月份开始，集中半年时间开展“维护人民群众合法权益、解决反映强烈突出问题”专项检查活动；做到抓专项检查与抓业务工作“两不误、两促进”。

7月　文兆平任市检察院党组书记。

7月4—6日　市检察院举行永州市优秀公诉人竞赛暨公诉团体论辩赛。李安、唐明、杨娟、胡志芳获团体一等奖，黄志岗、奉城彬、朱玉俊、邓云云获团体二等奖，肖琴、黄军辉、刘海生、何城获团体三等奖。

8月4日　市检察院采取领导重视，认识到位；突出重点，责任到位；强化督查，宣传到位，开展“排忧解难服务月”活动，发出1000份问卷调查，向道县上关乡向阳村赠送三台水泵和抽水设备，化解9件涉检信访案件。

8月19日　冷水滩区院驻伊塘镇检察联络室挂牌成立，是全市检察机关设置的首个驻乡镇检察联络室。

8月31日　市检察院召开全市检察长工作会议。检察长王蓟零主持会议，市委常委、市委政法委书记蒋善生，市人大常委会副主任杨海河，市委政法委副书记肖斌，市人大内司委主任蒋龙生到会。回顾总结1—7月份全市检察工作，研究部署8—12月工作；市委常委、市委政法委书记蒋善生要求认真学习《“十二五”时期检察工作发展规划纲要》《法治湖南建设纲要》精神，领会精神实质，认真对照纲要查找自身在执法理念、精神状态、工作机制和队伍建设上存在的差距，理清思路，扎实工作，推进全市检察工作科学发展。

9月27—28日　市检察院反贪局举办全市检察机关第一届反贪业务标兵和优秀审讯能手评选活动，分理论考试、模拟审讯、现场问答、业绩考查环节，评选出初查标兵、取证标兵、追逃标兵、全能标兵各1名，审讯能手3名。

12月11日　湖南省人民检察院举行全省检察机关反贪侦查技能比赛，市检察院反贪局副局长杨建国、新田县院反贪局局长宋军、市检察院反贪局侦查二科科长陈波，分别以第二、四、八名的成绩荣获全省检察机关侦查业务“审讯能手”称号。

2012年

1月10日　省委宣传部部务会成员、副厅级纪检员周湘到永州市走访慰问省道德模范提名奖蒋冬林，市委常委、市委宣传部部长石艳萍陪同。

3月31日　湖南省人大常委会批准任命文兆平为市检察院检察长。

5月28日　全市检察机关根据《最高人民检察院关于实行人民监督员制度的规定》《永州市人民检察院人民监督员选任工作实施方案》，决定在全市范围内选任59名市检察院人民监督员。

8月20日　市检察院举行“湖南检察职业道德标兵”涂晓震载誉归来座谈会。涂晓震是全市检察机关全面落实科学发展观，大力开展“创先争优”活动和深入开展“忠诚、为民、公正、廉洁”核心价值观教育活动中涌现出来的先进典型，其被记一等功。

8月20—23日　湖南省人民检察院监所处副处长欧阳文等人，组织全省11个市、州院和县、区院驻看守所检察室主任一行17人，到市检察院开展结对交流学习活动，到东安县看守所、县检察院驻所检察室现场参观指导。

12月18日，市检察院举行全市检察机关首届文艺会演

12月18日　市检察院举行全市检察机关首届文艺会演。江华县院获一等奖、江永县院获二等奖，道县、祁阳、东安县院分别获三等奖。

2013年

3月14日　市检察院召开全市检察长会议，传达贯彻全国、全省政法工作、反腐败工作会议和检察长会议精神。检察长文兆平强调，全市检察机关要在2012年“四抓四提升”（抓办案，提升执法公信力；抓管理，提升工作执行力；抓保障，提升发展续动力；抓创建，提升社会影响力）上，从“全局性工作创新思维、常规性工作创先争优、特色性工作创制经验”方面突破，推动全市检察工作创新发展。

5月7日　市检察院召开全院干警动员大会，全面部署干部队伍建设集中教育整顿活动。检察长文兆平作动员报告。同日，市委常委、市纪委书记董石桂为市检察院全体干警上《把握和遵循“五律”、塑造良好的从政操守》党课。

2013年5月7日，市委常委、市纪委书记董石桂到市检察院上党课

6月5日　湖南省人民检察院检察长游劝荣一行到永州调研。市人大常委会主任高建华，市检察院检察长文兆平陪同。

7月2日　市检察院出台《服务企业、优化发展环境的若干规定》，坚持“五个慎重”（慎重立案，对情节轻微、社会危害轻微的涉企案件，尽量采取调解、和解方式解决；慎重办案，到涉案企业调查取证尽量以非公开方式，尽量不着检察制服和警服、不用警车，最大限度减少对企业的负面影响；慎重羁押，对

7月2日，市检察院领导到长丰集团生产车间调研

涉嫌犯罪的企业法人代表或高管人员，除确有必要外，尽可能采取非羁押性强制性措施；对已刑拘、逮捕的，因企业生产经营需要且案情基本查清的，可视情依法变更为非羁押性强制措施；慎重处置涉案财物，在不影响案件侦查、财产保全的前提下，实行动态控制，尽量避免使用查封、扣押、冻结等措施；慎重处置涉企群体性事件，对一般性参与人员以劝导教育为主，慎重使用强制处置措施）、做到“十条禁止”（禁止利用职权向企业“吃、拿、卡、要、报”；禁止以拉赞助、打广告、订业务报刊等形式加重企业负担；禁止粗暴执法，保持言行举止文明理性；禁止未经法定程序和违反审批权限，擅自对企业立案或对企业法人代表、高管人员采取羁押性强制措施；禁止超越法定管辖权限和范围执法办案；禁止未经法定程序查封和冻结企业资产、账户，扣押财物；禁止截留、挪用、违规使用涉案财物；禁止在执法办案中泄露企业商业秘密；禁止对企业的合理要求、正当诉求不作为或消极作为；禁止以任何形式对投诉、举报、控告人进行打击报复），服务企业、优化发展环境。

7月25日，市委书记陈文浩（左）到市检察院视察工作

7月25日　市委书记陈文浩在市委秘书长颜海林的陪同下，到市检察院查看立案大厅、检务公开查询台、办案工作区、指挥中心等机关建设，听取检察长文兆平的工作汇报。他要求全市检察机关围绕发展大局、热点难点问题和群众利益办好案，强化监督，维护司法公正，全面加强队伍建设，为全市经济社会发展保驾护航。

7月26日　市检察院针对公诉环节矛盾多、压力大的问题，出台《关于加强公诉工作的意见》，从加强公诉队伍建设、建立案件质量考核体系、完善办案流程等10个方面，提出22条措施，确保公诉案件质量。

8月10日　市检察院制定《全市检察机关开展转变执法理念教育活动实施方案》，从8—12月，在全市检察机关开展转变执法理念教育活动。

9月1日　全省检察机关开展转变执法理念教育活动，市检察院在完成“规定动作”基础上，结合自身实际，推进以“四个一”（开展一次内部审计，防止利益驱动；开展一次专项活动，规范涉案款物；开展一次县区巡视，规范执法行为；开展一次专题调研）为主要内容的“自选动作”，努力打造转变执法理念教育活动“升级版”。

9 月 4 日　湖南省人民检察院检委会专职委员曾新善，机关党委副书记、工会主席陈大朴一行，到市检察院专题督查干部队伍集中教育整顿活动和转变执法理念教育活动开展情况。

10 月 8 日　市检察院举行全市检察机关首届书画诗词摄影展，展出 102 幅作品。

11 月 18 日　市检察院分别下发“关于开展向陈运周、王祁平学习活动的决定”，号召全市检察机关和检察干警向他们学习，广泛宣传他们的事迹，树立起道德建设的旗帜和标杆。

12 月 20 日　市妇联副主席黄秋莲到市院，为获得“湖南省巾帼建功标兵”的党组成员、反渎局局长屈芳玲颁发荣誉证书。

2014 年

3 月 3 日　市检察院召开全市检察长会议，检察长文兆平作工作报告，按照“全局性工作创新思维、常规性工作创先争优、特色性工作创制经验”工作要求，围绕“做好服务、办好案件、带好队伍”想办法、下功夫。全市检察工作取得新成效，执法状况居全省检察机关第一位，在湖南省人民检察院委托省民调中心开展的“检察官满意度”民调中名列全省第一位，在省综治委委托开展的综治民调中“检察官形象”名列全省第四位。市委常委、市委政法委书记唐湘林到会，要求全市检察机关明确新任务，忠实履行职责，着力服务发展和改革大局，维护社会公平正义，保障人民安居乐业；围绕新要求，抓好理想信念教育，增强群众观念，积极创先争优，建设过硬队伍；应对新形势，坚持和加强党的领导，把握社会主义法治建设的正确方向，坚持在党委领导下开展工作，切实加强对检察工作的领导，努力把全市检察工作推上新台阶，为建设品质活力永州作出新的更大的贡献。

3 月 4 日　市检察院召开党的群众路线教育实践活动动员大会。市政府正厅级干部、市委第十二督导组组长蒋政平出席并讲话，市检察院检察长文兆平作动员报告。会议要求，切实把思想和行动统一到党中央、省委和市委的决策部署上来，进一步增强责任感、紧迫感，以饱满的政治热情，扎扎实实开展好教育实践活动。明确教育实践活动的指导思想、基本原则和关键环节，确保教育实践活动扎实开展、深入推进。着力解决“四风”方面存在的突出问题，切实把为民务实清廉的价值追求植根于检察人员的思想和行动中。切实加强组织领导，思想上更加重视，行动上更加自觉，工作上更加主动，确保组织到位、指导到位、宣传到位、统筹到位，切实做到不虚、不空、不偏、不走过场，真正以好的作风开展好教育实践活动，努力取得干部群众看得见、信得过、真满意的实际成效。

2014年3月4日，市检察院召开党的群众路线教育实践活动动员会

4月　市检察院开展“门难进、脸难看、事难办”专项整治活动。重点纠正检察干警对待群众来访服务态度生硬、推诿扯皮现象；杜绝利用为民服务之际谋取不正当利益现象；查处“吃、拿、卡、要、报”行为；整治执法办案中的作风粗暴、滥用职权行为；严格规范专项转移支付资金分配、使用，加强审计监督，防止搞暗箱操作、权力寻租等行为。

4月16日　市检察院开展优化经济发展环境专项工作，切实解决“四风”突出问题，坚决纠正损害群众利益行为，密切党群、干群、检群关系。

5月13日　市人大常委会召开专题会议，调研全市民事行政检察工作。主要了解全市检察机关办理不服同级法院生效民事行政判决、裁定案件情况；办理11个县、区院提请抗诉的民事、行政案件情况；办理损害国家利益、社会公共利益的生效民事调解、行政赔偿调解监督案件情况；对同级人民法院民事、行政审判活动中的法官贪污、受贿、徇私枉法、滥用职权等违法行为和执行人员职务违法行为开展监督；对同级人民法院生效民事行政判决或裁定、民事调解、行政赔偿调解、行政决定的执行活动开展监督情况；配合本院公诉部门提起刑事附带民事诉讼及支持起诉情况；对国有资产监管机关（部门）没有履行监管职责可能导致国有资产流失，督促其行政作为或提起诉讼情况；化解社会矛盾、维护和谐稳定情况。并于6月听取和审议全市检察机关民事行政检察工作情况，给予肯定。

7月1日　市委决定在全市各级党组织和广大党员干部中，开展向新田县院党组副书记、副检察长陈运周学习活动。

10月　市检察院出台《未成年人犯罪记录封存实施办法》，对犯罪时不满18周岁，且被判处五年有期徒刑以下刑罚和经检察机关决定不起诉的未成年人案件卷宗应予以封存。对符合封存条件的案件，应当自检察机关作出不起诉决定之日起或收到法院生效判决、裁定3日内，由承办人提出封存意见，报部门负责人审核，分管副检察长审批，封存全部案件卷宗。犯罪记录封存工作，由办案部门负责办理，案管、侦监、监所等部门配合，其他相关单位和人员应当履行好保密义务。除司法机关为办案需要或者有关单位根据国家规定查询以外，其他任何单位和个人不得查询。需查询的单位应向封存犯罪记录的检察机关书面提出申请，封存机关应予以审查，并在7日内作出答复。

11月18—19日，湖南省人民检察院检察长游劝荣在市委书记陈文浩的陪同下到新田、祁阳县院，就学习贯彻党的十八届四中全会精神、加强县、区院建设等情况进行调研。

11月18日，湖南省人民检察院检察长游劝荣（左三）慰问陈运周家属（左二）

12月4日　市检察院组织全体干警举行首个“国家宪法日”宣誓仪式，让干警自觉维护宪法尊严、保障宪法实施的职责。

12月15日　最高人民检察院、中共湖南省委在省委礼堂召开命名表彰大会，追授新田县院原党组副书记、副检察长陈运周“全国模范检察官”“湖南省优秀共产党员”荣誉称号。

12月15日，最高人民检察院、中共湖南省委召开陈运周荣誉称号命名表彰大会

12月18日　全市检察机关举行“陈运周先进事迹报告会”。报告团成员为新田县院党组成员、工会主席邓娟，采访过陈运周先进事迹的记者熊芸芸，陈运周的儿子陈扬炎，他们从不同角度以感人至深、催人奋进的语言，满怀深情、全面生动地介绍陈运周的先进事迹。

2015年

2月10日　市检察院制定《永州市人民检察院选派干部挂职县检察院副检察长工作实施方案》，规定每年选派2—3名年轻副科级干部挂职县、区院副检察长。3月2日，首次选拔李安、吴蓉、黄志刚到祁阳、东安、宁远县院挂职党组成员、副检察长一年。

3月2日　市检察院按照最高人民检察院、湖南省人民检察院的统一部署，从

2014年12月—2015年12月，在全市检察机关开展为期一年的规范司法行为专项整治工作。围绕职务犯罪侦查、侦查监督、公诉、民行检察、刑罚执行和监管活动监督、控告申诉检察、预防等部门和环节，突出整治司法作风问题、执法办案不规范问题、不依法保障律师执业权问题、滥用强制措施和手段问题、不正确的业绩观问题、利益驱动问题、违法干预办案问题、以案谋私问题。

4月2日　湖南省人民检察院召开“查办衡阳破坏选举案”总结表彰大会。市检察院盘树高被荣记三等功；并得到省委书记、省人大常委会主任徐守盛、湖南省人民检察院检察长游劝荣的接见和司法处理组指挥部领导的肯定。

5月6日　市检察院重申中央八项规定等纪律要求。重点对以资料室名义占用多处办公室，与工勤人员、临时工等实际未上班人员一起办公多占面积等情况进行全面清理整改，确保办公用房规范。加强对司机的教育管理，杜绝司机利用送领导开会之际擅自用车、公车私用等问题的发生。严格落实干警婚丧喜庆事宜的报告、监督工作，严格按相关规定办理，教育干警不接受宴请，不送礼金和贵重礼物，自觉抵制不正之风。对干警司法不规范、作风不文明、参与赌博等问题早提醒、早发现、早纠正，对苗头性问题采取约谈、函询、诫勉谈话等组织措施，防止小错积成大错。

6月11日　湖南省人民检察院巡视组到市检察院召开历时两个月的巡视指导动员大会。湖南省人民检察院检委会专职委员曾新善任组长，监察处副处长陈健任副组长，莫海波、周雪强为组员。检察长文兆平要求全院干警一定落实好湖南省人民检察院巡视组提出的各项工作要求。曾新善组长指出永州市检察院作为第二批市州院巡视，选择江华县院一并进行巡视，是在湖南省人民检察院党组领导下开展工作，向湖南省人民检察院党组负责并报告工作。

7月15日　市检察院举办首期电子证据技术培训班，全市检察机关28名信息技术骨干及自侦部门侦查人员参加培训，加强技术人员电子取证能力及电子证据审查能力，提高技术人员的技术水平和侦查意识。

12月5日，CCTV年度法治人物颁奖现场

9月6日　永州市检察官文学艺术联合会在新田县成立。下设8个专业委员会；64名理事、150名会员。

12月5日　由三湘华声全媒体推选的湖南法治人物代表——新田县院原党组副书记、副检察长陈运周入选CCTV年度法治人物。

12 月 10 日上午　市检察院举行“规范司法行为、提高司法公信”活动，邀请人大代表视察检察工作。与会人员观摩市检察院荣誉室、档案室、侦查指挥室、高清视频会议室、案管办、办案工作区等场所，并在二楼会议室座谈交流。

第一篇　机构队伍

第一章　机　构

第一节　市级机构

一、行政机构

1995 年 11 月 21 日，零陵地区撤区建永州市，湖南省人民检察院零陵分院更名为永州市人民检察院。

1978 年，零陵分院与零陵地区中级人民法院在芝山南路（现零陵区好旺角步行街）同一地点内办公，1979 年，迁往现零陵区南津北路 35 号新建的机关大院。2004 年 8 月 29 日，市检察院往机关西面征地 40 亩，兴建了 12 层高的侦查技术楼，将新大门朝北出入，单位街道名为零陵区宗元路 1 号。

永州市人民检察院 1994—2015 年历届领导班子一览表

表 1-1

名称	届别	职务	姓名	性别	出生年月	籍贯	任免时间
零陵分院	1994. 01—1996. 06	检察长	卢腊庆	男	1935. 01	湖南双牌县	1989. 05—1996. 06
		副检察长	李荣成	男	1934. 08	湖南东安县	1984. 05—1995. 04
			杨昌辉	男	1939. 09	湖南宁远县	1984. 05—
			戚洪德	男	1949. 08	湖南道县	1991. 06—
			王蓟零	男	1953. 01	天津市蓟县	1993. 06—
			周建达	男	1948. 09	湖南东安县	1994. 11—1996. 03
		纪检组长	王应国	男	1942. 10	湖南宁远县	1991. 05—
		政治部主任	张德禄	男	1943. 06	湖南永州市冷水滩区	1990. 03—

续表1-1

名称	届别	职务	姓名	性别	出生年月	籍贯	任免时间
永州市人民检察院	1996. 06—2005. 04	检察长	赵光华	男	1944. 06	湖南双峰县	1996. 06—2005. 04
		副检察长	杨昌辉	男	1939. 09	湖南宁远县	1984. 05—1998. 12
			戚洪德	男	1949. 08	湖南道县	1991. 06—1997. 04
			王蓟零	男	1953. 01	天津市蓟县	1993. 06—2005. 04
			周进柱	男	1946. 08	湖南永州市冷水滩区	1997. 06—2003. 12
			张少文	男	1959. 08	湖南东安县	1999. 09—
			祝珍明	男	1970. 07	湖南道县	2001. 03—2004. 10
			付玲玲	男	1955. 03	湖南祁阳县	2002. 10
		纪检组长	王应国	男	1942. 10	湖南宁远县	1991. 05—2002. 04
			陈明湖	男	1953. 07	湖南新田县	2002. 04—
		政治部主任	张德禄	男	1943. 06	湖南永州市冷水滩区	1990. 03—2001. 10
			周伟平	男	1965. 06	湖南蓝山县	2002. 10—2005. 04
	2005. 04—2012. 03	检察长	王蓟零	男	1953. 01	天津市蓟县	2005. 04—2006. 02 代检察长 2006. 03—2012. 03
		副检察长	张少文	男	1959. 08	湖南东安县	1999. 09—
			付玲玲	男	1955. 03	湖南道县	2002. 10—
			赵秋生	男	1962. 08	湖南祁阳县	2005. 04—
			潘衡湘	女	1968. 08	湖南沅陵县	2005. 04—
			邓忠新	男	1958. 08	湖南永州市零陵区	2005. 12—
			缪　斌	男	1967. 12	湖南长沙市	2008. 10—2011. 04
			罗厚清	男	1974. 01	湖南双牌县	2011. 06—
		纪检组长	陈明湖	男	1952. 07	湖南新田县	2002. 04—2010. 12
			卿飞舟	男	1972. 02	湖南永州市零陵区	2010. 12—
		政治部主任	季建军	男	1958. 01	天津市宁河县	2007. 11—
		专职检委	卿飞舟	男	1972. 02	湖南永州市零陵区	2007. 12—2010. 12
			卢锦江	男	1964. 04	广东江门市	2007. 12—
			屈芳玲	女	1965. 11	湖南永州市冷水滩区	2009. 06—2010. 12

续表1-1

名称	届别	职务	姓名	性别	出生年月	籍贯	任免时间
永州市人民检察院	2012. 03—2017. 03	检察长	文兆平	男	1958. 11	湖南长沙市	2012. 03—2017. 03
		副检察长	张少文	男	1959. 08	湖南东安县	1999. 09—
			付玲玲	男	1955. 03	湖南祁阳县	2002. 10—2013. 12
			赵秋生	男	1962. 08	湖南祁阳县	2005. 04—
			潘衡湘	女	1968. 08	湖南沅陵县	2005. 04—
			邓忠新	男	1958. 08	湖南永州市零陵区	2005. 12—2015. 09
			罗厚清	男	1974. 01	湖南双牌县	2011. 06—
			刘　高	男	1971. 02	湖南桃源县	2015. 08—2018. 03
		纪检组长	卿飞舟	男	1972. 02	湖南永州市零陵区	2010. 12—2017. 12
		政治部主任	季建军	男	1958. 01	天津市宁河县	2007. 11—2017. 11
		党组成员	熊学军	男	1966. 08	湖南永州市冷水滩区	2012. 06—2016. 08
			屈芳玲	女	1965. 11	湖南永州市冷水滩区	2012. 06—2017. 12
		专职检委	卢锦江	男	1964. 04	广东江门市	2007. 12—2016. 08
			章陵邵	男	1965. 06	湖南永州市冷水滩区	2012. 08—2017. 10
			熊学军	男	1966. 08	湖南永州市冷水滩区	2016. 08—2017. 12

二、党组

1989 年 4 月，中共零陵地委批准成立中共湖南省人民检察院零陵分院党组，由卢腊庆任党组书记至 1996 年 6 月。

1996 年 3 月 10 日，零陵分院向湖南省人民检院请示更名为永州市人民市检察院。4 月 22 日，中共永州市委决定将中共湖南省人民检察院零陵分院党组更名为中共永州市人民检察院党组（以下简称市检察院党组），1996—2016 年先后由赵光华、王蓟零、文兆平、吴秋菊任党组书记。

三、党的基层组织

1994 年 5 月 3 日，零陵分院机关举行“纪念五四青年节 75 周年”和王明安等 4 名新党员入党宣誓大会。机关党总支书记、副检察长杨昌辉作《共产党员必须从思想上入党》讲话。

10月22日，检察长卢腊庆向全院干警传达党的十四届四中全会、省委六届七次全会和地委工作会议精神后，以支部为单位组织学习讨论。

1995年10月24日，零陵分院机关召开全体党员大会，选举产生第一届零陵分院机关党委委员。书记杨昌辉，副书记周辉南，纪检委员杨满清，组织委员李冀龙，宣传委员涂云英。

1995年10月24日，零陵分院成立机关党委

1996—1998年，零陵分院每年在7月1日前举办迎“七一”“讲党性、争贡献、作表率”演讲赛和召开总结表彰暨入党宣誓大会。1998年6月12日，市检察院部分干警在市工人文化宫参加“全市政法战线艰苦奋斗反腐治奢教育宣讲报告会”。

1999年6月20日，市检察院对1998年度17名优秀党员进行表彰；同月25日，市直工委对市检察院11名优秀共产党员和一名优秀党务工作者进行表彰；12月31日，市检察院组织新世纪迎新歌咏赛。

1999年12月31日，市检察院组织新世纪迎新歌咏赛

2000年5月18日，改选中共永州市人民检察院第二届委员会，书记周进柱，专职副书记唐金轩，兼职副书记、组织委员刘繁荣，纪检委员曹晓风，女工委员冯湘琳，宣传委员唐高清，青年委员周辉。

2001年4月24日上午，市检察院组织向史复学习和《关于在地厅级检察院开展“五好”厅处室活动的决定》。6月15日，市检察院为庆祝建党80周年，组织优秀党员、优秀党务工作者到韶山参观学习，5名新党员宣誓后全体党员重温入党誓词；28日上午，举行《共产党员如何实践“三个代表”要求》演讲比赛，下午举办《没有共产党就没有新中国》歌咏比赛。8月9日，全院干警学习江泽民总书记“七一”讲话精神，市委党校副校长庄建斌作如何学习贯彻落实江总书记“七一”讲话专题讲座。

2002年6月28日，永州市委举行纪念中国共产党成立81周年暨全市先进基层党组织、优秀共产党员表彰大会，唐高清被市委授予全市优秀共产党员称号。

2003年1月，市检察院组织全市检察机关贯彻“中共十六大”精神，实践

2003年6月9日，市检察院举行全市检察机关贯彻“十六大”精神，实践“三个代表”演讲比赛

“三个代表”演讲比赛。3月25日上午，市检察院召开全体党员大会，机关党委书记周进柱报告第二届（2000年5月18日—2003年3月25日）机关党委工作，委员周辉通报收缴党费情况；选举产生第三届委员会：书记王蓟零，专职副书记唐阳生，兼职副书记、组织委员刘和平，纪检委员李冀龙，保密委员曹晓风，宣传委员卿飞舟，青年委员周辉。

2004—2007年，市检察院成立保持共产党员先进性教育活动领导小组，制定实施方案。检察长赵光华和市委党校副校长、副教授王再兴，分别在七一前夕为全体党员上《深刻领会胡锦涛总书记讲话精神，努力提高保持共产党员先进性教育活动的针对性和实效性》《认真学习贯彻新党章，发展党内民主，履行党员义务》党课；并开展创建省级文明单位、读好书活动、献爱心、庆“七一”等活动和表彰优秀共产党员。

2007年7月31日，选举产生第四届中共永州市人民检察院委员会：书记赵秋生，专职副书记郝桂安，副书记兼组织委员刘和平，纪检委员杨志强、宣传委员卿飞舟、女工委员曹晓风、青工委员周辉。

2007年10月12日，市检察院举行首届老年门球联谊赛

2008年5月27日，市检察院103名党员（包括离退休人员）交纳特殊党费10640元，支援四川汶川地震灾区。6月30日，市检察院举行“庆七一·我与检察同行”主题演讲比赛，市直工委领导莅临观摩指导，祁阳县院邓惠芳获一等奖，市检察院反贪局廖晓芳、公诉处李安获第二、三名。

2009年9月28日，市检察院举办“歌唱祖国红歌赛”，庆祝中华人民共和国成立60周年，全院干警以支部为单位，按合唱、自选节目比赛，第五支部合唱节目《我和我的祖国》、第九支部自选节目男女对唱《红河谷》，分别获一等奖。

2012年5月15日，选举产生第五届中共永州市人民检察院委员会（至2016年2月2日），书记郝桂安，副书记兼组织委员刘念湘，纪检委员杨志强、宣传委员于文辉、保密委员蒋利清、女工委员曹晓风、青工委员黄志岗。

2014 年 6 月 24 日，市检察院代表队在市直机关“华融湘江银行杯”素质拓展运动会上获二等奖

2013 年 6 月 28 日，市检察院举行“在职党员进社区”活动启动仪式，深入贯彻落实党的十八大精神，探索在职党员在居地发挥作用的有效途径，促进市检察院机关与社区共建联建。7 月 1 日，市检察院全体党员到零陵区七里店办事处芝麻坪社区报到。检察长文兆平要求全体党员必须结合市委安排的“四深入”活动，进一步加强检察机关与社区的联系，提高检察干警开展群众工作的能力和水平，加大对社区存在的困难和问题帮扶力度，增强活动实效。

2014 年 5 月 19 日，市检察院机关党委采取上党课、集中学习、观看视频等不同形式对院机关支部书记和党员干部进行教育实践活动、专题培训和党课教育，增强干部群众之间的联系和干警队伍的执行力。

2015 年 7 月 23 日，市检察院展开规范司法行为专项整治工作推进会，要求全体党员干警将自己摆入到活动中，切实强化党员先锋带头作用，不断提升工作执行力。

2001—2015 年永州市人民检察院
优秀党员、优秀党务工作者、优秀党支部表彰情况表

表 1-2　　单位：人/个

年度	中共市检察院机关党委表彰			中共永州市直属机关党委表彰		
	优秀共产党员	优秀党务工作者	优秀党支部	优秀共产党员	优秀党务工作者	优秀党支部
2001 年	郝桂安、丁日凌、赵勇坚、吕国财、唐大立、黄　娟、杨昌辉、陈明湖、周玉斗、杨满清、曹晓风、胡少华、黄石阳		反贪局党支部			
2002 年	杨晓栋、胡少华、卿飞舟、严建林、周贵凤、周顺益、杨建国、蒋丽斌、曹晓风、樊树平、刘小明	王党生	第三党支部	杨晓栋、卿飞舟、严建林、周贵凤、杨建国、蒋丽斌	王党生	第三党支部

续表1-2

年度	中共市检察院机关党委表彰			中共永州市直属机关党委表彰		
	优秀共产党员	优秀党务工作者	优秀党支部	优秀共产党员	优秀党务工作者	优秀党支部
2003 年	卢腊庆、李冀龙、刘和平、卿飞舟、程　晖、周贵凤、樊开义、王跃林、盘文光、唐世斌、丁日凌、万少元、刘小明、邓厚德	周顺益	第五党支部	李冀龙、程　晖、樊开义、盘文光、唐世斌、万少元、邓厚德	周顺益	第五党支部
2004 年	胡少华、吴建华、刘绪清、杨志强、唐世斌、王党生、邓厚德	章陵邵 唐阳生	第五党支部	王党生、吴建华、杨志强、邓厚德、刘绪清、胡少华、唐世斌	章陵邵	第五党支部
2005 年	胡少华、吴建华、陈　波、阳　华、刘定成、杨志强、王跃林、成建华、杨福华、王开贵、万少元、黄　娟、侯昌燕	邓厚德	第五党支部	胡少华、杨志强、万少元、陈　波、刘定成、杨福华、黄　娟	邓厚德	第五党支部
2006 年	胡少华、赵勇坚、唐建球、阳　华、夏旭东、唐慧明、曾国庆、奉绍辉、何爱华、欧宁刚、樊树平、卢亿军、邓厚德、侯昌燕	刘和平	第二党支部	胡少华、赵勇坚、唐建球、唐慧明、何爱华、欧宁刚、邓厚德	刘和平	第二党支部
2007 年	刘念湘、葛文玲、魏大德、周贵凤、王明安、周　辉、周顺益、陈世标、邹铁生、黄和平、廖　君、黄　娟、邓厚德、侯昌燕	李冀龙	第五党支部	周　辉、黄　娟、邓厚德、邹铁生、刘念湘、魏大德、王明安	李翼龙	第五党支部
2008 年	刘念湘、何爱华、唐建球、邹　军、奉绍辉、唐家华、邓厚德、夏旭东、陈　波、周顺益、唐　钧、黄和平、唐慧明、侯昌燕	杨志强 刘定成	第二、三、六党支部	刘念湘、何爱华、唐建球、邹　军、奉绍辉、唐家华、邓厚德	杨志强	

续表1-2

年度	中共市检察院机关党委表彰			中共永州市直属机关党委表彰		
	优秀共产党员	优秀党务工作者	优秀党支部	优秀共产党员	优秀党务工作者	优秀党支部
2009年	吴建华、肖　闻、屈中平、陈世标、杨福华、黄和平、邓厚德、杨晓栋、邝凌云、唐大立、夏旭东、奉绍辉、唐家华	郝桂安 刘定成	第二、三、五党支部	吴建华、肖　闻、屈中平、陈世标、杨福华、黄和平、邓厚德	郝桂安	第三、五党支部
2010年	于文辉、黄志岗、屈中平、邝凌云、王开贵、樊树平、邓厚德、黄　进、邹　军、周顺益、陈　波、唐世斌、高学良	郝桂安 刘兴华	第三、四、五党支部	于文辉、黄志岗、屈中平、邝凌云、王开贵、樊树平、邓厚德	刘兴华	第四党支部
2011年	杨志强、黄　进、程　晖、肖　闻、邹　军、成建华、陈世标、邹铁生、欧宁刚、曾国庆、夏旭东、刘紫林、尹荣华、邓厚德、卢亿军	郝桂安 刘定成	第二、三、六党支部	杨志强、邹铁生、程　晖、肖　闻、邹　军、成建华、邓厚德、卢亿军		第九党支部
2012年	魏大德、王　勇、杜以鹏、刘小明、陈　波、廖晓芳、唐　钧、吴　蓉、唐宏光、于　辉、李明荣、邓厚德、卢亿军	刘念湘 于文辉	第三、五、八党支部	唐宏光、陈　波、邓厚德、王　勇、吴　蓉、魏大德	刘念湘	第三党支部
2013年	杨晓栋、王虹超、王　勇、李　俊、刘绪清、王跃林、郭　凤、李永康、欧宁刚、唐大立、蔡　艺、邓厚德、卢亿军	刘定成 刘念湘	第三、五、八党支部	杨晓栋、邓厚德、蔡　艺、王虹超、王　勇、刘绪清	刘念湘	

续表1-2

年度	中共市检察院机关党委表彰			中共永州市直属机关党委表彰		
	优秀共产党员	优秀党务工作者	优秀党支部	优秀共产党员	优秀党务工作者	优秀党支部
2014 年	文建平、唐承志、何　城、刘伶俐、陈世标、雷景国、朱为鹏、李　俊、李永康、肖　闻、金　毅、邓厚德、卢亿军	曹晓风 程　晖	公诉处党支部、反贪局党支部、办公室党支部	文建平、唐承志、李永康、肖　闻、邓厚德	郝桂安	
2015 年	郝桂安、胡少华、陈百顺、王虹超、何　城、严建林、郭　凤、盘文光、李和河、彭建云、曾国庆、王开贵、肖　闻、樊树平、唐家华、蒋丽斌、廖　君、邓厚德、卢亿军	杨志强 程　晖 廖晓芳	公诉处党支部、反贪局党支部、办公室党支部	邓厚德、何　城、樊树平、李和河、程　晖、陈百顺	杨志强	

四、检察委员会

2014 年，市检委会组织业务学习

检察委员会是检察机关内部的最高业务决策机构。1995 年 11 月前，零陵分院检察委员会（以下简称检委会）委员由省人大常委会任命，11 月后由市人大常委会任命。

市检察院检委会的召开由检察长决定并主持，检察长不能参加时可以委托副检察长主持，检委会需有半数以上委员出席方可召开，根据议题由检察长决定列席会议的有关人员，讨论决定重大案件和其他重大事项。

检委会讨论的议题由研究室审查，并向检察长提出议程建议。检委会实行民主集中制，表决议题，按少数服从多数原则，由检委会全体委员的过半数通过。如果检察长在重大问题上不同意多数人的意见，可报请市人大或上一级人民检察院检委会讨论决定。检察长因故不能主持会议，主持会议的副检察长应在会后向检察长报告。对检委会会议的情况和内容应当保密。

1995—2015 年永州市人民检察院检委会委员一览表

表 1-3

姓　名	出生年月	籍　贯	任　职　时　间
李荣成	1934.08	湖南东安县	1982.06—1995.09
杨昌辉	1939.09	湖南宁远县	1984.05—1998.12
徐贤君	1935.05	湖南永州市零陵区	1985.05—1995.06
肖达明	1948.01	湖南涟源市	1987.07—1997.06
卢腊庆	1935.01	湖南双牌县	1989.04—1996.09
张德禄	1943.06	湖南永州市冷水滩区	1989.05—1999.12
王蓟零	1953.01	天津蓟县	1990.04—2013.06
戚洪德	1949.08	湖南道县	1991.07—1997.05
张少文	1959.08	湖南东安县	1992.03—1996.10 1999.08—
唐金轩	1944.10	湖南永州市零陵区	1994.09—2001.12
周建达	1948.09	湖南东安县	1994.12—1996.03
赵光华	1944.06	湖南双峰县	1996.06—2005.04
周进柱	1946.08	湖南永州市冷水滩区	1997.06—2003.12
周玉斗	1943.01	湖南东安县	1998.04—2001.12
陈明湖	1952.07	湖南新田县	1998.04—2011.01
郑泽辉	1953.09	湖南宁远县	1998.04—2003.10
屈旭平	1943.10	湖南永州市冷水滩区	1998.04—2001.12
侯昌燕	1942.12	湖南永州市零陵区	1998.04—2001.12
滕购新	1954.04	湖南道县	1999.12—2002.11
祝珍明	1970.07	湖南道县	2001.02—2004.10
付玲玲	1955.03	湖南祁阳县	2002.10—2015.08
周伟平	1965.06	湖南蓝山县	2003.03—2005.04
邓忠新	1958.08	湖南永州市零陵区	2003.03—
潘振仕	1956.11	湖南祁阳县	2003.03—2011.06
唐高清	1959.04	湖南永州市零陵区	2003.03—2015.11
章陵邵	1965.06	湖南永州市冷水滩区	2003.03—2007.11 2012.08—2017.10
赵秋生	1962.08	湖南祁阳县	2005.04—

续表1-3

姓　名	出生年月	籍　贯	任　职　时　间
潘衡湘	1968. 08	湖南沅陵县	2005. 04—
卢锦江	1964. 04	广东江门市	2007. 12—2018. 03
卿飞舟	1972. 02	湖南永州市零陵区	2007. 12—
熊学军	1966. 08	湖南永州市冷水滩区	2007. 12—2018. 03
缪　斌	1967. 12	湖南长沙市	2008. 10—2011. 04
屈芳玲	1965. 11	湖南永州冷水滩区	2009. 02—2018. 03
文兆平	1958. 11	湖南长沙市	2011. 04—2017. 03
罗厚清	1974. 01	湖南双牌县	2011. 06—
周　辉	1972. 03	湖南益阳	2011. 06—2012. 06
曹晓风	1964. 10	湖南常宁县	2013. 06—
程　晖	1973. 01	湖南道县	2014. 02—2016. 09
刘　高	1971. 02	湖南桃源县	2015. 08—2018. 03
唐世斌	1967. 05	湖南永州市零陵区	2015. 11—2018. 03

第二节　内设机构

2002 年前市检察院二级机构为科室，2002 年 1 月 23 日，“三定”方案设置为处（室），仍为正科级。

1990 年，市检察院设刑事检察一科、刑事检察二科、经济检察科、法纪检察科、监所检察科、控告申诉科、刑事技术科、人事科、行政装备科、办公室等 10 个科室。2 月，人事科更名为政治工作处；7 月，经济检察科更名为反贪污贿赂工作局；10 月，在经济检察科设立举报中心。

1991 年 2 月，设立监察室；4 月，设立民事行政检察科。举报中心从经济检察科分出，与控告申诉科合署办公。

1997 年 7 月，法纪检察科更名为渎职犯罪侦查局；成立林业检察科。

1998 年，政治工作处更名为政治工作部，辖干部科、宣传教育科；增设法律政策研究室、法警支队，均于 1999 年 1 月正式挂牌办公。

2005 年 6 月 30 日，市检察院将原在办公室加挂牌子的“法律政策研究室”分立设置，为正科级内设机构（加挂人民监督员办公室牌子），设主任 1 名。

2006 年 4 月 11 日，“渎职犯罪侦查局”更名为反渎职侵权局，其机构规格、人员编制仍维持现状。

2010年，设市检察院驻市看守所检察室（正科级）。

2010年2月22日，原冷水滩区检察院驻零陵监狱检察室和驻市看守所检察室、零陵区检察院驻永州监狱检察室和驻市劳教所检察室、东安县检察院驻东安监狱检察室承担的职能上收市检察院承担。分别设立市检察院驻永州监狱、东安监狱、零陵监狱、市看守所、市劳教所检察室。

2012年5月8日，设案件管理办公室（正科级）；7月，设侦查指挥中心（正科级）。

2012年11月26日，设未成年人刑事检察处，增配正、副科级领导职数各1名。

2015年，市检察院有内设（二级）机构19个，即办公室、政治部、侦查监督处、公诉处、反贪污贿赂局、反渎职侵权局、监所检察处、民事行政检察处、控告申诉检察处、检察技术处、职务犯罪预防处、法警支队、行政装备处、林业检察处、法律政策研究室、案件管理办公室、未成年人检察处、纪检监察室、机关党委。

第三节　市检察院派驻机构

一、大中型企业、事业单位派驻检察室

1988年3月，零陵分院驻地区税务局检察室成立。零陵分院派员担任检察室主任，其他2名人员由地区税务局选配，由零陵分院检察长任命为助理检察员法律职务。1991年12月，全地区检察机关向税务、工商、烟草等单位派驻检察员61名。

1998年12月，根据修正的《中华人民共和国刑法》《中华人民共和国刑事诉讼法》规定，检察机关不再行使涉税案件侦查职能。按照湖南省人民检察院统一部署，市检察院撤销全市检察机关向大中型企业、事业单位和在部分乡镇的派驻机构。

二、市看守所和本地所在监狱派驻检察室

1999年前，在市看守所和本地所在监狱派驻检察室为所在地县、区院担任。2010年，根据湖南省人民检察院部署统一收归市检察院派出。市检察院向市看守所、市劳教所、零陵监狱和省属永州监狱、东安监狱，派驻5个检察室，提高监督级别，改变原先下级检察院的检察室监督上级部门管辖监狱的不利格局。驻狱所检察机构统定为检察室，为正科级，业务统归市检察院监所检察处管理。

第四节 县、区院机构

1995 年，零陵地区改为永州市后，原县级冷水滩市更名为冷水滩区，原县级永州市更名为芝山区（2005 年 8 月 1 日芝山区更名为零陵区）。市检察院辖冷水滩区、芝山区、祁阳县、东安县、双牌县、道县、江永县、江华县、宁远县、新田县、蓝山县，二区九个县人民检察院。

2015 年永州市 11 个县、区院内设机构设立情况表

表 1-4

单位	办公室	政工科	侦监科	公诉科	反贪局	反渎局	监所科	民行科	控申科	预防科	技术科	法警队	纪检监察	林检科	研究室	工会
冷水滩	√	√	√	√	√	√	√	√	√	√	√	√	√	√	√	√
零陵	√	√	√	√	√	√	√	√	√	√	√	√	√	√		
祁阳	√	√	√	√	√	√	√	√	√	√	√	√		√	√	金洞林场
东安	√	√	√	√	√	√	√	√	√		√	√	√	√	√	
双牌	√	√	√	√	√	√	√			√	√	√	√	√		
道县	√	√	√	√	√	√	√	√	√		√	√	√	√		
宁远	√	√	√	√	√	√	√	√	√	√	√	√	√	√	机关党委	
新田	√	√	√	√	√	√	√	√	√		√	√	√	√		
蓝山	√	√	√	√	√	√	√		√		√	√	√	√		
江华	√	√	√	√	√	√	√	√	√		√	√	√	√	案管	
江永	√	√	√	√	√	√	√	√	√		√	√	√	√	案管	

第二章 队 伍

第一节 人员结构

一、人员编制

从 1978 年恢复检察机构至 2015 年，全市检察机关人员编制由 1978 年的 92 名增加到2015年的835名，市检察院政法专项编制由最初的14名增加到141名。2002年，市检察院、11个县、区院按照市委和湖南省人民检察院要求，分别于3—9月30日前全面完成机构改革任务，并根据政法专项编制精简10%的规定，全市检察编制由705名减少到639名。

1994—2015年全市检察机关干部职工编制人数统计表

表1-5　　　　单位：人

单位 数量 年份	零陵区	冷水滩区	祁阳县	东安县	双牌县	宁远县	道县	江永县	江华县	蓝山县	新田县	市检察院	合计
1994	70	62	67	53	39	58	54	45	49	44	44	98	683
1995	71	62	68	54	40	59	55	46	50	45	45	106	701
1996	71	62	68	54	40	59	55	46	50	45	45	106	701
1997	71	62	68	58	40	59	55	45	51	45	45	106	705
1998	71	62	68	58	40	59	55	45	51	45	45	106	659
1999	71	62	68	58	40	59	55	45	51	45	45	106	705
2000	71	62	68	58	40	59	55	45	51	45	45	106	705
2001	71	62	68	58	40	59	55	45	51	45	45	106	705
2002	64	56	61	52	36	52	55	41	46	40	41	95	639
2003	64	56	61	52	36	52	55	41	46	40	41	97	641
2004	64	56	61	52	36	52	55	41	46	40	41	98	642
2005	67	59	65	55	38	55	58	43	49	42	43	103	677
2006	67	59	65	55	38	55	58	43	49	42	43	103	677
2007	68	62	68	57	39	55	58	44	51	43	44	108	697
2008	70	67	73	59	40	62	58	45	55	46	46	114	735
2009	70	67	73	59	40	62	58	45	55	46	46	114	735
2010	68	67	77	59	41	64	60	46	56	47	47	132	764
2011	68	67	77	59	41	64	60	46	56	47	47	132	764
2012	69	69	79	61	42	66	62	47	57	48	48	136	784

续表1-5

单位 数量 年份	零陵区	冷水滩区	祁阳县	东安县	双牌县	宁远县	道县	江永县	江华县	蓝山县	新田县	市检察院	合计
2013	69	69	79	61	42	66	62	47	57	48	48	136	784
2014	71	71	85	64	45	67	65	53	61	51	50	138	821
2015	72	72	86	65	46	68	66	54	62	52	51	141	835

二、人员构成

（一）性别与政治面貌

1994—2015年全市检察机关干部性别与政治面貌统计表

表1-6 单位：人

分类 年份	人数	其中				
		女性	%	少数民族	共产党员	%
1994	650	98	15.6	59	493	75.8
2000	705	115	16.7	69	521	73.9
2010	746	145	18.9	74	527	68.7
2015	835	211	25.3	81	543	66.7

（二）文化结构

1994年，全市检察机关有650名工作人员，大专以上文化程度448人，高中（含中专）文化程度159人，初中文化程度43人。

2000年，全市检察机关有705名工作人员，大学本科文化程度399人，大专文化程度198人，中专文化程度72人，高中以下文化程度36人。

2010年，全市检察机关有746名工作人员，研究生学历31人，大学本科学历495人，大专学历154人，中专文化66人。

2015年，全市检察机关有835人，研究生51名，本科生575名。大专、中专文化程度209名。

（三）年龄构成

1994年，全市检察机关有工作人员650人，其中56岁至60岁158人，46岁至55岁155人，36岁至45岁198人，26岁至35岁128人，25岁以下11人。

2000 年，全市检察机关有工作人员 705 人，其中 56 岁至 60 岁 164 人，46 岁至 55 岁 192 人，36 岁至 45 岁 202 人，26 岁至 35 岁 133 人，25 岁以下 14 人。

2015 年，全市检察机关有工作人员 835 人，其中 56 岁至 60 岁 67 人，46 岁至 55 岁 243 人，36 岁至 45 岁 237 人，26 岁至 35 岁 249 人，25 岁以下 39 人，干警年龄逐渐年轻化。

（四）法律职务

检察机关干部队伍的法律职务包括检察长、副检察长、检委会委员、检察员、助理检察员、书记员、司法警察 7 种。1994 年，全市有检察长 12 名，副检察长 36 名，检察员 267 名，助理检察员 145 名，书记员 84 名，法警 64 名。

2000 年，全市有检察长 12 名，副检察长 37 名，检委会委员 86 名，检察员 245 名，助理检察员 141 名，书记员 83 名，法警 64 名。

2010 年，全市有检察长 12 名，副检察长 43 名，检察委员会委员 87 名，检察员 266 名，助理检察员 156 名，书记员 80 名，法警 64 名。

2015 年，全市有检察长 12 名，副检察长 44 名，检委会委员 90 名，检察员 298 名，助理检察员 141 名，书记员 70 名，法警 63 名。另有其他干部 58 人，工勤人员 59 人。

第二节　队伍建设

一、干部选拔

1994—1999 年，市检察院提请市人大常委会选任 37 名中青年干部为市检察院及 11 个县、区院检察长、副检察长。将 86 名青年干部充实为中层骨干。

1999 年 2 月，市检察院党组决定在市检察院机关实施“竞争上岗、双向选择”用人机制。通过双向选择，优化组合，有 13 人竞争上原职务，有 67 人岗位轮换，16 人竞争上副科长职位。在双向选择中，有 4 人落选后经学习培训复岗。

1999 年 2 月，市检察院机关举行竞争上岗

2003 年 2 月，市检察院机关对中层干部轮岗调整。对在科长职位上连续工作 5 年以上男性年满 52 周岁，女性满 50 周岁的改为非领导职务；对任副科长

职务，男满50周岁，女满49周岁的也改为非领导职务，并进行轮岗；对空出的5个科长职位、6个副科长职位在全院进行竞争上岗。

2000—2015年，全市检察机关进行“竞争上岗、双向选择”8次，选拔中层干部167人；其中市检察院选拔4次，27人（处长11人，副处长16人）。2005年4月，市检察院潘衡湘被市人大任命为副检察长，成为市检察院首位女性副检察长（民主）。

1996年，全市检察机关根据《中华人民共和国检察官法》等规定，一律面向社会公开招录新进工作人员。2000—2015年，全市检察机关按照公务员招考程序，面向社会招录工作人员248名，其中市检察院35名，冷水滩区院2名、零陵区院15名、祁阳县院12名、东安县院24名、双牌县院17名、道县院32名、江华县院15名、江永县院19名、宁远县院29名、新田县院27名、蓝山县院21名。

二、教育培训

1985年，根据司法部、最高人民法院、最高人民检察院《关于认真组织司法干部参加电大法律专业学习有关问题的通知》和湖南省广播电视大学、湖南省人民检察院精神，在零陵分院机关建立一个电大法律专业（业余）教学班。学制为2年、业余学习3年（1985—1988年7月），设立专人负责，组织分院和11个县、市院干警参加电大法律专业学习。电大学员坚持“工作为主、业余为主、自学为主”的办学方针和“自学、集中辅导、总复习”的学习方法，缓解工学矛盾，提高教学质量。1985年5月1日—1998年7月31日，全市检察机关举办6期电大教学班。第一期（1985—1988年）就读大学专科的146名学员，通过3年业余自学和集中辅导，全部学完20门课程。经全国电大统考，有140名学员通过考试；另6名学员通过补考毕业。1988—1998年，全市检察机关还举办一期电大法律专业专科班学习，有193人取得法律专业专科毕业证。

1988年，全省检察系统85级电大法律专业教学工作总结会

1994—1996年，零陵分院组织副处以上干部对《邓小平文选》第三卷的重要内容进行学习讨论后，在全地区检察机关确定34名理论辅导员为干警上课103次，院领导讲课39次。70%以上的干警通读《邓小平文选》，写心得体会1455篇。建立健全检察政治工作规章制度、统计台账、信息（资料）储存和干部人事档案资料的归档管理。围绕学习《中国共产党党

章》，进行“三个一”教育（一个宗旨、一个理想、一个作用）；开展“一加强三整顿”活动，讲党课、形势报告会和上理论辅导课及“优秀党员报告会”等活动，增强党员模范作用。江华县院驻县农业银行检察室赵森辉，为保护人民生命财产安全，与4名歹徒搏斗负伤，被湖南省人民检察院记一等功，誉为“见义勇为的瑶山卫士”。1994年，全地区遭受五次洪涝灾害，检察干警出动415人次救灾，捐款4.9万余元、衣物1100余件。1996年，市检察院根据最高人民检察院制定的《检察官培训暂行规定》培训目标、任务、期限，结合永州实际，着重抓检察专业证书专项培训工作。通过自学和培训及对12门法律专业课的教学辅导，全市154名学员按时结业。

1997年，全市检察机关围绕学习党的“十五大”文献，结合检察职业特点开展职业道德、职业责任和职业纪律教育。7月31日，市检察院下发《关于“开展‘抓班子、创三好，带队伍、争一流’活动方案”的实施意见》，狠抓领导班子建设和队伍建设，充分发挥党支部的战斗堡垒作用和党员先锋模范作用。将全省“十佳反贪局长”叶华友等干警和祁阳县院的先进事迹，通过报刊、电台、电视台等媒介广泛宣传，激发检察干警勤奋敬业、无私奉献。

1998年8—9月，市检察院与市委组织部组成4个考察组，对11个县、区院正副检察长、正副反贪局长的思想政治素质、组织领导能力、工作作风、廉洁自律、执法水平等情况，进行全面考察，调整检察长3名，调入副检察长8名、调出6名，提拔副检察长6名。

1999—2002年，市检察院开展向徐家井派出所学习，“争创人民满意检察院、争当人民满意检察干警”和“一优三强五好”争创活动。组织县、区院深入开展“学习付玲玲、如何当好检察长、创一流班子”座谈讨论。加大对下级院领导班子的协管力度，认真开展届中考察和换届考察，顺利完成10个县、区院检察长的新老交接。开展争创“四优四先”活动，道县院被省委、省政府评为全省“文明标兵”单位。

2002年5月，市检察院召开如何当好检察长座谈会

2003—2005年，市检察院开展争创“先进检察院”“优秀检察长”活动，组织11个县、区院检察长和33名副检察长参加领导素能培训，调整县、区院领导班子成员3名。选送145名干警参加湖南省人民检察院、市检察院举办的各类岗位职务和检察业务培训，组织81名干警参加专升本学历教育，5名干警攻读在职法律硕

士。对 489 名业务部门干警进行岗位执法技能考试。

2000—2006 年，市检察院组织干警参加（招录有法律大专学历）北京大学、湘潭大学法律及其他院校法律本科和研究生函授班学习，鼓励干警自觉接受本科教育和高学历教育，全市检察机关有 75 人参加本科学习、12 人参加研究生函授班学习，经过 5 年学习全部取得相关文凭。

2007 年，全市检察机关开展“作风建设年”教育整顿活动，解决工作中存在的突出问题。实行政治轮训制度，全市检察机关领导干部参训 37 人次，选拔 5 名检察长和对 2 名检察长进行异地交流，培训侦查监督、公诉、职务犯罪侦查等部门业务骨干 107 人次。

2008 年，市检察院组织 18 名干警参加湖南省人民检察院司法考试培训和考试，12 人取得合格成绩。2000—2015 年，全市检察机关有 173 名参加司法考试，115 名取得资格。

2008 年 6 月 30 日，市检察院举行庆“七一”我与检察同行演讲比赛

湖南省人民检察院表彰 2008 年度“十佳百优干警”，市检察院屈芳玲（中）被评为“十佳检察干警”，周辉（左）、曹智华（右）被评为“百优检察干部”

2009—2013 年，市检察院派员参加下级检察院党组民主生活会 44 次，对 11 个县、区院领导班子进行巡视督查“回头看”，配合地方党委对 5 个县、区院的班子成员进行调整充实。选派县、区院班子成员参加领导素能培训 113 人次，选派 728 名干警参加最高人民检察院、湖南省人民检察院组织的各种业务培训，65 人通过国家司法考试。建立侦查办案“一案一总结”、公诉出庭“一月一评庭”、捕诉质量“一月一分析”、文书制作“一季一评查”和不捕不诉检察文书说理等工作机制，不断提高

2013 年 10 月 8 日，市检察院举办全市检察机关首届书画摄影作品展

实际工作能力。全市检察机关有硕士 24 名、博士 1 名，16 名干警通过国家司法考试，180 名干警参加上级院业务培训。邀请专家学者到 11 个县、区院开展《中华人民共和国刑事诉讼法》《中华人民共和国民事诉讼法》巡回讲座 56 场次。2009 年 2 月 24 日，冯湘琳被市人大批准为零陵区院检察长，成为永州市县、区院第一位女性检察长。

2014—2015 年，市检察院确定 29 项整改事项，发文数量减少 20%，公务接待费用下降 40%，办公用房、公务用车全部按规定整改到位。建立落实“八项规定”长效机制，制定完善 11 项制度。在教育实践活动三次民主测评中，对市检察院班子评价“满意”99.3%；对市检察院开展教育实践活动总体评价为“好”、对解决“四风”问题评价“好”的为 100%。选派 888 名干警参加最高人民检察院、湖南省人民检察院组织的业务培训，38 名干警通过国家司法考试；开展监所、公诉、侦查业务能手岗位竞赛和法警技能比武 5 次。祁阳县院推进院校共建，与中南财经政法大学联合开展全员订单培训。市检察院在宁远县西江源村开展精准扶贫，结对帮扶贫困户 39 户，筹集资金 600 万余元，硬化道路 12.5 公里、修建桥梁 4 座。市检察院连续 5 年被评为市直机关“优秀党组织”，被市委确定为全市学习型党组织示范点。

2015 年 9 月 20 日，市检察院检察长文兆平（左三）等领导到宁远县中和镇西江源村扶贫调研

1990—2015 年，全市检察系统选拔至省、市、县委党校学习 1275 人。2000—2015 年，派出 50 名检察长、副检察长及市检察院处长到国家检察官学院参加领导素能培训，180 名干警到湖南省人民检察院进行素能培训。

三、立功受奖

1994—2015 年，市检察院决定和提请省以上机关表彰的优秀党员 201 人次，优秀公诉人 15 人次，荣记三等功 420 人次，二等功 57 人次，一等功 4 人次，获荣誉称号 3 人。

1999—2002 年，在全省检察机关评比的 20 个五好检察院先进单位中，祁阳、道县院受表彰；在 50 个五好检察院中，祁阳、道县、宁远县、芝山区院受表彰。宁远、新田县院被评为“五好检察院”。宁远县院检察长周伟平被评为优秀检察长；4 名干警被评为全省五好检察干警。道县院检察长付玲玲在 2001 年 8 月 16 日成功处置恶性绑架爆炸事件，先后被授予“全国模范检察干部”“全国十大杰出检察官”“全国见义勇为先进个人”“全国优秀检察长”称号，被推选为党的“十六大”代表。湖南省委、市委授予“优秀共产党员”称号，全省十大新闻人物。

2003—2006年，有10个（省级2个，市级3个，县级5个）单位被评为文明单位。全市检察干警有33人被湖南省人民检察院先后授予“优秀侦查员”“优秀公诉人”“优秀办案能手”称号，57人被评为先进个人，16人被记功，7人被最高人民检察院评为先进个人，涌现出“全国模范检察官”付玲玲、“全省十佳政法干警”周益群、“全省青年卫士”胡远陵等典型。

2007年，全市检察机关有1人被最高人民检察院评为全国“优秀侦查员”、1人被湖南省人民检察院评为全省“十佳办案能手。”

2010年2月，零陵区检察院民行科干警蒋冬林获全国模范检察官

2009—2012年，市检察院开展“文明单位”创建活动，全市12个单位，5个创建为市级文明单位，2个创建为省级文明单位。张红生等2名干警被湖南省人民检察院评为“十佳办案能手”，屈芳玲等3名干警被湖南省人民检察院记二等功。零陵区院民事行政检察科干警蒋冬林由于20年如一日，克服家中困难，甘于清贫，秉公执法，无私奉献，于2010年2月，在全国检察机关第七次先进集体和先进个人评选表彰活动中，获得“全国模范检察官”荣誉称号，4月被国务院授予“全国先进工作者”荣誉称号。被评为“全省十杰政法干警”，记一等功；祁阳县院王祁平被中国文明网评为“全国见义勇为好人”，宁远县院蒋晓勇被评为第六届“湖南省优秀青年卫士”，祁阳县院公诉科被评为省“青年文明号”，新田县院反贪局、零陵区院政治部被评为全市“十佳政法单位”，江华县院卿东江、道县院赵太华、冷水滩区院刘汉红被评为全市“十佳政法干警”；市检察院4个党支部被评为“学习型党支部”，公诉处被评为省级青年文明号，反贪局副局长成建华连续16年无偿献血6600毫升，获全省无偿献血奉献银奖；祁阳县院王蔚被评为全国检察机关计财装备工作先进个人，江永县院曹江被评为全省侦查监督优秀检察官。

2013年10月8日，市检察院举办全市检察机关首届书画摄影诗词展，市检察院盘树高的书画作品荣获全国检察机关廉洁从检书画摄影展二等奖，作品在首都博物馆展出。市检察院被市直机关工委评为“十佳书香型机关”。

2014—2015年，开展办案业务能手、优秀法律文书等业务竞赛，44名干警获全省“十佳公诉人”“优秀公诉人”“十佳侦查标兵”等专项业务竞赛标兵、能手称号。在参加全省优秀公诉人竞赛中，道县院干警邓云云获“十佳优秀公诉人”，市检察院余海燕、刘伶俐获优秀公诉人。市检察院在全省执法状况考评和执法质量评查中，连续三年名列全省第一。东安县院荣获“全国文明单位”称号和全省检察机关文化建设示范院，市检察院被评为“全省文明标兵单位”，江永等7个县、区院进入省级文明单位行列，新田县院被评为全省检察文化活动先进单位，蓝山县院被评为全省文明卫生单位。零陵区院胡国衡等3人被评为“湖南省见义勇为先进个人”。新田县院原党组副书记、副检察长陈运周，先后参与查办的大案要案150多件，组织领导查办贪污贿赂案件270多件310人，无一错案，被称为“反贪斗士”，2014年12月15日，最高人民检察院、中共湖南省委追授其为“全国模范检察官”、湖南省“优秀共产党员”，同年12月底，陈运周被评为全国首届十佳“守望正义——群众最喜爱的检察官”，并当选中央电视台年度法治人物。

四、检察研究

2005年6月30日，市检察院将原在办公室加挂牌子的“法律政策研究室”（以下简称研究室）分立设置，为正科级内设机构（加挂人民监督员办公室牌子），设主任1名。按照服务中心原则，每年确立县、区院调研联系点，专题进行调研，并将调研任务和一些重点课题分解到机关各部门及县、区院，实行量化考核。同时，制定奖励办法。

2006—2007年，全市检察机关调研工作坚持理论研究和调查实践的主线，确定“在检察工作中应当树立的社会主义法治理念”“适用刑事和解需要研究的问题”作为调研重点课题，有序组织全市检察机关开展调研，编辑印发《永州检察研究》10期。积极组织干警向省刑法学会、《湖南检察研究》投递优秀理论稿件，先后有3篇获二等奖，1篇获三等奖。在江华县院召开检察理论研讨会暨检察学会年会，表彰祁阳县院桂来诚撰写的“论反腐败的长期性”等优秀论文。

2007年，市检察院在新田县院召开检察学会年会暨理论研讨会

2008年，市检察院加大调研工作力度，建立全市检察调研骨干网络，领导带头调研，带头推出理论成果，推出检察理论课题研究机制。编发《永州检察调研》12期，“关于全市检察机关批准逮捕后变更强制措施的情况调查”一文在《湖南检察〈重大情况专报〉第六期》刊发，向湖南省人民检察院申报“刑事和解实证研究”

“检察机关民事执行监督研究”两个检察理论研究课题。

2008年，市检察院举行永州市检察学会年会

2009—2010年，着力推行检察理论课题研究机制，进一步健全调研网络，推动检察调研工作。东安县院成立以检察长屈春荀为组长的课题研究组，向湖南省人民检察院申报“检察机关执法公信力制度研究”检察理论研究课题；零陵区院检察长冯湘琳带领干警深入珠山锰矿区，对矿区安全隐患和不稳定因素进行调查分析，被湖南省人民检察院《湖南检察情况反映》采用。2008年市检察院申报“刑事和解实证研究”课题于2009年结题，“我国刑事和解实施中的问题与相应实体、程序法完善”课题在全国综合类知名期刊《政法与法律》第9期发表，该文被评为全省检察机关2009年度检察理论研究优秀文稿。屈中平撰写的“永州市2008年以来返乡农民工犯罪案件的情况分析”被最高人民检察院《检察院情况反映》采用。全市有8篇文章被编入《潇湘检察论坛》(2009年湖南省检察机关理论研究成果集)；道县院唐广益、张翼飞撰写的“完善法律监督的新思路”被评为二等奖，市检察学会被评为论文征集活动组织奖。市检察院在依法办理未成年人吴×强迫卖淫案的同时，与市妇联、关协共同就净化未成年人成长环境问题进行深入调查，形成“永州市未成年人违法犯罪情况调查”，向市委作出专题报告，并向当地综治委发出检察建议，引起高度重视。

2011—2012年，以申报湖南省人民检察院检察理论研究课题为抓手，促使领导重视检察理论研究工作，激发干警进行理论研究热情。市检察院检察长王蓟零向湖南省人民检察院申报的检察理论研究课题“诉讼监督能力建设研究”、党组书记文兆平申报的“司法人员渎职行为调查制度的法律监督特征”，均被湖南省人民检察院批准立项，顺利结题。江永县院检察长胡远陵申报的“检察机关特别侦查措施之制度建构”在《人民检察·湖南版》发表，祁阳县院检察长朱跃陆撰写的“对量刑建议的一点思考”在《中国检察官》杂志上发表。编辑《全市检察机关优秀理论研究成果集（2010年度、2011年度）》，收录在上级院内刊、省级以上报刊发表的理论研究、调研成果69篇。对市检察院各业务部门和11个县、区院围绕“三项重点工作”开展执法调研，积极进行推介论文23篇，编辑《永州检察调研》43期。市检察院申报的“社会管理创新视角下职务犯罪工作研究”被湖南省人民检察院列为重点课题。在此课题指引下的“论查办和预防职务犯罪与社会管理创新”一文，获得2012年度湖南省检察理论研究优秀论文二等奖。检察长文兆平根据永州市检察院在处理突发维稳案件中积累的实证经验，撰写的“适用羁押措施处置突发维稳案件的思考——对行政拘留的积极审视”一文，得到副省长盛茂林、湖南省人民检察院检察长龚佳禾的评价。

2013 年，全市检察机关突出领导带头，全员参与，大力开展检察理论研究。市检察院研究室编辑《全市检察机关优秀理论研究成果集（2012 年度）》，收录在上级院内刊、省级以上报刊发表的理论研究、调研成果 29 篇。市检察院检察长文兆平与纪检组长卿飞舟申报的“全市检察机关涉检信访基本状况及处置机制研究”，被湖南省人民检察院列为重点课题。在全省检察理论研究年会上，市检察院检察长文兆平、控申处副处长蒋利清的“两大诉讼法修改后涉检信访工作积极应对之思考”、祁阳县院民行科科长何含瑛撰写的“民事诉讼法修改与公益诉讼的适用”分别获年会论文二、三等奖，有 9 篇论文被《人民检察·湖南版》刊载，编辑《永州检察调研》14 期。

2013 年，市检察院举行“党的群众路线教育实践活动”制度修订研讨会

2014 年，市检察院检察长文兆平与课题组深入 11 个县、区院，就队伍建设情况进行专题调研。通过听取汇报、座谈讨论、调查走访、查看资料、发放表格等形式，掌握队伍建设情况，找出问题，分析成因，提出具体对策、建议，撰写出“永州市县区检察院队伍建设情况调查报告”和盘树高撰写的“检察文化的春天”文章，被湖南省人民检察院检察长游劝荣给予高度评价和批示。双牌县院刘晓宁撰写的“2006—2014 年度村组干部涉及征地补偿款犯罪的调查报告”，以该县发生的村组干部涉及征地补偿款犯罪案件为样本，以集体土地征地补偿款制度缺陷为调查重点，立足检察职能，结合执法办案，开展专题调研，提出健全集体土地征地补偿款制度的对策建议，促成《双牌县农村集体土地征地补偿资金管理暂行规定》的出台，得到双牌县委、县政府和市级、省级相关职能部门的肯定，被湖南省人民检察院转发推广。

2014 年 10 月，湖南省人民检察院检察长游劝荣（右）莅临指导检察文化建设

2015年，坚持服务大局、服务中心、服务决策、服务实践为导向，积极开展理论研究和执法调研，全年发表理论研究论文68篇，其中《人民检察·湖南版》19篇，《政法论坛》7篇，《检察风云》19篇。零陵区院检察长冯湘琳、副检察长魏建文撰写的“刑事政策视野下检察权运行的法治化路径”“以审判为中心”“对检察环节非法证据排除工作的影响与应对”文章，入选2015年第十六届全国检察理论研究年会优秀论文；零陵区院“以审判为中心背景下的检察权运行法治化路径构建”和祁阳县院“以审判为中心的诉讼制度改革的职务犯罪侦查对策”文章，分别荣获2015年全省检察理论研究年会优秀论文二、三等奖。零陵区院申报的“以审判为中心背景下的诉审关系”，被最高人民检察院列为国家级重点课题，市检察院申报的“司法改革背景下检委会与办案责任制关系研究”等被湖南省人民检察院列为重点课题。编辑《永州检察调研》23期和《全市检察机关优秀理论研究成果集（2013、2014年度）》，收录在上级院内刊、省级以上报刊发表的理论研究、调研成果51篇。

五、检察宣传

全市检察机关新闻宣传工作紧紧围绕“谋大局、提素质、树形象”目标开展工作，1994—2007年依靠党报党刊宣传，在开展各种大型活动和召开主要会议，都邀请党报党刊、电视台记者前来采访报道，每年发稿200余篇；2008—2012年利用新型网络平台进行宣传，因在网络平台发稿容量大，每年保持在党报党刊发稿数量逐年增加外，在网络刊发文章2500余篇；2013—2015年利用自办媒体全方位宣传。市检察院在2013年开通永州检察官方网站，2014年开通“两微一端”（微博、微信及“今日头条”客户端）进行宣传，形成利用“两微一端一网”和实现门户网站、手机APP端、微信端、微博端平台数据共享共通，协同合作，打造智慧型宣传检察工作平台，进入立体式新闻宣传模式，每天的宣传报道在7小时之内，通过上述媒体第一时间发布，及时、客观、真实反映重要检察工作和重大活动，2015年，在各级新闻媒体发稿900余篇，全面提升检察机关形象。

1994—1995年，市检察院开展“检察宣传县区行活动”，对祁阳、宁远、江华等县院的工作进行推介。同时开展法制宣传周活动，在主要街道、乡镇集市开展法制宣传27场次，发放宣传资料1000多册。江华县院朱龙凡获得全国检察机关第三次“双先”先进个人，市检察院号召全市检察机关向朱龙凡学习，并在省市、国家级媒体大力宣传报道，树立永州检察形象。全市在报刊上发表新闻稿件422篇，在湖南电视台、永州电视台等媒体发表新闻稿件132篇。

1996—1997年，市检察院与《永州日报》、永州电视台对全市检察工作和惩治严重刑事犯罪专项活动进行重点宣传报道，发表该类稿件 47 篇和 21 篇。在报刊媒体上发表新闻稿件 612 篇，在湖南电视台、永州电视台等媒体发表新闻稿件 337 篇。

1998 年 4 月，市检察院、零陵区院组织法律咨询、举报宣传活动

1998 年，市检察院与《永州日报》、永州电视台等媒体对“全省十佳反贪局长”叶华友、祁阳县院先进事迹进行专题报道。7 月 21 日上午，全市检察机关出动 100 余名干警，在街头设点进行法律咨询、举报宣传活动。在报刊等媒体发表新闻稿件 362 篇，在湖南电视台、永州电视台等媒体发表新闻稿件 201 篇。

1999 年，市检察院与《永州日报》、永州电视台对全市检察机关服务民生进行重点报道，发表稿件 11 篇。12 月 2 日，市检察院与永州电视台召开拍摄祁阳、宁远、道县院争创“一优三强五好”专题片座谈会，检察长赵光华到会讲话。全年发稿 341 篇，在湖南电视台、永州电视台等媒体发表新闻 187 篇。市检察院被湖南省人民检察院评为全省检察机关宣传先进单位。

2000 年，市检察院组织干警在 11 个街道、24 个乡镇开展法制宣传周。10 月 18 日，市检察院邀请《永州日报》、永州电视台、永州有线台的领导和记者召开座谈会，商谈“公正执法基层行”报道等事宜后，于 11 月 13 日—16 日到新田、江华、道县、宁远等县院进行采访宣传，12 月 15 日进行总结座谈会，市检察院副检察长周进柱通报 2000 年全市检察工作和“公正执法基层行”的宣传情况。全年在报刊上发表新闻稿件 324 篇，在湖南电视台、永州电视台等媒体发表新闻稿件 176 篇。

2001 年 10 月 11 日，最高人民检察院授予付玲玲全国模范检察干部称号

2001 年 10 月 12 日，道县院检察长付玲玲成功处置“8·16”恶性绑架爆炸事件，被最高人民检察院授予“全国模范检察干部”，省委、市委授予“优秀共产党员”，省政府、市政府授予“人民卫士”称号，并被评为全国十大杰出检察官、全国见义勇为先进个人、全省十大新闻人物等。《人民日报》、中央电视台、《法制日报》《检察日报》《湖南日报》、湖南电视台等媒体进行专题报道 55 篇。全市在报刊上发表新闻稿件 186

篇，在湖南电视台、永州电视台等媒体发表新闻稿件107篇，在正义网、红网、永州新闻网等媒体发表新闻稿件241篇。

2002年，市检察院与《永州日报》、永州电视台对全市检察机关服务经济发展进行重点推介，发表稿件17篇。11月18日，市检察院举行付玲玲先进事迹报告和传达“十六大”会议精神会议。全市检察机关在报刊上发表新闻稿件127篇，在湖南电视台、永州电视台等媒体发表新闻149篇，在正义网、红网、永州新闻网等媒体发表新闻稿件230篇。

2003年，市检察院组织开展法制宣传进乡村活动17场次。6月9日，对全市检察机关贯彻“中共十六大”“三个代表”重要思想演讲比赛，进行宣传报道。在报刊上发表新闻稿件194篇，在湖南卫视、湖南经视、永州电视台等媒体发表163篇，在正义网、红网、永州新闻网等媒体发表158篇。

2002年11月18日，市检察院举行付玲玲先进事迹报告会

2003年6月9日，市检察院举行全市检察机关贯彻“十六大”“三个代表”演讲比赛

2004—2006年，市检察院组织开展法制宣传进校园、进企业和对查处、预防职务犯罪工作进行宣传活动，在全市42所中小学校、21个厂矿进行法制宣传。2004年9月29日，对新侦查技术大楼落成庆典进行宣传报道。全年在《法制日报》《检察日报》《湖南日报》《永州日报》等媒体发表新闻稿件324篇，在湖南卫视、湖南经视、永州电视台等媒体发表新闻稿件411篇，在正义网、红网、湘检网、永州新闻网等媒体发表811篇。

2007年，市检察院与《永州日报》、永州电视台对全市检察机关队伍建设进行典型宣传，发表稿件22篇。在《法制日报》《检察日报》《湖南日报》等媒体发表新闻稿件115篇，在湖南卫视、湖南经视、永州电视台等媒体发表新闻稿件193篇，在正义网、红网、湘检网、永州新闻网等媒体发表新闻稿件384篇。

2008—2009年，市检察院加大宣传力度，组织检察官到全市54所中小学校开展法制讲座宣传活动。5月16日上午，市检察院对全院检察干警为5·12四川汶川地震受灾群众捐款进行宣传报道。8月，湖南省人民检察院举办“三湘检察故事会”活动，全市检察机关上报案件材料4份。10月24日上午，市检察院召开检察机关恢复重建三十周年纪念大会，市检察院进行深度报道。在报刊上发表新闻稿件632篇，在网络上发表新闻稿件2560篇。2009年，零陵区院干警蒋冬林从检20多年甘守清贫、淡泊名利、清正廉洁、爱岗敬业，被评为“全省十杰政法干警”，荣记一等功。7月21—22日，《湖南日报》《潇湘晨报》、湖南电视台、红网等9家省级媒体，集中采访零陵区院干警蒋冬林先进事迹，于7月23—24日集中播出蒋冬林先进事迹。12月3—5日，中央电视台、新华社、中新社、《法制日报》《检察日报》在湖南省人民检察院政治部领导的陪同下，到零陵区院采访报道蒋冬林先进事迹，于12月中旬对蒋冬林先进事迹集中报道。

2009年，全国模范检察官蒋冬林在查阅资料

2010年，《人民日报》、中央电视台、《湖南日报》、湖南卫视等12家媒体对“全国模范检察官”蒋冬林、“全国政法系统优秀党员干警”卿东江的先进事迹专题报道31篇。全市检察机关在报刊上发表新闻稿件323篇，在湖南卫视、湖南经视、永州电视台等媒体发表新闻稿件142篇，在正义网、红网、湘检网、永州新闻网等媒体发表新闻稿件1034篇。

2011年，《检察日报》《湖南日报》、湖南卫视等9家媒体对“全省十佳检察官”屈芳玲的先进事迹专题报道21篇。4月，组织11个县、区院为《湖南日报》编撰的《法制强省先锋谱》一书撰写稿件，提供照片；协助湖南省人民检察院宣传处和湖南经视记者赴道县拍摄万×顺交通肇事一案的公益诉讼专题片；6月，宣传“纪念中国共产党成立90周年和检察机关创建80周年辉煌历程演讲比赛”。在《法制日报》《检察日报》《湖南日报》《永州日报》等媒体发表新闻稿件516篇，在湖南卫视、湖南经视、永州电视台等媒体发表新闻稿件210篇，在正义网、红网、湘检网、永州新闻网等媒体发表新闻稿件2167篇。

2012年，曾被评为“全国见义勇为好人”的祁阳县院纪检组长王祁平再次勇斗歹徒，被媒体宣传报道。6月29日市检察院举行全市检察机关庆“七一”暨“忠诚、为民、公正、廉洁”为主题演讲赛，8月20日对“湖南检察职业道德标兵”涂晓震载誉归来进行宣传报道。

2013—2015年，新田县院原副检察长陈运周，被市委作为群众路线教育实践活动推出的重大先进典型。最高人民检察院、湖南省委分别追授其为“全国模范检察

2012 年 8 月 19 日，湖南省人民检察院为“湖南检察职业道德标兵”颁奖（右三为涂晓震）

2013 年 10 月，陈运周带病坚持办案

官”“全省优秀共产党员”，最高人民检察院检察长曹建明，湖南省委书记、省人大常委会主任徐守盛等领导出席追授命名大会并颁奖和讲话。《检察日报》《湖南日报》、湖南卫视等省市、中央媒体专题报道。2015 年，其被评为“中国法治人物”，在中央电视台表彰。《人民日报》、中央电视台、《法制日报》《检察日报》《湖南日报》、湖南卫视等媒体集中采写陈运周先进事迹 41 篇。

2015 年，市检察院进一步完善宣传制度，建立《外网网站管理制度》《“两微一端”管理制度》《新闻宣传纪律》等 7 项工作制度。进一步夯实平台建设，全市检察机关外网、官方微信、官方微博、新闻客户端全部上线，优化栏目设计，开设“我们身边的检察官”“检察官的一天”等特色栏目。进一步加大外宣力度，在《检察日报》《永州日报》、正义网、湘检网、红网等媒体发表新闻稿件 892 篇。向湖南省人民检察院和省直媒体推介市检察院坚持“四抓四提升”打造检察工作“升级版”和服务经济发展环境等特色工作。中央电视台新闻频道到新田县院采访陈运周先进事迹，并在中央电视台播出《守望正义》专题片。

第三节　党风廉政建设

1996 年，市检察院党组设立纪检组、监察室。2002 年 1 月，监察室更名为监察处，与纪检组在上级纪检、监察部门的指导和院党组的领导下，配合市检察院党组进行党纪党风检纪教育、监督检查、查处违法违纪案件工作。

一、党纪党风检纪教育

1994—1997 年，市检察院组织全市检察机关干警学习中纪委三次全会和全国检察机关第二次纪检监察工作会议精神，进行自查自纠，批评和自我批评，确定每季度第一个月为纪律教育月。1995 年 5—7 月，全市检察机关分 3 次，每次用 2—3 天时间进行机关作风纪律集中整顿。院领导带头廉洁自律，遵守“三不”规定（影响工作的宴请坚决不到，拉关系送的礼品坚决不要，有损检察形象的事坚决不做）。全市检察机关在 1997 年重新修订接待标准，相继办起机关食堂，每年减少开支 10 万余元。五年拒收红包礼金 6.29 万元，拒收礼物吃请 2212 人次，折款 14.2 万元；清理移动电话 80 部、住宅电话 97 部，均执行“卖”断决定，收回资金 91660 元。

1997 年 12 月，市检察院召开永州市检察机关纪检监察工作会议

1998—2000 年，市检察院深入贯彻教育整顿工作会议精神，落实最高人民检察院下发的“九条卡死”（严禁超越管辖范围办案；严禁对证人采取任何强制措施；立案前不得对犯罪嫌疑人采取强制措施；严禁超期羁押；不得把检察院的讯问室当成羁押室，讯问一般应在看守所进行，必须在检察院讯问室进行的，要严格执行还押制度；不得违反规定使用技术侦查手段；凡在办案中搞刑讯逼供的，先停职，再处理；因玩忽职守、非法拘禁、违法办案等致人死亡的，除依法依纪追究直接责任人员外，对于领导失职渎职的一律给予撤职处分。严禁截留、挪用、私分扣押款物）硬性规定。市检察院检察长赵光华向湖南省人民检察院检察长李志辉签订党风廉政责任状，11 个县、区院检察长、市检察院各内设机构负责人向市检察院检察长赵光华递交党风廉政建设责任状。11 个县、区院检察长与所属部门负责人签定责任状。纪监部门对部门副职以上干部建立 400 余个廉政档案。市委政法委、市检察院组织 620 名检察干警进行《检察官纪律手册》测试。市检察院领导班子、党组成员向湖南省人民检察院、市委写出《党组执行党风廉政建设责任制的情况报告》，7 名党组成员均写出《关于个人党风廉政建设的情况报告》，没有发现超标准报销问题，节约话费 3500 多元，拒吃请 1896 人次，拒说请 2450 人次，拒收各种礼金、礼品等 9 万余元。2000 年 3 月 1 日—4 月 30 日，在市检察院领导班子及非领导职务处级干部中开展讲学习、讲政治、讲正气教育（“三讲”教育）期间，以监察室为

2000 年 2 月，市检察院召开检察执法监督员联席会

主，成立2个调查组，走访11个县、区检察院和向市委、市政府、市人大、市政协及市直机关等10多个单位，采取个别谈话，集中座谈和发放征求意见函等形式，对526名干警进行调查，归纳整理意见、建议26条，通过其他途径收集意见、建议318条，均在规定时间内解决。

2001年5月，市检察院组织学习“三个代表”重要思想演讲会

2001—2002年，市检察院进行集中教育整顿第三次动员，总结第一、二阶段工作情况，对第三阶段（执法检查阶段）进行安排部署。组织学习中共“十六大”精神和“三个代表”重要思想教育活动，开展《走出心里误区，筑牢拒腐防线》《恪守职业道德，树立良好形象》《正确行使权力，确保公正执法》专题辅导。组织干警观看《党旗飘飘》图片展，开展“我为检察添光彩”演讲比赛等活动。

2003—2005年，市检察院集中学习中共“十六大”精神、“三个代表”重要思想和胡锦涛在西柏坡的重要讲话，组织干警学习党员领导干部廉洁从政的若干规定，并进行考试，平均成绩97.5分。市检察院纪检监察部门制订《检察工作人员行为准则》《干警八小时以外管理规定》等八项制度。制定党风廉政建设责任制12份，组织签订党风廉政建设责任状332份；派员参加指导基层院廉洁从政民主生活会62次；开展党风廉政建设和党风党纪专题宣传教育130余场次，给干警上警示教育课76场次，邀请专家、教授专题讲座9场次，教育面积达100%。全市两级检察机关领导班子拒礼拒贿70余人次，拒收和上缴红包礼金23万余元；检察干警拒收红包礼金12万余元，拒吃请1180余人次。拒请跳、请钓520余人次，拒说情1200余人次，开展专场宣讲会16场次。其中市检察院机关拒收礼品、礼盒20余人次，拒请吃30余人次。

2006年，全市检察机关从院领导、中层骨干、一般干警逐级签订责任状，实行“一岗双责”，制定党风廉政建设责任制12份，成立领导小组12个；市、县区院党组全年召开廉洁从政民主生活会13次。纪检监察部门开展党风廉政建设和党纪党规专题教育23场次，教育面达100%；拒礼拒贿33人次，拒收（退）和上缴红包礼金25万余元。全市检察干警拒收红包礼金12万余元，拒吃请360人次，拒请跳、请钓280余人次，拒说情310余人次。

2007年，市检察院按照“大宣传”要求，会同政工部门、机关党委组织开展职业道德、法纪条规和党的优良传统作用教育；制定“加强纪律建设、规范执法行为”专项整治实施方案和“人民检察院领导干部思想作风建设工作方案”。组织学习中纪委《关于严格禁止利用职务上的便利谋取不正当利益的若干规定》，结合自身深刻反思，自查自纠。全市检察机关领导干部述职述廉 79 人次，报告个人重大事项 10 人次，申报子女配偶从业情况 1 人次。6—10 月，在市检察院机关开展清理整顿干警经商办企业专项活动，严禁干警利用职务之便谋取不正当利益。

2008—2010 年，市检察院制定《建立健全惩治和预防腐败体系的实施办法》，落实《谈话制度》，对领导干部谈话 50 余人次，领导干部任前谈话 12 人次，述职述廉 150 人次，报告个人事项 60 人次。开展党风廉政建设和党纪党规专题教育 26 场次，教育面达 100%。开展“做党的忠诚卫士，当群众贴心人”主题实践活动和“纪念党的纪律检查机关恢复重建 30 周年”征文比赛。加强对领导干部工作圈、生活圈、社交圈和 8 小时以外的监督管理。在“大学习、大讨论”教育活动中，汇编 9 件违纪违法、案件质量不高和违规办案的典型案例进行通报。市检察院监察处建立领导干部廉政电子档案，录入 150 余名副科长以上人员的廉政情况，实行专人、专用电脑管理。全市检察机关领导班子成员拒收红包礼金 49. 3 万余元，干警拒收红包礼金 9. 7 万余元，拒吃请 360 余人次，拒请跳、请钓 310 余人次，拒说情 450 余人次。

2011 年 9 月下旬，全市检察机关 105 名班子成员和 625 名干警，参加最高人民检察院组织《中国共产党党员领导干部廉洁从政若干准则》《检察机关领导干部廉洁从检若干规定》书面考试，44 名班子成员得满分，其他成员平均 97 分，检察干警参考率 100%，平均 95 分。冷水滩区、蓝山、新田、东安、双牌、江华县院开展“发扬传统、坚定信念、执法为民”主题实践活动，对 320 余人次进行廉政谈话。

2012—2014 年，组织学习《关于实行党风廉政建设责任制的规定》、市委、市政府“六个一律处理”规定、《永州市开展“治懒惰、治散漫、治奢侈”专项整治活动实施方案》等。有 60 名领导干部，报告个人重大事项，为新增副科级实职以上的 62 名干部建立廉政电子档案。开展队伍集中整顿教育活动和转变执法理念教育活动，举办全市检察机关首届廉政文化书画摄影展，发放《检察人员纪律手册》824 册，组织干警观看《周恩来的四个昼夜》《焦裕禄》《永葆党的纯洁性》等廉政电影及警示片；邀请湖南省人民检察院专家、市委党校教授到市检察院讲座 12 场；开展专题学习教育 186 次，从干警中征求意见、建议 2867 条，查摆问题 3013 个，制订整改措施 2345 条，制订和修改各项制度 105 项。全市有 260 余人次向纪检监察部门如实报告个人重大事项及操办婚丧、喜庆事宜。

2015 年，市检察院开展“严以修身、严以用权、严以律己；谋事要实、创业要实、做人要实”教育活动，出台《市检察院领导班子成员、专职检委会委员党风廉政建设职责》《市检察院党风廉政建设责任制执行情况考核记分办法》《中共永

2012年10月20日，全市举行《检察机关执法工作基本规范》考试

2013年2月4日，市检察院领导班子成员进行述职述廉

州市人民检察院党组落实党风廉政建设“主体责任”清单》等，市检察院党组将落实党风廉政建设主体责任列出领导班子责任清单27项、党组书记责任清单20项、其他班子成员、检察委员会专职委员责任清单13项、各部门主要负责人责任清单6项。建立党风廉政建设责任制领导小组12个，专题研究党风廉政建设相关工作52件次，建立联席会议制度12个，召集联席会议48次。市检察院领导干部有7人次报告个人重大事项。市检察院坚持每周五及节假日向全体人员及11个县、区院班子成员发送廉政提醒短信；零陵区院建立“检察之家”微信群，开展“廉政早8点”活动，摘录1至3条廉政微信，准时发送给干警，提醒大家廉洁执法。

二、监督检查

1994—1996年，零陵分院研究制定《持枪人员纪律》，规定“不准因私带枪外出，不准带枪探亲访友”等“十不准”，传达到全体持枪人员，严格落实。对“乱收费、乱罚款”行业不正之风进行清理、监督检查和重点抽查4次，对1993年1月—1994年6月收缴的赃款、赃物全部进行清理。对购买小汽车，无偿占用企业通信、交通工具及赞助的钱物，按照零陵地区纪委要求进行清理。对不符合规定购买、乘坐的车辆予以处理。对市检察院保留和特批的12部手机话费开支情况进行清理。对执行住房政策、纪律情况、赃款赃物管理、枪支管理情况进行检查。制定禁止公款大吃大喝、酗酒、打牌赌博等规定，由纪监部门加强检查监督。

1997—1998年，市检察院组织全体干警学习中共中央、国务院印发的《关于党政机关厉行节约制止奢侈浪费行为的若干规定》，制定严格控制会议次数、标准，严格控制办公、侦技楼装修，严禁用公款大吃大喝、挥霍浪费，严禁用公款安装住宅电话和购买移动电话，严格按规定购买和更换小汽车，严格控制各种庆典活动，严肃查处违纪行为的若干规定，并下发11个县、区院执行。对干警住宅、移动电话进行清理、登记和规范。其中，有44人使用移动电话，属公费购置和有关单位赞助的 33 部，自费购置的 11 部；督促向市纪委廉政办缴齐公费住宅电话作价给个人的价款 8400 元。全市检察机关清理登记公款配置的移动电话 136 台，作价处理 120 台，上缴当地纪委 16 台，收回处理价款 12.395 万元上缴财政。同时，对上级 1997 年 8 月为市检察院保留和特批的 17 部移动电话的话费开支，按单据逐一清理，未发现话费超标、超范围问题。11 个县、区院压缩、缓建、装修办公大楼计划 2 个，市检察院取消各类会议 5 场次。

2003 年 1 月，市检察院被湖南省人民检察院评为“先进检察院”

1999—2003 年，市检察院狠抓“收支两条线”的落实，两次派出检查组到 11 个县、区院检查，制定完善《关于查办职务犯罪的十条规定》等 18 项规章制度。落实好湖南省人民检察院“六个严禁”（严禁办关系案、人情案、金钱案；严禁违反法定程序干预办案；严禁买官卖官、跑官要官，违反规定任免干部；严禁插手工程投标招标、政府采购等经济活动，谋取私利；严禁接受可能影响公务活动的吃请和礼物；严禁利用职权为亲属子女或身边工作人员谋取利益）纪律规定，经市党风廉政建设检查组对院领导班子是否收受红包礼金，配偶、子女从业是否违规，公务用车的配备、使用，话费报销等 10 个方面的问题进行检查，未发现市检察院领导班子存在上述问题。

2004—2007 年，全市检察机关严格落实执行中央政法委“四条禁令”、最高人民检察院“六个要求”和湖南省人民检察院“八个不准”等禁止性规定，切实抓好“廉洁从检十项纪律”的落实，从最基本的行为准则抓起，严肃纠正特权思想、霸道作风和为检不廉、办关系案、人情案等问题。市检察院建立“一案三卡”执法办案监督制度，每办理一起职务犯罪案件，必须有对案件当事人的“办案告知卡”，办案人员的“廉洁自律卡”、案件侦查终结后的“回访监督卡”，使执法办案行为置于严格的监督制约之下。修改和完善制度 37 个，新建制度 8 个，对 41 件案件进行监督，回访 26 件，执法安全督察员督察 52 人次。

2008—2009 年，全市检察机关重视和支持舆论监督。唐×东、唐×贵涉嫌敲诈勒索不服批准逮捕案，该案没有严格按照程序办理，仅凭“三长”（法院院长、检察院检察长、公安局局长）讨论意见决定逮捕，造成错捕，违背检察机关依法独立行使检察权原则，特别是检察机关在案件处理意见与党委意见不一致时，应上报上级院备案审查而没有上报，盲目服从“三长”意见。市检察院提出整改措施，对案件承办人员按照《检察人员执法过错责任追究条例》规定分别给予相应处理。市检察院在2009年开展“科学管理年”活动，将工作职责、办案流程、机关管理等80余项制度，汇编成《科学管理文本》印发给干警。实行上下班指纹签到、挂牌上岗和工作日清、周结、月点评制度，对自侦部门办理的案件监督回访53件，执法安全督察员督察32人次。

2010—2011年，市检察院制定《关于开展机关效能建设方案》，提出指导思想、工作目标、具体工作任务和措施，并确定控告申诉检察处和民事行政检察处为示范窗口单位。完善领导干部廉政电子档案填报和检查督促工作并上报湖南省人民检察院；派员参加市纪委组织对2006年以来的重大责任事故进行追究，办理5件案件线索，完成调查报告4个，初核报告1个，对1名县院领导进行诫勉谈话。派员参加指导基层院民主生活会12次，征求干警意见396人次，征求党委、政法委及政法各部门、人大代表、政协委员和人民群众的意见建议235人次，深入企业调查了解126人次。对查找出来的问题，制定整改方案36个，整章建制16个。

2012—2015年，市检察院开展明察暗访等督察180余次，通报92期；发现苗头性问题32起，整改29起。市检察院对公车管理、上班考勤等问题，发出《监督意见函》4次，督促及时整改。查摆执法不严、执法不公和执法不廉等八个方面的问题，及时清理1700多件积案。

三、案件查处

1994—1997年，受理违法违纪案件线索53件76人次（涉及新老检察长6个单位8件14人次，涉及副检察长4个单位7件11人次，涉及干警12个单位38件51人次）。初核案件35件，立案10件。在所查处的10件案件中，按案发人所在部门分：反贪污贿赂局3人、刑二2人、法检2人、控申、监所、办公室各1人。按违纪性质分：乱搞两性关系2人、制造伪证2人、受贿1人、涉枪1人、越权办案1人、玩忽职守1人、私分收缴款1人、丢失案卷材料1人。处分8人，其中行政警告处分4人，记过处分1人，记大过处分2人，党内严重警告处分1人。

1998—1999年，市检察院重申办案纪律和赃款赃物管理规定，组织干警重温“检察人员纪律”和政法干警应遵守的“三条禁令、八个不准”等规定，并下发《开展执法大检查的通知》，干警违法违纪明显减少。查处各种违纪11件14人，其中给予党纪处分4人，政纪处分8人，给予刑事处理2人。涉案人员中正副检察长3人、反贪局长1人、副局长2人、科级干部4人、一般干部4人。

2000—2001年，全市检察机关接受群众举报干警的线索46件。其中，2000年，经查失实的31件，对不构成违法的8件均做出处理。2001年，对举报检察人员违法违纪的来信来访进行核查，查处 7 件 7 人。

2002—2004 年，市检察院着力解决执法不公、违法办案、特权思想、利益驱动等问题 7 件 8 人，开除 1 人，撤职调离 1 人，给予党纪政纪处分 6 人。设立举报箱接受投诉、聘请监督员和成立督查组开展明察暗访等措施，对湖南省人民检察院制定的“六个严禁”纪律规定进行坚决落实，查处 9 人，给予党纪政纪处分 7 人。切实抓好“廉洁从检十项纪律”落实，从最基本的行为准则抓起，严肃纠正特权思想、霸道作风和为检不廉、办关系案、人情案等问题，查处 2 件 2 人，行政警告、记大过各 1 件 1 人。

2005 年，全市检察机关建立“一案三卡”执法办案监督制度，每办理一起职务犯罪案件，必须有对案件当事人的“办案告知卡”、办案人员的“廉洁自律卡”、案件侦查终结后的“回访监督卡”。执法安全督查员的监督检查 52 次，查处违纪检察人员 1 件 1 人。

2006—2008 年，受理举报线索 38 件 42 人，全部初核，立案查处 3 件 5 人，给予党纪政纪处理 4 件 4 人（积案 2 件 2 人）、组织处理 1 件 3 人，其中对泄露案件秘密的 1 名工作人员予以辞退。对 3 名轻微违纪人员警示谈话，对存在执法过错责任的 3 名部门负责人进行诫勉谈话。对蓝山县院原副检察长吴×涉嫌受贿案中受到错告、诬告的 9 人，以及其他受到错告、诬告的 16 人，在适当范围澄清是非，消除影响。

2009—2010 年，市检察院深入开展检务督察，对“六个严禁”的落实情况进行专项检查，处分 2 人，调离检察队伍 2 人。受理举报 24 件 24 人，全部初核。立案查处 4 件 4 人，给予政纪处分 5 件 5 人（含积案 1 件 1 人），对县、区院 2 名班子成员和 16 名中层领导进行警示和诫勉谈话，对县、区院 1 名班子成员和 4 名检察干警进行函询。

2011—2012 年，市检察院在开展“反特权思想、反霸道作风”和“恪守检察职业道德、促进公正廉洁执法”警示教育活动中，查处违纪检察人员 10 名，其中，湖南省人民检察院交办 9 件，全部办结；对 1 名轻微违纪人员进行警示谈话；对 3 名受到错告、误告人员澄清是非，消除影响。认真落实市委“六个一律处理”规定和“三项治理”专项部署，对 2 名违反规定的检察人员给予免职和诫勉谈话处理。市检察院出台“十条铁规”，严格规范检察人员的自身行为，受理举报检察人员违纪违法案件线索 12 件，初核 12 件，办结 12 件（湖南省人民检察院交办 2 件，市委督查室、市委政法委各交办 1 件），对 1 名违纪人员给予降级处分，对县、区院两名检察长和 1 名副检察长诫勉谈话，对 1 名部门负责人诫勉谈话，对 1 名临时司机予以辞退。

2013 年，市检察院为贯彻落实中央八项规定，在内网开设纪律作风专栏，转载案例通报 21 期，选择 20 个典型案例编印成书发至干警，开展纪律作风专题讲座 2 次。精简会议、文件，规范公务接待、公车使用；进行明察暗访、案件回访、调查走访，发通报 12 期，无检察干警因违反党纪政纪而受处分。

2014 年 4 月 24 日，市检察院党组书记文兆平在党的群众路线教育实践活动中上党课和廉政教育课

2014—2015 年，受理举报检察人员违纪违法案件线索 11 件 11 人，初核 11 件 11 人，经查失实 10 件 10 人，立案 1 件 1 人，办结 1 件 1 人，对宁远县院公诉科干警李××因打架斗殴，作出警告处分。

第四节　司法警察

一、编队管理

1995 年 8 月 29 日，零陵分院设立司法警察大队（科级）。1999 年 11 月 29 日更名为司法警察支队。2002 年 11 月 20 日，最高人民检察院政治部印发《检察机关司法警察工作规范化建设标准》，要求司法警察统一归口警务部门，实行编队管理，做到警力统一协调、统一使用、统一管理。

1995 年 11 月 8 日，市检察院干警与参加全省检察系统第二届射击比赛人员合影

2003—2004 年，市检察院把司法警察工作纳入领导岗位目标责任制管理，明确一名院领导具体分管，加强落实机构编制工作。积极与当地党委、政府及编制部门主要领导协商，全市 12 个法警机构全部实行单列，配法警支队长、大队长（副大队长）14 人，教导员（政委）3 人，冷水滩区院法警大队廖志军等受到湖南省人民检察院表彰。

2005—2007 年，全市检察机关作出依法使用法警的规定，把有限的警力从非警务活动中脱离出来配合办案，并组织两次集训。全市购买警用装备 200 多万元，用于办案工作区建设和在职法警的所需警械用具。

2008—2009 年，市检察院法警支队对全市法警部门编队管理工作进行全面摸底、排查和调研，确定江华县院法警大队作为全市检察机关司法警察首批编队管理示范单位，祁阳、新田法警大队作为第二批编队管理示范单位，向湖南省人民检察院报送和在 11 个县、区院进行推介后，获湖南省检察机关司法警察编队管理示范单位；并在江华县院召开全市法警工作“三化”（正规化、专业化、职业化）建设现场会，江华、道县、零陵、宁远县、区院法警大队介绍经验，会议要求法警支队结合全市检察实际，认真抓好法警工作。新田县院法警大队撰写的“规中见矩——新田检察院强化法警规范化建设侧记”一文被人民网刊用。

2008 年 4 月，市检察院组织全市检察机关首届司法警察业务培训进行射击训练（左二为副检察长张少文）

2010—2012 年，市检察院法警支队与政治部下发《关于开展争创第二批司法警察编队管理示范单位活动的通知》，把编队管理、规范用警作为司法警察履职的基本要求，把加强法警规范化建设作为经常性工作来抓。明确祁阳县法警大队创省级示范单位，新田县院法警大队创市级示范单位，宁远、冷水滩作为第三批创建单位进行重点督促指导。祁阳县院法警大队被确定为湖南省检察机关第二批司法警察编队管理示范单位。

2012—2013 年，全市检察机关法警部门针对个别单位法警力量不足情况，及时调整补充新干警，上报授衔人员，全市法警总人数（含兼职法警）达到 70 人，其中男性 53 人，女性 17 人，硕士研究生 2 人，大学本科 28 人，专科 35 人，其他学历 5 人，平均年龄 43. 5 岁。有 3 名法警进入院班子成员，确保法警队伍健康发展。祁阳县院法警大队被最高人民检察院评为全国检察机关第二批司法警察编队管理示范单位。

2014 年，市检察院把加强法警队伍建设，规范警衔管理作为工作重点，在巩固好祁阳、江华两个编队管理先进单位成果外，重点对道县、蓝山两个法警大队进行帮助指导，同时要求县、区法警大队利用 7—15 天的时间进行封闭式训练。零陵区院法警大队在湖南省人民检察院抽考时排第八名。

2015 年，市检察院进一步加强装备建设，购买 10 部对讲机、2 个执法仪和一台囚车。11 个县、区院也为法警部门添置部分新装备，对办案工作区进行整改，市检察院将办案区大门加装铁皮隔板，使办案区更趋安全、保密。江华县院将新建办公楼的办案区建设成为全市、全省最好的办案工作区，湖南省人民检察院验收组给予好评。

二、队伍培训

全市检察机关司法警察机构建立后，针对原有法警队伍人员编制偏少，组成成分复杂，检察业务不精，法警知识缺乏，从人员编制和素质上进行调整和充实。1999 年，全市检察机关有法警 42 人（其中兼职或待授衔法警 9 人），仅占全市检察编制的 5.4%，平均年龄 38.6 岁，大专以上文化 30 人。到 2003 年，全市法警增加到 67 人，占全市检察编制的 8.2%，符合最高人民检察院 8%—12%的规定。人员素质也有明显提高，从新增法警的年龄、文化层次等方面都符合最高人民检察院的规定，其中新增女法警 6 人，基本上每个法警队都有女法警。2004 年，全市有正式法警 69 人，占全市总编制的 10.3%。其中，市检察院 5 人，县、区院 64 人；男法警 50 人，女法警 19 人，平均年龄 41 岁。

2008 年 4 月，永州市检察机关举行首届司法警察培训班动员大会

2008 年 4 月，市检察院法警支队组织全市 30 名法警进行首届业务技能培训，经过 11 天的强化训练和考核，廖志军、何春顺、江雨获队列前三名；廖志军、江雨、刘长友获拳术前三名；何春顺、秦军华、周陆平、江雨获射击前三名。

2009—2010 年，市检察院法警支队举办第二届司法警察业务技能培训班和首届法警业务技能比武，培训内容包括法警业务知识和检察业务理论、队列、擒敌拳、警械具使用、“七七”式手枪、“八一”式自动步枪射击、以及医疗急救与实际操作等。市检察院党组成员参加射击训练，部分干警参加擒敌拳、射击训练。评出胡志豪、刘艳丽 2 名优秀学员；刘国忠、廖志军、秦军华获射击前三名；肖军民、戚涓、刘国忠获拳术前三名；肖军民、陈云贵、周克西获队列前三名。2010 年 9 月 28 日，市检察院法警支队举办司法警察业务技能培训，副检察长张少文、邓忠新，政治部主任季建军以及 11 个县、区院的主管领导观看比武。30 余名法警参加队列、擒敌拳、微机操作和“七七”式手枪射击角逐。廖志军、龙永宏、刘长友获队列前三名；樊昌胜、廖志军、刘长友获拳术前三名；江雨、李颖芳、欧阳萍获微机操作前三名；江雨、廖志军、杨华获射击前三名；宁远县、冷水滩区、蓝山县获团体奖。

2010 年 7 月，市检察院进行第二届司法警察培训

2010 年 9 月 28 日，市检察院组织司法警察在进行擒敌拳训练

2011—2013 年，根据最高人民检察院建设高素质检察队伍的指示和湖南省人民检察院《2011—2013 年全警练兵总体实施方案》要求，市检察院法警支队和政治部制定详细的训练计划，并联合下文。市检察院法警支队、零陵区、江华、宁远县院率先启动练兵活动。10 月，市检察院挑选 12 名业务骨干，经过 20 天严格训练，参加全省“全警练兵”骨干培训比武，取得团体第七名，4 人被评为优秀学员。2012 年，是三年全警练兵活动的第二年，市检察院法警支队规定每人每年不少于 50 天的学习训练，重点以开展“忠诚、公正、清廉、为民”政法干警核心价值观教育实践活动为载体，以徒手防卫、控制抓捕、搜查带离，警械具使用、手枪射击技术，办公技术、驾驶技术为主；以 1000 米跑、俯卧撑、哑铃杠铃、健身车、单双杠等体能训练为辅。按照总队的培训要求，法警支队及时抽调 6 名法警，培训 10 天后参加比武，有 2 人被评为优秀学员。

2014—2015 年，市检察院下发大练兵实施方案，全面推进全警练兵工作。各大队有针对性地制定出练兵方案和计划，市检察院副检察长张少文经常指导和检查练兵情况，法警支队长樊树平既当指挥员又当战斗员，参加训练和考核。零陵区、冷水滩区、道县、江华、祁阳、东安县院，都经过 7—15 天的封闭式强化训练。零陵区法警大队在湖南省人民检察院抽考时名列第八名；冷水滩区院法警大队冯志杰等人在一次办案途中，擒获一名涉毒犯罪嫌疑人。2015 年，市检察院选送 13 名法警参加湖南省人民检察院培训比武，道县院王沛被评为优秀学员，东安县院刘长友取得射击比赛第三名。11个县、区院法警大队练兵灵活多样，较好地处理工作、学习、办案之间的关系，基本做到工作、训练两不误。

三、警务保障

1994—1999年，法警支队和11个县、区院有机构无人员，没有开展具体的工作。

2000—2003年，全市检察机关根据最高人民检察院下发的《人民检察院司法警察暂行条例》规定，逐步实现从无法警机构、无人员编制、无办公设施，向机构单列、人员配备、办公独立转变，形成领导重视，干警齐心协力抓建设的氛围。先后解决司法警察办公、办案必需的部分设施、设备及办公场所。东安、江永、双牌县院为法警设立单列编制；市检察院、宁远、江华、东安、蓝山县院为法警增加警力；祁阳、新田县、冷水滩区院为法警部门配备警车；宁远、道县、蓝山县院为法警队配备电脑。全市投入60多万元完善、改进办案工作区（原为警务工作区）和增加通信工具。根据办案和警务安全的需要，对询问、讯问室进行改造，安装铁门、监视系统和法警值班室，配备必需警械具、值班床和警务值班交接台账。祁阳县院争取财政拨款5万元，为法警大队配备警用装备和办公用品，被评为2003年度全省先进单位。

2004—2005年，市检察院法警支队从抓《人民检察院司法警察工作规范化建设标准》入手，投资102万余元对办案工作区进行改造，祁阳县院投资30万余元，对办案区进行改造，墙面全部为软包，新增安全设施和监控设备。江华县院投入40万余元，改扩建办案工作区；冷水滩、新田、蓝山、江华县、区院也为法警大队配备警用车、电脑。经湖南省人民检察院执法质量考核组抽查，市检察院、东安县院法警工作被评为满分。

2006—2009年，市检察院按照执法规范化、队伍专业化、管理科学化建设目标，先后两次召开全市法警工作电视电话会议，贯彻落实最高人民检察院、湖南省人民检察院法警工作会议精神和完成“三化”建设目标。全市用于办案工作区和装备建设的投入200多万元。55名法警人手一套警械具，新增放置警械具、资料、档案文件柜20个，固定电话12部，电脑21台，改造和建设办案工作区12个，分别设有警务值班室、询问室、讯问室、待诊室，全部装有电子监控设备。新田县院投入10万元改善法警基础设施和办公条件；祁阳县、零陵区院为法警大队增配电脑、专用防暴器材、望远镜、空调、内外线电话等警械具、装备等。

2010—2011年，全市检察机关对办案工作区的建设与“两房”建设同步规划、同步设计、同步施工，做到一次性投入、一次性达标。市检察院主管后勤、法警工作的副检察长邓忠新，带领行装、反贪等部门负责人到外地学习考察；部分县、区院也先后组织人员到外地进行考察，统一办案工作区的建设标准和个别称谓不规范问题。2011年，法警支队重点抓祁阳、江华县院法警大队争创全国、全省司法警察编队管理示范单位工作，在以点带面模式下，全市法警工作形成“比、学、赶、超”的良好氛围，宁远、江永、道县、蓝山等县院创先争优措施到位，保障有力，要求严，行动快，从办案工作区设置到管理使用都周密部署。

2012年初，经市检察院协调，全市检察机关与相关单位签订改进办案区施工合同。祁阳县院投入100多万元对办案工作区进行高标准、高质量、高水准整改，被最高人民检察院评为全国司法警察编队管理示范单位。其他县、区院按照规定时间、明确标准、统一模式和低投入高质量建设的原则，由市检察院法警支队和技术处负责人，根据11个县、区上报的整改情况逐个检查，从质量和安全方面严格把关。经湖南省人民检察院法警总队、技术处验收，12个单位办案工作区通过准用申请，达到规范化要求。

2012年7月，市检察院举行全市检察机关司法警察业务培训班动员会

2013—2015年，全市检察机关法警部门主动向本院党组报告，协调行装（计财）部门筹措经费，配齐单警装备。蓝山县院在湖南省人民检察院核准使用的基础上，重新投入10万余元，进行高质量改造，积极争创示范单位。江华县、冷水滩区院分别投入200、100多万元，对办案工作区进行高标准、高质量、高规格建设，经湖南省人民检察院验收准予使用。市检察院投入400多万元改造指定居所监视居住场所，通过验收后投入使用。2015年，市检察院法警支队在原有装备基础上，新购买10部对讲机、2个执法仪、一台囚车。

四、职能履行

1998—1999年，市检察院法警大队由1人增加到3人。完成检察长交办和业务科室配合查办案件14件14人次。全市法警部门出警履职250人次，配合反贪、渎侦、控申、刑检等部门办案110件143人次，执行搜查22人次，传唤281人次，押解（送）嫌疑人79人次、提审132人次，追逃13人次，无差错。

2000—2001年，全市法警部门自办或协助办案335件339人次，执行传唤696

人次，参与搜查212人次，押解押送犯罪嫌疑人和罪犯244人次，追逃15人次，完成检察长交办的其他任务425余件次。其中，市检察院法警支队协助办理各类案件6件20人次，执行搜查2人次，押解犯罪嫌疑人8人次，看管陪护犯罪嫌疑人18人次。

2002—2003年，全市检察机关法警严格实行“谁主管谁负责，谁主办谁负责，谁监督谁负责”原则，严格依照法律规定和程序履行职责。出警1039人次，保护自侦案件现场15人次、参与搜查132人次、执行传唤270人次、协助执行拘留、逮捕等强制措施85人次、提解押送、看管犯罪嫌疑人358人次、出警追逃23人次抓获25人、送达法律文书816人次、完成检察长交办任务228人次。市检察院法警支队协助反贪局查办江永县政府调研员兼古宅水库指挥部指挥长胡×，省人大代表、新田县委副书记兼新田卷烟厂原厂长刘×游，市体育局原副局长蒋×，宁远县人民政府原副县长蒋×等贪污贿赂大要窝案，协助办案中履行法警职责150人次。

2004—2005年，全市司法警察部门配合有关业务部门保护自侦案件犯罪现场16件17人次，参与搜查107件128人次，执行传唤271件333人次，协助执行拘留、逮捕等强制措施118件157人次，押解、押送、看管犯罪嫌疑人257件316人次，出警追逃11人次，送达法律文书269件323人次，处置突发事件24人次，跨区域警务协作27件33人次，完成检察长交办的任务85人次。蓝山、江华法警大队长带领法警驾车赴广东、广西、长沙等地追逃，抓获2人。

2006—2010年，全市检察机关把依法建警、依法规范用警作为法警参与办案、规范办案、文明办案的重要措施，积极依法履职，主动参与办案，出警履职9385人次。其中，保护犯罪现场25人次，执行传唤2796人次，参与搜查258人次，执行拘传10人次，协助执行扣押查封143人次，协助执行拘留、逮捕、监视居住673人次，押送、提解犯罪嫌疑人、被告人1504人次，看管犯罪嫌疑人、被告人1042人次，送达法律文书1794人次，参与追捕在逃犯罪嫌疑人319人次，抓获57人；参与处置突发事件440人次，完成检察长交办的任务1914人次。江华县院追逃小组经过三天，前往新疆喀什市抓捕涉嫌贪污潜逃六年的县国土局用地股原股长朱×用，在当地铁路派出所干警的配合下，将朱×用抓获并固定证据，往返六天六夜1000多公里，跨越7个省市。新田县院法警大队累计抓获18名犯罪嫌疑人，在协查湖南省人民检察院交办的兰×伟特大受贿案时，出警90余人次。在抓捕嫌疑人姜×时，因其有10余名保镖陪护，该队请求湖南省人民检察院法警、武警及办案人员支持，仅几分钟就将其抓获。

2011—2012年，按照“一案一派，一事一派”的派警用警模式，依法出警履职6925人次。其中，执行传唤331人次，参与搜查20人次，执行拘传30人次，协助执行扣押查封 156 人次，协助执行拘留、逮捕等强制措施 400 人次，押送、提解犯罪嫌疑人、被告人和罪犯 709 人次，看管犯罪嫌疑人、被告人 756 人次，送达法律文书 1710 人次，组织或参与追逃在逃犯罪嫌疑人 165 人次，抓获 15 人，参与处置突发事件 186 人次，完成检察长交办的任务 2367 人次。江华县院反贪局查处的江永县国土局原局长欧阳×忠涉嫌贪污、受贿近 900 万元。欧阳×忠将近 300 万元赃款转移至家住广西梧州的姐姐处保管和使用 30 万余元后，将 270 万元赃款存入几个银行后又取出，将现金埋藏在他家后山千家峒的原始森林里。案发后，江华县院抓捕小组与梧州市警方将其兄妹抓获，找到涉案资金后又查处多名犯罪嫌疑人。

2013 年 6 月 24 日，全市检察机关司法警察进行集训

2013 年 6 月 25 日，市检察院对机关应急分队进行集训

2013 年，全年出警履职 3380 人次。其中，执行传唤 153 人次，参与搜查 13 人次，执行拘传 15 人次，协助执行扣押查封 21 人次，执行拘留等强制措施 130 人次，押送、提解犯罪嫌疑人、被告人和罪犯 277 人次，看管犯罪嫌疑人、被告人 261 人次，送达法律文书 499 人次，组织或参与追捕在逃犯罪嫌疑人 21 次，抓获 5 人，参与处置突发事件 103 人次，完成检察长交办任务 1878 人次。4 月 24 日，江华县院追逃小组从宁夏银川市押解犯罪嫌疑人程×星返回时，先租用一辆小车将犯罪嫌疑人押解到西安高铁站，再乘高铁将犯罪嫌疑人安全押回。

2014 年，全市法警部门紧紧围绕“警务工作要更好地服务办案安全”工作主题，坚持“高标准建设，严要求规范，全方位服务，高效率履职”原则，严格实行编队管理，全面履行法警职责，确保办案安全。参与自侦部门办案 16 件 18 人次，依法履职出警 3017 人次。其中执行传唤 145 人次，参与搜查 9 人次，执行拘传 9 人次，协助执行扣押查封 3 人次，协助执行拘留、逮捕、监视居住等强制措施 185 人次，押送、提解犯罪嫌疑人、被告人 80 人次，看管犯罪嫌疑人、被告人 231 人次，送达法律文书 282 人次，处置突发事件 66 人次，追捕在逃人员 3 次，抓获 3 人，完成检察长交办任务 1999 人次。市检察院协助控申等部门处理单个或 4 人以上群体闹访、缠访事件 15 起 40 人次。

2015年，全市法警部门坚持把参与办案、履行职责作为工作重点，充分发挥警务保障作用，把办案安全作为唯一生命线，全面完成工作任务。全年出警履职3564人次，其中保护犯罪现场2人次，执行传唤93人次，参与搜查21人次，执行拘传18人次，协助执行扣押查封20人次，协助执行拘留、逮捕、监视居住等强制措施833人次，押送、提解犯罪嫌疑人、被告人和罪犯98人次，看管犯罪嫌疑人、被告人2342人次，送达法律文书217人次，组织或参与追逃在逃犯罪嫌疑人10次，抓获4人，参与处置突发事件53人次，完成检察长交办的任务1961人次。市检察院保护出庭检察人员履职安全3次12人，协助相关部门处理单个或4人以上的群体闹访、缠访事件8件35人次。在市检察院反渎局办理的“1·09（永州市发改委原主任龚×智贿赂）案”“9·18（宁远县工业园原主任王×平、副主任肖×飞渎职犯罪）案”专案，市检察院法警支队从11个县、区抽调法警104人次协助执行。6月，东安县院法警队长兰远林在负责监视居住值班时，制止一起自伤自残事件。

第二篇　刑事检察

第一章　侦查监督

第一节　审查逮捕

1994—1995 年，零陵地区检察机关加强“严打”斗争和社会治安综合治理。开展“严打”整治斗争和“打团伙、追逃犯、破大案”斗争，反盗窃、反走私斗争，惩治盗窃、破坏铁路、电力、通信设备犯罪活动，惩治车匪路霸，惩治倒卖车、船票，以及“扫黄打非”等专项斗争。全地区检察机关与公安、国家安全、法院、司法行政等部门密切配合，贯彻依法从重从快方针，坚持不懈地把“严打”作为社会治安综合治理的首要环节，加大对严重刑事犯罪的惩治力度。同时依法惩治各种危害国家安全的犯罪活动。受理公安机关和自侦部门提请批准逮捕的各类案件 1989 件 3525 人，审结 1908 件 3312 人，其中批准逮捕各类案犯 1817 件 3061 人（自侦案件 69 件 85 人），不捕 91 件 251 人。

1996 年 4 月，中央部署第二次全国性“严打”斗争。全地区刑事检察工作做好实施修正后《中华人民共和国刑事诉讼法》的准备工作，坚持“从重从快”方针，于 5 月 2 日印发《关于充分发挥检察职能，积极投入“严打”斗争的通知》，重点惩治杀人、抢劫、强奸、爆炸、流氓犯罪，特别是涉枪犯罪、毒品犯罪、黑社会性质犯罪团伙和流氓恶势力，以及走私、贩毒、拐卖妇女儿童、多发性盗窃等刑事犯罪案件。全年批捕上述犯罪嫌疑人 1408 人、重大犯罪嫌疑人 580 人，特大犯罪嫌疑人 151 人。坚持“两个基本”原则（基本事实清楚，基本证据确凿），强调“绝不在检察环节贻误战机”，提前介入案件数量剧增，为依法快捕快诉创造条件。在批捕阶段提前介入重特大案件 284 件 613 人。受理公安机关提请逮捕的各类刑事案件 518 件 990 人，审结 913 人，审查逮捕 819 人。东安县院配合公安机关摧毁宗族流氓恶势力团伙，批准逮捕犯罪嫌疑人 13 人，不捕 4 人。该案以村主任王×荣、王×乔、王×武（系累犯）为首，以两劳释放人员为骨干，凭借宗族势力结伙聚众，先后在该村及附近 4 个行政村进行流氓滋事、敲诈勒索等犯罪 86 起，殴打无辜群众 54 人，砸坏电子游戏机 2 台，非法扣押中巴车等机动车辆 7 台，造成各类经济损失 2 万余元。东安县院受理后两次深入案发地复核调查，收集 17 份证据，依法逮捕主犯。

1997 年 3 月，市检察院举办修正后的《中华人民共和国刑法》《中华人民共和国刑事诉讼法》培训班，根据党中央关于在全国开展“严打”斗争的重要决策，于 3 月 31 日发出《关于充分发挥检察职能，积极投入“春夏严打”整治行动的通知》，并成立领导小组，制订实施方案，在抢时间、争速度上挖潜力，下功夫，加大提前介入的工作力度。4 月 7—15 日，市检察院分两片对 11 个县、区院春夏“严打”督察和 1—3 月办理的批捕案件质量进行检查。受理各类刑事案件 849 件 1343 人，审结 818 件 1344 人。其中批捕 772 件 1196 人。

1998 年，全市检察机关对在批捕岗位工作的干警进行测试达标率 98%；选送部分科（股）长参加“全省刑检骨干培训班”；在全市批捕干警中开展“三个一”（从一笔一画开始练好一笔字，从一条一款开始熟背“两法”条款及相关司法解释，每办一案写好“审查报告”法律文书）活动。11 月 10 日，市检察院刑检批捕部门对 11 个县、区院 1998 年全市批捕工作，案件质量抽查，对年度总结准备工作进行摸底，与各地研究疑难案件的处理问题一个月。受理提请批捕犯罪嫌疑人 973 件 1662 人，审结 937 件 1591 人，其中批捕 876 件 1474 人。在批捕的犯罪嫌疑人中，重大犯罪嫌疑人 402 人，特大犯罪嫌疑人 111 人。不批准逮捕 61 件 117 人（不构罪 102 人，退补类 15 人）。

1999—2000 年，全市检察机关坚持“稳定压倒一切”思想，重点惩治暴力犯罪、团伙犯罪和抢劫、盗窃等多发性犯罪，严厉惩治危害国家安全和破坏社会主义市场经济秩序犯罪，坚持惩治盗伐、滥伐林木犯罪。受理批捕刑事案件 2407 件 4040 人，审结 2080 件 3851 人，批准逮捕重特大刑事犯罪嫌疑人 591 人。

2001—2002 年，全市检察机关把黑社会性质组织犯罪和流氓恶势力犯罪，爆炸、杀人、抢劫、绑架等严重暴力犯罪，盗窃等严重影响群众安全的多发性犯罪作为惩治重点，批准逮捕此类犯罪嫌疑人 1303 人。与公安、法院惩治禁毒、打黄扫非，惩治“两抢”、整顿和规范市场秩序、治爆缉枪等一系列专项斗争。批捕涉毒犯罪嫌疑人 53 人、破坏社会主义市场经济秩序犯罪嫌疑人 52 人。

2003—2004 年，全市检察机关把维护社会稳定作为首要任务，批捕各类刑事犯罪嫌疑人 2460 人。对不符合法定逮捕条件的依法不捕 419 人。惩治危害社会治安犯罪，批捕爆炸、杀人、强奸、绑架、抢劫、重大盗窃等特大犯罪嫌疑人 2533 人，办理时间平均为 3 天。积极参与惩治街头抢劫抢夺犯罪、涉爆涉毒犯罪专项行动，批捕上述犯罪嫌疑人 1118 人。依法惩治诈骗、偷税漏税、侵犯知识产权、制售假冒伪劣食品、药品、农资、医疗器材等严重扰乱市场秩序的犯罪嫌疑人 118 人。

2005—2006 年，全市检察机关围绕市委创建“平安永州”开展工作，坚持贯彻“严打”方针不动摇，2005 年批捕各类犯罪嫌疑人 2746 人。惩治爆炸、杀人、抢劫、绑架等严重暴力犯罪，黑恶势力犯罪，盗窃、抢夺等多发性侵财犯罪和毒品犯罪，批捕 2206 人。依法严惩制假售假、金融诈骗、走私贩私、偷税漏税等破坏市场经济秩序犯罪，批捕 79 人。配合有关部门集中惩治城区“两抢一盗”、毒品犯罪等专项行动，批捕“两抢一盗”嫌疑人 659 件 1253 人。2006 年，审查批捕工作认真贯彻“遏制刑事犯罪、维护治安秩序、构建和谐社会”要求，积极参加打黑除恶、禁赌和惩治“两抢一盗”等专项行动，全力投入以“严厉打击、严密防范、创平安永州”为主要内容的打防战役，对黑恶势力团伙犯罪，杀人、抢劫等严重暴力犯罪；盗窃、抢夺等侵财犯罪，赌博、地下六合彩等严重影响社会治安的犯罪，坚持快审快结，确保“严打”整治斗争取得实效。受理审查批准逮捕各类刑事犯罪案件 2329 件 3864 人；批捕 1970 件 3193 人，其中杀人、抢劫、爆炸、强奸、绑架、毒品犯罪等重大案件犯罪嫌疑人 2046 人；逮捕贪污贿赂、渎职等国家工作人员犯罪案件 63 件 73 人，县处级以上 3 人。受理公安机关提请逮捕的破坏市场经济秩序犯罪案件 30 件 55 人，批准逮捕 25 件 45 人。

2007 年 4 月，市检察院提前介入珠山“3·11、3·12（民营客运擅自将公交车票涨价）”案件，引导侦查机关依法客观、公正、全面地收集证据，提出侦查取证建议 10 条。8 月，市检察院向 210 家单位邮寄《关于建立永州市行政执法与刑事执法相衔接工作机制的意见》；向 11 个县、区院转发《湖南省检察机关侦查监督、公诉部门适用刑事和解规定办理刑事案件中加强捕诉衔接工作的有关规定》。惩治黑恶势力等有组织犯罪，全年批捕黑社会性质组织犯罪案件 4 件 93 人、恶势力团伙犯罪案件 40 件 329 人、邪教组织犯罪案件 3 件 8 人。江华县李×会黑社会性质组织案，作案 17 起，涉嫌故意杀人、故意伤害、贩卖毒品等 10 个罪名。市检察院抽调业务骨干到案发地与侦查机关明确犯罪性质，搜集固定证据，及时批捕 15 人。市检察院在审查最高人民检察院挂牌督办的冷水滩区黎×林黑社会性质组织案时，批捕 25 人，追捕 3 人。蓝山县

2007 年 9 月，湖南省人民检察院在永州召开全省检察机关贯彻落实《实施纲要》经验交流会

周×刚黑社会性质犯罪团伙，4年作案150起，涉嫌故意杀人、爆炸、放火、抢劫等20多项罪名。市检察院适时介入该案，迅速批捕45人。同时立案查处收受贿赂、徇私枉法、滥用职权的国家工作人员7人（司法人员4人）。批捕各类刑事犯罪案件1935件3280人。批捕故意杀人、放火、爆炸、强奸、绑架犯罪156件207人，涉毒犯罪75件113人，抢劫、抢夺、盗窃犯罪677件1257人。

2008年，全市检察机关集中力量从重从快严厉惩治严重影响群众安全感的黑恶势力等组织犯罪，坚决清除社会毒瘤。受理公安机关提请逮捕案件2368件3876人，经审查逮捕1913件3055人。批捕故意杀人、强奸、绑架、放火等严重暴力犯罪、“两抢一盗”、涉赌涉毒等多发性案件792件1447人。对不构成犯罪的，建议侦查机关撤案47人；依法批捕恶势力团伙成员174人；对具有法定从宽条件的未成年人犯罪、初犯、偶犯、过失犯和主观恶性较小、犯罪情节轻微、社会危害不大的犯罪，认真贯彻“宽严相济”刑事政策，积极推行刑事和解，决定不予逮捕358人。

2009年，市检察院开设QQ群侦监论坛，在全市侦查监督部门集中进行业务学习讨论，提高侦查监督干警整体素质。宁远县侦监科科长张红生被评为全省“禁毒人民战争先进个人”；零陵区院追捕的周×辉强迫卖淫、强奸案被评为2008年度全省“十大优案”；江华县院审查逮捕黄×强奸案意见书被评为“全省优秀审查逮捕案件意见书”。9月，最高人民检察院下发《关于省级以下人民检察院查办的案件由上一级人民检察院审查决定逮捕的规定（试行）》，湖南省人民检察院在此基础上制定《办理人民检察院查办的案件审查逮捕工作流程规定（试行）》及相关问题的解答，市检察院全面落实职务犯罪审查逮捕上提一级的司法改革。受理公安机关提请逮捕案件2452件3822人，批准逮捕1920件2927人。惩治涉黑恶等有组织犯罪、涉毒涉赌犯罪、“两抢一盗”等多发性侵财犯罪，批捕涉黑恶团伙成员166人；批捕故意杀人、强奸、绑架、放火、爆炸等严重暴力犯罪嫌疑人490人；批捕抢夺、盗窃、诈骗等多发性犯罪嫌疑人683人，批捕涉毒涉赌案件犯罪嫌疑人131人。批捕公安部督办的特大赌博案陈×鼎等4人（涉案金额7000万余元），批捕何×国特大制毒贩毒案13人。批捕非法集资、制假售假等破坏社会主义经济秩序案件111人；批捕非法吸收公众存款5000万余元的唐×新、蒋×桥和涉嫌制售假币2500万余元的何×飞等18人。对符合从轻处理条件的犯罪嫌疑人不捕299人；对返乡农民工因生产资料缺失、生活困难诱发的轻微犯罪不捕27人；对达成刑事和解的轻微犯罪不捕86人。市检察院办理的零陵外骨科医院原院长周×辉骗取医保资金300多万元一案，提前介入侦查，及时移送职务犯罪线索，针对发现的漏洞向职能部门提出检察建议，消除医疗保险领域的社会隐患，该案作为化解社会矛盾的优质案件，以“能动性司法的惩防效应”为题，入编《名家释案：化解社会矛盾的司法诠释》一书。

2010年6月1日，市检察院与零陵区院第一时间介入“6·1零陵法院枪击案”，仅1天就对三名渎职犯罪嫌疑人决定逮捕，并对全市邮政储蓄银行存在枪支安全隐患及管理漏洞提出检察建议，得到采纳。市检察院严厉惩治恶性大、危害重的严重刑事犯罪，批捕以何×平为首的恶势力团伙，实施故意杀人、故意伤害、绑架、抢劫等犯罪，严重危害社会稳定8人；批捕以杨×凤为首的传销组织47人（从广西转入永州市开展传销活动，涉案金额1800万余元）。全年批捕各类刑事犯罪嫌疑人2995人。其中，批捕恶势力团伙犯罪嫌疑人126人，批捕故意杀人、强奸、绑架、爆炸等严重暴力犯罪嫌疑人773人，批捕抢劫、抢夺、盗窃犯罪嫌疑人1081人，批捕传销、非法吸收公众存款、集资诈骗等涉众型经济犯罪嫌疑人119人。市检察院被市委、市政府评为“打黑除恶先进单位”“社会治安综合治理先进单位”。

2011年8月19日，冷水滩区检察院驻伊塘镇检察联络室挂牌

2011年3月，市检察院与市公安局联合召开永州市行政执法与刑事司法衔接工作座谈会，确定各行政单位领导和具体联系人，督促各行政执法单位认真开展自查自纠工作。7月，侦监处与控申处指导冷水滩区院在伊塘镇成立全市首个检察机关驻乡镇检察联络室——冷水滩区人民检察院驻伊塘镇检察联络室，将检察职能延伸到乡镇。全年受理审查逮捕案件2391件3466人。其中，批准逮捕刑事犯罪嫌疑人1793件2547人。决定逮捕职务犯罪嫌疑人35件37人。经审查，不批捕和决定不捕犯罪嫌疑人832人。其中，不批捕刑事犯罪嫌疑人825人，决定不捕职务犯罪嫌疑人7人。批准逮捕未成年人犯罪嫌疑人174人。

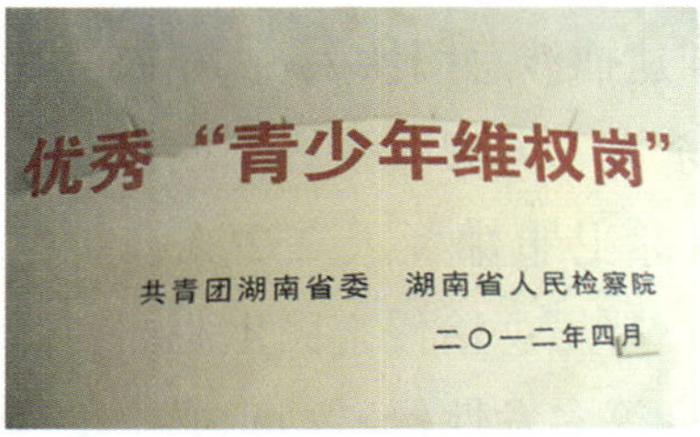

2012年4月，公诉部门被评为优秀“青少年维权岗”

2012年，市检察院侦监部门从重从快办理张×平等27人黑社会性质组织，唐×斌等9人制造、贩卖毒品案，黄×凌等9人故意杀人、聚众斗殴案。批捕走私、金融诈骗、侵犯知识产权等破坏市场经济秩序犯罪嫌疑人169人。李×涛等人以高额利息为诱饵，非法吸收公众资金1亿余元，检察机关提前介入批捕5人。与行政执法部门紧密联合、批捕此类犯罪嫌疑人60人。祁阳县姚×双等人收购、加工、销售病死猪肉60余吨，道县刘×翠等人用工业硫黄加工保鲜方法生产食用竹笋3.2吨，零陵区唐×珍使用纯碱、双氧水加工牛筋8000余斤，严重危害人民群众“餐桌安全”，均被批捕。对主犯恶性不大、认罪悔过或达成刑事和解的轻微型刑事案件，不予批捕326人。市检察院办理吴×琳等5人贩卖毒品案，涉毒数量3899.5克，该案主犯吴×琳在运输途中电话遥控指挥，尾随运毒车辆，反侦查能力较强，抓捕时闻风而逃，使部分嫌疑人涉案证据链断裂；侦监部门充分发挥侦查监督职能，提前介入并引导侦查取证，向公安机关提出详尽的侦查建议，明确公安机关后续侦查方向。全年受理审查逮捕案件2498件4317人，依法批准逮捕2373件3410人，其中批捕故意杀人、爆炸、强奸、投放危险物质、贩卖毒品、抢劫、抢夺、盗窃犯罪嫌疑人1340人。

2013年，全面贯彻“宽严相济”刑事政策，依法惩治严重刑事犯罪。批捕各类刑事犯罪1770件2324人。重点打击严重影响社会治安和人民群众安全感的刑事犯罪，批捕故意杀人、绑架、爆炸、投毒等犯罪嫌疑人245人，批捕盗窃、抢劫、抢夺等多发性侵财犯罪嫌疑人663人，批捕涉毒犯罪嫌疑人273人。祁阳县周××、桂××等人涉嫌贩卖毒品6.73公斤，检察机关提前介入，依法批捕犯罪嫌疑人7人。着力维护市场经济秩序。批捕生产、销售伪劣商品犯罪嫌疑人21人，批捕侵犯知识产权犯罪嫌疑人2人，批捕金融诈骗犯罪嫌疑人12人，批捕破坏金融管理秩序犯罪嫌疑人12人。加强对生态文明的司法保护，批捕乱砍滥伐、非法捕猎等危害生态资源犯罪嫌疑人48人。推进刑事和解、检调对接，对达成刑事和解的轻微刑事案件，不批捕117人。市检察院办理王×华、苏×松涉嫌骗取贷款案，两名犯罪嫌疑人虚构购销合同、股东会决议等资料，分16次骗取银行贷款1.012亿元，市检察院批捕后就相关书证的调取、鉴定等事项发出《继续侦查取证提纲》，引导侦查取证。

2014年，市检察院与市中级法院、市公安局联合下文，建立联动机制，增强惩治合力，提高案件质量。继续巩固和深化打黑除恶专项斗争，祁阳县院批准逮捕郭×安、李×峰等涉黑涉恶团伙成员36人，宁远县院批准逮捕涉恶团伙人员16人。批准逮捕各类刑事犯罪1855件2429人。突出惩治故意杀人、绑架、强奸、放火、爆炸等严重暴力犯罪，批准逮捕98件110人，批捕涉毒犯罪嫌疑人252人，批捕“强揽工程、强装强卸、强行阻工”犯罪嫌疑人10人。严厉惩治侵害民生犯罪，重点惩治严重影响群众安全感的抢劫、抢夺、盗窃、诈骗等多发性侵财型犯罪，批捕606件820人。加大对严重危害食品药品安全犯罪惩治力度，保护群众“餐桌上的安全”，批捕生产、销售有毒有害食品等犯罪案件9件21人。江永县王×成等11人

2014 年 6 月 13 日，市检察院与市公安局召开加强工作协作、提高案件质量联席会议

生产、销售注水牛肉，县检察院提前介入，引导侦查取证，批捕 8 人。认真落实“宽严相济”刑事政策，对轻微犯罪及初犯、偶犯、未成年人犯罪、老年人犯罪等依法慎捕慎诉，不批准逮捕 395 人。

2015 年，市公安机关开展“百日会战”“打击盗骗毒”等专项行动，检察机关受案数量陡增，受理提请批准逮捕案件 4454 件 5970 人，其中批准逮捕 3003 件 3948 人；对不构成犯罪或证据不足的，不批准逮捕 1006 人。全市检察机关打破内设机构界限，发动其他部门的检察官承办批捕案件，加快案件审理速度，有效化解案多人少压力，不在检察环节贻误时间。并坚持案件承办人、部门负责人、分管领导三级把关的程序不变，重要证据必须复核，重大疑难案件检委会集体研究的原则不变，确保案件质量。突出惩治黑恶势力、“两抢一盗”等严重影响人民群众生命财产安全的刑事犯罪。批准逮捕故意杀人、抢劫等严重暴力犯罪案件 631 件 739 人，批准逮捕“两抢一盗”、诈骗等侵财型犯罪 832 件 1116 人。突出惩

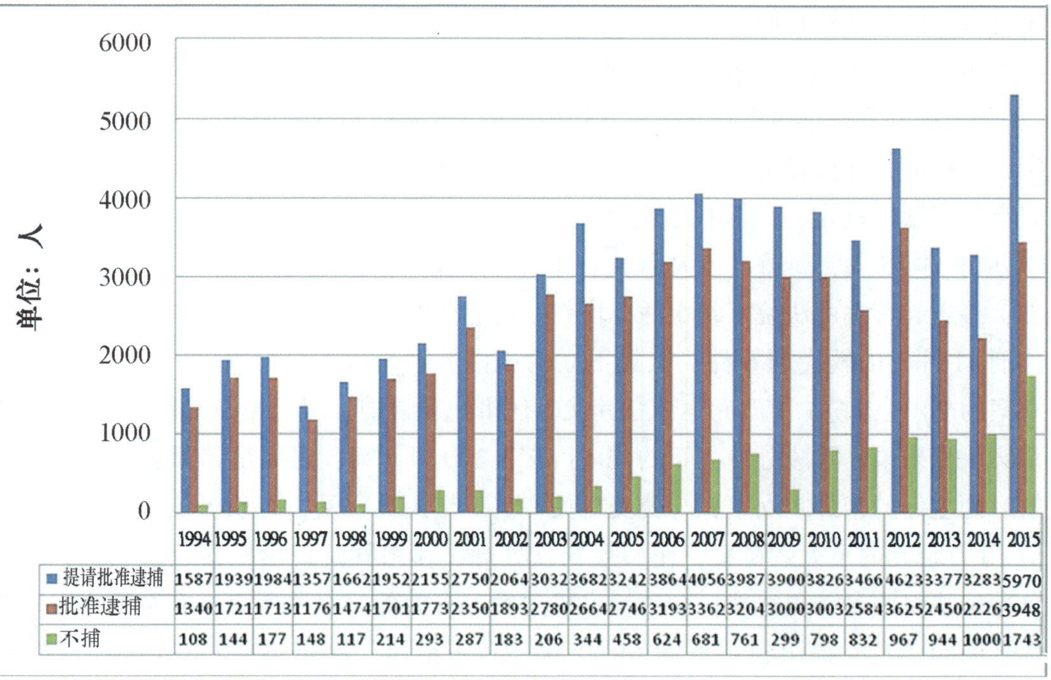

	1994	1995	1996	1997	1998	1999	2000	2001	2002	2003	2004	2005	2006	2007	2008	2009	2010	2011	2012	2013	2014	2015
提请批准逮捕	1587	1939	1984	1357	1662	1952	2155	2750	2064	3032	3682	3242	3864	4056	3987	3900	3826	3466	4623	3377	3283	5970
批准逮捕	1340	1721	1713	1176	1474	1701	1773	2350	1893	2780	2664	2746	3193	3362	3204	3000	3003	2584	3625	2450	2226	3948
不捕	108	144	177	148	117	214	293	287	183	206	344	458	624	681	761	299	798	832	967	944	1000	1743

表 2-1　1994—2015 年永州市检察院审查逮捕案件统计图

治严重影响社会稳定的毒品犯罪。批准逮捕毒品犯罪案件656件774人。刁×波、李×贵等人制造“K粉”1500千克，市检察院依法批捕15人。慎重处理涉众型经济犯罪，批准逮捕非法吸收公众存款、集资诈骗等涉众型经济犯罪案件17件30人。湖南银×公司永州分公司、江华×天投资公司分别非法吸收公众存款1.34亿元、2.9亿元，涉及1500余名群众，检察机关依法批捕9人，同时配合相关部门做好释法说理等工作，维护大局稳定。对构成犯罪但情节轻微的依法不批准逮捕874人。

第二节　刑事立案监督

1994年3月，湖南省人民检察院召开刑事立案监督研讨会，制定《湖南省检察机关立案监督暂行规定》，规范立案监督的指导思想、原则、办案程序。全地区检察机关认真贯彻执行，依法开展刑事立案监督工作，建议公安机关立案23件39人，批准逮捕12人，捕后起诉16人。零陵分院、祁阳、东安县院在审查案件中挖线索，从收审人员中找线索，查办6件12人，其中批捕3件5人，起诉到法院均作有罪判决。冷水滩市院（现冷水滩区院）办理的王×生盗窃案，系该院案件承办人在走访调查中，从×单位保卫科发现的线索进行立案监督。王×生是×工厂工人，盗窃该厂××车保险杠铝合金250公斤，价值8600余元，公安部门收审后罚款4500元后结案，该院向公安部门发出检察建议，建议移送检察院审核，经该院审查对王×生进行逮捕，其被判刑。

1995—1996年，零陵分院对建议公安机关立案而未立案拖延不办，坚决依照《中华人民共和国刑事诉讼法》第13条规定（人民检察院认为犯罪嫌疑人的犯罪事实已经查清，证据确实、充分，依法应当追究刑事责任的，应当作出起诉决定，按照审判管辖的规定，向人民法院提起公诉，并将案卷材料、证据移送人民法院），查办29件35人，属重、特大刑事案件15件18人，决定逮捕20人，侦查终结17件，移送起诉并由法院审判5件，均判处有期徒刑以上。全地区查办监督案件以罚代刑11件，以教代刑6件，该立不立的2件。永州市人民检察院（现零陵区院）立案的胡×生盗窃1.1万元案件，其父时任市纪委常委，因干预办案使胡×生重大盗窃案一直未果；零陵分院立案的周×生盗窃2万多元案，因周是祁阳航运公司白水航运处主任的亲外甥女婿，与公安机关一些工作人员联系，将该单位发生的五起价值10万余元的重大盗窃案，作一般罚款处理，祁阳县院提出检察建议未果，零陵分院依法将两名首犯逮捕。全市检察机关发现有关部门有罪不究、有案不立、以罚代刑的问题及时提出纠正意见140条次。防止错捕（决定不捕）181人，追捕58人，依法改变侦查机关定性32件，增加罪名26条。对于不接受检察建议未依法纠正的、应立案而未立案的重大刑事案件，检察机关直接查办3件8人。东安县院在审查陈×军盗窃案时，发现段×参与作案金额3万多元，公安机关仅作罚款处理，该院将其追捕到案，其被判处有期徒刑十二年。

1997年1月1日，修正后的《中华人民共和国刑事诉讼法》第87条，对人民检察院实行刑事立案监督作出规定。最高人民检察院下发《人民检察院刑事诉讼规则》，规定刑事立案监督的责权和程序。6月6日，湖南省人民检察院下发《人民检察院刑事立案监督工作暂行办法》，全市检察机关严格遵照执行。发现有关部门有罪不究、有案不立、以罚代刑的问题及时纠正，防止错捕（决定不捕）148人，追捕27人。

1998年1月，湖南省人民检察院下发《立案监督工作的质量标准》，明确立案监督责任制和考核评比办法。全市检察机关要求公安机关说明不立案理由68件，通知公安机关立案55件64人，公安机关立案62件72人。道县院在审查一过失致人死亡案的申诉材料时，发现张×华用猎枪误伤蒋×洁致死后，唆使15岁的女儿替罪，本人逍遥法外；该院发出《要求说明不立案理由通知书》，公安机关经过重新侦查起诉，法院以过失致人死亡罪判处张×华有期徒刑三年六个月。祁阳县院通知公安机关立案的张×虎贩卖毒品一案，经法院审理被判处有期徒刑八年。新田县院办理的陈×生等4人盗窃案，系立案监督工作带出“案中案”的典型案例。该院在审查此盗窃案时，发现雷×坚对陈×生等人盗窃的两辆价值8万余元的吉普车进行销赃，构成销赃罪，但公安机关未立案；该院发出《要求说明不立案理由通知书》后，公安机关以雷×坚无法抓捕到案仍未立案，该院认为理由不成立，即发出《通知立案书》，公安机关抓捕雷×坚后，经审查发现该县竹市派出所原正、副所长有以罚代刑、徇私枉法嫌疑，便将案件线索移交县检察院立案查处后，将二人依法逮捕。

1999年，全市检察机关纠正漏捕47人；提请公安机关撤回25件35人，向公安机关发出《要求说明不立案理由通知书》案件67件，公安机关直接查办16件；公安机关说明不立案理由不能成立，立案监督通知公安机关立案33件47人，公安机关查办31件42人，提请检察机关逮捕22件23人。宁远县院办理的胡×波、张×灯抢劫案。胡、张驾驶摩托车采取暴力手段拦路抢劫，公安机关对二人查办后以情节较轻、影响不大，又系初犯、偶犯为由，对他们罚款后取保候审；该院审查后发出《通知立案书》后予以批捕。

2000年1月，最高人民检察院印发《人民检察院立案监督工作问题解答》，全市检察机关审查批捕部门把立案监督工作重点放在突出抓大案、抓结案、抓规范、抓指导上。受理不服不立案的投诉182件，要求公安机关说明不立案理由126件，公安机关直接立案46件，通知公安机关立案68件，公安机关接通知立案40件。

经立案监督公安机关立案 86 件 121 人。冷水滩区院办理周×斌、屈×铜、冯×山重大责任事故案，发现三人与零陵煤矿“3·11”透水事件，死亡 11 人的特大事故无直接的责任关系，但与该事故有直接责任关系的零陵煤矿东风工区原区长杨×旺，仅受行政处分后调至零陵某工区任区长，该院经过调查取证后对周、屈、冯作出不捕决定，同时向公安机关发出《要求说明不立案理由通知书》，建议公安机关对杨×旺补充侦查。

2001 年，市检察院根据湖南省人民检察院要求调整立案监督：凡立案监督和追捕的案件，皆以法院判决作为考核记分标准，受理立案监督案件线索 53 件，要求公安机关说明不立案理由 52 件，公安机关主动立案 35 件 51 人，经审查认为公安机关不立案理由不能成立而通知立案 15 件 20 人，公安机关接通知后立案 11 件 14 人，判决 40 件 43 人，其中判处五年以上十年以下有期徒刑的 9 人、十年以上有期徒刑的 3 人。新田县院要求公安机关说明不立案理由 9 件 11 人，公安机关主动立案 7 件 9 人，通知公安机关立案 2 件 2 人，批捕 9 件 10 人，法院判决 6 件 6 人。芝山区院（现零陵区院）办理的刘×旺医疗事故案。个体医生刘×旺在停业整顿和不具备手术条件情况下，擅自为周××进行肾切除手术，致其死亡，该院要求公安机关说明不立案理由后批捕。

2002 年 3 月 28 日，最高人民检察院召开全国检察机关电视电话会议，部署开展“打黑除恶”立案监督专项行动。4 月 12 日，湖南省人民检察院下发《关于开展“打黑除恶”立案监督专项行动的通知》。6 月 10 日，湖南省人民检察院召开全省刑事检察工作会议，进一步强调和部署。市检察院组织召开专门会议布置落实，11 个县、区院成立由检察长牵头的“打黑除恶”领导小组开展工作。检察、公安互建联络室 14 个，把检察监督职责前移。向公安机关发出检察建议 182 份，要求公安机关说明不立案理由 32 件，公安机关直接立案 30 件，通知公安机关立案 11 件 21 人。冷水滩区院办理周×明故意伤害案，周持短柄斧头、铁棒将他人打成重伤，公安机关仅对其做劳动教养处理，该院向公安机关发出《要求说明不立案理由通知书》《通知立案书》，将其批捕。

2003 年 7 月，湖南省人民检察院下发《刑事立案监督工作暂行规定（试行）》。全市检察机关对应立案而未立案的刑事案件，通知公安机关立案 49 件，其中 5 人被判处有期徒刑五年至十年；要求公安机关说明不立案理由 46 件；公安机关主动立案 14 件 15 人。祁阳县院办理唐×元过失以危险方法危害公共安全案。唐×元私设电网致唐×生死亡，公安机关欲调解，该院接到举报后要求公安机关说明理由，其主动立案，唐被判处有期徒刑五年。宁远县院通知公安机关立案的何×喜拐卖妇女案，被判处有期徒刑十年。

2004年，最高人民检察院、湖南省人民检察院部署惩治制假售假侵犯知识产权犯罪立案监督专项行动，全市检察机关走访有关行政执法部门231次，召开联系会议25次，排查线索18条，向公安机关发出《要求说明不立案理由通知书》25份，公安机关主动立案20件，通知立案13件14人；建议行政执法机关向公安机关移送案件6件，判决4人。冷水滩区院办理周×敏交通肇事案，周无证酒后驾车造成1死4伤后，交警队以周是市公安局干警为由，对其未采取任何强制措施；该院发出《通知立案书》，将周×敏逮捕。

2005年，全市检察机关侦查监督部门继续开展制售假冒伪劣商品、侵犯知识产权立案监督专项行动，走访行政执法机关146次，审阅行政执法案卷22件。对公安机关应当立案未立案的，发出《要求说明不立案理由通知书》23件，公安机关主动立案7件，通知公安机关立案8件；依法纠正漏捕46人。宁远县院办理黄黑×、黄林×非法侵入他人住宅案，两人纠集20余人踢开邱××家的大门，入室将邱殴打成轻微伤和打砸室内物品，该院要求公安机关说明不立案理由后，将两人逮捕后提起公诉。

2006—2007年，湖南省人民检察院侦查监督处对全市检察机关立案监督工作给予充分肯定。受理立案监督案件102件116人，向公安机关发出《要求说明不立案理由通知书》62件64人，纠正公安机关不应当立案而立案36件；应当逮捕而未提请逮捕，决定追加逮捕25人；法院判决37人，其中判处十年以上有期徒刑5人，移送检察机关自侦案件线索7件8人。宁远县院督促立案樊×仁赌博案。该院发现樊伙同他人开设地下赌场一年半，渔利40万余元，公安机关对樊仅作劳教处理，遂向公安机关发出《要求说明不立案理由通知书》，将其抓获审讯后，樊×仁等人交待先后送给城北派出所原所长蒋×平2万余元，该所两名联防队员每月从赌场领取工资，为赌场通风报信，三人被批捕。

2008—2009年，全市检察机关开展以“创新审查机制，增强监督实效”为主题的专项活动。对应当立案而不立案的，监督公安机关立案39件47人，对不应当立案而立案的，监督纠正5件。对应当逮捕而未提请审查逮捕的，依法追捕35人，提起公诉后法院作有罪判决8人；纠正漏捕61人。追捕、追诉后被法院判处三年以上有期徒刑50人，其中1人被判处死刑，8人被判处十年以上有期徒刑。零陵区院办理唐×故意伤害案。唐×之子唐×涛将唐××双眼抠出，属重伤、一级伤残。唐××在医院治疗期间跳楼自杀身亡。公安机关仅提请批准逮捕唐×，该院经审查后建议公安机关将唐×涛、唐×波报捕。宁远县院审查郑×明受贿案，发现其受贿事实不清，证据不足，但有滥伐林木的嫌疑，应追究刑事责任，要求公安机关查办，其被判处有期徒刑四年。

2010年7月26日，最高人民检察院、公安部联合下发《关于刑事立案监督有关问题的规定（试行）》，进一步规范立案监督的范围、条件、程序，并将公安机关不应当立案而立案的案件纳入立案监督范围。全市检察机关对应当立案而未立案的监督公安机关立案27件34人，对不应当立案而立案的监督纠正8件8人，对应当逮捕而未提请审查逮捕的，追捕83人，对不构成犯罪或证据不足的，决定不捕547人，江华县院在审查赵×抢劫团伙案时，追捕团伙成员10人，其中二人被判处十年以上有期徒刑。7月29日，有人在红网上炒作零陵区公安机关纵容“小猪猪娱乐城”开设赌场。零陵区院查明娱乐城经营具有涉嫌赌博功能的多种电子机型60余台，有大量人员聚集在电子赌博机处赌博。零陵公安分局对相关人员只作治安处罚，未立案，该院发出《要求说明不立案理由通知书》，督促区公安分局立案。

2011—2012年，全市检察机关以确保审查逮捕案件质量，加大侦查监督力度，增强监督实效为目标，全面履行侦查监督职责，加强队伍的思想作风和能力建设，受理审查逮捕案件2391件3466人，办理立案监督12件。市检察院侦监处下发《全市检察机关侦查监督部门优秀案件培育办法（试行）》，继续推行在办案中树立办理优案理念，组织全市侦监部门人员集体观看全省优案视频，借鉴各地工作经验，有两件案件入选2011年度全省优秀案件。对公安机关应当立案而不立案的案件，督促公安机关立案19件；受理公安机关不应当立案而立案的，督促撤案2件；对应当移送审查逮捕，依法追捕95人。市检察院办理胡×伟、王×南涉嫌农资造假案件，以非法生产、销售伪劣产品罪批准逮捕。江华县院开展惩治和预防假自首、假立功、假在逃、假鉴定专项活动，纠正“四假”行为18人次，提出纠正意见4件，纠正4件。江永县院曹江被评为全省侦查监督优秀检察官。

2013年5月13日，市检察院侦监处集中进行业务学习

2013年，办理立案监督案件45件59人，要求公安机关说明不立案理由25件26人，纠正公安机关不应当立案而立案案件20件33人。对公安机关应当立案而不立案的案件，要求公安机关说明不立案理由15件，监督公安机关立案10件。对于公安机关不应当立案而立案的案件，要求公安机关说明立案理由2件，通过监督，公安机关撤案2件；检察机关对涉嫌犯罪而未移送司法处理的案件，建议行政执法机关向公安机关移送28件28人，有关行政执法机关移送25件25人，公安机关立案20件

20 人。对该类案件，检察机关批捕 2 件 4 人。江华县院备案审查行政执法与刑事司法衔接案件 22 件，对于涉嫌刑事犯罪的，向县公安局发出检察建议，督办 13 件。蒋××虚开增值税发票一案，通过立案监督后被判处有期徒刑一年，缓刑二年。祁阳县院侦监科干警在 2011 年 3 月走访县卫生监督所时，发现 2 起非法行医案件是县卫生所移送备案，但公安机关一直没有立案，便向县公安局发出《检察建议书》，要求查办该 2 起案件，犯罪嫌疑人陈×生、蒋×清被法院作出有罪判决。

2014 年，重点监督纠正侦查机关有案不立、立而不侦等行为，对公安机关应当立案而不立案的案件，要求公安机关说明不立案理由 31 件，公安机关立案 30 件；对于公安机关不应当立案而立案的案件，要求公安机关说明立案理由 6 件，公安机关撤案 6 件；对公安机关应当移送审查逮捕而未移送的，增捕 64 人。宁远县院在审查张×杰等人涉嫌贩卖毒品案时，督促公安机关查办涉案人员郑×军，被一审判处死刑，缓期二年执行。江华县院开展“消极侦查”专项监督活动，对 2006 年以来已批捕而未执行的犯罪嫌疑人全面清理，督促公安机关逮捕归案 8 人。

2015 年，全市检察机关对公安机关应当立案而不立案的，监督立案 47 件；不应当立案而立案的，监督撤案 15 件。深入推进“两法衔接”工作，建议行政执法机关移送犯罪案件 9 件 15 人，公安机关立案 7 件 12 人；对应当移送审查逮捕，追加逮捕 63 人。宁远县院审查姚×寻衅滋事案，依法追捕张×等二名犯罪嫌疑人，被判处有期徒刑十年。对涉嫌犯罪未移送司法处理的案件，建议行政执法机关向公安机关移送 9 件 15 人，有关行政执法机关移送 9 件 15 人，公安机关立案 7 件 12 人；对该类案件，检察机关同期批捕 3 件 3 人。

1994—2015 年永州市检察机关刑事立案监督情况统计表

表 2-2　　单位：件

年度	受理数（件）	要求说明不立案理由（件）	公安直接立案（件）	通知立案（件）	通知公安后立案（件）
1994	38	14	15	5	4
1995	46	26	11	6	3
1996	39	18	9	4	5
1997	43	16	9	6	12
1998	58	14	16	19	9
1999	56	20	16	16	4
2000	106	32	29	18	27
2001	159	77	39	32	11
2002	98	56	18	11	13
2003	77	46	14	12	5

续表2-2

年度	受理数（件）	要求说明不立案理由（件）	公安直接立案（件）	通知立案（件）	通知公安后立案（件）
2004	31	9	8	8	6
2005	47	31	6	2	8
2006	49	31	6	9	3
2007	53	31	14	7	1
2008	74	32	26	13	3
2009	65	28	16	11	10
2010	39	21	11	9	2
2011	66	32	12	12	10
2012	46	32	7	6	1
2013	45	25	17	4	3
2014	67	42	14	9	3
2015	44	21	8	9	6

第三节　侦查活动监督

1994 年，公安机关对检察机关作出决定不及时宣布，特别是对一些作出不捕决定的犯罪嫌疑人不宣布释放。道县院对不构成犯罪的朱×新依法作出不捕决定，公安机关向零陵分院申请复核被维持，但道县公安机关不放人达 40 多天，该院三次提出纠正意见，公安机关才释放朱×新。零陵分院刑一科对涉嫌包庇犯罪嫌疑人蒋×斋，依法作出不构成犯罪不批准逮捕决定后，永州市公安局（现零陵区公安分局）以未交伙食费为由将其继续关押 20 多天，经口头提出纠正意见后仍不放人，该院发出书面纠正违法通知书，零陵地区公安处督促永州市公安局放人。

1995 年，全市检察机关对公安机关在侦查活动中的刑讯逼供、指供、诱供、以罚代刑、以教代刑等违法行为，采取口头形式提出纠正意见。在审查案件中发现已构成犯罪而公安机关作出治安处罚或另案处理的在逃人员 66 人，经核查向公安机关提出报捕建议 66 条，对未被采纳的犯罪嫌疑人依法增捕 29 人。对公安机关不及时执行检察机关作出批捕或不批捕决定，先口头纠正仍未果后，依法提出书面纠正违法通知书 38 次，提出口头建议纠正 74 次。

1996—1997 年，全市检察机关在审查中发现已构成犯罪，而公安机关作治安处罚或注明“在逃”“另案处理”的犯罪嫌疑人，经核查后向公安机关提出建议 140 条，被采纳 97 条，经建议未报捕的追捕 58 人。作出不捕需要补证的案件，依法督促公安机关及时补证后重报 3 件。对在侦查活动中刑讯逼供、指供、诱供等违法办案，提出纠正违法意见或检察建议 108 条（书面 31 条，口头 77 条）。

1998—1999 年，全市检察机关对公安机关在侦查过程中的违法行为，提出纠正违法 31 次（书面通知 20 次，口头纠正 11 次）。防止错捕 61 件 117 人，纠正漏捕 6 件 27 人。祁阳县院办理的犯罪嫌疑人唐×文、龙×亮等聚众斗殴一案，深挖余罪漏犯，追捕唐×峰、罗×山、邹×雄等带黑社会性质的犯罪团伙的主要骨干成员 17 人，彻底摧毁了祁阳县两大黑社会性质派系——罗口门派和东江派。改变公安部门定性 43 件次，纠正错案 10 件 10 人。

2000 年，市检察院针对公安机关应捕而未报捕的 7 件 11 人，分别向公安机关发出《检察建议书》7 份，使其及时报捕，由原来报捕的 3 件 3 人增加到 10 件 14 人，法院判决 6 件 6 人。东安县院在审查唐×夏、唐×平盗窃案时，发现另 3 名犯罪嫌疑人雷×明、唐×宣、唐×龙是系列盗窃案的直接参与者，且盗窃数额较大，均已构成犯罪，便一案追捕 3 名盗窃犯罪嫌疑人。

2001—2002 年，市检察院追捕 175 名犯罪嫌疑人，起诉 45 人，判决 43 人，其中判处五年以上十年以下有期徒刑的 5 人，十年以上有期徒刑的 14 人，无期徒刑 1 人；防止错捕 94 人，追捕犯罪嫌疑人 59 人。宁远县院追捕 15 人，起诉 7 人，判决 7 人。东安县院审查蒋×军、蒋×康故意伤害案，发现蒋×康没有伤害他人，而另一凶手公安机关未报捕，该院批捕蒋×军、不捕蒋×康，增捕蒋×波。冷水滩区院向公安机关发出《检察建议书》66 份，被采纳 40 余份。该院办理汤×峰、魏×军抢劫案，审查发现周×坤、胡×湘等人也涉嫌抢劫罪，遂向公安机关发出《检察建议书》，追捕周×坤等人，挖出已批捕的汤×峰等人的抢劫余罪。

2003—2004 年，对应当逮捕而未提请逮捕的依法决定追加逮捕 117 人，其中被判处三年有期徒刑 36 人，被判处十年以上有期徒刑 6 人。冷水滩区院追捕的刘×抢劫案，刘被判处有期徒刑十一年。芝山区院（现零陵区院）办理屈×国毁坏公私财物案。屈向公安机关交纳 15000 元保证金，赔偿受害人 5000 元，但案件一年半后未结，该院监督公安机关撤案。

2005 年，全市侦查监督部门追捕漏犯 22 件 46 人，对案件质量有严重影响的违法现象，及时口头纠正 200 余件次，发出书面《纠正违法通知书》50 份。祁阳县院针对公安机关超期羁押、违法延长羁押期限、违法取证和违法变更强制措施等方面的问题，向公安机关发出《纠正违法通知书》13 份，《检察建议书》9 份。宁远县院对不予批捕的一名犯罪嫌疑人，因公安机关不放人而进行监督，促使公安机关及时释放犯罪嫌疑人。

2006 年，全市检察机关侦监部门加大与公安、法院等部门的衔接、配合，形成惩治合力，提高检察机关对“批捕在逃”“另案处理”人员的监督效能。对2004—2006年的上述两类人员进行详细摸底，设立专门台账，督促侦查机关加大抓捕和追逃力度，追捕282件334人，向公安机关发出《纠正违法通知书》173份，均被采纳。

2007年，全市检察机关追捕243件311人，法院判决188人。3月9日，零陵区珠山民营客运擅自将公交车票涨价，引起当地群众与该民营公司发生冲突（称“3·9”事件），零陵区院提前介入，并派业务骨干到公安机关材料综合组督促；市检察院侦监处于3月12日提前介入与“3·12”专案组（查处珠山聚众扰乱社会秩序犯罪）、“3·11”专案组（查处引发珠山事件的该民营公司的违法犯罪）的公安干警召开案情分析会，共同审查案卷，坚持分化瓦解和打击少数，教育团结多数的原则，对该案的策划、组织、指挥及借机打、砸、抢者依法严惩，对一般参与者慎用逮捕措施，注重程序及证据收集固定，避免采取逮捕措施不当而引发新的矛盾，严格依法办案。

2008年，市检察院对公安机关2006—2007年捕后变更强制措施案件进行检查，写出《对批准逮捕后变更强制措施的情况调查》，向公安机关发出《检察建议书》53份，《纠正违法通知书》28份。对440名已逮捕犯罪嫌疑人变更强制措施，其中变更为取保候审395人，变更为监视居住45人。对违反取保候审、监视居住规定的21名犯罪嫌疑人，督促公安机关提请批捕和追捕。对捕后变更强制措施导致犯罪嫌疑人不能到案，导致案件无法继续诉讼的12起典型案件与市公安局联合督办。对涉嫌渎职犯罪的案件线索，移送相关部门初查。针对专项检查反映出的问题，市检察院起草《关于适用逮捕、取保候审、监视居住强制措施有关问题的意见》，与市公安局会签后印发实施。追捕147件208人，法院判决137人，其中判处无期徒刑1人，判处十年以上有期徒刑12人。对公安机关、自侦部门在侦查过程中出现的违法行为，提出书面或口头纠正违法89件183人。

2009年12月，市检察院（左）与市公安局刑侦支队协调“10·17”专案组讨论案情

2009年，市检察院创新工作机制，在全省率先对案情重大但证据有所欠缺案件的审查逮捕程序进行规范，与市公安局联合下发《关于附条件批准（决定）逮捕案件实施意见》，对7名重大案件犯罪嫌疑人实行附条件逮捕。对侦查活动中的违法情形，提出书面纠正违法120件次；对2008年开展的捕后变更强制措施专项监督的整改情

况进行跟踪监督。

2010—2011 年，全市检察机关大力开展“岗位练兵、岗位竞赛、岗位成才”活动，市检察院侦监部门利用内网和视频系统，每月明确主题进行专题讲座或研讨。在审查逮捕环节纠正漏捕 119 人，判处十年以上有期徒刑 6 人，提出书面纠正侦查活动违法 192 件次。江华县院追捕未成年人抢劫团伙一案。赵×等人纠集 10 名犯罪嫌疑人在城区、学校周边抢劫作案 27 起；该院审查发现陈×等人系该团伙骨干成员应予以追捕，其中追捕的蒋×、朱×辉被判处有期徒刑十一年、十年。市检察院与市公安局于 2009 年制定《关于批准逮捕后取保候审与监视居住强制措施提前备案审查的相关规定》，得到最高人民检察院肯定后在全市检察机关推广，有效遏制捕后变更强制措施的随意性。新田县院办理洪×乾、王×坤涉嫌寻衅滋事案。该院在审查肖×案时发现同案人洪×乾、王×坤主动提出犯意，依法应当逮捕，但公安机关并未提请逮捕，该院向公安机关发出应当逮捕意见书，要求公安机关在侦查中注意收集、固定证据，提请逮捕。

2012 年，市检察院审查 11 个县、区院提请批准延长侦查羁押案 3 人，对符合批延条件的 2 人批准延长侦查羁押期限，不符合批延条件的 1 人不批准延长侦查羁押期限。提出书面纠正侦查活动违法 46 件次；提出纠正公安机关侦查活动违法 78 件次。7 月 11 日，市检察院召开全市部分行政执法部门“专项监督”活动座谈会，提出 2012 年工作新思路、新方向，推动“专项监督”活动深入开展。对全市 2011 年“另案处理”人员逐案清理、排查，会同市公安局签发《关于开展“另案处理”案件专项检查活动的实施方案》。全市检察机关侦查部门与税务部门、烟草部门形成信息互通的常态机制，切实解决涉嫌犯罪案件移送中存在的突出问题、促进执法资源的合理利用，税务部门报备 2 件 3 人；烟草部门报备 3 件 4 人。

2013—2014 年，全市检察机关在审查逮捕环节，纠正公安机关漏捕 101 人。针对公安机关侦查活动违法提出纠正 150 件次，纠正 109 件次。市公安局报捕唐××开设赌场案，市检察院在提审犯罪嫌疑人时，唐反映公安机关曾收取其 5 万元，检察人员经调查核实公安机关未将扣押款项凭据入卷后，给予口头纠正意见。蓝山县院重点开展对查封、扣押等强制性侦查措施的监督，在调查核实公安机关扣押彭×车辆时发现，县公安局未出具扣押清单和对扣押车辆随案移送，被扣押车辆也非作案工具，该院发出《纠正违法通知书》，并监督公安机关将车辆返还当事人。江华县院办理伍×阳开设赌场案。其兄伍×国是开设赌场主谋，伍×阳只是负责望风等；公安机关未将伍×国报捕，该院对伍×阳作出不捕决定的同时，向公安机关发出《应当逮捕犯罪嫌疑人建议书》，对伍×国进行追捕。零陵区院办理犯罪嫌疑人刘×涉嫌寻衅滋事案。该案发生在七里店派出所内，该所处理此事时未回避，既是该案当事人又是办案单位；该院发出《纠正违法通知书》，将案件交由区公安分局刑侦大队办理。江华县院开展“消极侦查”专项监督活动时，对2006年以来已批捕而未执行的犯罪嫌疑人进行全面清理，督促公安机关逮捕归案8人。

2015年，全市检察机关在审查逮捕环节，纠正公安机关漏捕61人。针对公安机关侦查活动违法提出纠正124件次，纠正111件次。江华县院办理韩×勇诈骗案，发现刘×飞、高×贵也涉嫌诈骗罪，公安机关未报捕，该院向县公安局发出《应当逮捕犯罪嫌疑人意见书》，对二人进行追捕，均被判处有期徒刑三年以上。

第二章　公　诉

第一节　审查起诉

一、普通刑事案件审查起诉

1994年，全地区检察机关审查起诉部门紧紧围绕审查起诉工作为经济建设服务，把惩治严重暴力犯罪、重大盗窃、抢劫等多发性犯罪作为重点，做到“一快二细”：对重大案件批捕、起诉突出“快”，对重大案件审批实行提前介入率达到95%；案件分类“细”，对受理的案件进行分类，知道哪些属于惩治“重点”，哪些先办、缓办的案件；严格把关“细”，根据刑诉法的有关规定，结合办案实践，研究制定起诉工作规范，对案件慎重审查。全地区受理各类刑事案件1357件2040人，审结提起公诉1019件1507人，不起诉57件80人，法院开庭审理871件1277人；判处死缓15人，无期徒刑31人，有期徒刑1155人，其他刑罚45人。审查起诉杀人、抢劫、强奸、爆炸等严重暴力犯罪1122人，依法从重从快起诉流氓、强奸、抢劫团伙犯罪和危害严重的“车匪路霸”“村匪路霸”“街匪路霸”等犯罪229人。

1995年，全地区检察机关坚持以“严打”为中心，强化监督职能。受理各类刑事案件1161件1850人，审结1158件1847人，其中依法提起公诉1265人。审查起诉杀人、抢劫、强奸等严重危害社会治安的犯罪1237人，在起诉的犯罪嫌疑人中，有重大案犯369名，特大案犯49名。起诉的案件被法院判决762件1118人，判处死缓10人，无期徒刑20人，有期徒刑1016人，其他刑罚9人，未出现无罪判决案件。

1996年，受理公安机关移送审查起诉的各类刑事案件1316件2108人，审结1121件1750人。4月中旬，党中央在全国全面开展“严打”斗争。市检察院印发

《关于充分发挥检察职能，积极投入“严打”斗争的通知》，全市刑检工作严厉惩治杀人、抢劫、强奸、爆炸、流氓犯罪，特别是涉枪犯罪、黑社会性质犯罪团伙和流氓恶势力，以及走私、贩毒、拐卖妇女儿童、多发性盗窃等严重刑事犯罪案件。起诉的犯罪嫌疑人中，属上述重点打击对象 1374 人；起诉重大案犯 489 人，特大案犯 142 人。“严打”期间，全市投入起诉干警 100 多人，受理公安机关移送各类刑事案件 582 件 921 人，向法院起诉 469 件 726 人；出庭公诉 438 件次，使 606 名案犯受到惩处。市检察院刑二科负责人三次参加“严打”督查小组，奔赴各地督促指导，协调办理疑难案件。芝山区莫×亮等 7 被告抢劫团伙案，1 人被判处死缓，2 人被判处无期徒刑。

1997 年，全面贯彻落实修正后的《中华人民共和国刑法》《中华人民共和国刑事诉讼法》，围绕“破大案、抓逃犯、打团伙”要求，快、准、狠惩治各类严重刑事犯罪。全市检察机关受理案件 993 件 1346 人，审结 744 件 1001 人，起诉 692 件 929 人，不起诉 72 人，退回公安机关补充侦查 174 件 281 人，出庭支持公诉 534 件次。惩治杀人、抢劫、强奸、爆炸等犯罪，特别是涉枪犯罪、黑社会性质犯罪，以及走私、贩毒、拐卖妇女儿童、多发性盗窃等严重刑事犯罪 715 人，重特大案犯 297 人。审查起诉阶段提前介入重特大案件 124 件 179 人。3 月 31 日，市检察院发出《关于发挥检察职能，积极投入“春夏严打”整治行动的通知》，继续坚持“从重从快”“严打”斗争方针，受理公安机关移送起诉各类刑事案件 232 件 321 人，提起公诉 239 人。

1998 年，湖南省人民检察院开展“办案质量年”活动，市检察院着重抓好不起诉案件质量，规定“即可起诉可不起诉的原则上起诉；可不起诉可撤案的原则上建议侦查部门撤案；自侦案件原则上不作不起诉；民愤较大或有附带民事诉讼的原则上一律起诉”。6 月 10 日，市检察院刑二科对一季度开展的四种刑事诉讼法律文书评优活动进行通报，对起诉书、抗诉书中优秀、良好的进行表彰，对法律文书不规范问题提出改正意见。11 月 11 日—15 日，市检察院对 11 个县、区院起诉业务工作，分 4 组对岗位责任制落实情况、“办案质量年”活动开展情况和起诉、不起诉案件质量、出庭公诉质量、侦查审判监督、内勤信息材料等工作进行检查。全市受理移送起诉的犯罪嫌疑人 966 件 1445 人，审结 814 件 1150 人，其中提起公诉 805 件 1134 人，刑事案件不起诉 9 件 16 人。无错诉、漏诉、该抗诉未抗诉案件。按照修正后的《中华人民共和国刑法》要求，办理猥亵儿童、寻衅滋事、帮助毁灭罪证、强迫交易、破坏生产经营、职务侵占、挪用资金等新罪名案件 13 件 19 人，其中公安机关查办 8 件 13 人，检察机关查办 5 件 6 人。

1999 年，全市检察机关办理的爆炸、抢劫、盗窃、伤害、放火等案件同上年比增多，起诉率较上年同期大幅上升。7 月 30 日，市检察院把刑二科、冷水滩区院、道县院作为主诉检察官试点单位。移送起诉的犯罪嫌疑人 1133 件 1765 人，审结 880 件 1322 人。其中提起公诉 871 件 1303 人，法院判决 892 人。芝山区院（现零陵区院）办理彭×强奸案直接证据少，被告人翻供，但案件性质恶劣，社会影响大，该院深入案发地进行核查后，依法起诉至法院，彭被判处有期徒刑三年。

2000 年，全市检察机关重点惩治杀人、抢劫、强奸、绑架及带黑社会性质等严重破坏社会秩序、严重侵犯人民群众人身财产安全的犯罪。祁阳县院、冷水滩区院重点惩治黑社会性质的流氓团伙、寻衅滋事、聚众斗殴、故意杀人、伤害、抢劫、绑架等犯罪。东安县院集中快审快诉一批盗窃耕牛、化肥、农用车等农业生产资料、生产工具案。市检察院审查起诉的王×兴、王×平、唐×明、陈×科特大抢劫、绑架、杀人案，适时介入侦查，仅 6 天就对 4 人提起公诉，均被依法判处死刑。全市受理移送起诉（不起诉）案件 1278 件 1800 人，审结 1277 件 1799 人，积存 1 件 1 人。其中，公安机关移送审查起诉（不起诉）案件 1128 件 1613 人，审结 917 件 1305 人，其中起诉 896 件 1270 人，不起诉 21 件 35 人，撤销案件 21 件 36 人，移送其他机关处理 87 件 139 人，退补（未重报）307 件 501 人。

2001 年，市检察院把“严打”整治斗争作为检察工作首要任务来抓，成立检察长负总责的领导小组和“严打”整治办公室，负责组织、协调“严打”工作。市检察院领导两次分片到 11 个县、区院调查、了解“严打”整治工作，对初期个别地方存在消化处理速度慢、超期羁押等问题及时发现解决。对上级督办和党委、人大交办的案件，由市检察院检察长、主管副检察长亲自督办，11 个县、区院检察长负责落实。全市受理移送起诉（不起诉）案件 1660 件 2552 人，其中公安机关移送审查起诉（不起诉）案件 1524 件 2339 人，审结 1660 件 2552 人，无积案。其中起诉 1304 件 1893 人，不起诉 29 件 38 人，撤销案件 62 件 96 人，退补 147 件 291 人，移送其他检察院 118 件 234 人。市检察院刑二科受理侦查机关移送审查起诉（不起诉）案件 115 件 221 人，其中公安机关移送审查起诉（不起诉）案件 98 件 194 人，受理检察机关自侦案件 17 件 27 人。审结 115 件 221 人，其中起诉 92 件 136 人，不起诉 2 件 3 人（均为相对不起诉案件），交办 10 件 49 人，撤案 3 人，退补 11 件 30 人。起诉“三类”重点案件（有组织的黑社会势力团伙犯罪、流氓恶势力犯罪、严重暴力犯罪）657 件 931 人。市检察院办理的东安县蒋×心、蒋×贤黑社会性质组织犯罪案件，涉嫌组织、领导、参加黑社会性质组织，故意伤害、寻衅滋事、聚众斗殴、抢劫、偷税案。该案系最高人民检察院、公安部挂牌督办，涉及 13 个罪名 80 余项罪行，市检察院主要领导作为市委“打黑除恶”督查组东安小组负责人，多次率员前往东安研究行动方案。在审查起诉期间，市检察院领导带领 3 名主诉检察官与祁阳县院6名检察官共同办案，10天内阅完100余册案卷，记阅卷笔录15万余字；在12天内提审犯罪嫌疑人53人次，补充证据32份，完成长达93页的案件审结报告，于12月底前全部提起公诉。依法追究与蒋×心案件有牵连的国家工作人员16人，其中东安县委原副书记胡×栋，公安局原副局长、交警大队原大队长夏×生，工商局原局长熊×宏，人民医院原院长蒋×模被市检察院立案查处。坚持重大案件提前介入，确保快审快结。在起诉阶段提前介入案件133件151人，一般起诉案件平均在10天内审结，重大疑难案件平均在20天内审结。

2002年，全市检察机关进一步完善、落实错案追究制，强化质量意识。积极开展惩治禁毒、扫黄打非、惩治“两抢一盗”、整顿和规范市场经济秩序、治爆缉枪等一系列专项斗争。起诉涉毒犯罪37人；起诉破坏社会主义市场经济秩序犯罪嫌疑人39人。全市受理公安机关移送审查起诉2049人，提起公诉1611人。对三类重点案件犯罪嫌疑人提起公诉1093人。对肖×语、危×林为首的黑社会性质组织案适时介入，起诉16人。对陆×旺为首的恶势力团伙案件依法提起公诉12人。

2003年，市检察院对重大疑难复杂案件加强会商研究，增强惩治实效。起诉爆炸、杀人、强奸、绑架、抢劫、重大盗窃等重特大案件1094人，平均办理时间为10天，做到快捕快诉。积极参加惩治街头抢劫抢夺犯罪、涉爆涉毒犯罪等专项行动，起诉610人。积极参加整顿和规范市场经济秩序工作，依法惩治诈骗、偷漏税骗税、侵犯知识产权、制售假冒伪劣食品、药品、农资、医疗器械等严重扰乱市场经济秩序的犯罪活动，起诉54人。全市受理各类案件1875件2840人，其中受理公安机关移送审查起诉的1746件2691人，审结案件1854件2807人。

2004年初，湖南省人民检察院、省公安厅联合下发《关于开展“刑事执法质量年”活动的通知》，市检察院与市公安局联合制订活动方案，建立联席会议、重特大案件介入侦查、案件退补协商、联合调研“四项制度”。惩治爆炸、杀人、抢劫、绑架等暴力、黑恶势力犯罪、毒品犯罪和盗窃抢夺等多发性犯罪69件114人。积极参加整治社会治安专项行动，在惩治城区“两抢一盗”专项行动中，起诉抢劫、抢夺、盗窃犯罪分子319人；在禁毒专项行动中起诉涉毒犯罪分子65人；在惩治失火毁林犯罪的专项行动中，起诉127件128人。全年受理各类案件2131件3104人，审结2093件3063人，其中起诉1715件2430人，不起诉73人，法院判决1534件2190人，未出现无罪判决。被告人罗×荣故意杀害执勤交警唐×林案，市检察院及时派员介入现场勘查，参与审讯、打捞作案凶器等，该案移送审查起诉当天就对被告人罗×荣提起公诉，主管副检察长张少文出庭支持公诉。

2005—2007年，全市检察机关公诉部门以“服务大局、维护稳定”为根本任务，进一步实践和深化“强化法律监督、维护公平正义”的检察工作主题，突出重点，及时审结、起诉。受理各类刑事案件 6239 件 9566 人，起诉 5151 件 7760 人，不起诉 215 件 367 人。严厉惩治暴力恐怖犯罪、邪教组织活动和爆炸、杀人、抢劫、绑架等严重暴力犯罪、黑恶势力犯罪、毒品犯罪及盗窃抢夺等多发性犯罪 483 件 640 人。依法起诉制假售假、金融诈骗、走私贩私、偷税漏税等破坏市场经济秩序犯罪嫌疑人 48 人。参加整治社会治安的专项行动，在惩治城区“两抢一盗”专项行动中起诉 608 件 1072 人。市检察院办理被告人高×亮抢劫上岭桥信用社案，经两次退回补充侦查，查清被告人伙同他人抢劫银行、信用社等金融机构、金店 7 次，劫取现金、金器等财物价值 270 万余元等犯罪事实。

2008 年，市检察院修订完善办案流程管理制度，将办案流程分为案件受理、分配、审查、审批、法庭庭审、审判监督、案卷归档 7 个环节，从受案到结案归档设立多重关口，构建层控体系。下发《关于规范公诉部门报送材料工作的通知》，规定 11 个县、区院对拟作不起诉处理的案件、撤回起诉的案件、退回侦查机关（部门）撤案处理的案件、抗诉及追诉案件、被人民法院宣告无罪的案件等 5 类案件，必须在规定的时间内报市检察院公诉部门审查、备案。全市受理移送审查起诉的各类案件 2605 件 3943 人，其中受理公安机关移送的案件 2431 件 3727 人，起诉 1967 件 2927 人，不起诉 217 件 310 人。出庭支持公诉 1519 件，其中二审出庭 101 件，再审出庭 5 件；适用简易程序审理 578 件，其中检察机关建议适用简易程序审理 496 件；生效判决 1912 件 2742 人，其中判处无期徒刑 20 人，十年以上有期徒刑 164 人。全市公诉部门加大对黑恶势力、邪教组织等犯罪的打击力度，审查起诉三个涉黑案件，涉案 108 人，涉嫌 35 个罪名，220 起犯罪事实。零陵区院追捕的周×辉强迫卖淫、强奸案被评为 2008 年度全省“十大优案”。

2009 年，市检察院公诉部门制定《永州市刑事和解实施细则》，规范全市刑事和解的操作程序，补偿方式多元化、调解主体多重性、刑事和解适用范围扩大等。受理各类案件 2173 年 3134 人，其中受理公安机关移送的案件 2082 件 3024 人；审结一审案件 1649 件 2384 人，起诉 1460 件 2108 人，不起诉 189 件 276 人，法院判决 1292 件 1835 人，十年以上有期徒刑 140 人。4 月 16 日，市检察院审查起诉的黄×平、刘×才间谍案（系永州市第一例危害国家安全的案件），一审判处黄、刘有期徒刑十一年，四年。市检察院依法对最高人民检察院督办的何×勇黑社会性质组织案 43 人提起公诉，涉案罪名 15 个，涉及犯罪事实 45 起。市检察院直接受理并审查起诉 3 例伪造货币、运输、出售假币案件，涉案假币金额 2800 万余元，其中何×飞等 11 人伪造货币和购买、运输、出售假币案，涉案金额达 2350 万余元，涉案地点跨东北、内蒙古、广东、上海等地，在全国造成重大影响。道县院办理周×光、刘×昌等人盗窃案，该团伙盗窃耕牛 54 头，周一审被判处有期徒刑十二年，刘被判处有期徒刑十一年。

2010年，市检察院要求公诉人员认真接待涉案当事人及其亲属的来信来访，结合办案开展释法说理、心理疏导等工作，引导和帮助当事人理顺情绪、化解积怨、做到案结事了；建立公诉案件风险评估机制，加强对敏感案件的办理和指导，提前做好防范工作，防止因执法不当激化或引发新的矛盾；结合执法办案工作，对具有一定普遍性和特殊性的犯罪形态深入开展调查研究，撰写检察情况反映、检察建议等，向党委、政府和有关职能部门提出消除隐患、强化管理的对策建议；联合有关职能单位、部门开展专项活动，参与社会治安整治和管理。起诉各类刑事犯罪嫌疑人2770人，其中，起诉恶势力团伙嫌疑人126人，故意杀人、强奸、绑架、爆炸等严重暴力犯罪嫌疑人692人；抢劫、抢夺、盗窃犯罪嫌疑人1071人；传销、非法吸收公众存款、集资诈骗等涉众型经济犯罪嫌疑人107人。以何×平为首的恶势力团伙，实施故意杀人、故意伤害、绑架、抢劫等犯罪，严重危害社会稳定，检察机关及时起诉7人。

2010年9月，市检察院干警出庭支持公诉

2011年，市检察院不断完善和建立量刑建议台帐，规范量刑建议书，把量刑建议与刑事和解、审判监督结合起来，提高量刑建议准确率。受理各类刑事案件2622件3800人，其中受理公安机关移送的普通刑事案件2546件3685人。审结一审案件1905件2657人，提起公诉1571件2161人，不起诉334件496人，法院判决1609件2360人，十年以上有期徒刑185人。市检察院办理以罗×明为首的黑恶势力犯罪案件，涉案犯罪嫌疑人12名，涉嫌罪名7个，犯罪事实35起。新田县院审查起诉的黄×杰、黄×锋等14人聚众斗殴、故意伤害、非法持有枪支、故意毁坏财物、寻衅滋事一案，涉及黄×杰、黄×锋两个恶势力团伙，法院一审判处被告人十年至一年不等的有期徒刑。江华县院审查起诉的张×全、陈×华、杨×后等人为首的特大流窜盗窃汽车团伙案，该团伙流窜至永州市5个县、区，采取撬车锁等方式入室盗窃汽车22辆、摩托车4辆，涉案金额达60万余元，6名主犯被判处十年以上有期徒刑。

2012年，严厉惩治严重危害群众安全的严重暴力犯罪和多发性侵财型犯罪，起诉故意杀人、爆炸、强奸、投放危险物质、贩卖毒品、抢劫、抢夺、盗窃嫌疑人1216人。从重从快办理张×平等27人黑社会性质组织案；唐×斌等9人制造、贩卖毒品案；黄×凌等9人故意杀人、聚众斗殴案等重大案件。起诉走私、金融诈骗、侵犯知识产权等破坏社会主义市场经济秩序嫌疑人111人。依法从宽处理轻微刑事犯罪，对主观恶性不大、认罪悔过或达成刑事和解的轻微刑事案件，不起诉510人。在市公安机关开展“清网行动”中，全市受理案件数量上升，受理公安机关移送的案件2654件3886人；审结一审案件2660件3722人，提起公诉2290件3216人，不起诉370件506人，法院判决1681件2296人，其中无期徒刑23人，十年以上有期徒刑170人。市检察院指导双牌县院办理张×平等21人组织、领导、参加黑社会性质组织罪一案，分别被判处有期徒刑十三年不等的刑罚。

2013年，全市公诉部门加大对严重暴力犯罪、黑恶势力犯罪、多发性侵财犯罪和“黄赌毒”等犯罪的惩治力度，起诉涉毒犯罪嫌疑人299人；起诉生产、销售伪劣商品犯罪嫌疑人19人，侵犯知识产权犯罪嫌疑人5人，金融诈骗犯罪嫌疑人22人，破坏金融管理秩序犯罪嫌疑人14人。加强对生态文明的司法保护，依法起诉乱砍滥伐、非法捕猎等危害生态资源犯罪嫌疑人101人。7月26日，市检察院针对公诉环节矛盾多、压力大的问题，下发《关于加强公诉工作的意见》，加强公诉队伍建设、建立案件质量考核体系、完善办案流程等10个方面、22条措施，确保案件质量。受理各类刑事案件3360件4575人，其中受理公安机关移送的案件3288件4473人；审结案件2915件3917人，其中提起公诉2433件3309人，不起诉482件608人（含附条件不起诉2件2人），法院判决1509件1989人，其中无期徒刑12人，十年以上有期徒刑29人。市检察院办理李×涛等人集资诈骗1.8亿元案，李被判处死缓。

2014年，全市公诉部门严厉惩治严重影响群众安全感的抢劫、抢夺、盗窃、诈骗等多发性侵财型犯罪，依法起诉753件1071人。受理各类刑事案件3206件4505人（上年积存案件869件1366人），审结2926件3942人，其中提起公诉2628件3555人，不起诉298件387人。起诉侵犯公民人身权利、民主权利严重暴力犯罪620件728人，侵财型犯罪795件1149人，毒品犯罪238件284人。市检察院起诉公安部督办的李×军、李×民等11名毒品案犯，切断10多人的贩毒网络。东安县院办理湘中城市广场周六福珠宝被盗案，涉案款物价值130万余元，被告人伍×明、周×峰均被判处有期徒刑十五年，分别判处罚金35万元、38万元。

2015年，全市公安机关开展“百日会战”“打击盗骗毒”等专项行动，检察机关受理移送审查起诉案件6108件8247人，起诉4974件6405人。起诉故意杀人、抢劫等严重暴力犯罪案件863件1022人，起诉“两抢一盗”、诈骗等侵财型犯罪899件1221人，起诉非法吸收公众存款、集资诈骗等涉众型经济犯罪案件9件13人；依法从轻处理轻微刑事案件，减少社会对立面，对构成犯罪但情节轻微的依法不起诉446人。市检察院办理王×云、杨×顺、王×波等6人贩卖毒品案。嫌疑人共同购买甲基丙苯胺片剂 16209. 12 克用于贩卖，王×云、杨×顺还为他人运输甲基丙苯胺片剂 2794. 68 克。王×云、杨×顺、王×波被依法判处重刑。

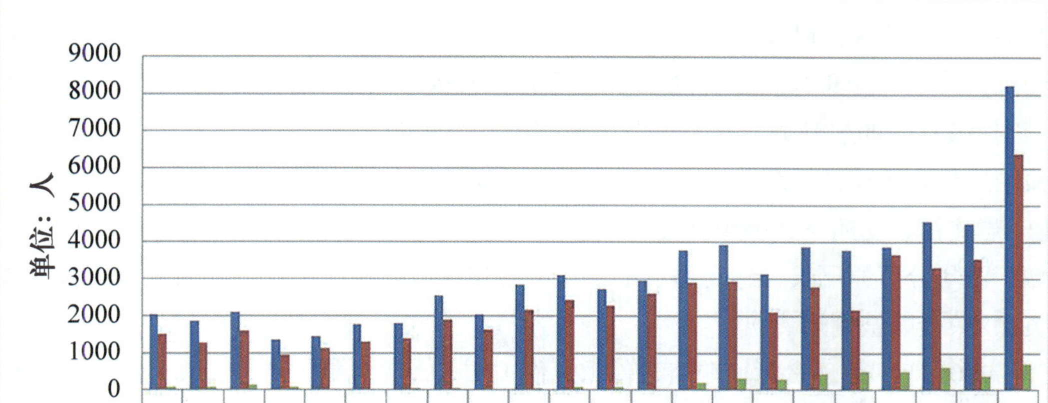

	1994	1995	1996	1997	1998	1999	2000	2001	2002	2003	2004	2005	2006	2007	2008	2009	2010	2011	2012	2013	2014	2015
受理	2040	1850	2108	1346	1445	1765	1800	2552	2049	2840	3104	2718	2970	3799	3943	3134	3877	3800	3886	4575	4505	8247
提起公诉	1507	1265	1607	929	1134	1303	1398	1893	1611	2157	2430	2290	2594	2914	2927	2108	2781	2161	3685	3309	3555	6405
不起诉	80	66	137	72	29	34	47	38		57	73	68		194	310	276	440	496	506	608	387	706

表 2-3　1994 年—2015 年永州市检察机关刑事案件审查起诉统计图

二、自侦案件审查起诉

1994 年，坚持服务经济、服务改革，充分履行审查起诉职能，积极投入反腐败斗争，严肃办理贪污贿赂等大要案件。受理贪污、贿赂等犯罪案件 189 件 233 人，起诉 77 件 100 人，不起诉 17 件 19 人。

1995—1996 年，受理移送起诉的各类经济犯罪案 416 件 528 人（含积案），起诉 160 件 216 人，不起诉 167 人，其中贪污案件 50 件 108 人，贿赂案件 17 件 18 人，挪用公款案件 5 件 6 人，重大案嫌疑人 156 人，特大案嫌疑人 25 人。同时，加强对经济犯罪案的备案审查，受理 51 件 70 人。对于法院判决、裁定确有错误的经济罪案依法提出抗诉 2 件。查处道县农业局原副局长兼种子公司经理何×仁、原副经理吴×胜、会计何×等人特大贪污、受贿窝案，涉案金额 40 万余元；冷水滩区法院原审判员李×玲徇私舞弊案；东安县公安局刑侦队原副队长漆×生徇私舞弊案；江华县小圩镇党委原副书记盘×忠、镇宣传委员谷×云非法拘禁致人死亡案；新田县莲花乡粮站原负责人郑×可、李×凌玩忽职守案；冷水滩锌品厂原厂长倪×清玩忽职守案等。在办案中妥善处理突发事件 15 起，处理重大纠纷 30 起，解救人质 48 名，为国家集体挽回直接经济损失 348 万余元。

1997—1998 年，受理自侦案件 349 件 403 人，起诉 267 件 309 人，法院判决 280 件 315 人（含积案）。审查起诉祁阳县人民法院经济庭原庭长张×平贪污受贿案；共青团双牌县委原书记胡×林贪污案；道县四马桥派出所原所长彭×旺、副所长唐×全非法拘禁致人死亡案；东安县林业局原助理工程师文×玩忽职守案等。

1999—2000 年，受理检察机关自侦案件 308 件 397 人，起诉 185 件 249 人，不起诉 22 件 27 人，退补（未重报）93 件 107 人，移送单位撤回 7 件 10 人，移送其他机关处理 8 件 9 人。起诉处级干部 2 人，科级干部 35 人。市体委原主任蒋×光（正处级）受贿被判刑。永州市涔天河水电局党委原书记李×用（正处级）受贿案侦结后仅 6 天就被提起公诉。宁远县院起诉的万×生挪用资金案，新田县院起诉的陈×志贪污、受贿案，祁阳县院起诉的张×喜贪污案均被判刑。江华县院起诉的零陵烟厂江华分厂原厂长、总支部书记、江华县委宣传部原副部长、县人大常委会原委员徐×荣受贿被判刑。

2001 年，受理贪污、贿赂案件 123 件 172 人，起诉 104 件 142 人，法院判决 88 件 120 人，立案、起诉、判决数均居全省前列。立案查办渎职犯罪案件 30 件 38 人，起诉 19 件 24 人，法院判决 17 件 22 人。起诉处级干部 7 人，科级干部 103 人，判决 86 件 115 人。市检察院审查起诉的道县教委原主任唐×与其妻何×珠受贿、巨额财产来源不明案，二人分别被判刑；市老干所原所长李×品伙同其妻龙×娥共同受贿案，二人均被判刑。冷水滩区院起诉的区农业局原局长贾×芳受贿案侦结后 7 天内提起公诉，其被判刑；宁远县工商银行原行长蒋×荣贪污被判刑；芝山区信用联社水口山信用社原出纳杨×国贪污、挪用公款数罪并罚被判刑。

2002—2003 年，全市检察机关立案查办贪污贿赂犯罪案件 190 件 248 人，起诉 173 人，法院判决 129 人，挽回直接经济损失 930 万余元。立案查办国家机关工作人员渎职、侵权犯罪案件 23 件 33 人，起诉 22 人，法院判决 17 人。道县原常务副县长罗×成、蓝山县政府原助理调研员雷×涛、凤凰园经济开发区管委会原副主任罗×学等 5 名县处级干部，东安县卫生局原局长李×华、副局长黄×元等 30 名科局级干部受到刑事追究。市检察院办理的由公安部牵头，省纪委、省公安厅、湖南省人民检察院负责指导，市检察院渎职犯罪侦查局具体侦查的福田茶场龚×生等 8 人滥用职权、玩忽职守一案，交由芝山区院（现零陵区院）审查起诉。鉴于涉案人员众多、案情错综复杂、社会影响极大，公诉处对该案进行督办，参与研究案情、撰写审查报告等。市检察院反贪局移送审查起诉的江永县委原调研员胡×科等人贪污案，交由芝山区院（现零陵区院）、祁阳县院办理后，公诉处直接派员以代检察员的身份参与审查，在受案第二天就提出公诉，龚×生等人被判刑。

2004 年，市检察院公诉处探索审查起诉职务犯罪案件新途径，任命 11 个县、区院的检察员为市检察院代检察员，审查市检察院反贪局、渎侦局侦查终结的职务犯罪案件。先后审查起诉新田县委原副书记刘×游受贿案，市公安局原副局长旷×文受贿案，二人分别被判刑。受理自侦部门移送审查起诉的案件133件168人，审结105件131人，起诉97件119人，法院判决56件76人。祁阳县院提起公诉的中国建设银行祁阳县支行人民西路储蓄所原副主任兼综合柜员谭×旗特大贪污、挪用公款案，两罪并罚被判刑、剥夺政治权利两年，没收财产5万元。

2005—2006年，市检察院对法院发回重审后要求检察机关撤回起诉，减轻处罚和改判案件进行分析：职务犯罪案件证据固定难度大，二审、再审翻供、翻证现象普遍，导致证据的证明力和关联性下降；职务犯罪被告人一般都是领导干部或工作在重要岗位，社会关系广，活动能力和反侦查能力强。公诉部门为及时、有效地加强贪污贿赂、渎职侵权等职务犯罪案件的办理，采取优先审查、上下联动、敦促审判进度等方法，加快自侦案件的审查起诉工作。受理自侦部门移送审查起诉案件332件354人，起诉232件267人，判决89件。

2007年，全市检察机关坚决贯彻中央关于反腐败斗争的总体部署，依法履行查办职务犯罪职责，提起公诉贪污贿赂案件50件76人，提起公诉渎职侵权案件25件34人。新田县院起诉中国银行湖南省分行机构管理处原处长兰×伟受贿案，兰受贿36.5万元、美元5万元，被判处有期徒刑。双牌县院起诉永州市白竹路基础设施建设有限公司原董事长、总经理唐×顺贪污、挪用公款、国有公司人员滥用职权案，唐被判刑。

2008—2010年，受理职务犯罪案件352件434人，起诉223件232人。起诉涉农村公路建设中贪污贿赂系列案件10件10人，金额182万元，涉及2名县公路局负责人、2名市公路局中层干部，市公路局项目办原主任黄×玲受贿48万余元，被判刑。市汽车运输总公司原党委书记、总经理陈×吾（正处级）受贿45万余元被判刑。道县人大常委会原副主任赵×云受贿39万余元、挪用公款350万元，市水利局原副局长李×清在任道县政府副县长期间受贿78万余元，分别被判刑。

2011—2014年，办理职务犯罪案件受案323件460人，起诉203件294人。其中50万元—100万元8件，100万元以上6件，涉嫌犯罪的副处级以上领导干部5人，起诉4人。市检察院起诉双牌县政协原主席何×平受贿案，指导祁阳县院起诉阳明山国家森林管理局党委原书记蒋×文滥用职权、受贿案。市检察院反贪局侦查欧阳××受贿和巨额财产来源不明等大要案件，

2011年5月7日，全省检察机关公诉业务知识考试（永州考点）

通过与自侦部门协调沟通，严格对自首、立功等量刑情节的审查，坚持职务犯罪同步审查制度，一审以受贿罪、巨额财产来源不明罪被法院判刑，以受贿罪判处何×平有期徒刑。回龙圩管理区原党委委员、副主任李×辉（副处级）、道县林业局原局长陈×明、江华县人口计生委原主任于×等涉嫌贪污贿赂犯罪被依法查处。江华县政协原副主席解×华（副处级）因犯受贿罪被判处有期徒刑。东安县院起诉东安县新型农村合作医疗管理办公室单位受贿案，法院一审判处被告单位受贿罪名成立，判处罚金30万元。江永县院起诉李×辉贪污、受贿案，李在任回龙圩管理区财税局局长、管委会副主任期间，单独和伙同他人骗取公款48.7万元、收受贿赂425.76万元，被判刑。

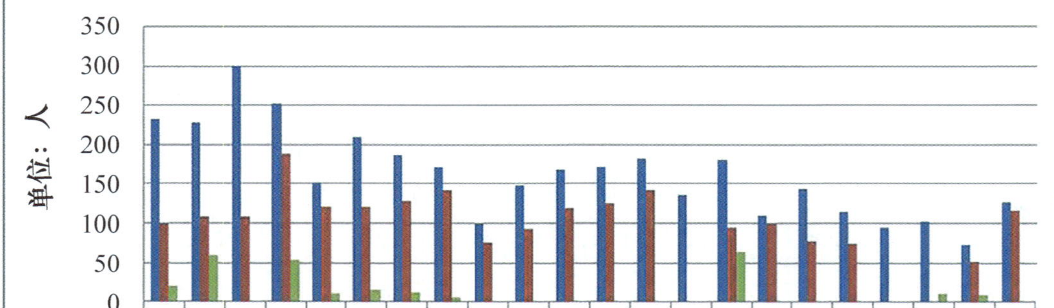

	1994	1995	1996	1997	1998	1999	2000	2001	2002	2003	2004	2005	2006	2007	2008	2009	2010	2011	2012	2013	2014	2015
受理	233	228	300	252	151	210	187	172	99	149	168	172	182	136	180	110	144	115	95	102	73	127
起诉	100	108	108	188	121	120	129	142	77	93	119	125	142	116	94	100	78	74	90	97	51	116
不起诉	19	60		53	10	15	12	6							64				10	11	9	

表2-4 1994年—2015年永州市检察机关自侦案件审查起诉案件统计图

2015年，全市公诉部门审结职务犯罪案件93件127人，起诉86件116人。市发改委原主任龚×智、市食品药品监督局原局长廖×东、市文化市场综合执法局原局长桂×生、祁阳县原副县长、公安局长唐×平因涉嫌职务犯罪被依法提起公诉。

第二节 出庭公诉

1994—1995年，零陵分院把对公诉人的培养制度化，针对公诉人培养周期长的特点，要求对审查起诉骨干力量必须稳定在3年内不轮岗。年内各审查起诉部门配齐办案用车和通讯工具。开展一次以上出庭考核活动，通过对庭前准备、出庭表现和庭后调查打分，评选出年度“优秀庭”“优秀公诉人”。利用新闻宣传媒介，舆论造势，强化出庭公诉的社会效果，扩大检察机关及公诉部门的影响。

1996—1997年，市检察院组织全市公诉骨干集中学习《中华人民共和国刑事诉讼法》，熟悉、理解与刑检业务相关的条款。修正后的《中华人民共和国刑事诉讼法》改由控方举证，增加公诉的难度，对检察机关审查起诉工作提出更高要求。全市检察机关通过组织学习、调查研究、庭审试点、培训观摩等形式，狠抓出庭公诉工作。全年出庭支持公诉 952 件次，院领导出庭 84 次，检察长出庭 12 次，副检察长出庭 72 次。冷水滩区院检察长、副检察长出庭 23 次，位居 11 个县、区院之首。同时，举行全市优秀公诉人评选活动，有效地提高公诉人队伍素质，为适应修正后的《中华人民共和国刑事诉讼法》打下基础。市检察院刑检二科要求 11 个县、区院尽可能地组织起诉干警，参加由正、副检察长出任公诉人的示范庭，以提高干警的出庭水平，并要求 11 个县、区院在第一次按《中华人民共和国新刑事诉讼法》开庭时，提前通知市检察院刑检二科（现公诉处）组织人员到场观摩指导，并根据庭审情况进行讨论，总结经验教训。公诉人出庭公诉 556 次，组织示范庭 110 次，检察长出庭 22 次，主管副检察长出庭 66 次，经验丰富的干警出庭 22 次，开展观摩指导活动 8 次。

1998 年，市检察院推出《造就威震一方公诉人群体工程的三年规划》，按照市检察院“三年规划”的第一年工作要求，全市审查起诉部门在业务素质建设中，从“一笔一画、一腔一调、一案一书、一条一款”抓起，特别注重对公诉人基础技能训练。3 月，市检察院刑检二科对全市 11 个县、区院起诉部门传达全省刑事检察工作会议精神，并要求 11 个县、区院继续坚持严打方针，严格执行“两法”，认真落实湖南省人民检察院开展“办案质量年”活动的有关规定，努力建设一支高素质、专业化的公诉干部队伍。10 月中旬，市检察院举办“1998 年永州公诉人基础技能大赛”，由硬笔书法、速记、文书制作、两法测试以及团体辩论 5 个部分组成，每个单位选派 2 人参赛，选出前三名参加全省公诉人法庭论辩赛。11 月 11 日—15 日，市检察院刑检起诉部门分四组，对 11 个县、区院进行起诉业务检查：以 1998 年全市审查起诉工作目标管理考核细则规定的内容为主，突出“办案质量年”活动，包括起诉、不起诉案件质量、出庭公诉质量、侦查审判监督、内勤信息材料四个方面。

1998 年 12 月，市检察院干警出庭支持公诉

1999 年，全市检察机关以湖南省人民检察院组织的全省公诉人法庭论辩赛活动为契机，积极开展岗位练兵。正、副检察长及省、市优秀公诉人出庭公诉时，组织

2011年7月4日，市检察院举行永州市优秀公诉人竞赛暨公诉团体论辩赛现场

干警观摩评议，吸取经验；采取自评（组织本科（股）人员观摩评议）、互评（11个县、区院起诉部门之间相互评议）、点评（市检察院指定县区院对某案的庭审进行评议）和社评（邀请参加旁听的法院审判人员、律师、党政、人大领导和社会各界人士对某案的庭审进行评议）等形式进行评庭活动；还举行公诉人法庭质证、举证、抗辩研讨活动，从理论上加强对出庭公诉的研讨。10月11日，市检察院举行全市检察系统公诉人法庭论辩选拔赛，冷水滩区院杨海超、市检察院刑二科卿飞舟获一、二名，参加全省公诉人法庭论辩比赛。

2000年，全市检察长、主管副检察长带头出示范庭68件76人。11个县、区院坚持检察长、副检察长带头出庭，优秀公诉人、主诉检察官出样板庭，其他检察官跟庭观摩，邀请市人大、市政协、市委政法委及有关部门人员到庭听审，当场评议28件35人。市检察院审查起诉邹×雄等30余名被告人杀人、放火、强迫妇女卖淫、盗窃枪支弹药等12个罪名的案件，承办人制作阅卷笔录7卷近50万字，配合公安两次补充侦查、取证1000余份，形成案卷15卷，追捕追诉犯罪嫌疑人13人，经公安机关三次移送起诉或补充起诉，全案案卷材料由原来7卷增加到22卷，案犯人数由23人增至36人。

2001年6月1日，市检察院召开专门会议，听取1—5月“严打”整治斗争情况汇报，并对6—12月的“严打”工作进行安排部署。市检察院、道县院出庭公诉的唐×、何×珠受贿案，庭前出现时供时翻情况，市检察院选派有理论功底、办案经验丰富的公诉人出庭，审判前针对不同案件事实证据和被告人特点，研究制定出详细的预案、举证方法步骤、讯问和询问技巧方法，出庭公诉应变自如，被告人的无理辩解没有被法庭采信。唐、何一审被判处有期徒刑十六年、十三年。全市检察机关检察长、主管副检察长带头出示范庭42件86人。

2002—2005年，按照最高人民检察院、湖南省人民检察院部署，刑事案件适用简化程序和普通刑事案件简化审等制度在全市检察机关铺开。其中案件数量和办案力量矛盾冲突较大的祁阳县院公诉科有98件案件适用“两简审”，市检察院有5件案件适用简化审。宁远县院针对7件有辩护律师的案件，在出具证据展示方面进行有益探索，控辩双方开庭前公开相互出具各自所提供的证据并交换意见，庭审时双方对无异议的证据一次性通过举证质证，既保证案件质量和提高效率，又突出庭审焦点和节约开庭时间。

2006年，市检察院为配合“全省五大优秀公诉庭”的评选活动，增强出庭公诉能力，在全市开展巡回公诉观摩庭活动，由市检察院与11个县、区院公诉科轮流进行一次公诉观摩庭，要求领导带头出庭和对主管副检察长、公诉科（股）长出庭作硬性规定：各公诉科（股）每月进行一次考核庭、每季度进行一次示范庭活动，对公诉人在庭上的一举一动、一言一行都严格考核记分，开展庭审观摩、庭后评议等活动，做到一案一剖析，一案一提高。零陵区院会同区法院在湖南科技学院开庭审理秦×海、张×盗窃、寻衅滋事、妨碍公务一案，组织400多名学生参加旁听。市检察院公诉处对抗诉案件实行责任到人，加强跟踪监督，注重与主审法官的沟通、交流，密切掌握审判方向，对抗诉案件必须列席法院审委会，陈述抗诉理由，力求改判。为配合法院二审由“书面审”转为“开庭审”，全市公诉部门合理配置力量，规范庭审方式。1—3月，市检察院公诉处承担40余起二审开庭案件，市检察院党组决定除抗诉案件、罪与非罪界限不明、当地反响极其强烈的二审案件外，其他二审开庭先采取过渡措施，任命11个县、区院一批公诉骨干为市检察院助理检察员，分担部分二审开庭工作，待条件许可后再由市检察院承担所有案件的出庭。市检察院在11个县、区院任命29名助理检察员承担二审开庭案件347件。

2007年，市检察院针对犯罪嫌疑人翻供，特别是职务犯罪嫌疑人翻供增多的特点，在公诉过程中创新庭审指控方式，以讯问、证据组合、质证与被告人及其辩护人展开辩论方式。零陵区院公诉科在“珠山事件”抽调精干力量提前介入，进驻案发地熟悉案情，引导并协助公安侦查取证，公安机关移送起诉该系列案件17件22人，公诉部门审查起诉14件18人，法院均作出有罪判决。积极贯彻关于适用刑事和解办理刑事案件规定，对陈×春交通肇事案、唐×华故意伤害案、欧×辉交通肇事案、贺×林交通肇事案等在达成和解基础上进行宽大处理。6月14日，市检察院下发《关于进一步规范刑事和解办案的规定》文件，对审查起诉阶段达成和解的案件，可以在和解成功后十日内作出不起诉决定，并报上一级检察机关备案，同时将决定送公安机关，没有达成和解的案件，检察机关应当按程序审查起诉，缩短办案期限，提高诉讼效率。

2008年，依据最高人民检察院《公诉人出庭行为规范》，市检察院制定《公诉案件出庭考核标准》，组织开展考核出庭活动，推进全市公诉出庭水平整体提高。配合市人大开展的百名人大代表听庭活动，在开庭时主动邀请人大代表参加，提意见建议，提高公诉技能。全年出庭支持公诉1519件，其中二审出庭101件，再审出庭5件。东安县院审查起诉的郑×金非法吸收公众存款、行贿、盗窃案，涉案金额1000万余元，数10人受骗，其中一名当事人因追讨欠款无望自杀，东安县院依法提起公诉，邀请人大代表听庭见证而消除矛盾。

2009年9月，市检察院干警出庭公诉

2009年，市检察院按照市人大开展的人大代表“百案听审”活动要求，联合市中级法院组织示范庭，全市公诉干警出庭观摩学习。市检察院出庭公诉的考核评议内容细化为检察礼仪、庭前预案、法庭调查举证、法庭辩论、应辩技巧、语言能力等5个大项和9个小项，涵盖公诉部门办理案件的全过程。案件在起诉后判决前，由检、法两家协调处理。市检察院办理黄×平、刘×才间谍案，因该案量刑方面缺乏具体法律依据，市中级法院在庭审后听取检察机关意见后依法作出公正判决。9月9—11日，由最高人民检察院、公安部督办的永州市零陵区何×勇特大涉黑团伙案在市中级法院开庭，市检察院副检察长付玲玲，专职委员、公诉处长卢锦江和市检察院、部分县、区院公诉干警参加旁听，并进行庭后评议。

2010年，全市检察机关按照最高人民检察院关于《办理起诉、不起诉案件质量标准（试行）》规定、下发《不起诉工作规则》《公诉人出庭行为规范》以及涉及公诉部门内部制约、案件督办、请示报告、备案审查等工作制度，对办案的事前、事中、事后流程进行规范。全市检察机关公诉部门建立公诉人出庭抽查制度，以事先不通知随机临庭旁听、查阅出庭预案等形式进行抽查。8月1日，湖南省人民检察院下发《全省检察机关推行量刑建议工作的实施意见（试行）》，全市检察机关公诉部门按照“积极稳妥、循序渐进、注重质量”原则，进一步深化量刑建议工作。市检察院组织全市公诉内勤培训班，编制3套公诉业务竞赛题，连同评选出的优秀公诉审查报告等在市检察院内网公布，供全市公诉干警演练学习。

2011—2012年，市检察院挑选李安、黄志岗、唐明等6位选手参加湖南省第四届全省十佳公诉人暨业务竞赛暨公诉团体论辩赛。市检察院公诉处被评为省级青年文明号。市检察院公诉处牵头、政治部宣教科及祁阳县院公诉科配合，邀请市、县妇联领导、人民监督员参加，开展“维护法律公平正义，保障妇女儿童权益”为主题的听庭评庭活动。

2013—2014年，修正后的《中华人民共和国刑事诉讼法》第223条第1款对开庭审理的案件范围进行明确和扩大。市检察院为做好二审出庭工作，从县、区院公诉部门提请任命一批办案骨干为市检察院助理检察员，协助市检察院办理二审开庭案件。加强对二审法院随意改判一审判决现象的监督力度，使二审改判合理合法。6月，市检察院对2008年以来的无罪案件、不起诉的职务犯罪案件和经济犯罪案件进行逐案分析，消除影响办案质量的困难和问题。7月26日，市检察院针对公诉环节矛盾多、压力大，出台《关于加强公诉工作的意见》，从加强公诉队伍建设、建立案件质量考核体系、完善办案流程等10个方面，提出22条措施，确保公诉案件质量。市检察院制定领导带头办案规定，11个县、区院检察长、副检察长亲自办案97件，发挥示范引领、实战指导作用。

2013年1月25日，市检察院组织全市公诉检察官竞赛考试

市检察院庭审考评小组以《公诉人出庭行为规范》为基础制订考评细则标准，结合11个县、区院公诉部门每周报送的出庭排期表，适时对11个县、区院出庭进行评庭考核，通报评庭记录，总结推广出庭经验。适应网络办案的新形势，加强对县、区院办案过程的监控和指导，全市检察机关执法质量考核保持在全省先进行列。

2015年，全市公诉部门开展业务培训、听庭评庭、文书评析、质量检查、岗位练兵活动，不断提升执法能力和水平。选派3名干警参加公诉业务培训，邓云云获全省“十佳公诉人”称号，余海燕、刘伶俐获全省“优秀公诉人”称号。

第三节　侦查与审判监督

1986年初，最高人民检察院召开全国检察机关侦查监督和审判监督会议，提出“两个活动监督”（侦查活动与审判活动）的任务与要求后，侦查监督和审判监督是公诉法律监督职能的重要组成部分。

一、侦查活动监督

1994年，零陵分院对公安机关提出纠正违法意见221件次，追诉漏犯27人，改变罪名33件，新增罪名7条。通过办案和调查研究，运用检察建议，协助有关单位搞好内部整顿，建立安全保卫制度，堵塞漏洞，预防犯罪，建立综合治理联系点34个，提出检察建议75份次。

1995年，零陵分院针对以往监督工作手段弱、权威小、效果差，向党委、政府及主管部门汇报，将检察机关发出的纠正违法通知书或检察建议，纳入当地党委、政府年终考核“一票否决”内容。全区检察机关起诉工作坚持以“严打”为中心，强化监督职能，提前介入126件221人，追诉9人，依法改变侦查机关移送案件性质81件次，新增罪名72件，提出书面纠正意见54份。宁远县公安机关办理的乐×

喜等人盗窃案，乐伙同他人流窜作案，该案到审查起诉阶段后，检察干警根据有关线索，前往广东、广西、湖北3省11个县、市调查取证，行程1万多公里，查明乐×喜还犯有抢劫摩托车、盗窃耕牛等罪行，并挖出另一名抢劫犯欧阳××。案件起诉后，法院判处乐有期徒刑二十年、欧阳××有期徒刑十一年。

1996年，全市检察机关公诉部门追诉16人，依法改变侦查机关定性32件，增加罪名16条；发现公安机关有罪不究或以罚代刑的重大案件提出纠正意见140条次；退回公安机关补充侦查17件28人，起诉到法院的案件，没有出现无罪判决。东安县院审查陈×军盗窃案，发现段×国参与作案数额达3.49万元，公安机关仅作罚款处理，便将其追捕到案，段被判处有期徒刑十二年。

1997—1998年，追诉漏犯33人，漏罪11条，改变公安机关定性29件，建议侦查机关撤案9件，向公安机关提出书面建议13人次，口头建议128人次。市检察院审查宁远县周×生故意杀人案，成功追诉另一名为主杀人漏犯蒋×梅，被判处无期徒刑。市检察院审查江永县何×增、冯×舟盗窃案，发现何有奸淫其亲生女儿重大嫌疑，经查实何多次奸淫其女，以盗窃罪、强奸罪诉至法院，其被判处死刑、缓期二年执行。

1999—2001年，全市检察机关追诉漏犯180件195人（市检察院刑检二科追诉漏犯8件11人），其中五年以上有期徒刑42件46人，十年以上有期徒刑12件14人，无期徒刑2件2人，死缓2件2人，漏罪39条40人，改变侦查部门定性82件次，建议侦查部门撤回56件77人。市检察院审查起诉欧阳×宝、欧阳×宣故意杀人、故意伤害、盗窃案，发现欧阳×生参与故意杀人，且是主犯之一，而公安机关移送起诉时未认定欧阳×生的犯罪事实，承办人向公安机关发出追诉欧阳×生的建议，依法将其诉至法院。市检察院审查起诉何×晶、何×文抢劫、强奸案，承办人在讯问犯罪嫌疑人何×文时，了解到何×晶在广东连州还有一起抢劫杀人事实，会同当地公安机关与广东警方联系，查清该起抢劫杀人案的事实。

2002—2003年，追诉104人，被判处有期徒刑十年、五年以上刑罚的5人、3人。市检察院在审查江永县何×全故意伤害（致死）案时，发现何的父亲也在打斗中被人致死，侦查机关未查明凶手。经调查，系犯罪嫌疑人胡×凤打死何×全父亲，对其追诉，一审被判处有期徒刑十二年。市检察院针对公安机关编造被告人张×永抢劫案辨认笔录、涂改被告人梁×清故意伤害（致死）案调查笔录，发出书面纠正违法通知书。依法改变侦查机关定性不准案件70件，增加罪名46条，其中芝山区院（现零陵区院）改变定性案件16件16人。全市公诉部门做出绝对不起诉案件2件2人，建议公安机关撤案23件32人。宁远县院公诉科在审查起诉过程中，防错8件9人，其中不构成犯罪4件5人，因伤情鉴定发生变化而导致证据不足3件3

人，超过追诉时效期限 1 件 1 人。市检察院公诉处在审查犯罪嫌疑人钟×坚、胡×等人贩卖毒品一案时，依法追诉王×寿，被判处有期徒刑七年。

2002 年 3 月，市检察院召开全市检察机关刑检工作会议会场

2004—2006 年，全市公诉部门追诉犯罪嫌疑人 129 人，起诉 114 人，被判处十年以上有期徒刑 3 人。市检察院办理蒋×峰、唐×等人抢劫、强奸案中，发现刘×陵、左×立均涉嫌抢劫、强奸、寻衅滋事犯罪，决定进行追诉，均被判处有期徒刑二十年。

2007—2012 年，追诉漏犯 194 人、漏罪 199 条。道县院办理张×军强奸、抢劫案，公安机关移送起诉时仅认定其抢劫的犯罪事实，该院审查追诉其强奸事实，张被判处有期徒刑十年。零陵区院审查吴×旭抢劫案时，查明龙×爱系抢劫共犯，对其进行追诉，被判处有期徒刑十一年。东安县院审查唐×抢劫案，依法追诉同案犯罪嫌疑人刘×、唐×、刘×平、唐×福，分别被判处有期徒刑一年至七年。市检察院审查起诉周×成、李×龙抢劫案，发现两人还涉嫌故意杀人罪后追诉，李×龙被判处死刑、缓刑二年执行。江华县院审查彭×清强奸、绑架案，追诉涉嫌容留妇女卖淫的犯罪嫌疑人陈×珍，被判处有期徒刑五年。

2013 年，全市检察机关办理羁押必要性审查案件 162 件 205 人，经审查改变强制措施 41 人；纠正遗漏罪行 19 件 19 人；纠正遗漏同案犯 26 件 26 人，纠正案件中，判决 15 人，判决超过十年有期徒刑 1 人，超过三年不满十年 2 人，三年有期徒刑 3 人，不满三年有期徒刑的 8 人；启动非法证据排除程序案件 6 件，依法排除非法证据 6 份；向公安机关发出纠正违法通知书 25 次，纠正 21 次；向相关办案、涉案单位发出检察建议、检察意见 75 次，收到整改回复 55 次。移送职务犯罪线索 9 条，侦查部门受理线索后查办 1 件。市检察院办理阳×珠运输毒品案，公安机关取证（口供录取、物证提取等）存在重大瑕疵，涉及非法证据排除问题，市检察院启动非法证据排除程序，经向湖南省人民检察

2013 年 1 月 5 日，共青团永州市委副书记陈雄（右）代为颁发团省委授予公诉处“青年文明号”奖牌

院汇报、市委政法委协调，将该案存在的非法证据予以排除，由公安机关撤回重新侦查。东安县院在审查犯罪嫌疑人卿×华等人拐卖妇女案时，发现未到案的云南籍男子岩×涉嫌跨境、跨省拐卖四名外籍妇女重大案件，决定对其追诉，先后两次将案件退回公安机关补充侦查，并发出补充移送起诉通知书，后协同公安机关将岩×追诉到案，其被判处有期徒刑十一年。

2014 年，全市公诉部门纠正遗漏 22 件 31 人，遗漏同案犯 12 件 16 人，判决 13 件 19 人，判决有期徒刑三年不满十年 4 人，三年有期徒刑 1 人，三年有期徒刑以内 8 人，拘役 6 人。江华县院办理何×明虚开增值税发票案，追诉公安机关遗漏的同案犯陈×塘，被判处有期徒刑三年六个月。

2015 年，全市检察机关追诉漏犯 18 件 30 人、漏罪 21 件 25 人，纠正侦查违法行为 16 件 16 人。东安县院审查蒋×美等人聚众斗殴案，发现犯罪嫌疑人唐×荣、张×勇、张×才参与斗殴，并起关键作用，而公安机关未移送审查起诉，也未作相关说明，该院向公安机关提出查实三人真实身份，并将其移送审查起诉的要求，三人分别被判处有期徒刑五年六个月、四年五个月、四年。

二、审判活动监督

1994—1995 年，全地区检察机关对法院审判活动中的违法行为提出纠正意见 63 件次，其中书面纠正 1 件次，口头纠正 50 件次；对法院错误判决、裁定提出抗诉 18 件 23 人，改判 8 件 9 人。对审判过程中的违法行为提出纠正意见 22 条，均被采纳。冷水滩市检察院（现冷水滩区院）抗诉 3 件 3 人，改判 2 件 2 人，其中被告人张×抢劫杀人一案经过抗诉后，刑期由一审的有期徒刑六年改为死缓。

1996—1998 年，全市检察机关对 36 件法院判决、裁定确有错误的案件提出抗诉，改判 8 件。对 13 件检察机关侦查的贪污贿赂、渎职犯罪案件进行抗诉；对刑事审判活动中的违法行为提出纠正意见 67 件次。

1999—2001 年，全市检察机关提起抗诉 31 件 33 人，其中一审抗诉 29 件 31 人，再审抗诉 11 件 11 人，法院改判 11 件 11 人，发出书面检察建议 78 份，提出书面纠正违法意见 149 件次。市检察院抗诉 6 件 6 人，向湖南省人民检察院提请抗诉 11 件 13 人，法院改判 5 件 5 人。湖南省人民检察院向湖南省高级人民法院提起抗诉 4 件 6 人。蓝山县院办理孟×姣过失致人死亡罪，该院以过失致人死亡判处缓刑，向市中级法院提起抗诉，二审改判有期徒刑四年。道县院抗诉杨×耀挪用资金案，一审判处其有期徒刑三年、缓刑一年，当地干部群众反响极大，该案抗诉后二审改判有期徒刑七年。

2002—2003 年，全市检察机关提起抗诉 12 件。零陵区院办理罗×洋强奸案，一审判处其有期徒刑七年，二审以“系初犯、犯罪情节一般”为由改判其有期徒刑四年，经区、市、省三级检察机关按审判监督程序依法监督，湖南省高级人民法院发回重审，后改判其有期徒刑七年。江华县院对一审法院判处黄×玲无罪一案提出抗诉，二审对黄×玲作出有罪判决。江永县院抗诉张×业诈骗案，由有期徒刑三年改判为七年。

2004—2005年，全市检察机关提起抗诉12件26人，提请抗诉案件3件3人。宁远县院办理被告人刘×仁故意杀人（未遂）罪和非法持有枪支罪案。一审认为刘系正当防卫，不构成故意杀人（未遂）罪，判处其有期徒刑三年。该院向市中级法院提出抗诉，二审以故意杀人（未遂）罪，判处有期徒刑五年，以非法持有枪支罪判处有期徒刑三年，决定合并执行有期徒刑七年。芝山区院审查起诉陈×柳涉嫌故意杀人案，发现陈为其弟弟陈×龙顶罪，决定将此案退回芝山公安分局补充侦查，并将本案向区人大作专案报告。陈×龙被一审判处有期徒刑十六年，陈×光等三人也因犯包庇罪被判处有期徒刑或缓刑。

2006年，市检察院要求11个县、区院加强刑事审判监督，维护和保障公正裁判，重点纠正有罪判无罪、重罪轻判、轻罪重判、严重违反诉讼程序等违法行为，提高抗诉规模，确保抗诉质量。市检察院为进一步完善审判监督制度，构建刑事抗诉工作长效机制，采取建立抗诉事前请示制度，对重大疑难复杂案件，11个县、区院在抗诉前必须向市检察院汇报；抗诉后三日内报送“三书”（起诉书、判决书、抗诉书）及检察内卷，并由公诉处转呈一份给市人大内司委备查。坚持备案审查制度，对11个县、区院的抗诉案件，市检察院公诉处逐一建立台帐，层层把关，尽量使抗诉做到稳妥、慎重。市检察院撤回11个县、区院抗诉后，通知县、区院对撤抗能“知其所以然”，杜绝再犯类似错误。对抗诉的案件必须列席法院审判委员会，陈述抗诉理由，力求改判。全市公诉部门按照二审程序抗诉16人、按审判监督程序抗诉1人，改判6人，发回重审1人。冷水滩区院对市中级法院发回重审后，被判决无罪的蒋×成集资诈骗案进行抗诉，蒋被改判有期徒刑七年。

2007—2008年，提起抗诉33件35人，法院审理后判决13件13人，改判6件8人。零陵区院抗诉的张×军盗窃案，一审判处期有期徒刑三年六个月，经抗诉二审改判为五年。新田县院抗诉谢×平盗窃案，谢作案33起，系惯犯，盗窃金额达4.4万余元，一审判处其有期徒刑六年六个月，经抗诉二审改判有期徒刑八年。东安县院抗诉陈×军强奸案，一审认定其强奸未遂，且有悔罪表现，判处有期徒刑三年、缓刑五年，经抗诉二审改判有期徒刑五年。

2009—2010年，公诉部门对2008年以来的刑事判决、裁定进行全面审查，清理各类刑事案件2040件，发现11个重点问题，确定100余件重点案件，提出抗诉

33件70人，其中职务犯罪案件提出抗诉8件11人，提请湖南省人民检察院抗诉3件3人。东安县唐×德等8人实施抢劫犯罪，一审法院判处其有期徒刑十年，对另5名实施暴力抢劫的被告人适用缓刑，抗诉后唐被改判有期徒刑十四年，其他5名被告均被改判实刑。市检察院和冷水滩、祁阳、新田县、区院是全省抗诉网络平台的试点单位，继续开展抗诉案件网络审查和上报工作。祁阳县院通过抗诉网络平台审查伍××挪用公款案，一审判决其免于刑事处罚，经抗诉改判为有期徒刑三年，缓刑三年。

2011年，全市提起抗诉27件，法院审结24件，采纳14件，抗诉数量、质量均位居全省前列。市检察院抗诉彭×进故意杀人案，一审以故意杀人罪判处彭有期徒刑十三年，经抗诉二审改判彭无期徒刑。蓝山县院抗诉李×花等人贩卖毒品案，一审改变检察机关指控的罪名，以非法持有毒品罪判处李×花有期徒刑七年，经抗诉二审改判其有期徒刑十五年。

2012—2015年，全市检察机关提起抗诉44件55人，法院审结33件34人，采纳24件。宁远县院抗诉欧×辉等人故意伤害案，一审判处欧有期徒刑四年，抗诉后二审改判有期徒刑五年。市检察院提起抗诉原永州人寿保险分公司员工、被告人樊×伙同其母周×玉、其父樊×林和其前夫周×集资诈骗案，一审法院以被告人樊×等人犯职务侵占罪，判处有期徒刑十二年至免予刑事处罚。市检察院审查后提起抗诉，二审改判被告人樊×等四人犯集资诈骗罪，判处无期徒刑、有期徒刑十二年、五年和缓刑。市检察院支持零陵区院提起抗诉的原湖南科技学院土木工程与建设管理系主任吴×兴贪污、受贿案，吴一审被判处有期徒刑五年，经抗诉二审改判有期徒刑八年六个月。

第三章　未成年人刑事检察

第一节　机　构

2012年前，全市检察机关未设立专门的未成年人刑事检察内设机构，但在办案中凡涉及未成年人犯罪的案件，明确由1—2名检察官负责审查起诉，以维护未成年人合法权益。同年4月，全市检察机关全面贯彻“教育、感化、挽救”方针和“教育为主、惩罚为辅”原则，坚持“少捕慎诉少监禁”政策，认真落实各项未成年人刑事检察制度。同年11月，市编办批复成立市检察院未成年人刑事检察处，正科级，设处长、副处长各1名。2015年6月江华县院成立未成年人刑事检察科，其他县、区院在公诉部门设置未检专干。2015 年，江华县院未检科长侯美艳被评为永州市维护妇女儿童权益先进个人。全市 3 名未检专干分别获评市“十佳杰出青年卫士”“青年岗位能手”，市检察院未检处处长唐建球获省“最美青年卫士”。2015 年 5 月，市检察院未检处因工作业绩突出，被最高人民检察院通报表扬。

第二节　办　案

1996 年，市检察院在办理祁阳县欧×轮奸幼女一案时，公安机关侦查后认为欧未满 16 周岁而决定劳教三年，经检察机关复查，发现欧作案时已满 16 周岁未满 18 周岁，且先后多次奸淫幼女 2 名，欧×经起诉被判刑。1998 年道县院在审查一起过失致人死亡案的申诉材料时，发现张×华用猎枪误伤蒋×洁致死后，唆使其年仅 15 岁的女儿替罪，张逍遥法外。该院向县公安机关发出《要求说明不立案理由通知书》，经重新侦查起诉张被判有期徒刑三年六个月。

2010 年，市检察院积极参与对特殊人群的帮教管理，与妇联、共青团、学校等职能部门加强对违法犯罪青少年的教育挽救。吴×（12 岁）等 6 名未成年人将 2 名初中女生强行劫持出校，殴打逼迫至宾馆卖淫（未遂）。市检察院与市妇联、市关工委就净化未成年人成长环境问题进行深入调查，向市委作出专题报告，并向当地综治委发出检察建议，引起高度重视。对未成年人犯罪案件实行分室关押、分案办理、适度从宽，同时开展犯罪原因社会调查和感化帮教工作。市检察院在办理未成年人何×等人强迫卖淫案时，发出净化未成年人成长环境的检察建议，被推荐入选全国“十佳检察建议书”，市检察院被授予“全省优秀青少年维权岗”称号。

2013 年，全市受理未成年人刑事一审案件 114 件 171 人，起诉 95 件 146 人，不起诉 15 件 20 人（其中相对不起诉 14 件 19 人，存疑不起诉 1 件 1 人），附条件不起诉 2 件 2 人，开展社会调查 4 人。4 月，11 个县、区院根据本地实际在公诉科内部设立未检工作办公室或者指定专人，负责办理未成年人刑事案件。探索未成年人附条件不起诉工作，市检察院指导江华县院办理的胡×盗窃案，成为永州市首例附条件不起诉案件。犯罪嫌疑人胡×因盗窃他人 5000 余元现金及财物被移送审查起诉。经查胡系未成年人，认罪态度好，积极赔偿，得到被害人谅解，可能判处一年有期徒刑以下刑罚，符合修正后《中华人民共和国刑事诉讼法》规定的附条件不起诉要求，该院将情况上报市检察院。因该案是全市、乃至全省首例附条件不起诉案件，市检察院安排专人从程序到实体的处理，从审结报告的审查到法律文书的修改，全程跟踪指导，并向湖南省人民检察院予以汇报。在省、市、县三级检察机关的协调下，对犯罪嫌疑人胡×宣布附条件不起诉决定，当场进行训诫教育和与相关部门签订监督考察协议。

2014 年，全市未检工作围绕“推动未检专业化建设、加强业务指导、建章创制精细司法、强化未检文化建设”目标开展工作。受理未成年人刑事一审案件 109 件 158 人，提起公诉 75 件 115 人，不起诉 14 件 20 人，附条件不起诉 5 件 5 人。受理二审案件 12 件 28 人，再审案件 1 件 1 人，不起诉案件同步审查 12 件 12 人。对在押未成年犯罪嫌疑人均进行羁押必要性审查，经审查变更强制措施 3 件 3 人。11 个县、区院均按照工作部署成立未检组或配置未检专干 14 人，负责对未成年人刑事案件审查起诉工作。6 月 25 日，市检察院未检处牵头联合市公安、法院、司法局下发《关于在刑事诉讼中为未成年犯罪嫌疑人、被告人提供法律援助的实施办法（试行）》；在全省率先出台《全市检察机关未成年人犯罪记录封存实施办法》《全市检察机关附条件不起诉工作细则》等规定，细化办案规定，依法对未成年人犯罪记录全部封存。同时结合工作实际，先后制定《2014 年工作目标及重点工作推进表》《全市检察机关未成年人刑事检察工作考评办法》《未检工作信息材料报送制度》《关于在统一业务应用系统中正确操作未成年人特别程序案件的通知》等规定。通过走访调研、开通“未检视野”内网栏目、创建未检工作微信群、编辑《未检案例参阅》等方式，以学促案，加强个案指导。全市有 5 名未检干警担任中小学校法制副校长，开展进校园、社区法制讲座和法制宣传等活动 20 余次，实行个案定期回访 20 余次，巩固帮教成果，促进未成年人权益保护和犯罪预防帮教社会化体系建设。

2015 年 5 月 7—21 日，团市委、市检察院等六家单位共同组织，开展“弘扬法治精神、传播法治文明”大型巡回宣讲活动

2015 年，受理未成年人刑事一审案件 177 件 274 人，提起公诉 126 件 186 人，不起诉 29 件 42 人（其中相对不起诉 17 件 27 人，绝对不起诉 4 件 4 人，存疑不起诉 8 件 11 人），附条件不起诉 4 件 4 人，受理未成年人刑事二审案件 16 件 28 人，请示案件 1 件 2 人，不起诉案件同步审查 29 件 38 人，指导办案 49 件 67 人。开展社会调查 45 件 52 人，对在押未成年犯罪嫌疑人均进行羁押必要性审查。市检察院未检处完善下发《全市未检工作考评办法》《关于建立未检工作案件备案报送制度》《关于强化未检案件案卡信息填报》等通知，规范和促进全市未检工作。全市有 6 位未检干警担任中小学法制副校长，开展进校园、社区法制讲座和法制宣传等活动 20 余次，江华、东安等县院开展未成年人预防帮教工作，实行个案定期回访 30 余次。5 月 7—21 日，市检察院联合共青团永州

市委、市教育局等6家单位，在全市组织“弘扬法治精神、传播法治文明”大型巡回宣讲活动，促进未成年人权益保护和犯罪预防帮教社会化体系建设。冷水滩区院办理的钟××等人抢劫案，因部分嫌疑人即将中考，市检察院、冷水滩区院主动联系法院，将开庭时间安排在中考之后，并多次与嫌疑人谈话，对其进行心理疏导、排忧解难，为未成年犯罪嫌疑人护考圆梦。双牌县院在办理王×“弑父”案时聘请心理学老师，对王进行心理疏导，解开其心结，促其认罪服判，被判处有期徒刑三年、缓刑五年。新田、东安、江华等县院针对公安机关讯问时未依法通知法定代理人或合适成年人到场等问题，发出纠正违法通知书，公安机关均能及时整改到位。零陵区院针对陈×等6人盗窃案所暴露出来的嫌疑人所在学校在安全管理及学生法治教育等方面的问题，发出“加强管理”的检察建议。

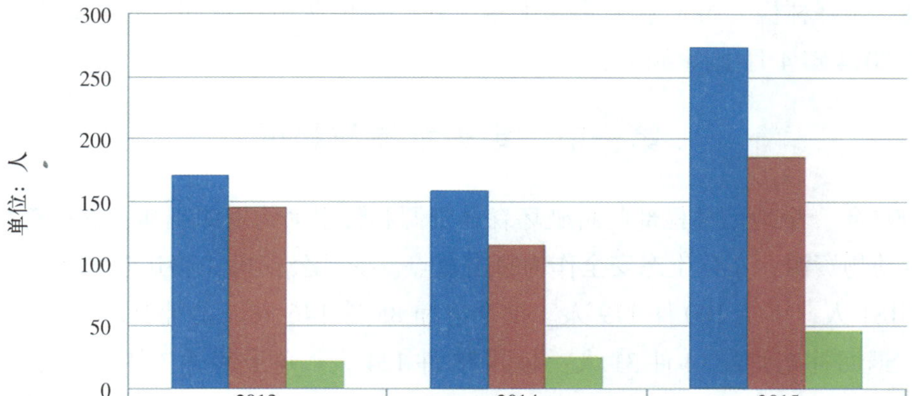

	2013	2014	2015
受理	171	158	274
起诉	146	115	186
不起诉	22	25	46

表 2-5　2013 年—2015 年永州市检察机关未成年人刑事检察案件统计图

第四章　林业检察

1992年，零陵分院成立林业检察科（隶属零陵分院、零陵地区林业局双重领导），人员由市检察院、市林业局选派。林检科针对开始工作条件差、基础薄弱和双重领导的特殊时期，通过定期召开联席会、座谈会，融洽检、林两家关系，取得林业部门支持。2008年，林业部门除保障正常办案经费支出外，为林检科另拨20万元购买办案用车1台，提高执法办案的机动性、快速反应能力。并解决两个县、区院的林业检察机构编制问题。随着永州林检机构的逐步建立，在突出办案的同时着力抓好“三化”建设（管理制度化、法律文书规范化、装备科学现代化），制订上下联系制度、办案制度、审查备案制度、请示报告制度、案件复核制度、岗位责任制度、报表统计制度、信息和考核评比记分制度等，使用统一报表，制作、建立有关表、卡、簿。使管理规范有序，干警权责分明，工作有条不紊地推进。

2010 年 3 月，为加强人员管理、便于工作开展和改变林检科人员各自在所属单位分开办公状况，市检察院与市林业局召开联席会议，确定林业检察人员以检察院为主要办公地点合署办公，集中业务学习，讨论典型案例，交流办案经验等措施，增强自身业务能力，提升整体办案水平。同时，定期聘请林业专家讲课，学习林业知识，扩充知识领域，为林业检察职能发挥提供保障。选派 6 名林检骨干参加湖南省人民检察院组织的检察机关统一业务应用软件等多个业务门类的培训。

2012 年，为配合搞好林检改革工作，市检察院牵头召开有关职能单位参加的协调会议，做好林检人员信息采集与上报工作，保证队伍稳定和身份转换为检察人员，于 2014 年 4 月上岗到位。

第一节　审查批捕与起诉

1994 年，全地区林检部门将破坏森林资源和野生动物资源犯罪，保护森林资源和野生动物资源，文化生态安全作为打击重点。受理公安机关移送森林刑事批捕案 102 件 181 人，审结 100 件 179 人。批准逮捕 85 件 146 人（追捕 9 人），不捕 3 件 13 人，退回补充侦查 14 件 31 人；起诉 78 件 124 人，免予起诉 7 件 12 人，退回补充侦查 8 件 16 人。向有关单位提出书面检察建议 38 份。全地区进行林业治安调查 31 次 47 个单位。建议林业公安机关侦查后报捕 26 件，纠正以罚代刑案 15 件。对有罪不究经建议侦查，公安机关不采纳，林检部门直接查办 3 件；纠正审判活动违法 6 次，对 1 起重罪轻判案件提出抗诉后改判。江永县院林检股审查城关镇唐×全盗伐杉树 49 株，活立木 4.04 立方米案。此案涉及 3 名公安局干警，林业公安机关不采纳检察建议，林检股依法直接立案查处，唐被判处有期徒刑一年六个月。

1995—1996 年，全地区林检部门在“严打”期间，精心安排部署，积极组织力量投身打击第一线，逮捕各类案犯和在逃犯 13 人，协助刑一、刑二部门办理批捕、起诉案件 16 件。林检部门批准逮捕 219 件 399 人，不批准逮捕 12 人；起诉 136 件 202 人，追诉 14 人，抗诉 7 件。立案监督 17 件 24 人。发出《纠正违法通知书》46 份、《检察建议书》73 份。江华县林检股每出庭公诉一次，就认真观看出庭录像，从中找差距，以提高工作能力。

1997—2001 年，全市林检部门把维护社会稳定作为重大政治任务，严厉惩治毁林犯罪活动，加强批捕、起诉工作，与公安、法院等机关密切配合，依法严惩涉林犯罪案件。批捕各类毁林犯罪案件354件520人，起诉330件461人，追诉9人。1998年，全市林检部门根据最高人民检察院、公安部、国家林业局联合召开的打击森林资源专项行动会议精神，严厉惩治各种破坏森林资源的违法活动，根据湖南省人民检察院《关于切实抓好打击破坏森林资源专项行动的通知》要求，组织开展专项行动。对不起诉案件实行严格审批制度，凡要求作不起诉的案件，县、区院必须报请市检察院审批。双牌县林检股在办理审查逮捕泷泊林场罗×新、周×华特大滥伐林木案时，发现泷泊林场原场长黄×燕，在接到泷泊林场生产科原科长周×华制定的泷泊林场木材生产管理设计材积时，未做任何调查就签署同意意见，造成泷泊林场实际滥伐林木1115.4立方米，折活立木蓄积1859立方米，黄×燕被批捕。宁远县仁和镇村民江×胜非法收购野生动物50只，其中属国家重点保护动物33只，属省重点保护动物17只，被判处有期徒刑八年。东安县川岩乡豹虎岩村原支书黄×有滥伐林木814.2立方米案，被判处有期徒刑三年，处罚金4000元。

2002年，全市林检部门加强监督，维护公正。提前介入侦查49件，复核证据199个，获取证据材料140份，在三天内审结38件；在审查起诉阶段提前介入31件，复核证据71个，获取证据材料52份，在8天内审结25件。全年受理批捕案件65件95人，批捕59件84人（含追捕2人）；不批准逮捕6件13人，受理审查起诉案件73件90人，其中起诉67件84人（含追诉4人），不起诉1件2人，退回公安机关补充侦查5件8人，出庭公诉46件，出席一审法庭44件，出席二审法庭2件。立案监督16件26人，公安机关立案15件24人。批准逮捕失火毁林案件30件32人，起诉失火毁林案件29件31人。东安县林检股全体干警与公安刑侦队、林业公安机关一起深入失火毁林犯罪发生地查处案件，一个星期批捕8件8人。祁阳县林检科与森林防火指挥部和各镇林业站联系，介入案件侦查勘验，技术鉴定。

2003年，全市林检部门坚持以最高人民检察院提出的“强化监督，公正执法”工作方针，抓“专项斗争”不放松。特别是严惩重大盗伐、滥伐林木，乱征滥占林地、非法猎捕、猎杀、倒卖、走私国家重点保护的野生动（植）物，殴打伤害护林执法人员，滥用职权、徇私舞弊，造成森林资源遭受严重破坏的国家工作人员和林业主管部门工作人员违法发放林木采伐许可证等犯罪。受理批捕案件117件169人。批捕103件149人（追捕5人），不批准逮捕11件24人；受理审查起诉案件95件126人，其中起诉91件120人（含追诉1人），不起诉2件3人。对严重毁林案件提前介入81件，复核证据129个，获取证据材料80份，在三天内审结的案件53件。审查起诉阶段提前介入案件72件，复核证据177份，获取证据80份，8天内审结的案件63件。江华县院办理的犯罪嫌疑人陈×豪、陈×武滥伐林木一案。该案经两次退补，案件承办人与公安机关办案人员一道深入案发地和广西等地调查取证，二人分别被判处有期徒刑三年、一年。向公安机关发出《要求说明不立案理由通知书》13件14人，通知公安机关立案28件32人，公安机关立案27件31人，全部批捕；向法院提起公诉17件20人，判处三年以上五年以下有期徒刑5人。蓝山县院办理的盘×军、曾×钧滥伐林木案，向公安分局发出《要求说明不立案理由通知书》，森林公安分局查办但未作出结果。该院要求提请批捕，二人分别被判处有期徒刑三年、缓刑四年，并处罚金2000元。

2004年，市检察院下发《关于加大对失火毁林案件的打击力度和预防工作的通知》，在全市开展“红色闪电行动”惩治森林火灾违法犯罪专项活动，批捕失火毁林犯罪110件115人，起诉127件128人。受理批捕案件184件231人，批捕163件208人（含追捕6人），不批准逮捕21件28人；受理移送审查起诉案件218件279人，向法院提起公诉211件270人。

2005—2006年，全市林业检察工作会议后与市林业局、森林公安分局召开林检工作联席会议，制定惩治破坏森林资源专项行动，大力查办“涉林”犯罪案件和职务犯罪案件，积极参与林区综合治理，推动林权制度改革，促进林业经济和谐发展与生态文明建设。批捕涉林刑事犯罪案件239件324人，不捕44件67人，起诉272件343人，法院判决227件255人。向公安机关提出立案监督23件30人，公安机关均查办，批捕5件5人，提起公诉11件15人。协助公安机关抓捕在逃人员8人，起诉在逃人员4名。为保护全市野生香樟树，市林检处组织直接初查或联合公安部门提前介入方式，批捕非法采伐国家重点保护植物案6件7人，非法收购、运输、出售国家重点保护植物案件3件6人。江永县院起诉的田×仁、黄×民滥伐林木案，一审判决田×仁无罪，未经公开宣判将判决书送达被告人，市检察院要求江永县院以法院审判程序违法为由提出抗诉，二审裁定发回重审，对田作出有罪判决。

2007—2008年，全市林业检察部门围绕永州市建设环保效益型经济中心，严厉惩治失火毁林、滥伐林木、非法占有农用地等多发性犯罪，保持对严重涉林刑事犯罪的高压态势。审结公安机关提请批捕案件146件193人，批捕130件163人，不捕16件30人；起诉125件148人，不起诉16件21人，退回补充侦查3件3人。在开展区域性“严打”整治活动中，零陵区院接到群众反映李×勇、彭×、魏×安等人在水口山镇大皮口超伐杉木。经查属实，对该案进行立案监督，三人分别被判处有期徒刑三年、缓刑四年，并处罚金2.8万元。东安县院办理赵×元盗伐林木一案。县法院判决被告人赵×元不构罪，该院向市中级法院抗诉，二审改判其有期徒刑三年、缓刑三年，并处罚金1000元。2007年12月—2008年2月，湖南省遭遇历史上罕见的冰冻灾害，永州市灾情特别严重，大量树木被冰雪折断、摧跨，成片幼林被冻死，灾后雪压木大量堆积山中。2月中旬，气温陡然回升，村民春耕生产不规范用火，导致火灾烧毁大面积森林和部分人员伤亡。市检察院专门下发惩治失火毁林专项行动通知，组织全市林检部门展开大规模惩治森林火灾专项斗争。2008 年受理移送审查逮捕各类案件 311 件 345 人，批捕 268 件 290 人，不批准逮捕 43 件 55 人，追捕 1 人；受理公安机关移送审查起诉案件 325 件 365 人，起诉 301 件 328 人，不起诉 17 件 27 人。纠正漏诉 7 人。江永县院办理犯罪嫌疑人何×林失火案。何擅自烧山造林引发森林火灾，导致烧死 5 人，烧伤 1 人，该院于次日批捕何×林。

2009 年，全国开展打击严重破坏森林资源专项斗争“雷霆一号”行动，全市林检部门根据几年来破坏森林资源案件的情况，明确惩治范围及重点。全年受理森林公安机关移送审查逮捕各类案件 174 件 198 人，批捕 142 件 162 人，不批准逮捕 32 件 36 人。受理公安机关移送审查起诉 217 件 254 人，提起公诉 179 件 206 人，不起诉 33 件 39 人，纠正漏诉 3 人。零陵区凼底乡林场特大滥伐林木案，系省林业厅在“雷霆一号”行动中挂牌督办的 1 号案件。零陵区院发出 4 份《要求说明不立案理由通知书》，提前介入侦查，引导取证。负有监管职责的林业站站长唐×勇因涉嫌玩忽职守罪被移送审查起诉，凼底乡人民政府涉嫌滥伐林木罪单位犯罪被查办，负有直接责任的犯罪嫌疑人唐×杰、谷×荣被刑事拘留，批准逮捕非法收购滥伐林木的凼底乡村民邓×阳、唐×高、龚×文和唐×辉。专项行动中，法院审判 89 件 95 人，被判处有期徒刑五年以上的 1 人，三年以上五年以下有期徒刑的 40 人，一年以上三年以下有期徒刑的 54 人。

2010—2011 年，市检察院制订《永州市林业行政执法机关移送涉嫌犯罪案件工作规定》，要求全市林业检察坚持以执法办案为中心，开展专题调研，建立林业行政执法与刑事司法相衔接机制。审结公安机关提请批准逮捕案件 174 件 198 人，经审查批准逮捕 133 件 144 人，追捕 1 人。审结公安机关移送审查起诉案件 321 件 378 人，经审查起诉 250 件 292 人，不起诉 71 件 86 人，追诉 1 人，对所有不起诉案件均进行备案审查，退回补充侦查 34 件 38 人，抗诉 1 件 2 人，法院改判 1 件 2 人。零陵区院在办理杨×生失火案时，承办人经审查认定杨×生系替儿子杨×龙顶罪，将案件退回公安机关，要求对杨×生重新以涉嫌包庇罪、以杨×龙涉嫌失火罪查办。公安机关对二人重新查办，对潜逃广西的杨×龙上网追逃，其被判处有期徒刑二年、缓刑三年；杨×生犯包庇罪判处有期徒刑二年、缓刑二年。

2012—2013 年，全市林检部门以维护全市林业发展和服务“绿色永州”建设为目标。由市检察院林检处牵头，组织市林业局林政资源法规科、森林公安局等部门，对全市林业行政执法情况开展执法检查，建立联席会议与案件咨询制度，完善林业行政执法移送涉嫌犯罪案件备案审查机制，畅通林业行政执法与刑事司法的信息共享渠道，使检察机关对林业行政执法活动的监督常态化、固定化。全市林业检察部门集中力量，重点惩治盗伐、滥伐林木，非法占用林地，非法收购、运输、加工木材，非法捕杀、运输、销售野生动物等涉林犯罪。审结公安机关提请批准逮捕案件156件186人，经审查批准逮捕113件137人，不批准逮捕43件49人，纠正漏捕1件1人。审结公安移送审查起诉的案件327件412人，经审查起诉240件292人，纠正漏诉1件1人，纠正错诉4件4人。市检察院林检处直接受理审查批捕案件4件5人，批准逮捕4件5人；出庭支持二审开庭案件8件10人，审查答复县、区院请示案件2件3人，备案审查不捕、不起诉案件48件56人。市检察院林检处办理唐××、陈××盗窃案，系省森林公安局督办案件。唐伙同陈用雇来吊车和5辆货车，将冷水滩区林业局森林公安分局依法扣押的11株国家二级重点保护植物樟树，盗运销售至外省，市检察院依法快捕快诉，唐、陈被判处有期徒刑。双牌县院办理张×连放火罪案。张为发泄对社会不满，点燃江村镇干漯村大岌古山场的杂草后逃离，引发森林火灾过火面积13.8公顷，造成直接经济损失14.49万元，被判处有期徒刑十年。

2014年，市检察院召开全市林业检察工作推进会

2014年，全市检察机关坚持严格依法办案，集中力量查处破坏生态资源、损害国家、集体和群众利益的案件。强化诉讼监督，维护社会公平正义。抓好涉林刑事案件技术鉴定中心的挂牌及运行工作。借助巡回审判，开展法制宣传，扩大办案效果。审结公安机关提请批准逮捕案件78件91人，经审查批准逮捕58件66人，不批准逮捕20件25人；审结公安机关移送审查起诉案件141件174人，经审查起诉121件149人，不起诉20件25人。市检察院办理市森林公安局提请批捕案件4件4人；审查后交办一审案件9件14人；审理二审上诉案件11件11人；受理审查县、区检察院请示案件4件7人，提请抗诉案件1件1人，不起诉备案审查20件25人。向公安机关发出立案监督9人，提出书面纠正违法意见9件次，侦查违法4件次，办案程序违法1件次，执行违法3件次。永州市4起失火案件被湖南省人民检察院林检处挂牌督办，雷×雄失火毁林95.27公顷案，蓝山县院依法向法院提出从重量刑建议，雷被判处有期徒刑五年，二审期间其家属赔偿被害人部分损失，达成刑事和解且有自首情节，被改判有期徒刑三年。

2015年，全市林检部门围绕服务生态文明建设大局，及时部署刑事和解、补植复绿修复生态和巡回审判工作。审结公安机关提请批准逮捕案件61件71人，批准逮捕 44 件 48 人，不批准逮捕 17 件 23 人；审结公安机关移送审查起诉案件 170 件 255 人，经审查起诉 129 件 169 人，不起诉 41 件 86 人。会同公诉部门清理积案 201 件，其中普通刑事案件 150 件，林检案件 51 件。全年立案监督 15 件，追捕 2 人，追诉 4 人。市检察院林检处审查后交办一审案件 15 件 37 人；审理二审上诉案件 7 件 9 人；受理审查县、区院请示案件 4 件 7 人，不起诉备案审查 40 件 79 人。新田县院林检科办理郑×明、乐×华、赵×付、侯×瑞非法采伐两株树龄 105 年—130 年的南方红豆杉跨省出售案，发现森林公安机关只将赵×付以涉嫌非法采伐国家重点保护植物罪提请逮捕，对同案犯郑×明、乐×华、侯×瑞未被提请逮捕，该院要求森林公安机关对三同案犯提请逮捕。法院判决郑×明、乐×华实刑，赵×付缓刑。蓝山县院为保护"千年鸟道"，在候鸟迁徙期间与林业局、森林公安机关一道督查该县三个候鸟保护站的巡护工作，将捕鸟归来的犯罪嫌疑人盘×波抓获，其被判处有期徒刑六个月。

第二节　林业渎职犯罪检察

1994—1995 年，零陵分院林检科改变不查办渎职案件的模式，带头立贪污、贿赂大案 6 件，为全地区林检部门树立榜样。全地区林检部门立案查处贪污贿赂、非法拘禁案件 28 件 30 人，其中大案 10 件 12 人，追缴赃款赃物 56.4 万元。宁远林检股与反贪局联手侦破该县桐山林业站原副站长张×成索贿 1.4 万元。祁阳林检科侦破冯×中、李×桥、李×安合伙挪用公款 18.4 万元案。

1996—1997 年，初查经济犯罪案件线索 19 件，立案查办贪污贿赂案件 8 件 11 人、渎职案 3 件 3 人。其中特大案 1 件，涉案金额 50 余万元。宁远县林检股在查办白云山林场经济犯罪线索时，发现护林联防队负责人板里园村原支书郑×林和原村主任郑×福，贪污护林费 3 万元的重大嫌疑，二人均被判刑。

1998—2003 年，全市检察机关协助调查林业内部经济案件线索 65 件，查办 5 件 7 人；协助调查渎职案件线索 7 件，查办 3 件 3 人。祁阳林检股查明唐×辉玩忽职守案，其在伐区调查设计过程中未实地测点，就发放采伐许可证，造成超伐材积 215 立方米的严重后果，被提起公诉。双牌县林检科在对该县森林公安分局进行侦查监督时，发现该局消防股在查处毁林案件时存在多起以罚代刑案件，主要责任人消防股原股长杨×民涉嫌犯罪，经起诉，法院判处其免于刑事处罚。

2004—2005 年，初查涉林职务犯罪案件 27 件 32 人，其中独立和联合渎侦部门查处 16 件 22 人，向法院提起公诉 16 件 22 人。祁阳县院办理奉×松徇私枉法一案，奉系祁阳县森林公安分局原政委，在查办李×国滥伐林木案中徇私情，故意隐瞒案情，作出不立案追究刑事责任，并开具罚款 2000 元的假行政处罚决定书，构成徇私枉法罪，其被判处免于刑事处罚。双牌县院办理的卢×云涉嫌玩忽职守案。卢不正确履行职责，导致滥伐天然阔叶林 150 余亩，计材积 228 立方米，被判处有期徒刑两年、缓刑两年。

2006—2008 年，初查涉林职务犯罪案件 62 件 84 人，独立和联合渎侦部门立案 34 件 58 人，起诉 27 件 46 人。市检察院林检处初查市木材公司职工朱×、唐×明等人非法收购、出售国家重点保护植物香樟树案，查证朱×等人收购野生香樟 400 余立方米后，通过冷水滩区林业局执法人员违规出具处罚决定书，办理木材出口运输证，将樟木出售至福建、浙江等地，谋取暴利。二人分别被判处有期徒刑三年、缓刑四年，区林业局涉案人员分别受到法律处分。道县林检科与反渎局联合查处道县寿雁镇林业站原站长蒋×宏玩忽职守案，查明蒋在主持林业站工作期间，导致大洞村黑天湖山场滥伐马尾松林木蓄积 2065. 83 立方米，被判处拘役三个月、缓刑三个月。

2009—2010 年，全市林检部门编印《涉林刑事法律法规汇编》1700 本，免费发给全市各级林业局管理人员、行政执法、林业公检法、县区林业站、国有林场管理人员学习。初查涉林职务犯罪线索 27 条，立案 20 件 28 人，向法院起诉 13 件 20 人，涉林渎职犯罪占全市渎职犯罪 50%以上，上法制课 34 场次，受教育人员 1500 人次。

2011—2013 年，全市林检部门开展“双预防”（预防涉林刑事犯罪、预防涉林职务犯罪）活动，每年共同落实“三个一”预防措施（开展一次林政执法检查，防止以罚代刑、有案不移现象；一次警示教育活动，增强林业工作人员廉洁从政意识，防止渎职失职犯罪；对非法征占用林地进行一次专项清理行动）。查办林业渎职案件 39 件 58 人，移送起诉 28 件 46 人。市检察院办理的唐×名、谢×迪、奉×华玩忽职守、受贿罪案。三人违反清理雪压木的有关规定，在对周×龙、周×华承包清理凤凰分场莲花皂等五处山场雪压木的过程中，收受贿赂后放任二人将好树采伐，将设计材积为 104 立方米的雪压木，采伐 1746. 6 立方米，超伐 1642. 6 立方米，并不认真检尺验收，导致 1000 多立方米木材流失，三人均被判刑。

2014—2015 年，全市林检部门为保护森林资源，促进生态文明建设，坚持把深入查办涉林渎职犯罪与服务民生紧密结合起来，督促林业部门加强山林管护，有效防止农户山林被乱砍滥伐。把深入查办涉林渎职犯罪与上级专项部署和把查办预防林业渎职犯罪工作紧密结合起来，采取多种形式开展法制宣传，查办涉林渎职犯罪。全市立案查处涉林职务犯罪 15 件 24 人，移送起诉 7 件 9 人。零陵区院林检科在审理一起滥伐林木案时，发现富家桥林业站原站长邹×德、区林业局生态公益林管理办公室主任文×，在为过火公益林做伐区设计时存在渎职行为，邹×德被零陵区法院作出有罪判决。江华县院林检部门配合反贪局查处涛圩林业站原工作人员黎×秀在办理林权证的过程中，利用职务便利受贿案，黎被法院作出有罪判决。

第三节 综合治理

1994 年，全地区林业检察部门积极参加林业部门组织的对木材经营、流通领域的清理整顿，并在林业部门授权或委托下协助办理一批林政案件。协助森林保护部门重点查处非法捕杀、贩卖、经营国家保护的珍贵、濒危野生动物的犯罪行为。配合有关部门清理木材非法经营场所 91 个，清查非法经营人员 540 人。零陵分院林检科把参与林区综合治理工作的重点放在金洞林区，积极开展以组织联防为主的一系列整治活动。4 月，会同祁阳县林检股、金洞林业公安分局对金洞林区治安形势进行调查，写出“通力合作维护金洞林区治安稳定”材料上报。5 月，零陵分院、地区林业局在金洞林场召开由永州市（现零陵区）、祁阳、宁远、新田、双牌、常宁等县市参加的治安联防会议，通过《零陵地区金洞林区与永州市等周边县市联防会议纪要》。

1995—1996 年，全地区林检部门建立综合治理联系点 47 个，参与处理林政案件 449 件，帮教违法人员 650 名，追缴非法木材 2280 立方米，查封非法加工、销售点 45 个，为国家挽回经济损失 191.7 万元。

1997—1998 年，江华、江永、道县、蓝山县院在四县三角区开展林区社会综合治理，坚持打防并举。建立综合治理联系点 34 个，协助办理林政案件 522 件，追缴木材 526.15 立方米，追缴放归野生动物青蛙、蛇 850 公斤，挽回经济损失 188.72 万元。取缔非法经营场所 69 个，清理非法经营人员 244 人，参加专项斗争 34 次，召开公捕、公判大会 21 次，上法制课 36 次，追缴木材 504.2 立方米。道县林检股从建立综合治理联系点入手，成立以乡党委书记、乡长为主，林业公、检、法配合的乡林区综治领导班子，以上法制课，办宣传栏为主，辅以电影、广播、标语等形式进行宣传，形成群防群治网。

1999—2001 年，全市林检部门开展创建安全文明林区活动和参加全市惩治毁林犯罪专项斗争 39 场次，取缔非法经营场所 149 个，清理非法经营人员 201 人，参加其它专项斗争 33 次，协助办理林政案件 258 件，参加林区综合治理 351 人次，协助办理林政案件 467 件，取缔非法经营场所 172 个，非法经营人员 382 人，挽回经济损失 243.7 万余元。办宣传栏 90 期，出动宣传车 194 车次；印发案例 358 份，张贴、悬挂标语横幅 964 条，上法制课 73 次；创建安全文明林区 22 个，开展林区治安调查 133 次，调查单位 76 个，发现案件线索 79 条，发现问题 56 个，撰写调查报告 30 篇，提出检察建议 98 条，落实 62 条。追缴木材 1328 立方米，挽回经济损失

198.49 万元。

2002—2003 年，全市林检部门创建安全文明林区 11 个，参加综合治理 195 人次，参与创建安全文明林区活动，联系点 21 个，协助办理林政案件 485 件，取缔非法经营场所 243 个，清理非法经营人员 472 人，挽回经济损失 176.15 万元，收缴木材 1620 立方米。提出检察建议 32 条，落实 24 条，办宣传栏 28 期，出动宣传车 37 次，写标语横幅 380 条，上法制课 35 次。在全国爆发“非典”疫情期间，全市林检干警投入到抗击“非典”中，积极配合林业部门对辖区内的野生动物经营场所、宾馆、酒楼、餐馆进行全面清理。

2004—2005 年，全市林检部门针对永州市非法征、占用林地比较严重的情况，配合林政部门对全市非法征、占用林地案件进行清理整顿，得到国家林业局的肯定。参加综合治理 213 人次，创建安全文明林区 12 个，协助办理林政案件 429 件，配合清理整顿、取缔非法经营场所 149 个，清理非法经营人员 406 人。零陵区院提前介入国家林业局、省林业厅督办的芝山朝阳办事处胡×清、贾×明等人非法占用林地一案的侦查，胡、贾分别被判处有期徒刑三年、二年。

2006 年，全市林检干警配合林业部门到各乡镇宣传森林防火知识，落实森林防火措施，发放宣传资料 1 万余份，走访乡镇 146 个。市林检处在办案中发现宁远县森林防火指挥部，对林区生产性用火没有严格坚持审批和监烧制度，在烧山过程中导致失火事故的发生，及时向宁远县防火指挥部提出纠正意见，并向市森林防火指挥部提出检察建议，加强对 11 个县、区的管理和监督，从制度上防止森林火灾的发生。全市林检部门以生态效益型经济为中心，积极参加林区社会治安综合治理工作，参加综合治理 169 人次，办联系点 11 个，创建安全文明林区 11 个。

2007—2008 年，全市检察机关参加综合治理 169 人次，办联系点 11 个，创建安全文明林区 11 个，协助办理林政案件 206 件，配合清理整顿取缔非法经营场所 111 个，清理非法经营人员 179 人。办宣传栏 67 期，出动宣传车 80 车次，印发案例 103 份，张贴、悬挂标语横幅 246 条，上法制课 90 堂，深入林区治安调查 103 次，调查单位 22 个，发现案件线索 35 条，发现问题 45 个，写出调查报告 45 篇，口头提出检察建议 42 条，书面检察建议 34 条，落实 50 条，挽回经济损失 165 万元，其中木材 891 立方米。

2009—2010 年，全市林检部门积极参与林业主管部门组织的清理、整顿木材市场和野味餐馆等专项行动，通过出动宣传车、印发宣传资料和典型案例等形式，深入林区进行法制宣传。并在全市范围开展林业行政执法专题调研活动，检查 2008—2010 年 5 月所办林业行政案件和推广全市林业行政执法的主要做法，对规范行政执法方面的经验典型和如何进一步规范林业行政执法，建立、完善检察机关对林业行政执法的监督机制提出建议和对策。市检察院林检处到道县、江华县组织林业局领导、林政、野保、林地管理、森林公安等林业行政执法人员座谈，了解情况促执法。东安县院深入舜皇山国家森林公园、黄泥洞林场、大庙口等乡镇及竹木加工企业实地考察调研，收集案件线索4条，建议5条。参加执法检查183次，配合清理整顿取缔非法经营场所86个，清理非法经营人员174人。

2011年，全市林检部门参与全省开展行政执法与刑事执法相衔接工作，建立完善“两法衔接”工作长效机制。参加综合治理341人次，创办联系点55个，创建安全文明林区36个，协助办理林政案件326件，配合清理整顿取缔非法经营场所64个，清理非法经营人员226人，召开公捕公判大会6次，受教育群众1.2万人次，挽回经济损失379万元。

2012—2013年，全市林检部门参加全市性专项斗争4次，参与综合治理621人次，创办联系点88个，创建安全文明林区77个，协助办理林政案件523件，取缔非法经营场所42个，清理非法经营人员132人，办宣传栏113期，出动宣传车200车次，印发案例2281份，张贴、悬挂横幅标语791条，上法制课99次，挽回经济损失97.7万元。

2014年，全市林检部门在办案中以服务绿色、法治永州建设为宗旨，积极延伸办案，避免涉林刑事犯罪案件的后续伤害。参加专项斗争21次，综合治理346人次，配合林区开展清理整顿工作，取缔非法经营场所28个，清理非法经营人员77人，参与执法检查292次。

2015年5月，市检察院林检处牵头在全市开展林业行政执法专项监督活动，对2013—2015年各地林业部门办理行政案件进行专项检查，对森林公安局行政处罚案件及已立案做撤案处理和未移送审查起诉的案件进行重点检查843件；对涉案数据比较大的案件通过调卷审查和现场调查及核实证据方式进行专项检查312件；发出检察建议31份，移交达到刑事立案标准而未立案案件10件至公安查处。冷水滩区院针对森林公安存在未经法院判决擅自追缴赃款赃物、强令当事人反购扣押的国家重点保护植物等违法现象，及时与森林公安进行沟通，发出《检察建议书》2份、《纠正违法通知书》6份，责令森林公安停止相关违法行为。办理“补植复绿”案件18件，补种面积2340亩，补种林木30.13万株。祁阳县院办理的于×宝非法占用农用地案，该院及时发出检察建议，督促于×宝补种树木2000余株。

第三篇　职务犯罪查处与预防

第一章　反贪污贿赂犯罪

1994—2015 年，全市检察机关查办涉嫌贪污贿赂等犯罪案件 2440 件 3088 人。其中贪污犯罪案件 1123 件，贿赂犯罪案件 913 件，挪用公款犯罪案件 271 件，偷税抗税犯罪案件 82 件，其他经济犯罪案件 51 件，侦查终结 2403 件 3067 人，移送审查起诉 2123 件 2744 人，挽回经济损失 3 亿余元。

第一节　贪污犯罪查处

1999 年 12 月，市检察院召开全市检察长会暨表彰大会

1994—1995 年，零陵分院贯彻“严格执法、狠抓办案”工作方针，部署反贪肃贿“百日战役”活动。全地区检察机关反贪污贿赂部门受理各类经济案件线索 1033 件，初查 886 件，立案 231 件 392 人，其中贪污贿赂案件 220 件 264 人，侦查终结 181 件 213 人，挽回经济损失 1626.42 万元。零陵分院查处七三一九工厂原业务员侯×珍贪污公款 5 万元案被判刑。宁远县院在侦查县民政局计财股原股长欧阳××贪污案时，挖出该局原局长李×元、计财股原副股长李×英贪污大案。蓝山县院在侦查新圩派出所特大贪污窝案中，挖出窝案串案 9 件，涉案金额 78 万余元。东安县农业银行向县检察院举报该行紫溪营业所出纳刘×利用职务之便，采取空存实取的手段，贪污公款 7 万余元后畏罪潜逃，该院仅 3 天在零陵区珠山镇将其抓获归案。

1996 年，全市检察机关坚持“一要坚决，二要慎重，务必搞准”办案原则。

受理各类经济犯罪案线索435件，初查396件，立案167件198人，挽回经济损失600余万元。根据上级部署，重点查办党政机关、司法机关、行政执法机关和经济管理部门的案件（以下简称“三机关一部门”），其中发生在党政机关的案件19件，司法机关的案件2件，行政执法机关的案件7件，经济管理部门的案件26件。全市检察机关主动深入32家亏损企业调查摸底，立案查办11件。永州市建设银行原职工佘×红等人贪污73万元，案发9天内将三名犯罪嫌疑人缉拿归案，追缴赃款、赃物50万余元被判刑。中国工商银行永州市分行蓝山县新街储蓄所原主任成×海伙同本所储蓄员徐×华贪污15万元被判刑；道县种子公司原经理何×仁贪污受贿20余万元被判刑；该公司原副经理吴×胜、会计何×分别贪污12万元、8万余元，均被判刑。

1997年，根据修正后《中华人民共和国刑事诉讼法》规定，涉税案件由公安机关管辖。市检察院坚持反贪工作的重要位置不变，突出查办大要案工作的要求不变，主动出击、打进攻战精神不变，增强程序意识、证据意识。全年受理各类犯罪案件线索480件，初查424件，立案234件268人，大要案205件；查处县级干部犯罪案8件，侦查终结230件261人，移送审查起诉162件194人，挽回经济损失2067.15万元。全市进行两次“反贪侦破大会战”，3—6月为第一战役，立案查办经济犯罪案件128件144人，其中大要案件105件118人；8—10月为第二战役，立案56件67人，查办5万—10万元的31件，10万元以上的18件；查办“三机关一部门”案件77件80人，其中发生在党政机关14件14人，行政执法机关11件12人，司法机关4件4人，经济管理部门19件20人，房产部门8件8人，金融、保险系统18件19人，法人犯罪3件3人，查处国营企事业单位的涉案人员154人，挽回经济损失860余万元。祁阳县院查办的县橡胶厂原厂长、党委书记王×全受贿案被判刑，并处没收个人财产1.5万元，追缴赃款2.93万元上缴国库。同时，深挖窝案、串案12件，市检察院查办私营永州市刚宝装潢实业公司经理匡×刚行贿案，挖出6件有影响、有震动的系列受贿大要案。

1998年，全市检察机关加大查处反贪污贿赂，惩治司法腐败现象力度。全市受理各类案件线索397件，初查368件，立案128件142人，其中大要案27件29人；市检察院带头办案，查办县处级以上干部4件4人，其他4件6人；移送审查起诉117件132人，起诉到法院111件121人，判决106件116人，挽回经济损失800余万元。查办“三机关一部门”贪污贿赂案件17件19人，其中司法机关9件10人。查处新田县原检察长赵×义在担任蓝山县法院副院长期间贪污受贿案，挽回经济损失307.7万元；双牌县院立案查处的原团县委书记胡×林贪污13913元案被判刑，追缴赃款5000元上缴国库，没收非法所得14490元。

1998年1月，市检察院领导与部分反贪干警合影

1999—2000年，全市反贪部门“狠抓质量效果，突出大要案件，规范办案程序，提高侦查水平”。检察长赵光华提出把办案的数量、质量和办理大要案件的份量综合起来，看办案的社会效果、法律效果和政治效果。全市立案268件344人，侦查终结234件305人，移送审查起诉206件265人，法院判决174件217人，挽回经济损失2426万元。市检察院查处的市体委原主任蒋×光受贿案，是永州检察机关查处的第一位在职正处级领导干部犯罪案件，其在发包工程和出租场地过程中受贿11万余元被判刑。

2002年3月，市检察院反贪工作被评为2001年全省市州检察院反贪工作“先进单位”

2001年，全市反贪部门认真贯彻落实最高人民检察院“九条硬性规定”、湖南省人民检察院“八个不准”。立案123件172人，侦查终结125件175人（含积案），起诉104件142人，法院判决89件122人，挽回经济损失2000余万元；查办“三机关一部门”贪污受贿案件38件42人。市检察院、冷水滩区、祁阳、宁远县院获湖南省人民检察院评出的全省反贪工作“三无一好”（无违法违纪、无冤假错案、无安全事故、办案效果好）办案先进集体。查处冷水滩造纸厂曾×安贪污24.7万元案；双牌县院查处县水电站周×轩、刘×、宋×平、邓×华合伙贪污80万余元案；祁阳县院查处县自来水公司原总经理漆×生、财务股原股长丁×共同贪污31.51万元案。

2002年，市检察院成立职务犯罪大要案侦查指挥中心，加强对全市尤其是两区职务大要案侦查工作的指挥协调，市检察院和冷水滩、零陵区形成一体办案格局，立案查办17件18人。全市立案157件203人，其中县处级以上干部犯罪要案10件10人（正处级2人），查办司法人员和行政执法人员35人，挽回经济损失2730万元。

2003年，市检察院查办各类案件12件12人，其中要案4件4人，大案5件5人。市检察院查办江永县委原调研员兼古宅水库指挥长胡×科（正处级）贪污、受贿案；宁远县政府原副县长蒋×勇（副处级）贪污案；道县新华书店财务部原主任陈×等3人贪污38万元窝案，牵出县教委原副主任何×同等2人受贿12万元案，二人分别被判刑。

2004—2005年，全市检察机关充分运用侦查一体化机制，深挖串案窝案。立案217件258人，其中大要案88件88人，副处级以上领导干部6件6人。侦查终结193件230人，移送审查起诉178件213人，提起公诉127件167人，法院判决125件164人，挽回经济损失3304万元。宁远县院立案查处的县法院民二庭原庭长胡×成贪污22万余元案被判刑；祁阳县院查处的中国农业银行祁阳支行羊角塘营业所原主任会计李×虹贪污40.22万元、挪用公款8万元案被判刑；中国工商银行永州市冷水滩支行张家铺分理处原柜员冯×诚，支取客户存款10万余元潜逃案被判刑。查处对群众反映强烈的医疗系统、湘运汽车运输公司存在的收受医药业务“回扣”问题，分别立案13件13人和8件9人。

2006—2007年，全市反贪部门在房地产开发、粮食、电力、林业等领域深挖犯罪，立案191件261人，其中立大案87件，要案5件5人，侦查终结161件227人，移送审查起诉130件199人，向法院提起公诉100件157人，法院作出有罪判决135件171人，督办案件5件，为国家挽回经济损失3898万元。双牌县院查处县国土局王×军贪污10.54万元被判刑；道县院查处退耕还林办原副主任周×月贪污45.57万元被判刑；永州运输总公司道县修配厂原厂长黄×华贪污37.4万元被判刑，剥夺政治权利三年，并处没收财产5万元。

2008年5月，市检察院为进一步规范全市检察机关反贪部门撤销案件工作，下发《关于进一步规范各县区人民检察院对直接受理侦查案件作撤销案件决定报市级人民检察院批准的通知》，从上报程序、时间界限、报送材料等方面重申撤销案件工作需注意的事项。全年受理贪污贿赂线索80件，初查80件，立案74件100人（含市检察院立案9件9人），其中大案34件，副处级以上领导干部3人，起诉47人，判决33人，挽回经济损失500万余元。新田县院立案查办县国土资源局监察大队原检查员刘×贪污14万余元、受贿5万元案被判刑，剥夺政治权利二年。查办征地补偿、救灾物资发放等领域涉农职务犯罪案件9件11人。祁阳县院查办白水镇湘湖村原党支部书记徐×生贪污冰灾救助资金4.2万元案；道县院立案查办寿雁镇寿雁村支部原书记吴×旺贪污7.1万元案；宁远县院立案查办县舜陵镇板塘村原主任乐×富等4人贪污25万余元案。

2009—2010年，全市检察机关把“保资金安全、保干部廉洁、保发展环境”作为查处和预防职务犯罪工作的首要任务；坚持自侦案件“双报批、双报备”制度，全面推行讯问职务犯罪嫌疑人全程同步录音录像，落实职务犯罪审查逮捕上提一级改革措施，开展职务犯罪案件扣押冻结款物专项检查。立案163件207人，侦查终结案件171件214人，移送审查起诉116件142人，起诉129件137人，挽回经济损失1993.18万元。查办农村公路建设中贪污贿赂系列案件10件10人，涉案金额182万元，涉及县公路局负责人2人、市公路局中层干部2人。查处移民工程建设中贪污贿赂系列案8件10人，涉案金额361万元，涉及市移民局党组成员1人和4个县、区局长。查办水利建设中贪污贿赂系列案件9件14人，涉案金额110万元，涉及副处级干部1人和5个县水利局负责人。查办涉及水利建设项目资金案件9件16人，涉及征地拆迁资金案件22件27人，涉及农机具补贴资金案件4件4人，涉及劳动、养老保险资金案件7件12人。祁阳县院查办双牌县财政局原局长谢×亮贪污160余万元、受贿79万余元、挪用公款100余万元，谢被判刑，并处没收财产10万元。

2011年9月27—28日，市检察院反贪局举办全市检察机关首届反贪业务标兵和优秀审讯能手评选活动

2011—2012年，市检察院结合公安部门“清网行动”，下发《加大追逃力度》通知，督促11个县、区院加大对潜逃人员的抓捕力度。2011年9月，市检察院举办全市检察机关第一届反贪业务标兵及优秀审讯能手评选活动理论考试。邀请湖南省人民检察院反贪局综合室主任陈秋华、副处级检察员肖辉文在模拟审讯、现场问答环节担任评委。评出优秀人员参加省院比赛，市检察院杨建国、陈波、新田县院宋军获全省反贪“办案能手”“审讯能手”。立案110件164人，侦查终结126件185人，移送起诉76件120人，法院判决87件135人，其中被判处十年以上有期徒刑的10人。涉及县处级领导干部6人；查办工程建设、国土资源领域案件28件40人，挽回经济损失1750万元。道县院查办的臧×采取篡改采购合同及计划书，假冒领导签字，骗领材料款30.7万元被判刑。清理积案23件，抓获在逃人员11人，市检察院反贪局被湖南省人民检察院评为“追逃先进单位”。

2013年，坚持“老虎”“苍蝇”一起打。立案64件89人，查办贪污贿赂大案50件，查办县处级干部3人，侦查终结53件65人，提起公诉42件60人；法院判决53人，为国家挽回经济损失940万元。双牌县政协原主席何×平受贿44万元被判刑；江永县政府原副县长刘×生受贿36万元被判刑；市国土局原副调研员、江永县国土局原局长欧阳××共同受贿467万元、巨额财产来源不明330万元被判刑，并处没收个人全部财产。市检察院反贪局被评为全市“十佳政法单位”。

2014年，全市反贪部门严格规范执法行为，将反腐职能向社会管理职能创新性

2013年12月，市检察院组织反贪干警进行测试

延伸，服务企业、优化经济发展环境；突出查办涉及惠农补贴、扶贫救灾、移民安置等损害民生民利、侵害人民群众合法权益的贪污贿赂案件。立案64件83人，其中医疗卫生、社会保障、征地拆迁、扶贫开发领域的贪污贿赂犯罪案件31件46人，挽回经济损失1200余万元。东安县卫生局原副局长兼农合办主任雷×国因贪污、挪用农村合作医疗资金被判刑；湖南科技学院土木工程与建设管理系原主任吴×兴（正处级）因贪污、受贿被判刑；市检察院与江华县院查办的该县教育系列窝案中，县教育局计财股原股长蒋×林因贪污180余万元、受贿20余万元被判刑；宁远县院查处的林×军贪污30万元、受贿10万元被判刑，并处没收财产40万元。市检察院组织全市反贪部门开展业务大比武活动，评出6名侦查办案能手到省院参赛，张翼飞获“全省反贪侦查业务标兵”，贺晓峰获“全省反贪侦查业务能手”。

2015年，全市反贪部门加大查办大要案力度，立案89件113人，其中贪污贿赂大案77件，厅级干部要案1件，县处级领导干部5件，科级干部26人。挽回经济损失1280余万元。市检察院办理首例湖南省人民检察院交办的正厅级干部（湘南学院原党委书记肖×楚）受贿案被判刑，并没收个人财产300万元，追缴犯罪所得上缴国库。立案查办征地拆迁、医疗卫生、社会保障、食品药品、扶贫救灾以及保障房建设、水利建设等领域职务犯罪54件74人，查办11个县、区、乡镇、村组、居委会等工作人员34人。市发改委原主任龚×智，市文化市场综合执法局原局长桂×生，祁阳县原副县长、公安局长唐×平因涉嫌职务犯罪被依法查办。市检察院查办回龙圩管理区党委委员、管委会原副主任李×辉案，李采取虚列开支、开具虚假发票报账，单独或伙同他人贪污公款46.93万余元，其得30.12万余元，并利用职务之便，为他人谋利，单独或伙同他人受贿419.76万元，李被判刑，并处没收财产30万元。

第二节 贿赂犯罪查处

1994—1996年，全地区立案查办贿赂犯罪161件179人。冷水滩市检察院（现冷水滩区院）办理该市法院河东法庭原副庭长胡×杰受贿4.7万元案；双牌县院查办县乡镇企业经委原副主任（正科级）成×林受贿5万元案；江华县院查办县畜牧水产局（正科级）干部邓×荣受贿1.4万元案；新田县院先后查办骥村镇原党委书记刘×许受贿1.9万元案、县建委原主任何×立、经委原副主任李×发受贿案、建设银行原行长李×春受贿1.9万元案。零陵分院立案查办区恒发房地产公司原经理首×熊（正科级）受贿62.25万元，涉案金额200余万元特大案和原零陵地区烟叶复烤厂原厂长廖×裕（副处级）受贿5.5万元案。全地区挖出窝案、串案14起，立案47件。冷水滩市检察院（现冷水滩区院）在查办零陵地区烟叶复烤厂基建科施工员何×社受贿案中，先后挖出该厂副厂长何×华、钟×平、基建科原科长彭×祥、技术员王×春等一连串受贿案，追缴涉案金额12万余元。

1997年，修正后的《中华人民共和国刑事诉讼法》对传唤、拘传的时间进行严格限制，对反贪侦查工作提出新的要求。全市检察机关严格规定应当经检察长批准，签发，不得以连续拘传的方式变相拘禁犯罪嫌疑人，应当保证犯罪嫌疑人的饮食和必要的休息时间。查处冷水滩面粉厂原厂长张×锚（正处级）受贿案，市公安局交警支队原纪委书记欧×柱（副处级）受贿案，江华民族嘴棒厂原厂长赵×华、副厂长黎×厚受贿案，分别被判刑。

1998年，全市受理贿赂犯罪案件41件41人。5月11日，最高人民检察院下发《关于人民检察院直接受理立案侦查案件范围的规定》，反贪污贿赂局查办的案件范围为《中华人民共和国刑法》分则第八章规定的贪污贿赂犯罪及其他相关条文定罪处罚的犯罪案件为：贪污案、挪用公款案、受贿案、单位受贿案、行贿案，对单位行贿案、介绍贿赂案、单位行贿案、巨额财产来源不明案，隐瞒境外存款案，私分国有资产案、私分罚没财物案12大类。芝山区院（现零陵区院）查办的申×保受贿4.15万元被判刑。

1999—2000年，全市检察机关反贪部门积极调整工作思路，加大办案力度，提高办案质量和执法水平，查办贿赂犯罪案件64件71人。蓝山县院立案查处县政府原干部刘×清（副处级）受贿1万余元案；道县院查处的唐×文受贿8万元案，其被判刑，剥夺政治权利一年，没收商品房1套；江华县委宣传部原副部长徐×荣（正科级）受贿29.2万元被判刑，没收财产2万元；东安县粮食局原局长黄×龙（县人大代表）受贿4.33万元案被判刑。

2001年，市检察院针对行贿人翻供、拒供现象，对行贿人翻供原因进行调查，把“一对一”证据变成“多对一”证据。全市查办贿赂犯罪案件37件44人。冷水滩区院查办湖南省跃进机电有限公司谭×（副处级）受贿4.49万元案；江华县院查处零陵卷烟厂江华分厂周×华受贿7万元案；道县院查办唐×与前妻何×朱共同受贿38.25万元，唐被判刑，剥夺政治权利五年，没收财产5万元，何被判刑，剥夺政治权利二年，没收财产4万元；冷水滩区院查办区农业局原局长贾×芳受贿案，贾被判处有期徒刑八年。

2002—2005 年，全市检察机关反贪部门呈现办案规模、办案重点、办案质量和办案安全防范有突破，全年无办案安全责任事故。立案查处受贿犯罪案件 170 件 195 人，行贿 5 件 5 人。市检察院立案查办道县原常委、常务副县长罗×成（副处级）受贿案；东安县院查处的东安县卫生局原副局长黄×元受贿 11.98 万元和王×昌受贿 6.21 万元案，二人分别被判刑，没收财产 2 万元。查办窝案串案 8 件 27 人，其中大案 5 件。江华县院查办该县林业采育场码市分场原场长黄×仁、副场长吴×记等 4 人受贿 15 万余元案；冷水滩区院查办区人民政府原督办员、区粮食局局长张×林（正科级）受贿 22 万元、原局长胡×飞受贿 10 万元、原副局长钟×宇受贿 20 万元，三人分别被判刑；东安县院查办县林业局原局长陈×钢（正科级）受贿 4.7 万元案，其被判刑；道县院查办县医院原院长黄×善等 5 人受贿 60 余万元窝案被判刑；市检察院提办李×兵（湖南九龙井酒业有限公司原董事长、江华卷烟厂原厂长、永州市二届人大代表）受贿 48.3 万元案被判刑。

2006 年 6 月，市检察院召开全市检察机关（北片）反贪工作座谈会

2006 年，市检察院按照最高人民检察院“人民检察院侦查重大贪污贿赂、渎职侵权等职务犯罪案件，应当发挥检察机关整体优势，统一管理案件线索、统一组织侦查活动、统一调度侦查力量和侦查装备，强化检察机关相互之间的侦查协作，形成纵向指挥有力、横向协作紧密、运转高效有序的侦查工作‘一体化’机制，提高侦查职务犯罪案件整体能力”的精神和湖南省人民检察院有关规定，组织开展专项侦查活动。立案查办贿赂犯罪案件 34 件 47 人。道县院查处该县计生委原党组书记陆×党受贿 3.6 万元案，被判刑；左×西、龙×、蔡×渊受贿案，三人负责市凤凰园经济开发区白竹路拆迁工作，利用拆迁工作之便为他人谋取利益，收受贿赂 18.9 万元，其中左分得 8.76 万元，龙、蔡各得 5.07 万元，三人分别被判刑，没收财产 1 万元。

2007—2008 年，全市查办贿赂犯罪案件 69 件 85 人。市检察院与双牌县院查办的湖南省东安监狱原监狱长、党委书记赵×柏（正处级）受贿 19 万元案被判刑，并处没收财产 19 万元；祁阳县院查处的湖南省湘南爆破器材有限责任公司机电分公司原副经理肖×受贿 12369 元被判刑。

2009 年，市检察院与 11 个县、区院开展侦查“一体化”办案，查处贿赂犯罪案件 54 件 57 人。零陵区院查处龙×夫受贿案，龙在珠山镇刘家村驻村协助矿整工作期间，先后收受多名洗矿老板的贿赂 9.2 万元被判刑。市公路局项目办原主任黄×玲受贿 48 万余元被判刑；道县人大常委会原副主任赵×云受贿 39 万元、挪用公款 350 万元被判刑。

2010 年，全市查办贿赂犯罪案件 34 件 37 人。12 月，市检察院针对全市贿赂犯罪中行、受贿方式出现新变化，除传统的钱财、有价证券等形式外，又出现很多新的行、受贿方式，而现行法律又无明文规定的现状，市检察院对宁远县查办一起以借贷方式受贿的案件进行分析，提出将利用职务便利以借贷方式获取高额利息，可定为受贿的司法解释建议，并报湖南省人民检察院。市检察院查办的永州汽车运输总公司原党委书记，总经理陈×吾受贿 51.5 万元被判刑，并处没收财产 15 万元，违法所得 51.5 万元上缴国库，该案的查处平息永州运输总公司长达 5 年的上访和举报。

2011—2015 年，全市查办贿赂犯罪案件 122 件 150 人。市广播电视局原局长、党组书记李×生因受贿 89 万余元、5000 美金被判刑。宁远县查处的零陵区房产局原局长唐×科受贿案，唐利用职务之便，非法收受永州市华美房地产开发有限公司董事长邓×华所给 257.58 万元，索取和非法收受永州市华鸿房地产开发有限公司 18 万元等，唐×科所拥有的个人财产 1418.29 万余元，不能说明来源的财产为 364.02 万余元，其被判刑，并处没收财产 11 万元，违法所得人民币 651.6 万余元，该案被评为全省优秀案件。冷水滩区院查处的李×受贿案被判刑；东安县院查处的县商务局原局长伍×华贪污 10.7 万元、受贿 43.36 万元被判刑，并处没收财产 10 万元；冷水滩区院查处的梁×德受贿 18.42 万余元案被判刑，剥夺政治权利一年，受贿所得赃款 18.42 万余元，被追缴国库；江华县政协原副主席解×华（副处级）贪污 10.28 万余元、受贿 16 万元被判刑，并处没收财产 13 万元；双牌县政协原主席何×平因受贿 44 万元被判刑；江永县政府原副县长刘×生受贿 36 万元被判刑；市检察院查办市食品药品监督管理局原党组书记、局长廖×东（正处级）受贿 40 万元大案；湘南学院财务处原处长史×洁（正处级）受贿 66 万元大案。

第三节　挪用公款犯罪查处

全市检察机关在查办挪用公款犯罪中注重线索管理和开拓案源；注重“一案一总结”，挖掘类案规律；注重审账细致性，夯实证据基础。1994—2015 年所办案件逐年递减，1994—2002 年每年为 20 件左右，2012—2015 年每年为 3 件左右；犯罪主体多为单位、部门主要负责人和主管财务的工作人员及受委托管理财务人员，金融部门的较多；涉案金额呈逐年上升趋势，犯罪手段多为将公款直接在财务账上转出、支出和归还均不记账。

1994年，全地区查办挪用公款案件22件22人，大案8件，5万—10万元6件，10万—50万元以上各1件。7月10日—10月5日，零陵分院在全地区范围内首次组织打击经济犯罪“百日战役”。零陵分院查处地区煤矿原矿长郭×喻（正处级），伙同他人挪用公款50万元倒卖土地案，郭被判刑。

1995年，全地区查办挪用公款罪案17件20人，挖出窝案、串案14起，立案47件。宁远县院查处县财政局国债办原副主任陈×介绍贿赂6万余元、挪用公款100万元特大案时，挖出县财政局原局长黎×军、县人民银行副行长奉×旺受贿大案，黎×军被判刑。

1996—2002年，全市立案查办挪用公款案件105件151人。祁阳县院立案查处的廖×高挪用资金一案被判刑，退还挪用款5.64万元。新田县院立案查处县农业银行城郊营业所原会计谢×斌挪用公款97万元案被判刑，剥夺政治权利二年；祁阳师范学校会计邓×和伙同出纳雷×春，擅自将学校公款278万元以私人名义，存入银行、私自借给县氮肥厂，两人将利息16330.13元私分，分别被判刑；东安县院查处县电力局工会原主席唐×清与私营企业主涂×燕共同挪用公款650余万元案，唐被判刑，剥夺政治权利终身，涂被判刑；蓝山县院查处的封×辉挪用175万元巨额公款案被判刑。

2006—2011年，全市立案查办挪用公款案件57件75人。新田县院办理的县公路局出纳骆×林挪用公款50万元案被判刑；江永县院查处的甘×德挪用学校公款15万余元被判刑，并追缴全部公款；祁阳县院查办的唐×明挪用公款案，其将收取7784.9亩的荒山配套资金及防火基金27.25万元，大部分存入个人账户和用于购买彩票等，其被判刑；市检察院查办李×挪用公款案，李担任冷水滩区法院原会计期间，利用职务便利，采取虚假手段，以他人名义，先后五次冒领区法院标的款217万余元，二次私自支取区法院法官协会经费23.9万元，进行营利和其它非法活动，其被判刑。东安县院查办的唐×挪用公款案被判刑；祁阳县院查办县大江林场党委原书记唐×东挪用公款137.5万元、贪污5万元、滥用职权造成损失20万元被判刑。

2012—2015年，查办挪用公款案11件13人。江华县院查办的曾×明挪用公款案；永州市第一公共交通公司原总经理、党支部书记杨×挪用公款1000万余元，使用超过三个月未归还案被判刑。祁阳县院查办的郑×波受

2013年3月1日，市检察院机关组织职务犯罪侦查部门修正后《中华人民共和国刑事诉讼法》《人民检察院刑事诉讼规则（试行）》考试

贿、挪用公款案被判刑，剥夺政治权利一年，没收个人财产 5 万元，追缴郑×波的非法所得 20461 元上缴国库。零陵区院查处的零陵区朝阳办事处蒋家田村原支书柏×昭、一组原组长柏×军、村民柏×跃共同挪用公款 360 余万元，二人分别被判刑。

初查流程图

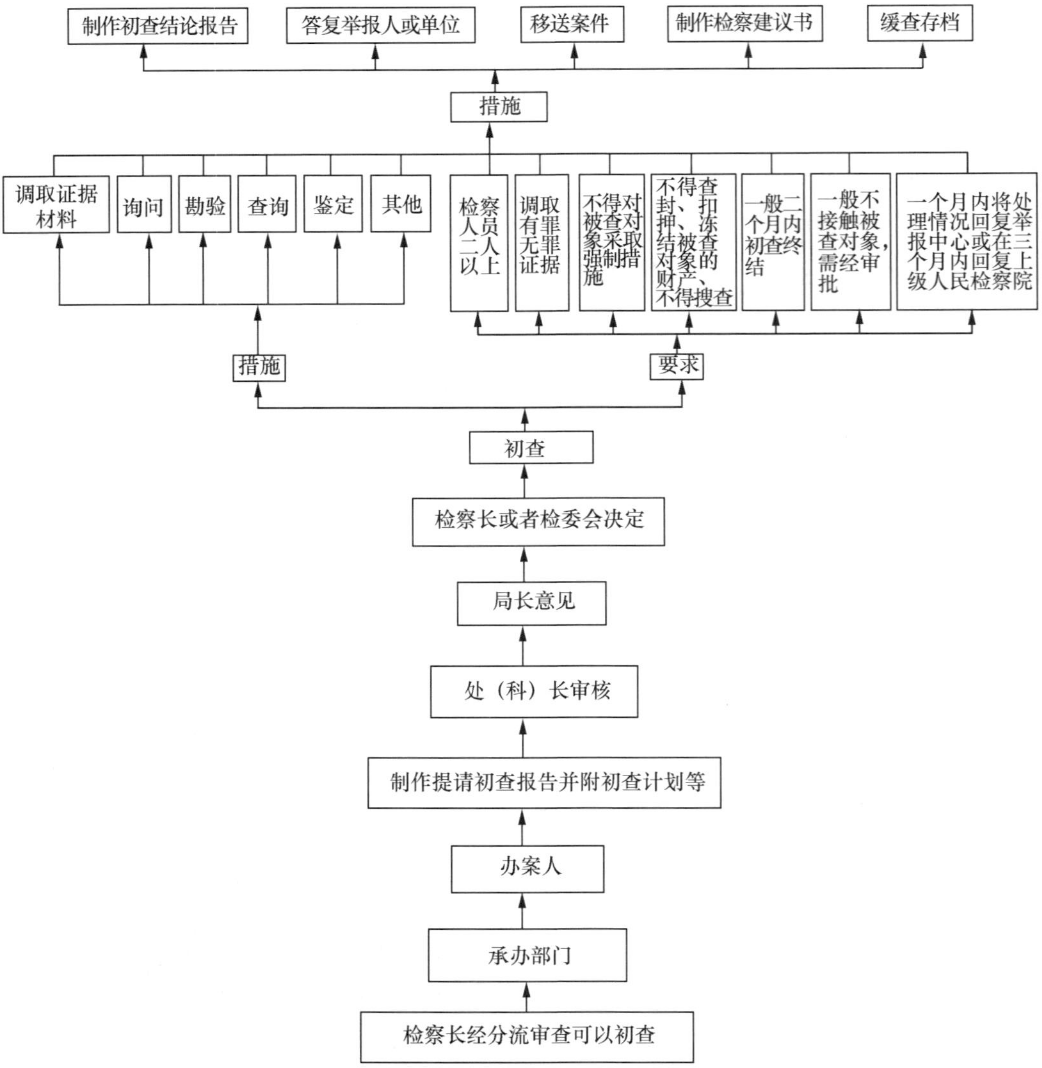

立案流程图

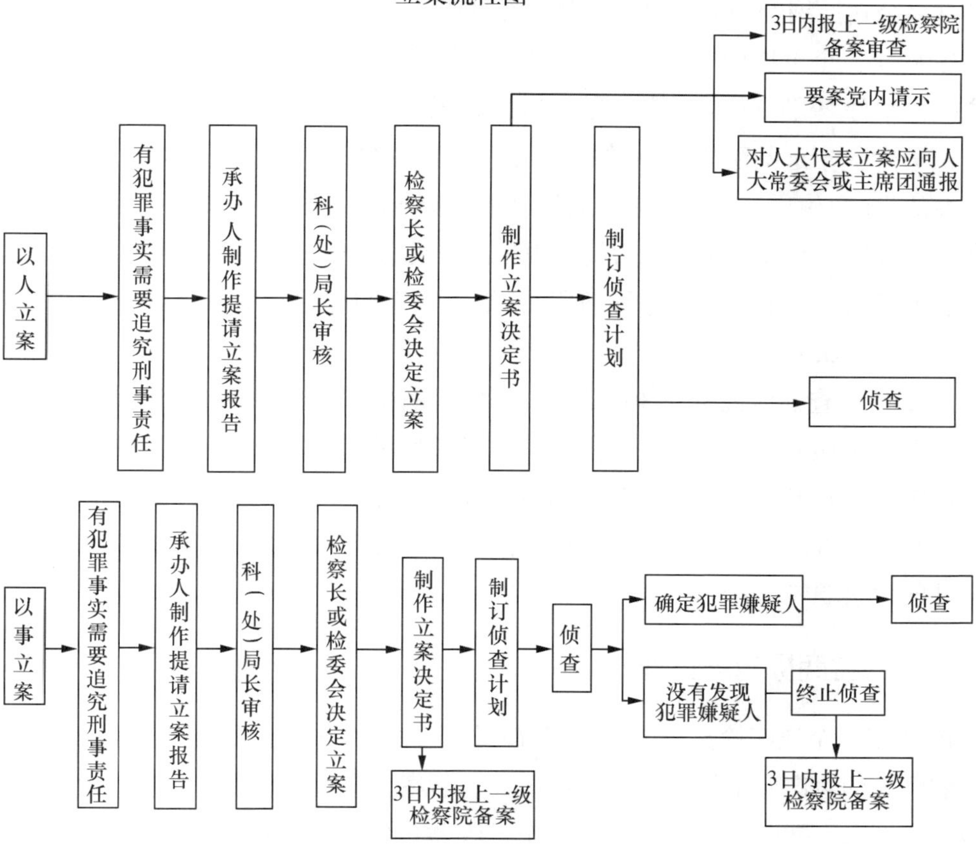

第四节　其他经济犯罪查处

一、偷税抗税犯罪查处

1994年，税务检察坚持“两手抓、两手硬”方针。重点查办大要案。全市反贪部门查处偷抗税案件25件26人，偷税大案3件；个人偷税5万—10万元案2件，20万元1件；查处要案2件。东安县税检室查办县政协原委员杨×佑偷税案；蓝山县院查处县湘粤通用机械设备有限公司原经理陈×亨（个体）偷税20万元。张×辉和高×和在生产经营活动中，采取填开湖南省增值税发票“大头小尾”办法，隐瞒销售收入，分别偷漏国税24万余元、16万余元，偷税数额分别占同期应纳税总额的67%、39%，二人被查处。

1995年，零陵分院反贪部门查处偷税抗税罪案25件28人，法人偷税案2件，使全地区在查办法人犯罪案件方面实现“零”的突破。零陵分院指导原冷水滩市查办张×武、王×和、王×丽虚开增值税专用发票价税金额过亿元特大案；祁阳县院查办县食品公司原副经理兼黎家坪分公司经理张×偷税 19 万元案。

1996 年，全市税检部门把打击涉税犯罪同维护新税制的正常运转相结合，查办偷税抗税案件 29 件 32 人，其中偷税 26 件，虚开增值税专用发票案 2 件，追回税款 259. 29 万元。宁远县院立案 10 件，冷水滩区院立偷税抗税案件 6 件 8 人。新田县院查办的朱×政偷税漏税案，朱与新田县电力局协商从 1994 年 2 月至 1997 年 2 月，以湘潭电杆厂名义在新田县电力局院内生产销售水泥电杆（主要销售给新田县电力局和农电总站、邮电局、水电管理所)，销售收入均开据与增值税毫无关系的票据进行偷税 27945. 12 元。

1997 年，查办涉税案件 3 件 3 人。祁阳县税检室查办该县橡胶厂原厂长王×全隐匿资金、转移财产欠税 112 万余元，县祁兴水泥厂原厂长管×友欠税 50 万余元，兴凯水泥厂原厂长王×俭欠税 21 万余元的特大案。10 月 1 日起，新修正的《中华人民共和国刑事诉讼法》规定，涉税案件划归公安机关管辖，检察机关不再行使涉税案件的检察职能。

二、假冒商标犯罪查处

1994 年，全地区检察机关查处假冒商标案件 1 件 5 人。冷水滩市检察院侦破数额特别巨大的生产、销售假冒“红塔山”香烟案。宁远县院连破 4 起特大制造、贩卖假冒卷烟案，摧毁“地下工厂”3 个，收缴价值近 35 万余元的假烟、制假机械设备及原材料，抓获犯罪嫌疑人 2 名。

1995 年，全地区检察机关把查办坑农案件，当作支持和保护春耕生产，服务农村经济发展的大事来抓。11 个县、市院主动配合公安、法院、集中力量侦破、批捕、起诉和公开宣判一批盗窃耕牛、农机具、破坏农村电力、通讯设备、贩卖假农药假化肥、销售伪劣种子等抗农害农案件。

三、诈骗犯罪查处

1994 年，全地区查办诈骗犯罪案件 1 件。7 月，山西省大同税务局云岗矿驻北京办事处业务员宋×，通过中间人孟×认识蓝山县新圩镇早禾板屋村李×等三人，他们谎称有原国民党遗留的 101 地库，内有“美国联邦储蓄券”号码是 B 字头、A 字尾的通用券 369 张，通过中央人民政府验实后方能解冻，事成后主办人将有政治、经济待遇，并带宋×等人到其家原已挖好的专门用于诈骗活动的地窖（即所谓“101 地库”）看货，多次骗取宋×11. 94 万元，李×从中得赃款 2. 71 万元，被蓝山县院依法查处。

1996年，湖南省人民检察院规定：凡贪污贿赂等经济犯罪案件一律由反贪部门办理，如力量不足，由院里统一组织协办，归口反贪部门管理；凡经济纠纷由法院和有关部门受理；凡诈骗案件由公安机关受理，诈骗与玩忽职守交叉的案件，按最高人民检察院要求先由公安机关受理诈骗案件。

第二章　反渎职侵权犯罪

1994—2015年，全市检察机关查办各类渎职侵权犯罪案件886件1335人。其中查处非法拘禁犯罪案件87件140人，刑讯逼供犯罪案件14件23人，玩忽职守犯罪案件208件249人，徇私舞弊犯罪案件68件91人，滥用职权犯罪案件115件242人，其他渎职侵权犯罪案件394件590人，挽回经济损失1.7亿余元。

第一节　渎职侵权查处

1994年，最高人民检察院强调“要以查处徇私舞弊案为龙头，带动法纪检察工作的全面开展”，明确提出：“检察机关的法纪检察部门同反贪污贿赂部门一样，是检察机关参与反腐败斗争的前沿力量，起着‘拳头’‘尖刀’作用。”零陵分院法纪检察部门按照“全面承担，有案必办，突出查办大要案”原则，全地区查办徇私舞弊案件3件3人、玩忽职守案件19件20人、重大责任事故案件16件25人、非法拘禁案件25件31人、刑讯逼供案件1件2人。立案查处国营企事业单位和集体经济组织工作人员侵权、渎职犯罪案犯案件28人。永州市人民检察院（现零陵区院）查办16件，是该院历年立案最多的一年，祁阳县院查办重特大案件4件。

1995—1996年，全地区加强法纪检察工作，依法从严惩治渎职犯罪。受理各类法纪案件线索395件，初查348件，查办163件253人，其中查办大要案件73件，侦查终结169起257人；移送起诉68件99人，移送免诉46件68人，移送其他检察机关处理9件29人，撤案15件17人（均系历年积案），挽回经济损失598万余元。全地区受理五类重点案件（渎职造成人民生命财产重大损失的；非法拘禁、非法搜查案件；刑事逼供、暴力取证案件；破坏选举案件；虐待被监管人案件）线索164件，初查125件，查办重点案件73件106人，查办重特大案件73件；查办五类重点案件和国家工作人员案件68件；查办国家工作人员犯罪案件86人，其中国家机关工作人员15人。

1997年，全市查办各类案件30件37人，挽回经济损失365万元。12月19日，市检察院召开渎职犯罪侦查局成立大会，检察长赵光华要求渎职犯罪侦查局与反贪污贿赂工作局同为反腐败斗争总体格局中的“两个拳头”，提高自身素质，依法严惩渎职犯罪；市委常委、市委政法委书记唐代建到会要求渎侦工作狠抓办案，努力取得阶段性成果；主动抓预防，为经济建设提供法律服务；努力学习，切实提高自身素质。

1998年，市检察院根据修正后的《中华人民共和国刑法》《中华人民共和国刑事诉讼法》对渎侦工作提出的新要求，深入11个县、区院调查，发现少数渎侦干警和院领导对渎职罪的主体限定为“国家机关工作人员”后，认为“无案可办”“无所作为”等问题。市检察院及时提出“守住老阵地、开辟新领域”办案思路，突出解决对渎职侵权犯罪案件思想上不愿查、行动上不敢查、工作中不会查的问题。按照最高人民检察院《关于加强渎职侵权检察工作的决定》精神，加大对国家机关工作人员渎职侵权犯罪案件的查处力度，特别是加大对司法人员徇私枉法犯罪的查处，查办一批充当黑恶势力犯罪的“保护伞”案件。受理各类案件线索111件，初查77件，查办21件25人，其中重特大案件6件7人，利用职权实施的其他渎职案件5件5人，40%线索来源于内部发现移送；办理市人大、市委政法委交办的渎职案件11件18人。查办行政执法人员犯罪案件6件7人，司法人员犯罪案件10件14人，起诉18件22人，做到无错案、无不起诉、退补、撤案，挽回经济损失218万元。

1999年，全市检察机关按照最高人民检察院“开拓、加强、规范、发展”思路，依法积极查办渎职侵权案件，案件呈上升态势。市检察院党组三次专题研究渎侦工作，实现无立案空白县。受理各类案件线索61件，初查60件，查办26件27人，重大案件5件5人；侦查终结、起诉25件26人，法院当年作出有罪判决11件11人。办理人大、党委政法委交办的渎职、侵权案件9件9人，为国家挽回经济损失239万余元。

2000年，全市检察机关建立健全检察长、主管渎侦刑检的副检察长协调一致的领导层面的“三长合力”和检察长、主管渎侦的副检察长、渎侦局长，一级支持一级的侦查中的“三长合力”；主管刑检的副检察长、批捕科（股长）、起诉科（股长），适时介入的“三位一体”，共同把案件办成铁案。受理各类案件线索56件，初查56件，查办31件36人，其中重特大案件7件8人，要案1件1人。全市侦查终结27件30人，移送起诉26件29人，不起诉1件1人，为国家挽回直接经济损失245万余元。从7月10日—10月20日，全市检察机关开展查办渎职侵权犯罪秋季“百日大会战”活动，查办19件22人。

2001年，全市检察机关重点查办充当黑恶势力犯罪“保护伞”和破坏市场经济秩序违法犯罪背后的渎职犯罪。5月，开展《责任重于泰山，依法惩处渎职犯罪》举报宣传周活动。受理各类案件线索 47 件，初查 47 件，查办 30 件 38 人，查办重特大案件 5 件 10 人，要案 1 件 1 人，实现 1997 年《中华人民共和国刑法》修正后查办要案零的突破。侦查终结 26 件 34 人，移送起诉 24 件 32 人，提起公诉 19 件 24 人。法院审结 17 件 22 人，作出有罪判决 17 件 22 人（含上年积案 5 件 5 人）。撤销案件 2 件 2 人，为国家挽回经济损失 293 万余元。蓝山县院查处翟×硕等徇私枉法案，周×谦经介绍前往蓝山县新圩镇板屋村与他人谈成，由其用 60 万元人民币兑换 100 万元“旧美金”后，周携带 44 万人民币与钟×陆、李×昌租车至该村兑换“旧美金”时，被县公安局 110 巡警大队原大队长翟×硕与县公安局纪委原副书记兼监察室原主任成×贤、110 巡警大队原副大队长邓×锋、县公安局纪委原主任科员李×书、干警文×生、吴×松、朱×意堵截。在查处案件时翟、成、邓、李、文、吴、朱因徇私枉法，分别被法院判刑。

2002 年，受理各类案件线索 41 件，初查 38 件，查办 23 件 33 人，重特大案件 11 件 15 人（其中重特大案件 7 件 10 人，特大案件 4 件 5 人），司法机关工作人员和行政机关工作人员犯罪案件 17 件 25 人，查办新罪名、新领域的渎职侵权犯罪案件 12 件 14 人。侦查终结 23 件 30 人（含上年积案），其中移送审查起诉 21 件 25 人，撤案 2 件 5 人（上年撤案 1 件 1 人）、法院作出有罪判决 9 件 10 人。1—6 月，全市渎侦部门开展优化经济环境综合执法检查调查和专项清理，进行查思想、查案件、查事例、查收缴、查作风、查方法，全面、重点检查本部门办案质量、扣押款物和追缴赃款赃物情况，对检查出的问题进行反思和整改。7 月 10 日—10 月 20 日，全市检察机关开展“打黑除恶、百日会战、执法检查”行动。6—12 月，对 2000 年以来渎侦部门受理的案件线索、查办的案件进行全面清查整改；重点清查立案后做撤案处理的 17 件 25 人，认真分析撤案案件的原因及教训。

2003 年 1 月，市检察院被湖南省人民检察院评为 2002 年全省市州检察院渎侦工作“三无一好”先进单位

2003 年，市检察院确定的办案重点为：发生在诉讼活动中的司法人员徇私舞弊、贪赃枉法、滥用职权的犯罪案件；发生在对经济、社会进行管理和监督活动中行政执法等人员的滥用职权、玩忽职守、徇私舞弊等渎职犯罪案件；在打击严重刑事犯罪活动中发生的国家机关工作人员充当黑恶势力后台和“保护伞”的犯罪案件；重特大安全生产责任事故背后隐藏的滥用职权、玩忽职守和徇私舞弊等犯罪案件；发生在 11 个县、区党政机关工作人员和司法人员中的利用职权实施的侵害公民人身权利、民主权利的犯罪案件。全年受理各类案件线索 37 件，初查 37 件，查

办30件29人，其中查办司法人员和行政执法机关工作人员渎职犯罪案24件24人，林业部门11件，民政部门8件；查办新领域、新罪名案件19件19人。市检察院渎侦局查办8件8人，直接办案取得重大突破。侦查终结27件30人（含上年积案），其中移送起诉25件27人，不起诉1件1人，撤案1件2人（系上年积案），起诉14件14人，法院作出有罪判决8件8人。

2004年，市检察院渎侦局对湖南省人民检察院渎职犯罪侦查局督办的4件线索和1件案件进行督办，并首次督办2件线索。对有成案可能的线索，做到定人员、定班子、定责任、定领导，实行专案专办，限时办结，全市没有立案空白单位。重点查办司法人员和行政执法领域犯罪案件，立案18件20人，查办新领域、新罪名犯罪案件22件25人。对2001年以来办理的撤案、不起诉和法院判无罪“三类案件”进行检查。

2005年，市检察院党组书记、代检察长王蓟零要求11个县、区院把渎侦工作与反贪工作一样作为自身的主要责任，两个侦查一起抓；充分认识其工作的不同特点，不把渎侦局当成“第二反贪局”，不让其承担与其职责不相符合的职能与任务；实行检察长亲自抓，分管领导具体抓，部门负责落实的“三位一体”办案模式，从初查线索开始到审判结束，实行定人员、定班子、定责任、定领导，确定一名领导负责、一套班子查办，实行专案专办，限时办结，主管某一具体案件的领导对案件的初查、侦查、起诉，直至法院判决实行全程负责。全年受理各类案件线索61件，初查59件，查办43件62人，其中重特大案件15件23人，要案1人，以事立案3件，侦查终结43件61人。查办行政执法机关工作人员渎职罪案21件25人，司法工作人员的渎职罪案7件8人。

2006年，市检察院要求11个县、区院抓住“特点谋划、热点切入、盲点开拓、难点突破、亮点发现”五个关键点，推动反渎工作。在湖南省人民检察院部署开展的“百日会战”中查办各类渎职侵权案件22件30人，其中查办行政执法人员渎职罪案7件9人。根据最高人民检察院《人民检察院直接受理侦查案件立案、逮捕实行备案审查的规定（试行）》《关于省级以下人民检察院对直接受理案件作撤销案件、不起诉决定报上一级人民检察院批准的规定（试行）》的规定，强化市检察院对所有案件的指导和把关。同时，全市检察机关渎侦局按最高人民检察院、湖南省人民检察院的要求，全部更名为反渎职侵权局，并以更名和新颁布的《立案标准》为契机，宣传反渎工作，加强队伍建设。全年受理各类案件线索54件，初查54件，立案42件61人，其中重特大案件7件；以事立案2件，确定犯罪嫌疑人2件2人；侦查终结28件44人，其中侦查部门移送起诉26件42人，移送不起诉1件1人，撤案1件1人；公诉部门起诉37人，法院作出有罪判决44人。立案的犯罪嫌疑人中属于行政机关的 29 人、司法机关 6 人。立案查处破坏社会主义市场经济秩序渎职犯罪专项工作三类案件 23 件 29 人，起诉 23 人，判决 20 人。

2007 年 5 月 10 日，市检察院组织渎职侵权犯罪举报宣传

2007 年，全市检察机关认真落实侦查工作规范化流程管理、侦查工作的内部监督制约、执法质量考评和上级院对下级院的监督管理等制度，做到一案一谋划、一案一预审、一案一沟通、一案一跟踪、一案一考评。查办各类案件 58 件 77 人，其中重特大案件 27 件，侦查终结 42 件 56 人，起诉 25 件 34 人，判决 19 件 24 人，所办案件数第二次居全省第一。查办重、特大案件 27 件，查处渎职侵权犯罪案件过程中发现并查处涉嫌犯罪的县处级领导干部 2 人。市检察院反渎局改变过去以指导办案为主的做法，坚持指导办案与自身办案并重，市局立案 7 件 7 人，均为重特大案件和要案，创造全省地州市检察院反渎部门立案数量的历史记录。4 月 16 日—7 月 26 日，全市查办渎职侵权职务犯罪“百日会战”立案 30 件 38 人，在全省率先消灭立案空白县。

2008 年，受理各类案件 57 件，初查 53 件；立案 42 件 58 人，其中重特大案件 19 件，要案 1 人；侦查终结 47 件 66 人，其中侦查部门移送起诉 36 件 51 人，移送不起诉 8 件 10 人，撤案 3 件 5 人；公诉部门起诉 27 件 35 人，不起诉 9 件 15 人，判决 27 件 34 人。查办新罪名案件 3 件 6 人，危害能源资源和生态环境渎职犯罪案件 7 件 9 人，人民群众反映强烈的司法不公渎职犯罪案件 8 件 10 人。在城管、医疗卫生等领域立案查办 6 起渎职犯罪案件，其中城管部门 3 起，医疗卫生系统 2 起。立案查办 11 起危害能源资源和生态环境犯罪大案。零陵区院查办区法院渎职犯罪窝案，查办法官滥用职权、民事枉法裁判案 6 件 9 人，涉及副院长、纪检组长各 1 人，中层正职 3 人，法官 4 人。

2009—2010 年，全市检察机关根据最高人民检察院开展的“严肃查办危害民生渎职侵权犯罪专项工作”“查办和预防涉农惠民领域贪污贿赂等职务犯罪专项工作”“强化法律监督，维护公平正义”“加大工作力度，提高办案质量和效率”等工作部署。立案 75 件 108 人，其中玩忽职守 19 件 25 人，滥用职权 11 件 16 人，重特大案件 24 件 26 人，副处级以上要案 2 人；侦查终结 83 件 117 人，移送起诉 75 件 106 人，起诉 33 件 58 人；查办危害能源资源和生态环境渎职犯罪案件 32 件 46

人。5月，市检察院反渎局统一指挥、抽调11个县、区院力量进驻祁阳金洞管理区，对该区林政管理领域的职务犯罪展开初查和侦查，立案查处2件5人，为该区挽回经济损失400余万元。

2011—2012年，市检察院与市纪委协调，建立查办渎职侵权违法犯罪联席会议制度。积极推进行政执法与刑事司法相衔接机制，与市国土局、市环保局、市安监局等行政执法机关部门的沟通协调，召开渎职侵权犯罪案件查办联席会议，明确线索移送、信息共享、联合执法等事项的协调配合机制。建立县、区院案件捕前预审制度，树立侦查与审查并重观念，着力加强证据捕前审查，确保反渎案件质量，起诉的反渎案件均被法院作有罪判决。依托工作衔接机制和部门联席制度，国土部门移送线索2件，公安部门移送线索2件3人，预防部门移送线索2件2人，均立案查处。从群众反映强烈的热点事件中寻找有价值的线索立查2件3人。受理各类案件线索99件，立案45件52人，侦查终结40件58人，审结起诉23人，有罪判决22人。立查要案1件，立查重特大案件12件，挽回经济损失近1500万元。查办危害能源资源和生态环境渎职犯罪18人，涉农职务犯罪11人金额达500万元，司法工作人员犯罪11人，涉税渎职犯罪2人，建设工程领域渎职犯罪4人，涉矿渎职犯罪1人。针对性地提出个案预防10余件，均得到发案单位重视和采纳，妥善处理信访与突发事件30余件，挽回经济损失1000余万元。

2013年，受理各类渎职侵权犯罪案件25件，初查25件；立案24件33人，以事立案8件，其中重特大案件14件。侦查终结17件25人，其中移送审查起诉18件23人，起诉9件17人，不起诉3件5人。介入重大安全生产事故11次，立案查处事故背后的渎职犯罪行为5人；查办中心城区违法建筑领域渎职犯罪9件16人，涉嫌非法侵占国有划拨地56亩多，违法建筑面积12.83万平方米，为国家挽回经济损失4000多万元；查办重特大案件8件；查办淘汰落后产能领域发生的渎职犯罪案件4件7人，非法套取国家淘汰落后产能700余万元；查办规划、房产领域内渎职犯罪案件6件9人，造成国有划拨土地被非法占用，四个小区68亩土地非法改变，造成国家损失3000余万元；查办建设领域内渎职犯罪案件10件11人，挽回经济损失3000万余元；查办司法领域渎职侵权犯罪案件8件9人。

2013年2月，市检察院组织永州市检察机关职务犯罪侦查部门干警，对修正后的《中华人民共和国刑事诉讼法》《人民检察院刑事诉讼规则（试行）》进行考试

2014年，市检察院与市公安局联合印发《关于在惩治和预防公安民警职务犯罪工作中加强联系协作的实施意见》，建立惩治和预防公安民警职务犯罪联席会议制度。两部门定期召开联席会议，形成惩治和预防公安民警渎职犯罪的合力。通过侦查一体化机制，先后抽调宁远、东安、新田、道县、双牌、蓝山、江华县院20余名干警，参与重大复杂疑难案件的办理。受理各类案件线索36件，查办21件31人；查办大案9件10人，要案2人，查办渎职侵权案件20件28人。侦查终结各类案件18件23人，渎职侵权类案件17件22人，刑事原案1件1人；起诉各类案件7件9人，其中起诉渎职侵权类案件7件8人，不起诉刑事原案1件1人，判决7件9人。受理初查工程建设、土地、专项资金、执法司法、税务等领域案件33件，立案19件27人。市检察院在办理宁远县工业园原主任王×平、副主任肖×飞滥用职权、受贿一案中，先后抽调新田、祁阳、双牌、道县院及公安机关50余人参与办案，王、肖被判刑。

2015年，查办各类案件26件28人，其中渎职侵权类案件23件24人（以事立案4件），刑事原案3件4人。重特大案件12件，查办要案2件2人。侦查终结各类案件22件32人，其中渎职侵权类案件19件29人，刑事原案3件3人，起诉19件27人，不起诉1件2人，撤案3件3人。法院判决23件30人，其中生效判决14件20人。处理信访线索16件，其中湖南省人民检察院交办市检察院1件，其他相关部门移送15件，所有信访线索均按规定进行分流处理。

第二节 滥用职权犯罪查处

1999—2003年，全市渎侦部门查办33件39人。道县院查办县法院法警欧×清滥用职权案；新田县院查办县政府农村经营管理科原科长周×古滥用职权案；冷水滩区院查办冷水滩国税分局蒋×民、杨×玲滥用职权，二人造成近100万元税款流失案；祁阳县院查处湖南省人民检察院督办的县公安局梅溪镇派出所原所长唐×霖滥用职权、诈骗、敲诈勒索案和县公安局原副政委周×金滥用职权、受贿大案，二人被判刑；市检察院查办湖南省福田茶场特大渎职犯罪窝案8件8人。

2004—2006年，查处22件28人。祁阳县院查办唐×林、李×军滥用职权案，二人在收受他人贿赂后，利用职务之便擅自修改采伐设计图，故意将不是荒山设计成荒山，将本应该设计的山林不设计进去，造成滥伐林业材积340.6立方米，二人均被判刑。

2007—2008年，通过开展专项工作等措施，加大办案力度。查办2件14人。市检察院对涉嫌滥用职权、受贿犯罪的市万利集团原总经理高×月（正处级）住宅进行搜查时，了解其父80多岁后，与高妻协商将老人送至亲属家中回避再搜查，并将现场恢复原状，高及家属对检察机关人性化办案表示感谢。市检察院被湖南省人民检察院先后3次评为查办渎职侵权犯罪先进单位。2008年，全市检察机关开展惩治充当涉黑团伙保护伞渎职犯罪专项活动。市公安机关侦破蓝山县以周×刚为首的涉黑犯罪团伙后，蓝山县委常委、县委政法委原书记徐×明、县国土局原局长廖×希、县公安局原副局长黄×成、原副局长兼森林公安分局局长彭×太、森林公安分局原副局长唐×祥等13名国家机关工作人员，因涉嫌渎职、贿赂职务犯罪或为涉黑团伙充当保护伞问题相继被立案查处。市检察院查办的冷水滩国土分局原副局长胡×华滥用职权案，周×元等9人在上岭桥镇竹塘村何家冲组以12.96万元购买8.64亩土地，胡在负责办理该宗地国土手续时，弄虚作假，滥用职权，造成经济损失200余万元。

2009—2014年，全市检察机关积极适应经济发展新常态，紧贴市委、市政府重大部署，精准施策，集中发力，查办65件91人。市检察院查处宁远县看守所齐×、谭×清玩忽职守案。在押人员杨×军企图行凶越狱，看守所干警齐×在履行监管职责时，违反《看守所执法细则》规定，致使杨×军实施暴动越狱，齐、谭等人均受到法律惩处。市检察院查办零陵区公安分局蒋×生等人滥用职权案，蒋与部分干警超出职责范围，任意扣押、处罚运输烟花爆竹车辆和指使不具备执法资格的群众参与执法。市检察院立案查办市残联原理事长王×玉（正处级）、市科协原副主席熊×松（副处级）涉嫌滥用职权案。宁远县院查办的县经信委党组原书记胡×武与周×胜、欧×庆滥用职权案，三人在为宁远展源造纸有限公司申报淘汰落后产能奖励资金过程中，造成580万元损失。市检察院查办市城市建设投资开发有限公司原总经理尹×青（正处级）滥用职权、受贿案。零陵区院查办区财政局原党组副书记、副局长、区农开办主任蒋×龙滥用职权案，其明知管理农业综合开发资金系中央财政部和省级财政资金，不得挤占挪用，更不准用于单位发奖金、补助及招待费等开支，但蒋安排下属李×峰、何×华、唐×松、蒋×仁伪造虚假工程和虚增标段工程量资料，从农业开发专项资金中套取1600余万元。

2015年，全市检察机关强化责任担当，积极主动作为，以“零容忍”的态度、铁的决心，迅速响应、重拳出击。查处10件10人。江华县院办理县国土局莫×儒滥用职权案。莫在合伙人黄×华未缴纳土地出让金、契税等费用的情况下，擅自为其制作维多利亚大酒店有限公司和黄×华两本国有土地使用权证，并加盖由地籍股保管的江华瑶族自治县人民政府土地登记专用章，导致国家财产遭受重大损失，其被判刑。

第三节　玩忽职守犯罪查处

1994—1996年，查办经济管理部门和厂矿企事业单位在经济管理、经贸活动和安全生产中的玩忽职守、重大责任事故犯罪案件78件88人，挽回经济损失近300万元。祁阳县院查办的黎海微电机有限公司原业务员陈×亮玩忽职守案，陈在武汉采购硅钢片过程中，因失职给单位造成损失42万余元；冷水滩区院查办的永州市建设银行第一支行营业部原会计黄×阳玩忽职守案，因黄工作失职造成银行经济损失12万余元；新田县院查办的织布厂供销科蒋×旺玩忽职守案，蒋在推销布业务中失职，给单位造成经济损失16万余元；道县院查办的梅花供销社原主任何×开等4人玩忽职守案，何在收购山苍籽油的过程中只注重数量，不注重质量，造成经济损失38万余元。

1997—2002年，查办58件62人。祁阳县院立案查办的县信用合作联社原教导员刘×生、县金穗信用股份有限公司原总经理于×明玩忽职守案，由于刘、于接受个体户舒×联现金及物品1.4万元，先后三次贷款100万元给舒×联在云南做橡胶生意，造成损失100余万元。蓝山县院查办县友谊造纸厂原厂长高×华玩忽职守案，高在不了解广州市华运公司杜×林的实际情况下，将积压在广州市石牌火车站和吉山火车站的工业固碱及厂内纸品与杜×林签订购销合同，给该厂造成经济损失100余万元。市检察院渎侦局查办的柏×顺（正处级）造成损失420余万元的玩忽职守案；冷水滩区院查办房改办原主任胡×民因玩忽职守，造成1000万元巨大损失案；宁远县院查处县农委经管科原干部于×湘因玩忽职守，造成500余万元损失案。

2003—2006年，查处36件45人。冷水滩区院查办的区粮食局原副局长陈×松玩忽职守案，其在洽谈合同时徇私和不正确履职，致使单位遭受500多万元的重大损失。市检察院查办的东安监狱狱政科原科长刘×元（副处级）玩忽职守案，其在办理罪犯尹×明保外就医时，导致尹犯逃避监管重新犯罪。蓝山县院查办的县林业局大桥林业站原站长李×政玩忽职守案，其致使盘×国、李×选、周×志等人滥伐林木达2013立方米。宁远县院查办的县卫生监督所党支部原书记欧×松、原所长曾×能玩忽职守案，两人对无证开设的诊所疏于管理，导致多人非法行医，致3名患者在接受非法诊疗时死亡。江华县院查办的未竹口林业站原站长吕×红玩忽职守案，其因工作不负责，致使鲁×林等人滥伐林木材积达3800余立方米。双牌县院查处县粮食局原局长龚×良、副局长全×昌、纪委书记杨×玩忽职守案，因粮食局改建的粮食酒家突然倒塌，造成3死4伤的严重后果，三人被判刑。道县市场服务中心原副主任周×端等4人玩忽职守案，周等人明知仙子脚市场厂棚存在重大安全隐患，不采取有效措施及时排除，致使该市场厂棚倒塌，造成2死10伤的严重后果，三人被判刑。

2007—2014年，查办73件105人。市检察院查办的祁阳县煤炭局原副局长周×安、安检股原股长玩忽职守案，两人因工作失职造成永州湘江纸业有限责任公司热电车间的主厂房管道夹层主蒸汽管上的电动隔离阀突然开启，喷出大量蒸汽，致3死7伤，损失200余万元。2010年6月1日，零陵区法院发生枪击事件，市检察院检察长王蓟零、副检察长邓忠新赶赴现场，指挥市、区院反渎部门当即介入，与公安机关刑侦工作同步调查，当晚对区邮政局原党总支书记兼副局长刘×虎、综合办原主任兼保卫专干黄×国、护卫队员聂×立案并采取强制措施。江华县院查办的农机局农机管理股原股长李×吉玩忽职守案，因其工作不负责任，造成国家农机购置补贴资金65万余元被套取。市检察院指挥道县院查办道县横岭林业站尹×武、张×荣等4人玩忽职守，该县横岭乡民族村、棉竹江村等500余人打着“还我河山”等横幅，围住县委、县政府，要求归还其林权，10名公安干警在劝阻制止中遭村民围殴致伤，在市检察院统一协调指挥下，7天之内查明事实，妥善处理该案。道县院查办的尹×旺玩忽职守案，尹在担任道县公安局“打击盗窃摩托车”城区专案组城北小组原组长期间，对韩×七进行审问处理过程中，造成韩在城北派出所候问室自缢死亡。零陵区农业综合开发办公室工作人员李×峰、何×华、唐×松、蒋×仁玩忽职守，致使国家损失1600余万元，被依法查处。

2015年，查处9件9人。蓝山县院查办的莫×辉玩忽职守案，莫对违法建设的行为采取停工和制止措施不力，导致违法建筑建设完毕，且部分违法建筑超越规划红线图。因莫具有自首情节，如实供述犯罪事实，被法院作出免予刑事处罚判决。

第四节　徇私舞弊犯罪查处

1994年，全地区初查线索15件，查办3件，其中零陵分院初查2件。东安县院查办端桥铺派出所原所长周××和城关派出所原副所长龚×生徇私舞弊案；冷水滩市检察院（现冷水滩区院）查办该市法院审判员黄×飞徇私枉法案。

1995—1997年，全市检察机关查办17件19人，挽回经济损失963万元。东安县院查办的县公安局刑侦队原副队长漆×生徇私舞弊案；祁阳县院查办的县交警大队原副队长邓×徇私舞弊案；冷水滩区院查办的区法院原审判员李×玲徇私舞弊案，上述人员均被判刑。

1998—2001年，查办6件10人。道县院查办清塘派出所原所长何×旺徇私舞弊不移交刑事案件；新田县院查办县公安局原副政委兼纪检书记龙×富和新圩派出所原所长罗×佳徇私舞弊不移交刑事案件案；冷水滩区院查办永州市国家税务局一分局个体科原副科长何×春徇私舞弊不征、少征税款案；蓝山县院查办县公安局巡警队原队长翟×硕等五人徇私枉法案；东安县院查办国家税务局税警一中队原副队长王×明徇私舞弊不征、少征税款案；双牌县院查办县国税局原副局长谢×生不征、少征税款案和稽查局原局长李×民徇私舞弊不移交刑事案件案。

2002—2004 年，查处 12 件 12 人。祁阳县院查办奉×松徇私舞弊不移交刑事案件案，李×国进山超采伐材积 190.8 立方米，祁阳县森林公安分局处理时，对李×国行政罚款 2000 元，未将案件列入刑事立案侦查，奉被判处免予刑事处罚。

2005—2006 年，查办 14 件 16 人。双牌县院查办县林业局林政站原站长唐×国、工作人员龚×林在处理滥伐林木案件时，为单位和小集体利益，明知已涉嫌犯罪的人，以罚代刑，徇私舞弊不移交刑事案件案，被依法查处。市检察院查办的永州市白竹路基础设施建设有限公司原董事长兼总经理唐×顺徇私舞弊、滥用职权案，其利用职务之便，侵吞国家财产 56 万余元，挪用公款 400 万元给他人作注册资金使用；违反拆迁安置的有关规定，擅自决定低价出售白竹路公司的安置用地 28 宗，多支付土地款，造成经济损失 580 万余元。

2007—2013 年，查办 9 件 12 人。蓝山县院查办蓝山县看守所原所长李×旗徇私舞弊、减刑假释暂予监外执行案；道县院办理的彭×宁、蒋×峰徇私舞弊不移交刑事案件案，彭、蒋在道县林业局综合执法大队工作，明知张×成无证非法采集运输 4 株樟树的情况下，作出没收樟树后，以 8000 元返销卖给张×成的行政处罚决定，并为张×成办理运输证和检疫证，将樟树放行，又没有将案件移送公安机关，被判处免予刑事处罚。

2014—2015 年，查办 4 件 6 人。东安县院查办祁阳县法院原党组成员、副院长罗×生（正科级）徇私枉法案，罗利用主管刑事审判工作职务之便，收受他人贿赂 9.8 万元，在审理陈×、何×故意伤害罪一案期间，罗接受陈×的请托人唐×国的吃请后，在合议庭对案件没有进行讨论评议前干涉该案，导致被告人陈×、何×重罪轻判。冷水滩区院查办区地方税务局税务人员欧×训、苏×柳徇私舞弊案，二人在对永州天鸿置业公司开发的永粮国际项目履行地方税收纳税义务情况进行检查时，导致国家税收损失 90 余万元。双牌县院查办祁阳县国土局执法监察大队刘×伟、袁×民在执法过程中徇私舞弊案，刘、袁对潘×明非法采矿的行为不依法处理，避重就轻处罚，同时对其采取“顶包”“化整为零”处罚的方法减轻其罪责，造成潘×明非法采矿的行为未能制止，致其继续犯罪而造成国家重大经济损失。

第五节　非法拘禁犯罪查处

1994—1995 年，全地区检察机关查办一批“人质型”非法拘禁案。针对“人质型”非法拘禁案件居高不下，越来越突出的情况，着力加强对这类案件的查处工作。查办案件 44 件 66 人，其中“人质型”非法拘禁案 11 件，解救人质 34 人。冷水滩市检察院查办的唐×珍非法拘禁案，唐与桂林地区三友经贸公司黄×签订购销合同后，分几次送给黄“金利来”“银利来”等10余万元的衬衣。黄以颜色不同、银行下班、无三证为由拒绝付款，唐×珍多次到桂林催收货款未果，便以做黄豆生意为名将黄×的弟弟黄×兴骗至冷水滩，再转至东湘桥农村扣押43天。冷水滩市检察院得知后，经多方调查访问，将人质救出并解决双方之间的经济纠纷。

1996—2002年，“人质型”非法拘禁案件下降迅速（由1996年的23件43人下降至1997年的7件7人，1998—2001年下降至1—2件和1—2人，2002年无此类案件发生）。查办非法拘禁案件36件58人。处理各种突发事件15起，重大纠纷30起，解救人质96名。1996年江华县院立案查办的小圩镇党委原副书记盘×忠，镇宣传委员谷×云非法拘禁致人死亡案，解救人质48名。1998年道县四马桥派出所原所长彭×旺、副所长唐×全非法拘禁致人死亡案，彭×旺接到举报，与唐×全将陈×珍口头传唤到派出所，因陈不承认偷牛事实。彭、唐为取证，通过宁远县水市镇派出所将李×姣口头传唤至该所，李供述与其夫为陈×珍之子销赃五头耕牛的事实，当晚因无人看守李×姣，致其上吊死亡，彭、唐被判刑。祁阳县院查办进宝塘派出所原教导员唐×元非法拘禁人大代表案，唐×元带领邓×、冯×衡、杨×驾驶警车到冯×明家，检查外来人员时，因陈×奉（县人大代表）没有暂住证而将其带至派出所非法关押近9个小时，唐×元被判刑。

2003—2005年，全市渎侦部门围绕“五类”重点案件，查办县区党政机关工作人员利用职权实施的侵犯人权犯罪案件5件7人。道县院查处白马渡镇党委原副书记万×贤、干部朱×彬非法拘禁案，朱×斌带人到白马渡镇瓜地村四组发现4名计生嫌疑对象，要盘×妹、黄×妹各交3000元罚款未果后，遂指挥该组成员将二人带到镇里滞留。由于盘×妹的亲属一直未到镇政府交钱，朱×斌和该组成员开车将盘×妹及其婴儿冯×华送到瓜地村，让其亲属交计生罚款也未果，朱×斌请示万×贤同意后，将盘×妹兄嫂赵×玉家所养的猪拖走扣押，朱×斌、万×贤均被判刑。

2006—2011年，办理4件12人（1件2人，因情节轻微撤案）。祁阳县院查处廖×、王×、刘×、王×团非法拘禁案，被害人桂×军因打牌欠廖×1.5万元，便要刘×联系王×、王×团和同案人胖子找到桂×军，用匕首挟持和殴打其16个多小时后才释放，四人被判刑。

2012—2015年，全市检察机关反渎职侵权部门未发现国家机关工作人员非法拘禁案件。

第六节　刑讯逼供犯罪查处

1994年，查办1件2人。江华县院查办县公安局原刑侦队长李×善、桥头铺派出所原所长胡×清刑讯逼供致人死亡特大案，桥头铺派出所依法将涉嫌盗窃的王×义传唤至派出所进行讯问，因王不交待罪行，胡×清、李×善等人因违规审讯致王死亡，二人被判刑。

1995 年—1996 年，全市检察机关法纪检察部门未发现刑讯逼供案件。

1997 年—2003 年，全市检察机关法纪检察部门查办 12 件 19 人（1997 年 2 件 4 人；1998 年 2 件 3 人；1999 年 1 件 1 人；2000 年 1 件 1 人；2001 年 3 件 3 人；2002 年 3 件 7 人）。市检察院渎侦局先后派员督办江华县公安局森林公安分局务江林业派出所干警全×新、李×华等 4 人刑讯逼供案；江华县公安局大路铺派出所原所长黄×华、副指导员苏×军刑讯逼供案；祁阳县院查办县公安局刑侦大队原副队长李×林刑讯逼供案。

2004—2011 年，查办 3 件 5 人。东安县院办理的贺×刑讯逼供案，贺×召集零陵分局巡特警大队办理的戴×平、齐×晖、唐××涉嫌伪造居民身份证案的审讯分工后，贺×和协警员吕×伟在审讯戴×平时，来到隔壁审讯室参与对齐×晖的审讯。贺要他们违规审讯致齐×晖轻伤、九级伤残而多次上访。市检察院、东安县院在查办期间，齐×辉与零陵公安分局达成赔偿协议，零陵公安分局一次性付给齐×晖伤残补偿金、医疗费等费用 4.5 万元。该案在二审期间，经法院组织刑事附带民事调解，达成“由贺×一次性赔偿齐×辉各项经济损失 36 万元；齐×辉对贺×的行为表示谅解，并请求市中级法院对贺×免予刑事处罚”的协议，市中级法院二审改判贺×犯刑讯逼供罪，免予刑事处罚。该案被湖南省人民检察院评为全省优秀案件。

2012—2015 年，全市检察机关反渎部门未发现司法工作人员刑讯逼供案件线索。

第七节　其他渎职侵权犯罪查处

1994—1995 年，零陵分院在查办区农业银行南津渡信用社原主任蒋×清，违规越权贷款 10 万元玩忽职守案时，发现该信用社在贷款管理方面混乱、无抵押、无担保、越权贷款等违章现象，造成大量贷款长期难以收回，便向农业银行提出《关于迅速清理违章贷款的检察建议》，帮助整章建制，建立督查机构，并协助组织“三百战役”（组织 100 名干部，用 100 天时间，收回 100 万元以上的违章贷款）。查办重大责任事故案件 24 件 33 人，非法搜查案件 1 件 1 人，非法侵入他人住宅案件 7 件 10 人，伪证案件 3 件 3 人，诬告陷害案件 3 件 3 人，其他案件 2 件 7 人。

1996 年 2 月，零陵分院推广祁阳县院开展法纪检察工作做法被湖南省人民检察院采用。侦查装备建设有加强，办案条件有改善。查办重大责任事故案件 12 件 17 人，非法侵入他人住宅 2 件 3 人，查办伪证案 3 件 3 人，其他案件 11 件 25 人；提出检察建议 150 余条（份），帮助建章堵漏整改的企业 15 家，上法制宣传课 65 余场，为企业挽回经济损失 348 万元。

1998 年 4 月 7 日，市检察院检察长赵光华（左）在渎职侵权犯罪宣传现场接受记者采访

1997—1998 年，查办重大责任事故案 7 件 7 人，诬告陷害案 2 件 2 人，伪证案 1 件 1 人；查办枉法追诉案 3 件 5 人，私放在押人员案 1 件 1 人。双牌县院查办县公安局巡警队原大队长蒋×宏私放在押人员案；蓝山县院查办竹管寺派出所原所长车×胜、副所长邝×清徇私枉法案；冷水滩区院查办黄阳司派出所原所长文×元、教导员艾×坤徇私枉法案。

1999 年，全市查办失职致使在押人员脱逃案 1 件 1 人；违法发放林木采伐许可证 1 件 1 人。芝山区院查办的区教委成×建滥用职权案，孙×国等 3 人申请创办永州市铁道技术学校，因孙不符合办校条件，教委领导不同意，孙×国等人多次找成×建开介绍信刻公章，成擅自给孙开具一张刻永州市铁道技术学校公章的介绍信，并加盖芝山区教委职教成教股公章，致使孙等人蒙骗不明真相学生 45 人，学费 10 万余元。

2000—2001 年，查办私放在押人员案 1 件 1 人，故意泄露国家秘密案 1 件 1 人，虐待被监管人员案 2 件 3 人，徇私枉法案 1 人，国家机关工作人员签订、履行合同失职被骗案 1 件 1 人，其他案件 7 件 9 人。宁远县院查办县看守所原所长李×明虐待体罚被监管人员案。

2002 年，查办其他案件 3 件 4 人。市检察院根据最高人民检察院、湖南省人民检察院的安排，从全市渎侦部门挑选 31 名干警组建市级侦查人才库，有 10 人入选省级侦查人才库。

2003 年 3 月，全市检察机关积极开展惩治与预防渎职侵权犯罪举报宣传活动，有 38 名正、副检察长参加活动，有 227 名干警参加活动，设立宣传点 30 个，深入乡镇 13 次，制作展板 76 块，发放宣传资料 31 万份，出动宣传车 56 次，受理举报 26 件，受理控告 40 件，查办侵权案件 4 件 4 人，其他案件 1 件 1 人。

2004 年，查办私放在押人员案件 1 件 1 人。冷水滩区院查办区法院法警何×银、杨×珍在值庭、押解中，致使可能判处十年以上有期徒刑的被告人蒋×脱逃失职案；蓝山县院查办县烟草专卖局原副局长吴×社签订履行合同失职被骗 102 万元案；市检察院渎侦局与江永、蓝山、宁远县院查办市烟草专卖局查办万×颖玩忽职守案和浦×平、吴×社、周×力签订、履行合同失职被骗案。

2005—2008 年，全市检察院渎侦局 6 个单位升格为副科级机构，5 个单位解决局长高配，12 个办案单位都配备办案专用车辆、办公电脑等设施。查办侵犯公民权利案 8 件 11 人，其他案件 29 件 48 人。在新罪名、新领域方面有重大突破。零陵区院查办区法院纪检组原组长胡×辉等人民事枉法裁判案。2008 年，市检察院、市纪委组成专案组，参与蓝山惩治充当涉黑团伙保护伞的渎职犯罪专案，深入查办危害能源资源和生态环境渎职犯罪。

2007 年 5 月 10 日，市检察院组织渎职侵权犯罪宣传

2009—2010 年，查办非法占用农用地案 2 件 3 人，滥伐林木案 11 件 17 人，违法发放林木采伐许可证案 1 件 1 人，逃税案 1 件 1 人，其他罪名案 7 件 10 人。宁远县院查办龙×久滥伐林木案，龙在未办理林木采伐许可证的情况下，砍伐自己在本村“五马归槽”青山上的杉木蓄积 16 立方米，被处拘役、罚金 5000 元。

2011 年，市检察院出台以办案力度、侦查效率、案件质量效果、办案规范为主要内容的《2011 年度永州反渎职侵权工作考评办法》，建立《反渎部门案件立查情况表》《反渎部门案件查办进度表》等台账，实行每月通报，增强 11 个县、区院办案工作的责任心、紧迫感。查办侵权类案 1 件 2 人，其他罪名案 6 件 9 人。东安县查办县林业局郭×波、唐×生等人滥用职权为他人办理林木采伐许可证案等。

2012 年初，市检察院制订《全市检察机关反渎工作管理办法》，重新分配和明确职责，实现“统一管理、合理划分、职责清晰、按职履责”工作管理模式。对 11 个县、区院反渎局根据 2010—2012 年的工作情况，划分为一类、二类、三类，分类指导。深入走访部分养殖户、经销商，摸排有价值线索 5 条，初查 2 件，到矿区、乡镇、执法部门摸排线索 5 条，查办其他案件 3 件 3 人。3 月，祁阳县院得知县公安局治安大队、畜牧水产局综合执法大队先后查获曾×、李×等人收购、加工、销售病死猪 100 余吨，近 1000 万元线索后，迅速对此案涉及的相关部门在病死猪的无害化处理环节是否存在失职、渎职行为展开初查，通过办案遏制该县境内销售加工病死猪的现象。贺×权等人环境监管失职等 5 案被湖南省人民检察院反渎局评为优质案件。

2013 年，全市反渎部门采取走访、设立宣传点、张贴宣传图片等方式广泛宣传反渎职侵权工作，受理举报线索 50 多条，查办其他案件 7 件 8 人，向发案单位及其主管（监管）部门提出检察建议32件。开展“一案一评估、一案一点评、一案一听庭、一案一总结”活动。3月13日组织30余人，在道县法院旁听由市检察院、道县院侦结的永州市城管执法局冷水滩分局工业园大队原大队长左×等人滥用职权案的庭审过程。采取“分片指导、现场督导、季度通报”措施，指导11个县、区院办案。市局听取县、区院案件汇报30余人次，派出骨干参与指导办案20余人次，下发通报4次。参与市委政法委组织的联合调查组，就信访人邓×国控告市公安局巡特警支队二大队干警，在办案中将他人打至轻伤（七级伤残）进行调查核实，共同形成调查报告，做好息访息诉工作。

2014—2015年，妥善处理信访与突发事件26件，挽回经济损失7000余万元。全市反渎部门开展专项预防9次，法制讲座11次，向发案单位及其主管、监管部门提出检察建议9件，查办其他罪名案4件4人。东安县院查办唐××行贿、包庇案。龙×林持刀捅人后一直潜逃（被害人因抢救无效于次日死亡），犯罪嫌疑人唐×、唐××明知龙×林作案时已满十八周岁，为使龙具有法定减轻情节，向公安机关工作人员行贿后帮龙伪造假户口（年龄计算至作案时系未满十六周岁）。在审判过程中，龙×林利用该假身份证明得到适用未成年人犯罪的法定减轻情节。在此过程中，犯罪嫌疑人唐×、唐××向有关国家工作人员行贿100万余元。

第三章　职务犯罪预防

第一节　预防调研

1995年，全市预防犯罪工作逐渐配备人员，但未系统开展预防工作。

1996年，全市检察机关逐步建立预防犯罪工作机构，相应明确经济犯罪预防专干。深入调查研究，分析职务犯罪案件情况，掌握犯罪活动特点和规律，提出预防犯罪建议，积极为党委抓反腐败斗争当好参谋。在金融、建筑等行业和部门聘任检察联络员150名，建立预防犯罪联系点100多个，建立检察联络室24个，帮助4个亏损企业扭亏为盈，为企业挽回经济损失100余万元。东安县院在查办县冶化总厂白沙农村经济案中，通过以案说法、宣传教育、依法追回职工挪用和拖欠公款80万余元。

1997—1998年，全市检察机关通过查办带有行业特点的案件，分析发案原因，提出针对性的预防措施。1997年市检察院出台《预防经济犯罪工作意见》。全市检察机关坚持一手抓惩治、一手抓预防方针，执行“充实力量，开拓思路，打开局面，拿出成果”的工作思路，加大预防犯罪的工作力度。市检察院成立预防经济犯罪指导组，全市有 12 个内设机构建立 24 人的预防工作队伍，检察联络室、联络员等预防经济犯罪的网络建设得到加强和完善。全年上法制宣传课 100 余场次，听课者 2 万余人；召开厂长、经理座谈会 20 多次；发出检察建议 150 多条，帮助建立规章制度 100 余条。在永连公路筹建和招标阶段，市检察院提出一系列预防经济犯罪和渎职犯罪建议被采纳。

1999—2000 年，全市检察机关与发案单位共同查源头、找漏洞，建章立制，促进有关部门在体制、制度、管理等方面进一步强化监督制约机制，减少和消除发生犯罪的隐患。坚持“五个一”（即一案一立项、一案一座谈、一案一报告、一案一建议、一案一回访），打防并举，做到不因办案而影响发案单位的正常工作开展，上法制宣传课 80 余场次，听课者 1 万余人；发出检察建议 30 多条，帮助建立规章制度 40 余条。2000 年，到市工商银行及 11 个支行进行法制讲座，详细介绍检察机关立案范围、标准和法定的办案程序；分析金融部门职务犯罪的特点、原因，提出预防对策以及宣传举报知识。

2000 年 7 月，湖南省人民检察院给预防职务犯罪优秀项目授牌

2001—2002 年，市检察院向市委呈报《关于进一步加强预防职务犯罪工作的报告》，得到市委领导的肯定。市委办将该报告予以转发，把预防职务犯罪纳入反腐败和社会治安综合治理的总体部署，使预防职务犯罪工作走上党委统一领导，人大依法监督，部门各负其责，检察机关发挥职能作用的规范化轨道。全市检察机关相继成立预防犯罪工作领导小组及办公室，与有关部门配合，积极开展个案预防、行业预防和系统预防，建立预防联系点 34 个。全市检察院成立职务犯罪预防机构，纠正违法事项 37 项；建立行业预防工作协调小组 17 个，预防联系点 32 个；召开预防联席会议 19 次，发出检察建议 36 份。在税务、人民银行、工商银行等系统进行法制讲座 34 场次。对电信、金融系统的

2002 年 6 月，市检察院与市电业局成立预防职务犯罪领导小组

职务犯罪发案规律进行调研，并提出防范措施，得到相关部门的重视和采纳。在永州大道工程、“四水”治理堤防工程等重大工程项目中，与有关部门及施工单位开展预防。市检察院查办原永州电信公司总经理孙×敏受贿一案后，派员进行调查研究，提出全市电信行业预防职务犯罪的检察建议，并督促落实。

2003年，全市检察机关在重点行业和单位成立领导小组或指导委员会35个，设立预防联系点32个，聘请预防联络员38人，召开预防工作联席会议13次，完成重点个案预防项目10余件。市检察院对重点工程“柏新坦”公路建设和宁远九疑大道工程建设进行重点预防，帮助市电信公司制定和完善8项管理制度，被湖南省人民检察院评为全省预防职务犯罪优秀项目单位。在市委党校建立预防职务犯罪宣传教育基地，将预防职务犯罪的宣传纳入党校教学计划；在永州监狱、零陵监狱建立预防职务犯罪警示教育基地，受教育干部职工300余人。

2004—2005年，全市检机关与金融、税务、交通、建筑、电力等9大系统25个重点行业和部门，建立经常性的预防犯罪工作机制，将宋家洲大桥等21个重点工程列为重点预防项目；开展个案预防45件，提出检察建议158件；对公共投资和公共建设领域重大项目开展专项预防39项；积极配合电力、烟草、税务、金融、林业、建筑、医药等行业和系统，健全防范机制。市电力局预防项目被评为全省优秀预防项目。祁阳县院结合办案对全县退耕还林工作进行调查，向县林业局发出检察建议，并向该县人大、政府汇报后，经过整改，全县核减承包中虚报及不合格的退耕还林面积5000余亩，为国家挽回经济损失近100万元。

2006—2007年，全市检察机关坚持惩治与预防并举，努力从源头上预防和减少职务犯罪的发生。紧密结合办案，研究防范对策，开展个案预防25件，提出检察建议21件。对公共投资和公共建设领域重大项目开展专项预防29项，提出检察建议113件，开展重点项目预防13个，进行预防警示教育67次，开展预防调查54件。积极配合电力、烟草、税务、金融、林业、建筑、医药等行业和系统，开展警示教育，健全防范机制。市电信局等4个专项预防项目先后被湖南省人民检察院评为优秀预防项目。

2008—2009年，全市检察机关坚持惩防并举，注重预防的方针，结合办案开展预防调查64件，发出个案预防检察建议书94份，检察建议书59份，开展预防调查16次，开展职务犯罪预防讲座22次；对冷水滩河东路网、零陵大道扩建、永州电网建设等12个重点项目进行预防调查和专项预防，在5个行业部门开展系统预防。市检察院针对重点建设领域腐败问题、村干部侵害群众利益问题，开展专题调研，引起市委、市政府的高度重视。零陵区珠山镇锰矿是区财政收入的重要支柱，由于矿区面广线长人多，相关制度和硬件不到位，税费征收上存在很大漏洞。区检察院会同区锰资源综合整治与开发办，对锰资源综合治理与开发进行重点预防；发出检察建议得到区委、区政府重视，有效规范矿产开采和税费征收管理秩序，税费收入5000余万元，被评为全省优秀重点预防项目。宁远县院对全县国有林场租赁改制经费使用进行专项预防调查，针对财务管理混乱、制度不健全、内部监督乏力，无专业财务人员和存在机制、体制等漏洞，向县政府提出的实行全县国有林场会计集中核算的检察建议得到落实，确保3045万元的资金安全。在开展预防调查中，发现3起职务犯罪线索，移交市检察院查处，教育了林场的干部职工。

2008年6月10日，市检察院、永州电业局联合召开2008年预防职务犯罪工作座谈会

2010—2011年，全市检察院探索“侦防一体化”工作模式，结合办案开展预防调查32项48件，提出预防建议168份，在重点工程建设、医疗卫生和教育领域开展重点预防6件。冷水滩区院针对水利工程立项、项目审批、资金安排、招投标等可能引发腐败环节，启动普遍性调查，详细调查工程立项审批、招标投标、发包分包、设备材料采购、工程设计变更、附属临时工程、工程监理质监、工程款拨付等八个环节可能出现的问题，形成调查报告，提出的对策、建议得到采纳落实。

2012—2013年，全市检察机关树立“预防职务犯罪出生产力”的理念，创新预防方法，不断提升预防效果。开展预防调查22件，完成职务犯罪分析报告24件，提出预防检察建议32件；为涔天河水库建设等4个重点工程项目开展专项预防。市检察院向市委建议在国土、住建等部门构建信息共享平台；针对谢×亮贪污、受贿、挪用公款案和尹×武等人玩忽职守案开展的个案预防，被湖南省人民检察院评为优秀个案预防案件。冷水难区院为建立健全土地开发整理项目预防腐败机制，保障和促进国土资源事业健康发展，采取把预防关口向前推进的预防方式，在冷水滩区国土局开展国土系统预防调查。并由党委牵头，纪检、检察、审计等职能部门组成国土系统预防职务犯罪领导小组，组织、协调预防职务犯罪工作的开展。

2013年4月15日，市检察院举行永州检察机关职务犯罪预防部门岗位练兵素能比武活动演讲比赛

2014年，全市检察机关预防部门，

对农村危房改造补贴资金情况，开展区域性预防调查，在调查过程中发现的案件线索，及时移送侦查部门，做到侦防一体，发出检察建议 39 份，开展预防调查 24 件、职务犯罪分析报告 26 件。双牌县院针对农村集体征地补偿资金领域职务犯罪多发易发问题，建议县委、县政府出台《农村集体土地征地补偿资金管理暂行规定》，对集体土地征地补偿款实行“专户管理、专款专户、封闭运行”。宁远县院在对农村危房改造补贴资金使用情况进行预防调查时，发现鲤溪镇社会救助和社会保障事务中心，在农村危房改造补贴资金申报、发放中，有虚报危房改造资料和虚报“五保之家”面积，套取国家危房改造补贴资金现象，及时按照程序提供给该院相关部门查办。

2015 年，全市检察机关围绕构建不敢腐、不能腐、不想腐的防腐体系，深入开展职务犯罪预防工作；在民生领域开展预防调查，围绕保障和改善民生，促进涉农惠民扶贫政策开展预防工作。完成预防调查 20 件，职务犯罪分析报告 30 件，发出检察建议 24 份。组织相关部门开展预防职务犯罪专题讲座 62 场次，听课人数 6400 余人次。市检察院预防处与市水利局，对祁阳县观音滩镇供水工程开展预防调查，并在市水利局开展法制教育座谈会、组织全市水利系统干部职工到永州监狱开展警示教育活动。经过向该工程项目发出整改通知书和向全市通报批评后，该工程项目管理部门和施工单位，大力整改，在省水利厅组织的检查中，以 90 分的高分名列湘南地区第一名，市水利局被评为 A 等单位。

第二节　警示教育预防宣传

2006 年之前，全市检察机关预防部门未系统、规范的开展警示宣传教育活动。

2007 年，市检察院与永州电视台联合播放《法治中国》栏目，走访有关部门和企业，联系冠名播出企业，宣传法律知识，全市检察机关开展警示教育、预防宣传 25 场次。检察长王蓟零、副检察长潘衡湘制作《关于电力营销领域预防职务犯罪》等课件，给全市电业局中层以上干部及县、区局长讲课；副检察长付玲玲给冷水滩地方税务局讲课；处长秦远林在全市卫生系统电视电话会议上就“预防医药购销领域职务犯罪”进行法制讲座。

2008 年，市检察院将“百年大计，教育为本”“十年树木，百年树人”理念，应用到职务犯罪预防工作中来。市检察院为宣传、教育和上法制课的需要，撰写、收集一定数量的理论文章、名人传记、典型大案要案纪实及分析、忏悔录等等，经过整理、提炼和备课，形成比较全面系统的教材。并与市纪委合作分批组织市级和 11 个县、区相关单位的领导干部，到警示教育基地永州监狱、东安监狱听服刑人员现身说法和观看服刑人员劳动生活等，开展警示教育、预防宣传 37 场次。

2009 年 8 月 24 日，省、市检察院为永州市移动公司上预防职务犯罪法制课

2009—2010 年，全市检察机关预防部门在“人民检察进社区、排忧解难促和谐”活动中，围绕群众关注的难点、热点问题，老百姓依法维权过程中遇到的难处与困惑，以及其他需要检察机关帮助的方面，提供相应的法律咨询和服务。开展警示教育、预防宣传 64 场次。市检察院与市移动公司共同开展“廉政文化进企业”活动，上法制课、参观警示教育基地和展览警示教育宣传挂图等。冷水滩区院针对市看守所在押重刑犯杨×脱逃案，在零陵监狱开展“严格执法、拒腐防变”专题讲座，就案说法，剖析犯罪原因，深挖犯罪根源。

2011—2013 年，根据不同行业、不同领域的工作性质和特点，有针对性地进行普法讲座。全市检察机关预防部门开展警示教育、预防宣传 206 场次。市检察院与市纪委、市水利局在全市水利系统开展党风廉政教育和预防职务犯罪活动，编写《预防职务犯罪教育读本》发放到全市水利部门。从教育、制度、监督、纠风、惩处等方面加大治理商业贿赂和预防腐败力度，建立健全预防长效机制。深入“三路一桥”项目部了解企业情况，制定《2013 年度市检察院“深入项目”活动实施方案》。

2014—2015 年，全市检察机关预防部门开展预防职务犯罪工作“进机关、进企业、进乡村、进学校、进社区”活动，进行警示教育、预防宣传 32 场次，市检察院到永州市第七中学，开展“遵纪守法，健康成长”法制讲课，在市纪委、市公安干校和湖南涔天河工程建设投资有限责任公司，开展预防职务犯罪专题讲课。双牌县院成立预防警示教育进党校领导小组，定期对党校中青年干部、农村乡镇人员进行培训，开展预防警示宣传教育；与县委组织部、县委党校明确分工合作，密切配合，实现工作一体化；选派具有开展预防警示教育特长和办案经验丰富的检察官，通过法制宣传、警示教育、法律咨询等灵活多样的形式开展教学活动，实现工作专业化。

第三节　行贿犯罪档案查询

2005 年 12 月 20 日，湖南省人民检察院在长沙召开全省检察机关建立行贿犯罪档案查询系统专项工作会议，开始部署行贿犯罪档案查询工作。2006 年 7 月 7 日，市检察院与市建设局、市财政局、市教育局、市交通局、市水利局、市卫生局、市食品药品监督管理局、市国土资源局、市城建投资公司联合下文，就永州市行贿犯罪档案查询作出规定，该项工作在永州全面开展。

2007年3月，湖南省人民检察院预防处提出建立健全“侦防一体化”工作机制。2009年5月25日，全国检察机关第三次预防工作会议上着重要求建立“侦防一体化”的工作机制，建立并启动行贿犯罪档案查询系统，市检察院提供查询41人次。

2011年8月30日，市检察院监所处、预防处与宁远县公安局召开职务犯罪预防座谈会

2008—2015年，全市检察机关充分发挥法律监督职能作用，认真执行《最高人民检察院行贿犯罪档案查询工作的规定》，将行贿犯罪档案查询工作纳入规范化轨道，确保行贿犯罪档案查询程序的公正性和内容的真实性。有效遏制贿赂犯罪，促进诚信建设，服务经济社会科学发展。全市检察机关受理行贿犯罪档案查询14765次，涉及单位17526个，73743人。

第四篇 监所检察

2010 年 4 月 23 日，市检察院召开“三狱”“两所”检察室上收市检察院派驻交接会议

1978 年，全国各级检察机关恢复重建以来就一直沿用“监所检察”名称。2010 年 2 月 22 日，将原冷水滩区检察院驻零陵监狱检察室和驻市看守所检察室、零陵区检察院驻永州监狱检察室和驻市劳教所检察室、东安县检察院驻东安监狱检察室承担的职能上收市检察院承担。分别设立市检察院驻永州监狱、东安监狱、零陵监狱、市看守所、市劳教所检察室。2010 年 4 月 23 日，市检察院召开永州市“三狱”（永州监狱、东安监狱、零陵监狱）、“两所”（市看守所、市劳教所）检察室上收市检察院派驻交接会议。4 月 29 日，市检察院监所检察处正式代表市检察院对所在狱、所行使检察监督职权，实行同级监督。8 月，市看守所另选址重建。2012 年修正后的《中华人民共和国刑事诉讼法》赋予检察机关新的职能，全国从 2015 年 5 月将监所检察更名为“刑事执行检察”。

第一章 在押人员权利保护检察

第一节 羁押检察

1994—1996 年，全地区检察机关监所检察部门认真执行《监狱法》，深化执法监督，以狠抓办案为龙头，带动其他各项工作全面开展。配合有关部门惩治牢头狱霸 132 名，起诉 28 人。通过专项检察，发现并纠正严重超期羁押 65 人。

1997—1998 年，全市检察机关狠抓换押、提示函等告知制度的落实，采取督促与催办、纠正与预防、分级负责与狠抓薄弱环节相结合等措施，对办案单位隐性和变相超期问题进行监督，全市纠正超期羁押在押人员 520 人。

1999—2004 年，全市检察机关坚持六项制度（案件登记制度，提示函制度，换押制度，检察机关办案部门内部告知制度，责任追究制度，定期报告制度），抓好“纠防超”工作。检查发现超期羁押在押人员 941 人，纠正 928 人。

2005—2007 年，市检察院开展“以教代刑”“先行劳教”专题检查，清理审查劳教案件 358 件，其中决定劳教后投教的 318 人，被决定所外执行的 40 人，教期一年的 214 人，一年六个月的 90 人，二年的 46 人，二年六个月的 3 人，三年的 5 人。发现存在决定所外执行比例太大且不符合所外劳教的条件；劳教人员审批决定前关押在看守所于法不合，且容易造成超期羁押；劳教审批缺乏监督，监所审批工作人员既是“运动员”，又是“裁判员”等问题。市检察院将检查出来的情况向市人大、市委政法委进行汇报，对违法问题提出纠正意见。宁远县院通过开展专项行动，被最高人民检察院评为“全国检察机关查办刑罚执行和监管活动中职务犯罪先进集体”。

2008 年，市检察院为维护在押人员的合法权益，敦促办案单位严格执行换押制度，驻看守所检察室要求办案单位在案件移送时，将移送的确切时间告知监管场所，由看守所、驻所检察室进行审查，如若逾期则不能提审在押人员，同时要求全市做到每月底无超期羁押。4 月中旬，东安县院监检科发现在押被告人唐×凯、唐×荣、唐×家（取保）故意杀人案，市中级法院裁定中止审理，但唐×凯、唐×荣仍被羁押在东安县看守所，市检察院监所检察处向市中级法院提出建议得到落实。

2009—2010 年，加强诉讼期限监督，重点解决久押未决、审判环节超期羁押和隐形超期羁押问题，特别是把对一审法院开庭不宣判和法院二审的审判期限监督作为检察的重点，建立完善二审换押制度和久押不决案件逐级呈报备案制度。向湖南省人民检察院呈报久押未决案件 13 件 20 人。按最高人民检察院的布置，进行全市久押未决案的全面清理，并向最高人民检察院领导作专题汇报。向监管机关发出纠正违法通知 80 件次，纠正落实 77 件次。

2011—2012 年，市检察院开展“近三年来久押不决案件情况”专项检察活动，纠正 2 起罪犯刑期计算错误问题。市检察院在审核被告人胡×生刑事判决书发现，市中级法院判决上诉人胡×生有期徒刑多计算其刑期一个月，经建议市中级法院予以更正。江永县看守所在押人员文×在管教民警帮助下，举报本监室在押人员曹×在江永县粗石江一带盗窃6起，涉案金额1万余元的犯罪事实。故意伤害致死犯周×一审被判处死刑，上诉后发回重审期间，因积极举报在押人员陈×在江永上江圩镇一带实施盗窃，涉案金额6万余元的犯罪事实，周被法院改判死缓。

2012年7月，市检察院检察长文兆平（中）等领导到羁押场所检查

2013年，全市加大对羁押期限监督，办理羁押必要性审查10件10人。驻新田县看守所检察室检查发现该所关押的宁远县寄押犯贺×，存在未办理寄押手续、法定刑事拘留期限届满后，无新的强制措施执行依据继续羁押的情况，及时提出书面纠正意见后予以纠正。

2014—2015年，市检察院监所检察处将三年以上久押未决案件作为清理和纠正的重点，逐案逐人跟踪督办。与市委政法委领导赴道县、冷水滩等地督办核查。羁押超过三年的个案从年初的6件16人减到2件4人。对不需要继续羁押的向有关机关提出予以释放或者变更强制措施的书面建议被采纳51人。江永县院发现被法院执行逮捕收监的女在押人员何××怀孕，启动羁押必要性审查程序，对其取保候审。开展羁押必要性案件审查121人，提出释放或变更强制措施建议121人，采纳120人。

第二节 监所控告申诉检察

1994—1995年，全地区监所检察部门受理各类控告申诉案件47件49人，通过复审，驳回申诉维持原判19件19人，建议有关部门处理6件6人，转办22件24人。零陵分院监所科在办理省人大常委会主任刘夫生批转交办的蓝山县原被收审人员李×贵在看守所死亡的控告案，分院主管监所工作的副检察长李荣成与监检科有关人员，在蓝山县院的支持配合下深入实地调查7天，调取证据40余份，及时建议蓝山县政府等有关部门进行妥善处理，做好控告人的思想工作，防止矛盾激化。

1996—1997年，认真查办控告申诉案件，办理此类案件17件17人。其中经复查后建议法院改判3件3人，提请抗诉2件2人，驳回申诉12件12人。祁阳县院监所股办理伍×申诉案，经复查核实其在作案时不属于国家工作人员，不构成贪污罪主体，法院以贪污罪判处伍×有期徒刑属定性不准，量刑不当。经书面建议后，县法院以伍×犯侵占罪改判。

1998年，受理控告申诉案件28件35人，其中转法院等有关部门6件6人，法院改判4件5人。立案复查22件29人全部驳回申诉。2月9日，江永县院监所检察人员在驻所检查中，发现申诉人王×秀因伤害罪被县法院判处有期徒刑六个月有误，该院经复查查实受害人何某额伤系其父用匕首所误伤，何为挽回损失就推到王×秀身上，并与其兄收买谭×、肖×等人作伪证。该院要求公安部门对二何立案查处，并建议法院对王×秀改判无罪。此案被湖南省人民检察院评为“全省控告申诉十佳案件”。

1999—2000年，受理各类申诉案件35件35人，驳回申诉23件23人，立案复查9件9人，提请抗诉1件1人，转其他部门办理2件2人。申诉人杨×参与作案时不满16岁，未达到刑事责任年龄，建议市中级法院再审改判杨×不负刑事责任。市检察院办理申诉人柏×正因故意伤害（致死）罪被判刑，市检察院监所科复查后认为定案的主要证据相互矛盾，提请湖南省人民检察院依法抗诉。

2001年9月10日，最高人民检察院第九届检察委员会第96次会议讨论通过《人民检察院办理行政执法机关移送涉嫌犯罪案件的规定》，对于行政执法机关移送检察机关的涉嫌犯罪案件统一由人民检察院控告申诉检察部门办理。此后，监所部门没有立案查处控告申诉案件。

第二章 监管场所检察

第一节 监所管理检察

1994—1996年，全地区检察机关检查发现各类违法违纪行为492人次，提出口头纠正390余次，书面纠正223份，纠正424人次。经检察建议收监执行19名；进行安全防范检察134次，消除事故隐患和苗头265起，配合清监205余次，收缴违禁物品2802件；监所检察干警配合主管部门惩治“牢头狱霸”208人，其中定罪加刑29件34人，责令具结悔过、赔礼道歉118人，加戴戒具56人。

1997年，全市监所检察部门进一步深化执法监督，以狠抓办案为龙头，带动其他各项工作全面开展。全年办理各类案件71件97人，发现各类违法违纪问题197个，提出纠正意见200余条次，纠正问题188个。制止和预防在押犯自杀10人次。通过对961名监外执行罪犯的专项检察，发现交付执行中的违法问题41个，提出纠正意见52次，纠正30个。

1998—2002年，协助监管部门发现事故隐患和苗头284起，配合清监141次，收缴违禁品1201件，提出书面纠正意见69起，口头提出纠正257起，全部得到纠正，其他均属首次且情节轻微，检察发现后及时向主管部门提出纠正。监所检察干警节假日值班1560天，进行安全防范检查1240次，发现各类事故隐患和苗头207起，均向主管部门提出检察建议和纠正意见，配合清理监房137次，收缴违禁品1292件。

2003年，全国发生“非典”疫情时期，市检察院配合公安、监狱部门加强对监管场所“非典”的预防。检查发现各类违法问题589起，向监管部门及有关单位发出《纠正违法通知书》176份，《检察建议书》152份，纠正573起。市检察院与监管法警支队联合对12个看守所进行检查，督促落实预防措施，向监管部门提出检察建议31次，保障全市监管场所未出现“非典”病人。

2004—2005年，市检察院先后组织《关于开展清理和纠正超期羁押专项检察》《国庆期间安全防范专题检察》《关于开展减刑、假释、暂予监外执行（含保外就医）专项检察》《关于开展“以教代刑”、“先行劳教”专题检察》等专题检案，发现各类违法776起，纠正556起。其中发出书面《纠正违法通知书》181份、《检察建议书》545份。芝山区法院（现零陵区法院）以挪用资金罪判处常德卷烟厂零陵分厂销售部谢×良有期徒刑三年，缓刑四年。芝山区院向市中级人民法院提起抗诉，谢被判处有期徒刑五年，判决生效一年后，区法院仍没有下达执行通知书将谢收监执行刑罚。芝山区院向区法院发出《纠正违法通知书》，将其收监服刑。

2006—2007年，全市监狱、看守所、劳教所发现牢头狱霸现象658件703人，其中严管175人，关禁闭108人，加戴戒具70人，其他处罚350人。给在押人员上法制课74次，进行谈话教育2567人次。7月，对留所服刑罪犯进行专题检察，对6名不符合留所服刑条件的罪犯提出纠正意见，有5名罪犯送监狱执行。发现监管场所存在的问题322起，发出检察建议书199份，纠正违法通知书123份，纠正310起；发现安全隐患68个，发出《检察建议书》31份，《纠正违法通知书》37份，消除安全隐患68个。冷水滩区院驻市看守所检察室在检查罪犯杨×留所服刑档案材料时，发现法院对杨×少计算刑期1年5个月零20天，市检察院遂向市中级法院提出纠正意见，得到纠正。

2008年9月，北京奥运会召开前后，全市监所检察部门以主管副检察长为第一责任人，负总责；监所科长、派驻检察室主任为具体责任人，各派驻检察室深入“三大现场”（被监管人的劳动、学习、生活现场）进行检查，提出纠正意见38条，改正36条。驻东安监狱检察室进行安全防范检查时，调整撤换13名不符合条件的勤杂犯，清退调换3名外协人员，降低监管安全风险；配合东安监狱对监管场所组织6次大规模清监，收缴违禁物品25件，消除不安全隐患16起。

2009 年，云南看守所“躲猫猫”事件出现后，全市高度重视监管场所存在的牢头狱霸问题。3 月，全市监所检察部门配合公安监管部门开展《反松懈、防麻痹、打击牢头狱霸专项教育整治活动》。7 月 28 日，永州监狱检察室开通亲情电话，为服刑人员与亲属提供交流方便。全市发现监管场所安全隐患和违法问题 578 起，提出口头纠正 380 次，纠正 376 次。发出《纠正违法通知书》和《检察建议书》162 份，纠正 151 人次。

2010—2011 年，全市发现监管场所安全隐患和违法问题 1136 起，提出口头建议 1042 次，纠正 1032 人次；发出《纠正违法通知书》和《检察建议书》94 份，纠正 92 人次。找在押人员谈话 693 人次，安全检查出违禁物品 1852 件，消除安全隐患 392 次。

2012 年 8 月 12 日，市检察院举行全市首届监所检察业务竞赛，以深化对刑事执行检察工作的认识，切实增强做好工作的责任感和使命感，明确职责任务，切实加强和改进全市检察机关刑事执行检察工作；加强监所检察部门自身建设，切实提高检察机关履职能力和水平。发现监管场所安全隐患和违法问题 427 起，提出口头建议 399 次，纠正 390 人次；发出《纠正违法通知书》《检察建议书》45 份，纠正 43 人次。

2014 年 7 月，市检察院组织监所部门的干警进行岗位练兵

2013—2014 年，市检察院监所检察处与市公安局监管支队在冷水滩召开联席会议，就个别看守所工作中暴露出的问题及对全市 11 个县、区看守所工作如何做出整改等进行商讨。全市检察机关发现监管场所安全隐患 84 起，提出口头建议 732 次，发出《检察建议书》106 份、《纠正违法通知书》29 份；配合清监 132 次，收缴违禁物品 302 件，消除事故隐患 84 起。宁远县院与武警官兵、看守所民警联合举行二次防暴演练，查出违禁品 11 件；找在押人员教育谈话 70 余人次，及时发现并消除在押人员龚××、李××等 4 人的轻生念头。

2015 年，全市检察机关在节假日、“两会”“抗日战争暨世界反法西斯战争胜利 70 周年”等特别防护期间，先后多次布置安全防范检察工作。市检察院检察长文兆平、副检察长邓忠新、监所处处长王明安，多次到监管单位进行节前安全防范检查。各级派驻检察室加大日常巡视检查和网上监控巡察力度，对新增设的检察专用审讯室、升级改造的监控系统实行实时维护、实时监控。发现监管活动违法 222

件，提出《检察建议书》200 件、《纠正违法通知书》15 件。

第二节 监所职务犯罪检察

1994—1997 年，全地区监所部门查办职务犯罪 71 件 81 人。1995 年驻永州监狱检察室查处该狱医院原院长李×平（二级警督）、狱医毛×国（一级警司）等 3 人索贿、受贿、玩忽职守案。1996 年在复查起诉罪犯刘×山脱逃案时，查明永州监狱医院原院长曹×文于 1995—1996 年，为犯人办理保外就医索贿受贿 3 万余元，曹被判刑。

1998—2003 年，全市监所部门初查各类职务犯罪案件线索 60 件 77 人，其中立案 24 人，转有关部门办理 3 件 4 人。查办监管干警职务犯罪案件 3 件 3 人，移送公诉部门审查起诉。冷水滩区院办理的看守所干警周×战强奸、猥亵被羁押妇女案，周被判刑，并剥夺政治权利一年。零陵区院办理的看守所民警田×珍，利用监管职务之便，多次帮助在押人员通风报信，收取在押人员家属钱财 1.01 万元，田被判刑。

2004—2007 年，全市监所部门加强与自侦、侦查监督和公诉部门的联系，加大对监管场所执法人员职务犯罪的力度。市检察院监所处与反贪、渎侦部门办理受贿、渎职案件 9 件 9 人，移交纪委 1 件 1 人，不起诉 2 件 2 人，起诉到法院 6 件 6 人。查处零陵监狱二监区原监区长唐×（副科级）利用办理减刑、假释职务之便，收受他人财物 4 万元案；查处零陵监狱原副监狱长张×岸徇私舞弊减刑罪被判刑；查处东安监狱监管民警黄×民犯受贿罪被判刑。2006 年，全市查办监管场所职务犯罪案 5 件，由于办案突出被最高人民检察院政治部授予市检察院监所处“全国检察机关查办刑罚执行和监管活动职务犯罪案件先进集体”。

2008—2011 年，市检察院监所处初查职务犯罪案件 13 件 15 人，立案 4 件 4 人，与反渎局联合办理职务犯罪案件 1 件 1 人。市检察院将蓝山县看守所原所长李×旗玩忽职守、徇私舞弊减刑案交江华县监所科和反渎局办理并起诉。

2012—2013 年，初查职务犯罪案件 5 件 6 人。市检察院驻东安监狱检察室查办 2 名进监区的职工违法携带现金案，涉案价值 80 余万元，此案调查终结移交监狱劳动人事部门处理；并在日常检察监督中，发现多名干部涉及违纪问题，移交监狱纪检监察部门处理。开展违法调查 4 件 8 人。驻

2012 年 11 月 21 日，湖南省人民检察院对零陵区院办案区进行验收检查

东安监狱检察室查办的监狱干警、职工、外协师傅为罪犯非法携带现金入监，个别监区违反勤杂犯使用管理规定，指使罪犯操控办公电脑进行信息录入等案 2 件 4 人。祁阳县院查办的看守所干警未经审批，私自让在押人员黄××出所就医并回家 10 余小时的渎职案 1 件 2 人；双牌县院查办的看守所干警失职致使在押人员脱逃案 1 件 2 人。

2014—2015 年，全市监所部门受理司法人员职务犯罪案件线索 12 件 12 人，湖南省人民检察院交办案件线索 3 件 3 人，控申部门移送线索 1 件 1 人，在办案中发现线索 2 件 2 人，通过受理举报发现线索 2 件 2 人。启动违法调查 12 件 12 人，办结 11 件 11 人，初查职务犯罪线索 1 件 1 人。办理司法工作人员渎职行为调查案件 8 人，有关单位依法对当事人作出处理 7 人。

第三节　监管场所重大事故检察

1995 年 4 月 28 日，湖南省第三监狱（现永州监狱）基建大队干警张×阳自带 16 名服刑人员外出劳动，致 3 名服刑人员逃跑的重大责任事故。零陵分院以玩忽职守罪将其立案查处，并向该狱发出《检察建议书》督促整改。

1996—2000 年，监管场所无重大事故发生。

2001 年 5 月 19 日，宁远县看守所关押的犯罪嫌疑人李×清在放风时，与同监在押人员樊×帅发生争执，樊把李按在地上殴打，同监在押人员陈×旺等 12 人也不同程度对李进行殴打。次日，李又被樊、陈踢打，于 21 日被值班干警发现送医院抢救 12 天后死亡。市检察院决定在全市开展严厉打击牢头狱霸犯罪活动，宁远县院与监管部门密切配合，依法对陈×旺等 10 名在押人员提起公诉，主犯樊×帅（未成年人）被判处有期徒刑十年，其余从犯分别被判处二年六个月至十四年有期徒刑。

2002 年 4 月 5 日，道县看守所关押的犯罪嫌疑人胡×，被同监在押人员胡×华等 7 人殴打致死。市检察院监所处提前介入，指导道县院协助公安部门快侦快结，并及时提起公诉，7 名案犯分别被判处死缓、无期徒刑和有期徒刑等。

2003 年，市检察院根据年初祁阳看守所发生在押人员自杀，新田县看守所发生在押人员逃跑事故后，对监管场所进行一次全面大检查，发现事故隐患及时纠正，并提出整改意见，对责任人依法查处。1—6 月，全市监所干警协助监管部门发现事故隐患和苗头 243 个，配合清监 45 次，收缴违禁品 286 件，书面提出建议 45 份，口头建议 198 次，防止自杀事故 2 次，罪犯逃跑事故 3 起。

2004—2007 年，监管场所无重大事故发生。

2008 年 7 月 31 日，永州市看守所发生一起在押人员上吊自杀的重大事故，市检察院与冷水滩区院监所科一起调查，对涉嫌玩忽职守的公安干警黄×进行审查起诉。

2010 年 2 月 13 日（大年三十晚），永州监狱服刑人员曾××从二楼跳下死亡。市检察院主管副检察长、监所检察处负责人、零陵区院副检察长及驻狱检察干警当即赶赴现场，启动事故检查程序进行现场勘查，对相关监管干警及同监服刑人员进行调查，未发现曾犯死前遭受民警或服刑人员逼迫、殴打。通过对死者死亡现场及尸体检查和法医鉴定书意见，认定曾系跳楼自杀身亡。驻狱检察室对善后工作向永州监狱提出具体建议，妥善处理此事。

2011 年 4 月 22 日，市检察院召开全市检察机关监所检察工作学习整顿大会

2011 年 2 月 26 日，宁远县看守所通过在押人员举报，制止一起在押犯企图暴动越狱事件。最高人民检察院、湖南省人民检察院领导到永州市指导、督察，相关人员分别受到处理。4 月 22 日，市检察院召开全市检察机关监所工作学习整顿大会，检察长王蓟零，副检察长潘衡湘，纪检组长卿飞舟到会，市检察院驻狱所检察室、监所检察处全体干警，11 个县、区院分管副检察长、驻所检察室主任参会，县、区院分管监所的副检察长在会上递交责任状。检察长王蓟零指出宁远县看守所“2·26”事件虽被及时发现处置，但反映出违法会见、违禁品流入监舍、牢头狱霸猖獗、混关混押情况严重、违规开小卖部、使用械具不规范、安全检查流于形式、值班巡视制度形同虚设等八个方面的问题。湖南省人民检察院对永州市监所检察工作给予通报批评后，市检察院监所处制定下发《驻狱、所检察室安全检察制度》《打击“牢头狱霸”预警制度》《服刑、劳教人员、看守所在押人员权利义务告知书》等规定和制度，杜绝事故发生。

2012—2015 年，监管场所无重大事故发生。

第四节　其他场所执行检察

2012 年 3 月 14 日，第十一届全国人民代表大会第五次会议对《中华人民共和国刑事诉讼法》第二次修正后，监所检察业务有所扩大，如死刑执行临场监督，指定居所监视居住监督，强制医疗执行监督等。

2013—2015 年，全市检察机关在开展死刑执行检察中，发挥驻所检察室的前沿保障作用，及时了解罪犯的思想动向；执行前主动向公诉部门了解案件有关情况和死刑执行临场监督内容；加强与执行法院的沟通，研判可能出现的情况及应对措施；严格依法进行死刑执行的临场监督。重点对法院判决裁定、死刑执行命令等文书送达，验明正身，讯问有无遗言或信札，与近亲属会见，执行方法，法医验尸，火葬处置等进行实时监督。全市开展指定居所监视居住检察监督 15 人次，发出提示函 1 份，未发现指定居所监视居住决定不当的情形；开展强制医疗执行监督案件 12 件 12 人。

第三章　执法检察

第一节　监外执行检察

1994—1997 年，全市在监外执行检察中发现交付执行中存在的问题 372 个，均向有关单位提出口头建议纠正，对 12 名监外罪犯进行收监执行。道县院发现道江镇原纪检书记许×寿在缓刑考验期间，除未参加党委会外，工资、福利待遇等均与在职一样，该院向有关部门发出检察建议，县委组织部会同纪检、监察及道江镇党委，根据有关规定给予许×寿党纪处分，取消其享受原职待遇。

1998 年，市检察院监所检察部门对 1046 名监外罪犯的交付执行情况进行全面检察，发现各类问题 121 个，向有关部门提出口头建议 110 次，书面建议 12 份，纠正 116 个。检查发现 17 人保外就医条件消失，经检察建议全部收监执行。永州监狱原押罪犯毛×国，湖南省高级人民法院二审改判其有期徒刑十八年，剥夺政治权利五年，投入永州监狱服刑，办理保外就医二年后一直脱管失控，未续保，驻狱检察室建议永州监狱将其收监。

1999—2003 年，全市监所检察部门在监外执行检察中发现未交付执行 34 名，监管组织不落实 81 名，依法提出检察建议；对已构成犯罪的 2 名监外罪犯通知公安部门立案 2 件 2 人；对保外就医条件已消失等该收监而未收监，经检察建议收监执行 17 名。祁阳县白水镇陈×民在保外期间打伤他人，经检察建议，将其收监执行。

2004—2007 年，全市检察机关查实永州市有监外执行罪犯 3070 人，其中，管制 137 人，缓刑 2390 人，假释 291 人，剥夺政治权利 122 人，暂予监外执行 130 人。核查后发现漏管 836 人，脱管 282 人；纠正 834 人。市检察院针对新田县交通公路站原站长陈×志，因贪污、受贿罪被判刑，出纳赵×秀因贪污，挪用公款罪被判刑，暂予监外执行案件存在问题，向相关部门发出督办函，督促其依法纠正。

2008—2012 年，全市监检部门按照湖南省高级人民法院、湖南省人民检察院、湖南省公安厅、湖南省司法厅下发的《关于加强社区矫正衔接配合工作的若干规定》开展检察监督，加强对社区矫正各执法环节的法律监督，确保社区矫正工作有序开展。全市有监外执行罪犯 7950 人，经检察发现脱管、漏管 114 人，向有关部门发出检察意见 35 份，纠正 114 人。江华县白芒营镇村民黄×云向县检察院反映，该镇刘×在缓刑考验期间将其殴打致伤，请求依法履行刑罚监督职能，江华县院经查属实，依法向县公安局建议对刘收监。

2013—2014 年，全市监所检察部门强化监督措施，发现监外执行罪犯脱管、漏管和暂予监外执行（保外就医）条件消失的罪犯，各单位在上报市检察院的同时，依法向所辖执行机关发出收监执行的检察意见书。发现该脱管 32 人，漏管 4 人，重新犯罪 5 人。对监外执行不当情形书面提出纠正 43 件，纠正 32 件。江永县夏层铺镇棠下村的毛×诚因盗窃罪被广东阳江市江诚区人民法院判处有期徒刑一年、缓刑一年六个月，但毛释放后一直呆在广东，未到派出所报到，江永县院监所部门的干警下乡检查发现该脱管情况后，向公安机关提出口头检察建议，派出所通过毛的家人与其联系，毛于 3 天后从广东赶回夏层铺派出所报到，并办理外出请假手续。

2013 年 12 月 4 日，湖南省人民检察院监所、技术处领导到永州指导

2015 年，全市监所检察部门重点监督被判实刑的职务犯罪和较为严重刑事犯罪的暂予监外执行（保外就医）的罪犯，注重监督和发现无病造有病、小病造大病和徇私舞弊暂予监外执行的问题。在逐人建立监外执行罪犯档案的基础上与监管单位加强联系，做到“人动信息变”的动态管理，确保档案信息的客观准确性和连续有效性，便于加强监督工作。同时，根据最高人民检察院、湖南省人民检察院新的要求，11 个县、区院监所检察部门分乡、镇、场建立新台账，随时掌握动态情况。发现脱管 18 人，漏管 2 人，重新犯罪 15 人。对监外执行不当情形书面提出纠正 54 件，纠正 39 件，监督收监执行 11 人。双牌县暂予监外执行罪犯唐×华，被道县法院以受贿罪判处有期徒刑六年，决定暂予监外执行。经群众举报该犯身体状况较好，经医学鉴定其不符合暂予监外执行条件，唐被依法收监执行。

第二节　刑罚变更执行检察

1994—1999 年，刑罚变更执行检察，在日常执法检察中没有专门作为一项业务门类。1996 年，冷水滩区院驻狱检察室在检察市中级法院对一批罪犯的减刑中，发现刘×燕、屈×华不够减刑条件被减刑，遂提出检察建议，市中级法院撤销对二犯的减刑裁定。

2000 年 7 月 28 日，为克服减刑、假释案件审理中的弊端，检察、法院、监狱、看守所共同商定《关于如何办理减刑、假释案件的暂行规定》。市检察院与市中级法院在永州监狱联合召开“全市罪犯减刑、假释开庭听证审理现场观摩会”，变事后监督为事前监督。做到认真调查，核对事实，依法纠正。全年减刑 848 人，假释 70 人，通过检察监督，依法纠正呈报减刑不当 34 人，假释不当 28 人。永州监狱检察室对监狱提请市中级法院减刑、假释的 12 名罪犯，在庭审前，驻狱检察室干警到各监区找民警和犯人调查核实每个减刑、假释对象的改造表现情况，认真查阅奖罚分数的真实性，掌握第一手材料，检察员在法庭上根据罪犯的表现和改造情况，建议法庭对何×生、黄×山、郑×华不予减刑，合议庭当场裁定对上述 3 名罪犯不予减刑。

2001 年，全市监所检察部门对 1999—2000 年的罪犯减刑、假释、保外就医情况进行专题检察，全市监管改造部门呈报减刑 2154 人，检察室列席参加讨论 2153 人，提出异议 227 人全部被采纳；法院裁定予以减刑 1918 人，发现减刑不当向市中级法院提出纠正 1 人。呈报假释 459 人，检察室列席参加讨论 457 人，提出异议 108 人，全部被采纳；呈报保外就医 145 人，检察发现不符合法定条件 28 人，提出纠正意见被采纳。

2002 年，市检察院监所检察部门制定关于“减、假、保”监督制度，强调事前调查、事中检查、事后审查，并召开永州、零陵、东安监狱和部分看守所检察室负责人会议，安排部署抓好“减、假、保”的具体任务和要求。深入“三大”（生产、生活、学习）现场，掌握罪犯第一手改造表现情况和审查有关材料，列席参加监管部门呈报减刑假释讨论会，充分发表意见。东安监狱检察室对监狱拟呈报保外就医的 16 人，建议复查 11 人，对复查不合格的 9 人，不同意保外就医，监狱全部采纳。同时，对历年来保外就医的罪犯加强检察监督，督促监管部门采取积极措施，对监狱保外就医条件消失的罪犯进行收监执行。全年呈报减刑 867 人，假释 98 人，保外就医 17 人，通过审查纠正不当呈报减刑 38 人、假释 13 人、保外就医 9 人，收监执行 49 人。

2003 年 11 月 14 日，市检察院监所检察处参加市中级法院在永州监狱减刑、假释听证审理。全市各监管部门呈报减刑 1181 人、假释 176 人、保外就医 18 人。通过检察纠正不符合呈报减刑 48 人、假释 21 人、保外就医 6 人。监狱呈报减刑的罪犯章×殴打他人被关禁闭扣减了考核分，不符合减刑条件，驻狱检察室干警当庭发表不予减刑的意见，法院采纳检察意见，当庭宣布不给罪犯章×减刑。

2004 年 5 月，最高人民检察院、公安部、司法部决定在全国开展减刑、假释、保外就医专项检查活动。市检察院监所检察部门按照上级院的安排部署，认真抓好专项检查活动。清理和审查 4047 件减刑、假释、暂予监外执行（含保外就医）案件，对 238 名暂予监外执行（保外就医）罪犯的病历资料邀请法医进行书面审查，发现违法问题 445 个（人）。全市监所检察部门为纠正在检查中发现的问题，提出书面检察建议 137 份，发出《纠正违法通知书》35 份，与有关部门召开联席会议 15 次，协商解决问题 8 次。参加减刑、假释开庭听证审理 2 次，提出对 2 名罪犯不予假释和 2 名罪犯减刑幅度应予减少的检察意见，均被法院采纳。

2005 年，市检察院下发《关于开展减刑、假释、保外就医专项整治工作的实施方案》，对 2004 年 6 月后公安、法院、监狱办理的减刑、假释、保外就医案件进行复检、检查 4310 余件，向有关单位提出纠正意见和检察建议 168 份。市检察院针对罪犯陈×志、赵×秀暂予监外执行案件存在的问题，确定为市检察院督办案件，督促新田县院依法纠正。

2006 年，市检察院制定《关于加强对减刑、假释、保外就医进行法律监督的规定》《关于加强对留所服刑罪犯检察监督的规定》，明确监督范围、内容、方法和责任，规范执法行为。办理减刑、假释、暂予监外执行案件 1530 件，发现呈报减刑不当 96 人、假释不当 14 人、保外就医不当 1 人；发出检察建议 111 份，全部纠正。参与减刑、假释开庭听证 7 次 75 人。否定呈报假释 8 人，不能减刑或者降低减刑幅度 25 人，均被法院采纳。市检察院对市中级法院在办理罪犯李×等 39 件减刑案件时加大减刑幅度的问题，提出检察建议书，类似问题得到纠正。

2007 年，市检察院监所检察处在东安监狱、零陵监狱进行减刑、假释案件开庭听证审理 2 次，对减刑罪犯 10 名、假释罪犯 11 名进行开庭听证审理。监管场所办理减刑、假释、保外就医（含暂予监外执行）3208 件，其中减刑 3064 人，假释 129 人，保外就医 15 人。检查发现呈报减刑不当 81 人、假释不当 53 人，发出《检察建议书》134 份，纠正 108 人。

2008 年，法院裁定减刑 1701 人，假释 80 人。其中全市 12 个看守所留所服刑罪犯被法院裁定减刑 87 人，假释 1 人。假释案件开庭听证审理 10 次 55 人，庭审中，检察机关当庭发表意见，建议法院不予假释 8 人，不予减刑或降低减刑幅度 9 人，均被法院采纳。

2009 年，市检察院检察发现监管场所呈报减刑不当 28 人、假释不当 18 人；发出检察建议 46 份，纠正 46 人。向市中级法院建议撤销减刑裁定 3 人、假释裁定 1 人。参与减刑、假释开庭听证 10 次 93 人，在开庭听证中，否定呈报机关呈报假释 5 人，均被法院采纳。6 月，市检察院开展刑事审判法律监督专项检察活动，对

2008 年以来法院裁定减刑、假释、暂予监外执行的案件及审判活动进行审查，向市中级法院提出书面纠正意见 4 件（撤销假释 1 件，减刑 3 件）。纠正一起市中级法院违法变更强制措施，致使被告人唐×军获刑后未被执行刑罚案，将其收监执行。

2012 年 1 月，市检察院召开全市监所检察工作会议

2010 年，市检察院检察发现监管场所呈报减刑不当 11 人、假释不当 12 人、暂予监外执行不当 1 人，发出检察建议书 24 份，纠正 24 人。全年参与减刑、假释开庭听证 6 次 78 人，在开庭听证中，否定呈报机关呈报假释 6 人，都被法院采纳。

2011—2013 年，审查提请减刑、假释、保外就医案件 4902 件，其中减刑 4642 人、假释 242 人，保外就医 106 人。发现呈报减刑不当 58 人、假释不当 37 人，检察机关发出《检察建议书》95 份，纠正 90 人。

2014 年，全市开展为期 9 个月的减刑、假释、暂予监外执行专项检察活动，重点清理所有主刑未执行完毕的职务犯罪罪犯，破坏金融管理秩序和金融诈骗犯罪罪犯，组织、领导、参加、包庇、纵容黑社会性质组织犯罪罪犯（以下简称“三类罪犯”）190 人，其中在监狱服刑 155 人（涉黑犯罪 104 人，金融犯罪 21 人，职务犯罪 30 人），社区矫正 35 人（金融犯罪 12 人，职务犯罪 23 人），看守所无“三类罪犯”。重点审查提请“三类罪犯”减刑、假释、保外就医案件 74 人（减刑 70 人、假释 3 人、保外就医 1 人），发现不符合法定条件并提出书面检察意见 16 人。组织 18 名“三类罪犯”暂予监外执行（保外就医）的罪犯进行重新体检，因 1 人脱管，实际参与重新体检罪犯 17 人（其中 2 人参加省监狱管理局组织的体检）。发现不符合法定条件的罪犯 5 人，由省监狱管理局收监 2 人（含厅级干部 1 人），向相关单位提出收监检察建议书 3 份。审查提请减刑、假释、保外就医案件 2022 人，其中减刑 1898 人，假释 80 人，保外就医 44 人。通过逐案审查，发现罪犯不符合法定条件或者违反法定程序提请的，向决定或批准机关提出书面检察意见 110 人，均被采纳。审查法院减刑、假释裁定 1320 人，未发现不当。

2015 年，全市刑事执行检察部门强化法律监督能力，把思想政治建设放在首位，着力加强素质能力建设，特别是要针对刑事执行检察部门更名后担负的职责，检察发现刑罚变更执行不当 73 人次（减假不当 68 人次），书面提出纠正意见 73 件，纠正 68 件。跟踪追捕一起脱离监管 13 年的暂予监外执行罪犯陈×志，送交郴州监狱服刑。

第三节　罪犯又犯罪案件检察

1994—1999年，全市检察机关实行罪犯入监“检察官课堂”教育、服刑期间“两谈话”教育、出监“警示”教育的“三环节三教育”制度，增强服刑人员与检察人员的互动。在驻监狱检察室设置“检察官谈话室”，逐步实现让服刑人员“有困惑找检察官”。坚持提前介入，从重从快打击牢头狱霸又犯罪活动，维护监管改造秩序的稳定和社会治安的稳定。全市监所部门受理罪犯又犯罪案件134件178人，起诉153件165人，不起诉11件12人，退补公安11件11人，判决151件162人，均系有罪判决。永州市人民检察院（现零陵区院）驻永州监狱检察室在办理服刑人员丁×煌脱逃一案，提前介入，快查快诉，使丁的又犯罪案很快得到审判。1994年，冷水滩区院起诉的被告人邓×海团伙盗窃案，邓在1990年因盗窃被判刑，其在1994年5月保外就医出狱期间，伙同他人盗窃作案被当场抓获，经起诉，邓被判刑，合并执行有期徒刑九年。

2000年，办理罪犯又犯罪案件20件34人。监所检察部门对公安、监狱等部门通知立案19件31人，公安等部门立案15件26人，移送检察起诉8件15人，法院判决7件9人。

2001年，对公安、监狱等部门通知立案22件30人，办理各类起诉案35件60人，判决26件42人，全部为有罪判决。蓝山县院办理的廖×正等6人故意伤害案，廖×正等6人对新入监的周×武进行殴打致重伤，起诉到法院两次退补；4月29日，该院将6名罪犯再次提起公诉，分别被判处有期徒刑五年—八年。江华县看守所犯罪嫌疑人黄×枝在监房伙同蒋×勇、麦×培、彭×茂等人，欲用晾衣服的铁管挟持管教干警越狱，被检察发现后以组织越狱罪起诉，被判处有期徒刑五年，数罪并罚，决定执行有期徒刑二十年。

2002—2003年，办理审查起诉案件63件92人，全部为有罪判决。向公安机关、监狱发出《要求说明不立案理由通知书》34份。零陵监狱一监区服刑人员庄×华，随意敲诈其他服刑犯的钱财，还多次唆使他人或殴打其他罪犯，致使一名服刑人员因害怕庄的殴打脱逃，检察室向监狱发出《要求说明不立案理由通知书》，监狱以庄的犯罪证据难以认定为由不予立案，检察室发出通知立案书，监狱立案查办后，法院判处其有期徒刑一年。

2004年，驻所（狱）检察室在元旦、春节、国庆节等重要节日，配合、督促监管部门开展安全大检查，对每个监舍进行清理，对有问题的围墙、路灯、铁门等进行维修，对违法物品进行收缴，消除安全隐患。并指导11个县、区羁押单位做好安全防范和打击“牢头狱霸”工作。开展专项打击活动19次，立案查处牢头狱霸 5 人，起诉到法院后均被做有罪判决。

2005 年，办理起诉案件 16 件 29 人，判决 15 件 27 人。向公安机关发出《要求说明不立案理由通知书》3 件 3 人，通知立案 2 件 5 人，公安立案 4 件 7 人，检察起诉 4 件 7 人，法院判决 3 件 3 人。江永县看守所在押人员唐×强（一审判死刑），充当”牢头狱霸“，指使同监在押人员尹×正、胡×贵、朱×龙、邓×龙、李×荣，对新进的犯罪嫌疑人邓×才进行多次殴打，造成邓×才胸部 2 根肋骨骨折，脾脏淤血，左脚背烫伤。江永县院驻所检察室向公安部门发出《要求说明不立案理由通知书》，公安机关查办后该院对 4 人提起公诉。

2006—2008 年，办理批捕案件 2 件 2 人，审查起诉 61 件 97 人，追捕 3 人，追诉 3 人，发出《要求说明不立案理由通知书》8 份，通知立案 8 件 8 人，立案 8 件 8 人，立案监督案件起诉后法院做有罪判决。

2009—2012 年，市检察院与公安监管部门联合每年在全市监管场所开展打击“牢头狱霸”专项行动。11 个县、区检察室与看守所、武警中队均研究具体方案，分工负责，部署打击行动。采取查阅干警值班日记，查找“牢头狱霸”及有此行为的人；同时进行谈话教育，了解监内情况，发现问题调取监控录相资料和发动在押人犯自查、互相检举揭发。办理审查起诉案件 2 件 27 人，发出《要求说明不立案理由通知书》4 份，通知立案 4 件 4 人，立案 4 件 4 人。

2015 年 11 月 5 日，市检察院召开全市监所检察工作会议

2013—2015 年，驻所（狱）检察室在元旦、春节、国庆节等重要时期，配合、督促监管部门开展安全大检查，确保安全。立案监督 2 件 3 人，办理审查起诉 17 件 19 人，其中移交其他检察院 3 件 3 人，因证据不足退补重报 1 件 1 人，提起公诉 7 件 8 人，判决 5 件 6 人。零陵区院办理的在押人员李××破坏监管秩序罪案，经审查，发现整个案件材料只体现一次殴打监管人员，情节不算严重，但李犯平日表现较差，影响极坏。通过深入邵阳、广州等李所服刑过的监狱调查取证，李犯表现较差，被零陵区法院以破坏监管秩序罪判处有期徒刑一年。

第五篇　控告申诉检察

第一章　控告检察与举报

第一节　接待来信来访

全市检察机关把处理过激、缠访、闹访（以下简称“三类信访”）作为信访工作的重中之重，坚持“谁主管、谁负责到底”责任制度。

1994—1996年，全市检察机关控申检察部门以收集、管理、消化举报线索为重点，进一步加强“文明接待室”建设，妥善处理“三类信访”。受理各类举报线索1328件，初查416件，查处打击报复举报人案件16件，为国家集体挽回经济损失220万元。受理各类群众来信来访3246件，其中首次信访136件、重复信访257件、申诉案件271件，均作出相应处理。坚持“检察长接待日”和下乡巡回接待制，检察长接待上访群众1259次，批阅重要信访463件次，妥善处理影响社会安定的“三类信访”125件，其中集体上访52件，告急信访48件，息诉上访老户25件。

1997—1998年，全市控申部门以收集、管理、消化举报线索和复查刑事犯罪申诉案件为重点，进一步完善“文明接待室”建设，妥善处理“三类信访”案件37件37人。全市检察机关受理群众来信来访425件（来信237件、来访188人次），其中首次信访273件、重复信访152件。

1999—2000年，全市检察机关贯彻最高人民检察院“二十字”（公正执法、加强监督、依法办案、从严治检、服务大局）工作方针，狠抓信访接待工作，做到“四快四不”（即受理快、调查快、处理快、反馈快，不推、不拖、不压、不误）；把握“稳定、公正、效果”主线，大胆探索控申检察改革新途径，形成新的工作特色。全市受理群众来信来访1005件，其中首次信访505件、重复信访500件。处理告急访32件、集体访36件、息诉上访老户18人。

2001—2002年，市检察院制定《全市检察机关信访工作“首访责任制”规定》，提高信访处理水平，做到“接待热心、倾听细心、解释耐心、办事诚心”。

全市检察机关受理群众来信来访 818 件 832 人，其中首次信访 325 件、重复信访 142 件；处理告急访 23 件、集体访 14 件、息诉上访老户 5 户。市检察院检察长接待 23 次、35 件 50 人，批阅重要信件 19 件，处理告急信访 1 件、集体信访 1 件、息诉老户 9 人；处理告急信访 12 件、集体信访 31 件、息诉老户 19 人。

2003 年，全市检察机关开展“创建文明接待室”活动，热情接待群众来访，妥善处理一批重大疑难案件和久拖不息问题。全市受理群众来信 715 件，接待来访 608 人次；市、县区两级院检察长累计接待 371 天，449 人次；批阅群众来信（访）261 件；处理集体访 25（件）人次；告急访 8（件）人次；上访老户 10 户；办理上级检察机关、党委、人大、同级检察长交办件 19 件。祁阳县院接待中心被评为“全国文明接待室”，芝山、冷水滩区，东安、宁远、新田县院举报接待中心被评为“全省文明接待室”。秦×平、邓×善控告双牌县公安局案，市检察院经审查和组织召开听证会后 14 天内办结。

2004 年，全市检察机关开展集中处理涉法上访专项行动，切实解决群众告状难、申诉难和投诉案件久拖不决问题。对属于检察机关管辖的涉法上访案件，实行挂牌督办，由院领导包案，采取“三集中”（集中时间、集中人员、集中精力）、“三定”（定责任部门、定责任人、定责任措施）措施，安排专人办结检察机关管辖的涉法上访案件 39 件。对不属于检察机关管辖的案件，均耐心提供法律咨询，积极协调相关部门做好息访息诉工作。全市受理来信来访 1012 件，办理各类交办件 59 件；处理告急访 5 件、集体访 11 件。芝山区（现零陵区）工商银行上访老户张×，因不服市检察院追缴 1 万元，要求退款，多次到省市有关部门上访。湖南省人民检察院挂牌交市检察院办理，因原收缴的款已交发案单位工商银行；主管副检察长王蓟零多次到工商银行协调，该行将钱退给张×后息诉。

2005 年，全市检察机关围绕“强化法律监督，维护公平正义”检察工作主题，认真贯彻落实新的信访条例，继续推行“一站式”服务，制订处理涉检上访案件工作方案、应急预案。接待来信 405 件，来访 521 人，处理集体访 10 件，告急访 1 件，息诉上访老户 13 人。检察长接待日接待群众 268 人次，批阅重要信访 121 件，交办 105 件，办结 96 件，当场解决信访问题 45 件。杜×举报芝山区珠山镇房管站原站长桂×经济问题，不服区纪委处理，副检察长王蓟零接访时耐心释法说理，并安排人员对杜反映的问题进行调查，杜×对检察机关热情办案深表感谢，自愿息访息诉。

2006 年，全市检察机关按照最高人民检察院《不服人民检察院处理决定刑事申诉案件办理标准》办案，接待群众来信 503 件，其中涉检来信 142 件，非涉检来信 361 件，上访 922 人，属涉检上访 154 人，非涉检上访 768 人，当场答复 46 件，交办 62 件，办结 61 件。市检察院处理来信 259 件（涉检来信 113 件，非涉检来信

146件），接待群众来访247人，属涉检上访126人，非涉检上访121人；市检察院检察长接待来访群众122人，当场答复或解决问题29件，批办并全部办结21件。江华县院接待县化工厂群众集体上访案，反映该厂出纳魏×金挪用公款参与赌博，输掉公款10万余元后欲外逃。该院迅速调查取证，两天内查清魏利用职务之便，挪用公款8.6万元赌博事实，并做好其家属的思想工作，追回全部赃款。

2007年，全市检察机关贯彻中央《关于全面深入开展矛盾纠纷排查化解工作的意见》和最高人民检察院、湖南省人民检察院全面深入开展排查化解涉检信访矛盾纠纷工作会议精神，结合永州实际制定《全市检察机关开展下访、联合接访工作方案》，坚持每月开展1—2次“带案下访、无案宣传、化解矛盾、维护稳定”的巡访活动。落实“四包”（包案领导、包案部门、包案承办人、包息诉息访）措施，采取“三定”（定方案、定措施、定办结期限）办法。接待群众来信648件，其中涉检来信158件，初信139件，非涉检来信490件；接待上访487人，属于涉检上访142人，初访130人，非涉检上访345人，息诉上访老户4件；受理涉检信访63件，全部办结。

2008年，全市检察机关坚持检察长接待日制度，认真落实“三心”（热心接待、耐心听取、细心解答）接访要求，受理涉检来信188件，非涉检来信371件，接待上访群众841人，其中涉检上访80人，处理集体访18件，处理告急访12件，息诉上访老户18人。坚持群众来信检察长督办制度，批办案件71件，办结67件；组织检察长接待265次484人。市检察院、冷水滩等8个县、区院接待室被评为“省级文明接待室”。全市检察机关围绕“平安奥运”制定《处置突发性涉检信访事件工作方案》，成立应急分队，做到对各种信访突发事件及时发现、及时妥善处置。每月对信访案件进行一次排查，对查出来的问题建好“三本账”（矛盾纠纷台账、诉求事项台账、重点人员台账），对全市涉检信访人员人数清、底子明。在涉检信访矛盾调处化解过程中坚持“四个到位”（对排查出的案件包案到位、对合理诉求解决到位、对“法度之外、情理之中”的信访诉求的救助到位、对无理信访人员帮教防范到位），促成当事人息诉罢访。

2009年，市检察院制定《深入开展涉检信访积案化解专项活动方案》，明确检察长为第一责任人，分管副检察长负直接责任，其他党组成员按分工负直接责任，形成“统一领导、协调配合，齐抓共管、协同作战”工作格局。对漏查失控、劝返不力、激化矛盾、处置不当，造成涉检进京上访或恶劣影响的，依法依规追究包案领导和相关责任人责任。根据涉检信访工作新特点，重在解决实际问题，深入开展“信访积案化解年”活动，办理信访案件38件，办结33件，息诉31件，涉检上访人数比上年有较大幅度下降。落实湖南省人民检察院“对涉检信访案件再次进行全面拉网式清仓见底大排查，彻底摸清涉检信访案件底数，不留死角，确保全部积案心中有数”要求。全市受理涉检来信192件，非涉检来信511件，接待涉检上访102人，非涉检上访1035人，处理集体访21件，处理告急访7件，息诉上访老户11件。检察长接待352次479人，办结80件。张×辉不服市检察院对公安干警杨×等涉嫌渎职犯罪，不立案及予以维持的复议决定信访案，到湖南省人民检察院上访。市检察院将查处情况向市人大汇报和召开听证会，认为对公安干警杨×等人涉嫌渎职犯罪不立案决定正确，张承诺不再上访。

2010年，全市控申检察部门以“案结事了、息诉罢访”为目标，坚持下访巡访、预约接访和检察长接待日制度，开展“举报宣传周”活动，开通12309举报电话，畅通控告申诉渠道，受理群众来信来访483件次，清理出涉检信访案件39件，全部办结。参与“百万案件评查”，对15件信访案件进行评查。零陵、东安、新田等7个县、区院信访接待室通过“省级文明接待室”验收，市检察院、祁阳县院信访接待室通过“全国文明接待室”验收。深入开展信访积案化解专项活动，对排查出的42件信访积案，逐案制定解决方案，签订责任状落实责任，息诉息访41件。全市收到涉检来信118件，非涉检信访404件，接待涉检上访51人，非涉检上访607人，处理集体访14件，处理告急访4件，息诉上访老户6人，实现零涉检进京上访，蓝山、双牌等6个县、区院实现零涉检赴省上访。上访人胡×莲因其子袁×海被樊×等人殴打致死，不服法院判决多次上访。市检察院对胡上访案进行审查，认为其诉求因民事赔偿不到位而部分有理，给予救助13.6万元息诉。

2011年，全市检察机关为完成中央政法委和最高人民检察院“6月底以前基本办结息诉信访积案”的工作任务，集中化解进京重复访和排查化解涉检信访积案工作。受理涉检来信167件，非涉检来信436件，接待涉检上访145人，非涉检上访733人，处理集体访27件，处理告急访8件，息诉上访老户9人。检察长接待470次434人，办结检察长批办案件69件。

2012年，市检察院下发《关于实行全市检察机关控告申诉工作首办责任制的通知》，重点进行“四项清理”，即各级检察机关集中人力和精力清理上访老户，积压的举报线索、刑事申诉、赔偿积案及交办积案，受理群众来信498件，来访369人次；及时处理初信初访223件，处理集体访11件，告急访8件；办理上级交办的涉检信访案件29件，已办结并息访28件，市、县区两级院检察长接待403天，142人次，批阅信访35件。湖南省人民检察院交办案件29件，市人大交办案件2件，市委政法委交办案件5件，全部办结息诉，实现非正常赴省进京零上访。陈×寿反映其子陈×被祁阳县看守所邓×恒等在押人员殴打致死，看守所干警李×荣涉嫌玩忽职守。检察机关调查后，协调公安机关赔偿陈10万元息访。

2013年7月25日，市委书记陈文浩（左三）到市检察院立案大厅调研

2013年，全市检察机关控申工作作为全省涉法涉诉信访工作的改革试点单位，率先出台《全市检察机关涉法涉诉信访工作改革实施细则（试行）》，建立信访受理、分流、处理、终结机制，形成“诉访分离，依法办理”的涉检信访工作新机制，受理群众来信来访1087件（来信421件、来访666件），办理湖南省人民检察院交办案件12件，办结息访10件；市、县区两级院检察长接待373次380人，批办26件。宁远县李××不服公安机关不立案决定，市检察院包案后，与当地党委政府多次到李家释法说理，解开症结，签订息诉协议。李×英因邹×昌故意伤害案，不服法院判决多次赴省进京上访，市检察院检察长文兆平、副检察长罗厚清包案，控申、侦监等部门负责人为包案成员，经过协调邹×昌赔偿李6万元息访。

2014年，市检察院与市中级法院、市公安局协调，对涉法涉诉信访改革试点期间工作的衔接问题进行沟通，对民行、控申业务力量实行统一调配，解决专业力量不足等问题。受理群众来信来访962件，其中来信387件、来访575人次。修正后的《中华人民共和国民事诉讼法》扩大检察监督权，特别是第209条，将检察监督置于民事诉讼案件的最后救济环节，直接导致检察信访形势的根本变化，民事监督信访量增长较快，受理民事监督案件65件。6月，市检察院在全省涉法涉诉信访改革培训班上介绍永州改革工作经验。11月18日，市检察院在全市涉法涉诉信访改革工作会议上介绍检察机关改革的做法。王×等人因非法买卖土地被宁远县纪委立案查处，王及其律师控告宁远县纪委违法办案，一边在网络上炒作该案，一边向市检察院实名举报。市检察院受理后，检察长文兆平安排专人调卷审查，并向市委、湖南省人民检察院汇报后，平息涉检网络舆情。

2015年，全市检察机关以开展“转变执法理念教育活动和规范执法活动”为契机，推进涉法涉诉信访改革工作，畅通群众表达渠道，实现诉访分离。接待信访1096件，其中来信454件、来访642件；连续三年实现赴省进京零上访。清理信访积案，对久拖不决的案件，以专案督办形式督促采取有效措施，推进化解息诉。办结息诉湖南省人民检察院、市委政法委、市纪委交办案件13件。对信访积案，指导11个县、区院召开听证会。魏×军不服零陵区院对其滥伐林木案作出的不起诉决定，到市检察院申诉，检察长文兆平、主管副检察长罗厚清多次接访，对其进行耐心释法说理后息访。

第二节 控告举报检察

1994—2000年，全市依据统一管理、归口办理、分级负责的原则。受理各类控告、举报367件，由控申举报中心初查“性质不明、难以归口”的控告举报线索42件；移送自侦部门和其他机关办理279件；由控申部门初查46件，移送自侦部门立案23件，为国家和集体挽回经济损失170余万元。

2001年，监所控告申诉检察案件统一归口到控申部门办理。全市检察机关开展各类举报宣传21次，设置举报宣传点15个，印发宣传资料1.5万余份，出动宣传车15台次，组织干警上街宣传200人次，新闻报道20次，检察长发表电视讲话16次，深入国企单位宣传14次，接待群众840余人次。受理各类举报线索745件，控申部门初查线索141件，移送自侦部门立案39件，为国家和集体挽回经济损失143.3万元。

2002年6月24—28日，全市检察机关在全国第四个举报宣传周，围绕“预防职务犯罪，大家来参与”宣传主题，出动干警200人，宣传车15台，设宣传点15个，制作展板28块，散发宣传资料1.5万余份。接受群众咨询698人，受理举报20件，控告17件，民事申诉4件。全年收到各类举报线索649件，其中贪污、渎侦线索256件，初查（含与反贪共同初查）94件，移送自侦部门立案27件，为国家和集体挽回经济损失200余万元。

2003年，全市检察机关举报中心受理各类举报线索481件，经举报中心初查移送自侦部门立案26件。市检察院初查4件，移送反贪局查处1件；为国家挽回经济损失510万元。东安县院办理县人寿保险公司截留国家保险费案，为国家挽回经济损失70余万元。

2004年，全市检察机关侦查部门在侦查中发现的线索统一归口管理。受理举报线索156件，分流反贪82件，反渎59件，其他部门6件，举报中心9件。同时，全市检察机关积极开展举报初查9件，移送侦查部门立案4件，挽回经济损失100万元。

2005年6月20—24日，全市检察机关举报中心与反贪、渎侦、办公室、民行等部门按照全国及全省的统一部署，围绕“惩防并举，反腐倡廉”主题，开展形式多样的“打击和预防职务犯罪”举报宣传周活动，出动警车25台次，干警近100人次，接待群众300余人次，发放宣传资料4000余份，上法制课8场。受理自侦案件举报线索274件，其中举报中心初查33件，转反贪部门139件，渎侦部门64件，其他部门及存查38件。零陵区院查办区国土局副局长罗×林滥用职权案，挽回经济损失36万元。

2006—2008年，全市受理举报线索709件，初查216件，市人大交办初查案件1件，移送反贪部门立案173件，渎侦139件，举报中心19件，其他部门49件，为国家挽回经济损失600余万元。道县院查办的春秋塘村支书贪污铁路土地补偿款案，挖出贪污窝案，为国家挽回经济损失20余万元。

2009—2010年，全市检察机关集中开展“举报宣传周”活动，采取召开新闻发布会，检察长发表电视讲话，设立宣传点，散发宣传资料，深入社区乡镇企业巡回宣传，上法制课等形式开展宣传活动。全市举报中心受理各类线索418件，转反贪局202件，反渎局188件，举报中心初查案件62件，其他部门12件，移送立案8件，挽回经济损失30余万元。

2011年6月20—24日，全市检察机关开展以“加强渎职侵权检察工作，促进依法行政与公正司法”为主题的“举报宣传周”活动。受理自侦案件举报线索149件，初核11件，转反贪局78件，反渎局47件，其他部门13件。江华县院对县农机局农业机械补贴情况进行初核，分别查办农机股原股长李×吉、农机经销商聂×智，为国家挽回经济损失60余万元。

2012年，全市检察机关统一开展以“惩防并举，保障民生”为主题的举报宣传周活动，正副检察长参加34人次，干警154人次，设宣传点26个，出动宣传车179辆次，接受群众法律咨询1285次，制作展板52块，发放宣传资料2万余份。全市受理举报线索101件，其中举报中心自行初核6件，移送自侦部门95件。

2013年，全市检察机关严格、规范执行各项举报线索管理制度，在归口管理的基础上，及时分流处理，避免线索积压和加强跟踪、催办力度。全市检察机关受理举报线索38件，举报贪污贿赂23件、渎职侵权11件，移送侦监1件，其他3件。做到实名举报件件有答复，移送侦查部门举报线索34件，件件有回复。朱×民控告宁远县一公安干警刑讯逼供案，该县检察院反渎局作出不立案决定，朱不服向市检察院提出复议，市检察院反渎局对该案作出立案决定。

2014年，全市检察机关统一开展以“依靠群众惩治职务犯罪，公开检务强化自身监督”举报宣传周活动。受理举报线索86件、贪污贿赂63件、渎职侵权19件，其他4件。零陵区院举报接待中心多名群众来访和收到多封举报信，反映村干部贪污“五险一金”（养老保险、医疗保险、失业保险、工伤保险、生育保险和住房公积金）问题，要求查处。该院对零陵区珠山镇圳头村秘书唐×涉嫌贪污案进行初核，其骗取五险一金3.6万余元被立案侦查。

2015年，全市检察机关开展“落实举报规定，推进反腐倡廉和规范司法”举报宣传周活动，受理举报线索53件，移送反贪污贿赂局32件，反渎职侵权局13

件，举报中心初核 8 件。零陵区院办理的吕×洪贪污案，吕利用零陵区邮政局东湘桥代办所代办员揽储工作便利，收取当地村民储户 39. 84 万元不存入邮政储蓄所而潜逃，引发 50 余名村民集体上访，吕被判刑。

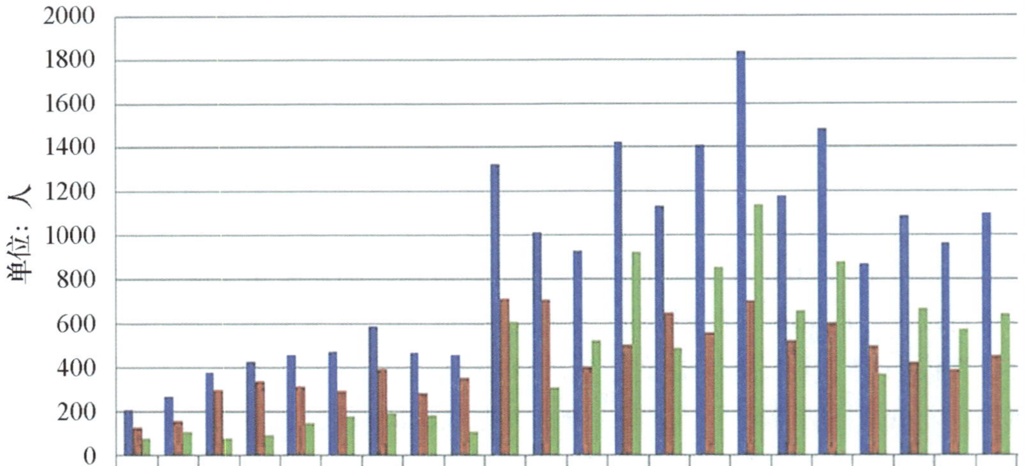

	1994	1995	1996	1997	1998	1999	2000	2001	2002	2003	2004	2005	2006	2007	2008	2009	2010	2011	2012	2013	2014	2015
受理	206	266	377	429	459	473	586	467	457	1323	1012	926	1425	1135	1410	1840	1180	1481	867	1087	962	1096
来信	130	160	300	336	313	293	391	284	351	715	706	405	503	648	559	703	522	603	498	421	387	454
来访	76	106	77	93	146	180	195	183	106	608	306	521	922	487	851	1137	658	878	369	666	575	642

1994 年—2015 年永州市检察院信访接待统计图

第二章　刑事申诉检察

第一节　申诉检察

1994—2000 年，控申检察的工作重点由信访接待处理转移到办理控告申诉案件上，按照“严格执法，狠抓办案”工作方针。全市受理当事人及其法定代理人、近亲属提出的不服不批准逮捕决定，不起诉决定（包括 1997 年以前的免予起诉），不服检察机关撤销案件决定，不服检察机关其他处理决定，以及不服人民法院已发生法律效力的刑事判决、裁定申诉 981 件，经控申部门复查，办结 843 件，其中维持原决定 529 件，改变原决定 130 件，作其他处理 184 件。

2001—2004 年，全市控申部门受理各类刑事申诉案件 84 件，立案复查 21 件，办结 48 件，其中纠正原决定 3 件、维持原决定 49 件、改变原决定 7 件、提请抗诉

4件。冷水滩区张×华不服对唐×华不起诉案，原案事实不清，部分涉案人没有到位，证人证言之间存在矛盾，经两次退补后对唐作出存疑不起诉决定。冷水滩区院与区公安分局组成专案组，搜集证据抓获其余涉案人员，法院依法对唐作出有罪判决，申诉人张×华不再上访。

2005年，全市检察机关围绕“强化法律监督，维护公平正义”主题办理刑事申诉案件，防止发生新的错案。受理刑事申诉案件17件，立案复查9件，审查处理8件，纠错3件，退赔申诉人9.8万余元。市检察院受理贾×军、张×来不服冷水滩区院追缴其3万元案，经立案复查，发现冷水滩区院追缴决定确有错误，依法撤销该院决定，退还申诉人3万元。

2006—2007年，全市检察机关按照最高人民检察院《不服人民检察院处理决定刑事申诉案件办理标准》办案，受理刑事申诉案件32件32人，审查决定立案复查28件28人，办结7件7人，维持原决定10件10人，纠正错案8件8人，作其他处理2件2人，息访5件5人，退款20余万元。市检察院受理夏×不服零陵区院收缴其10万元和该院复查决定案，市检察院复查后撤销该院的复查决定，退还申诉人10万元。

2008—2009年，全市检察机关根据刑事申诉工作新特点，重在解决实际问题。全年受理刑事申诉案件50件，办结47件。纠正原错误决定11件，执行14件，决定退还申诉人14万余元。受理不服法院刑事判决案件3件，全部办结。市检察院办理曾×文不服追缴申诉案，被湖南省人民检察院评为“全省十大优质案件”。

2011年3月30日，市检察院举行创建省文明单位汇报会和创建“文明接待室”会

2010—2011年，全市检察机关坚持有错必纠，立案复查刑事申诉案件19件，办结17件，改变原处理决定2件；立案复查办结7件，纠正错案2件，退还财产42.1万元，维持原决定5件。受理不服法院生效刑事裁判申诉案件9件，上年积存1件，作审查处理6件，立案2件，办结3件，决定提请抗诉1件，不予抗诉2件。

2012年，全市受理不服检察机关处理的刑事申诉案件11件，审查处理4件，立案复查7件，办结5件，纠正错案2件，退还财产41.85万元。受理不服法院生效裁判刑事申诉案件3件，全部办结。黎×锋申诉案，被告人黄×参因租车纠纷将车主黎×鸥（申诉人黎×锋之弟）杀害，市中级法院判决黄无期徒刑。黎×锋不服向市检察院申诉，市检察院认为原审被告人黄×参犯罪手段特别残忍，情节特别恶劣，应当判处死刑，提请湖南省人民检察院对该案进行抗诉，在市中级法院开庭时，最高人民检察院刑事申诉厅副厅长鲜铁可到庭指导，湖南省人民检察院刑事申诉处和14个市、州院控申处人员出席观摩，被告人黄×参被改判死缓。该案是湖南省人民检察院申诉处出庭支持再审抗诉第一案，在全国、省市检察院属首例，被最高人民检察院在全国推广。

2013年，全市受理刑事申诉案件10件，立案复查6件，依法退还财产83.5万元；审查处理4件，发出检察建议2件。宁远县李××不服公安机关不立案决定，要求检察机关监督并长期上访，市检察院包案后与当地党委政府多次到其家中释法说理，解开症结，签订息诉协议。陈×祥申诉案，市北大农牧有限公司总经理陈×祥控告该公司职工曾×明职务侵占，祁阳县公安局查办并移送县检察院审查起诉，该院经审查认为曾涉嫌职务侵占事实不清、证据不足，作出不起诉决定。陈不服，多次上访并向市检察院提出申诉，市检察院审查认为公安机关未将重要事实查清，根据现有证据无法排除合理怀疑，维持祁阳县院的不起诉决定，同时向祁阳县公安局发出检察建议，该局继续侦查后，曾×明被法院判刑。

2014年，受理不服检察机关处理决定的案件11件，立案复查7件，审查处理4件，改变原处理决定4件。吕×红不服冷水滩区院对张×故意伤害案作出的不起诉决定，市检察院安排专人调卷复查，认为该院对张作出不起诉不妥，依法纠正该院处理决定，冷水滩区院对张依法提起公诉，法院判处张×有期徒刑三年、缓刑三年。受理不服法院裁判案件19件，提请抗诉1件，发出检察建议1件。郭×义不服冷水滩区法院以故意伤害致人轻伤，判处被告罗×龙有期徒刑一年五个月案，市检察院审查认为原审被告罗犯故意伤害致人重伤事实清楚，证据确凿，向市中级法院提出抗诉指令冷水滩区法院再审，改判其有期徒刑五年。

2015年，办理不服检察机关处理终结案件15件，在网上公开法律文书4份。办理不服人民法院生效裁判37件，提出检察建议2件。熊×彪不服冷水滩区法院对盛×文交通肇事作出的生效判决案，向该院申请抗诉，经审查以量刑畸轻为由提请市检察院抗诉，市检察院经审查认为该案虽不符合抗诉条件，但盛×文交通肇事逃逸，且系无证驾驶，归案后认罪态度不好，在受害人亲属上访和政府调解的压力下才赔偿3万元，未尽力赔偿，应酌情从重处罚，法院因其赔偿部分损失予以酌情从轻处罚，判处其有期徒刑三年十个月，量刑偏轻，市检察院指令该院向区法院提出再审检察建议。

第二节　刑事赔偿

全市检察机关坚持有错必纠的刑事赔偿理念，对检察机关在刑事案件诉讼过程中，因错误办案给当事人人身、财产造成损失给予赔偿。1994—2015年，支付赔偿金253万余元。

1994年，《中华人民共和国国家赔偿法》颁布，全市检察机关严格依法受理、审查国家赔偿案件。1994—2000年，受理公民、法人和其他组织请求刑事赔偿申诉20起，立案13件，确认刑事赔偿3件，支付赔偿金1.17万元；确认不予赔偿10件。

2001—2003年，全市受理刑事赔偿12件，立案11件，作出赔偿决定9件、赔偿金达14.32万余元，不予赔偿2件。受理刑事赔偿复议案件1件，维持原决定。

2004年，受理刑事赔偿和要求退款案件13件，办结13件，作出赔偿决定和退款决定案件13件，退赔32.58万余元。芝山区院办理的王×勋赔偿案，赔偿王40572.5元。

2005—2006年，受理刑事赔偿10件10人（含1件1人积案），办结9件9人，作出不予刑事赔偿6件6人，作出给予刑事赔偿2件2人，决定支付赔偿金2.1万余元；受理复议申请1件1人，作出维持原不予赔偿决定1件1人，向法院提出检察建议2份。东安县伍×军不服县院刑事赔偿决定案，市检察院审查发现该院超越办案权限，计算赔偿金额和文书结尾出现程序错误，少赔偿请求人3882.2元，向东安县院下发纠正通知，该院支付了少陪的金额。

2007—2008年，全市受理、立案和确认刑事赔偿案件19件19人，支付赔偿金19.3万元。受理刑事赔偿确认复议案件3件4人，纠正其中赔偿金计算错误1件1人，支付赔偿金2.8万余元。道县院办理唐×东和唐×贵两起刑事赔偿案件，依法给予刑事赔偿3.25万元。

2009年，全市受理刑事赔偿案件9件，立案9件，刑事赔偿5件，支付赔偿金47.12万元，不予赔偿3件，其他1件。受理复议1件，维持原不予刑事赔偿1件。东安县魏×国以检察机关错误拘留和逮捕98天为由，到县检察院申请刑事赔偿。该院审查发现魏×国致魏×纯烧伤重新鉴定为轻微伤，支付错误拘留、逮捕其98天的赔偿金10975.02元。

2010—2011年，全市受理刑事赔偿案件14件，确认13件，立案13件，办理积案2件，办结15件，予以赔偿12件，支付赔偿金19万余元，不予赔偿2件，执行7件。受理相对不起诉要求刑事赔偿1件，县院拟不予确认，市检察院批复维持不予确认1件。

2012—2014年，全市受理、立案刑事赔偿案18件，全部办结，支付赔偿金51万余元，支付精神抚慰金8388元；不予赔偿1件，返还财产12万元。道县院办理的陈×清、陈×军申请赔偿案，尝试对他们造成的精神损害进行赔偿，赔偿陈×清无

2012年2月17日，市检察院召开全市检察机关“四深入两结对一测评”活动动员大会，要求干警深入群众、农村了解情况，切实改进干部作风

罪羁押赔偿金8539.8元，精神损害抚慰金1700元；赔偿陈×军无罪羁押赔偿金5977.86元，精神损害抚慰金1200元。冷水滩区院对涉嫌故意伤害犯罪嫌疑人左×批捕后，因证据不足作出不起诉决定，依法赔偿其7.4万余元。

2015年，办理赔偿案件3件，赔偿申请人21万余元。江华县院办理的唐×文赔偿案。唐因涉嫌放火罪，被县公安局刑事拘留，江华县院审查认为，由于被不起诉人唐×文开始有承认放火焚烧车辆事实，公安机关也未收集到其他物证，仅凭放火现场监控视频、广东杰思特声像资料和司法鉴定所鉴定，难以认定唐构成犯罪，决定对唐不起诉。唐×文向县院申请国家赔偿，该院赔偿唐被关押128天的人身自由损害赔偿金28124.16元。

第三节　司法救助

1994—2010年，因无法律明文规定，全市检察机关未开展司法救助工作。

2011—2012年，全市检察机关按照“法度之外，情理之中”原则，帮助上访群众解决生产、生活中的实际困难。办理司法救助案件1件，救助困难群众7人，计16.5万元。东安县院在办理被害人邓×谊被犯罪嫌疑人李×刚、刘×、彭×、刘×抢劫杀害致死一案时，4名犯罪嫌疑人虽被抓获归案，却无力赔偿被害人经济损失。东安县院依据《湖南省检察机关刑事被害人救助工作暂行办法》的规定，将刑事被害人困难救助款3万元送到被害人家中。蒋×恒救助案，其16岁的儿子蒋×谕被赵×杀害，而赵作案时为限制刑事责任能力，市检察院与湖南省人民检察院救助其5万元。

2013年，市检察院争取刑事被害人救助资金15.5万元，救助困难群众6人。骆×顺信访案，其兄骆×波被骆×生等人故意杀害，因被害人家属未获得赔偿，无钱安葬死者，被害人骆×波的妻子身体不好，其父亲70多岁，体弱多病，还有两个小孩（小的1岁多），无收入来源，市检察院为其争取3万元救助金。

2014—2015年，办理救助案件15件，救助困难群众29万元（2015年22万元）。东安县大庙口镇发生一起交通肇事案，造成两人死亡，死者家属分别向东安县院提出刑事被害人救助申请，该院分别救助邓×平、陈×国2万元。

第六篇　民事行政检察

1991 年 3 月，零陵分院设立民事行政检察科，配备专人，但机构没有独立，与控告申诉科合署办公。1994 年 8 月，编制单列正式挂牌办公。1996 年，11 个县、区院相继成立民行检察机构。1997 年，全市检察机关根据最高人民检察院对民事行政检察工作“高看一格，优配一等，厚爱一分”要求，把业务能力强、工作扎实、具有一定民行法律知识和检察工作经验的干警调配到民行科工作，人员调整时，注意保持民行检察工作人员的基本稳定，对经过专业培训的干警，一般不调离民行科。同时加强民行检察工作人员业务培训，1997—2015 年，全市选送 120 余名干警参加全国及全省民行检察工作培训班进行专业培训。购买民行业务书籍 4000 余册，并定期抽查考试。举行大型民行检察法制宣传 160 余次，张贴公告 8000 余份，接待群众咨询 1.2 万余人次，发放各类宣传资料 5 万余份。还深入到各乡、镇、场、街道张贴宣传公告，现场进行法律咨询，开展诉前服务。

第一章　民事检察

第一节　生效裁判监督

1994 年，全地区检察机关依法履行民行检察监督职责，拓展监督范围，创新监督方式，着力推进民行检察工作全面协调发展。受理申请抗诉案 212 件，其中立案 118 件，审结 95 件，提请上一级检察院向同级法院抗诉 17 件（民事 8 件、经济 9 件），11 个县、市检察院提请零陵分院向零陵地区中级人民法院抗诉 14 件。零陵分院向零陵地区中级人民法院提出抗诉 14 件，该院裁定指令原审法院再审 5 件。县、市检察院向零陵分院建议提请湖南省人民检察院向同级法院抗诉 27 件，零陵分院提请湖南省人民检察院抗诉 3 件。

1995—1996 年，全地区受理民事（经济）行政案件当事人申请检察机关抗诉 565 件，经审查立案 390 件，其中市检察院立案、审结 86 件，办理提请抗诉案件

165件，县、市院提请零陵分院抗诉62件。零陵分院采纳向零陵地区中级人民法院提出抗诉79件，提请湖南省人民检察院抗诉24件。零陵地区中级人民法院指令原审法院再审10件，其中全部改判4件，部分改判4件，维持原判2件。向法院等单位发出检察建议38份。新田县院通过检察建议，使县法院改判3件。蓝山、江华县法院接受检察建议，分别改判3件、2件。双牌县院审查上梧江乡蒋家田村四丘田组与伍家岭组的林地林木权属纠纷一案，由于法院3次调换审判人员，民行股股长鄢前进5次配合法院办案人员到50里路外的争执山场勘察，该案被全部改判。

1997年，全市受理各类民行申诉案件276件，立案审查196件，11个县、区院提请抗诉97件，市检察院向市中级法院抗诉76件，法院再审作出判决的抗诉案件13件，改判10件。11个县、区院建议市检察院提请抗诉25件，建议法院再审11件，法院均开庭审理。9—12月，在全市开展百日突破办理民行抗诉案件活动中，办理提请抗诉案件88件。向市中级法院提出抗诉67件。新田县院办理县农业银行与尹×铭票据权利纠纷案，办案干警三下郴州，取得有力证据证实判决错误。冷水滩区院提请抗诉的凤凰园经济开发区丘田村周×组与祁阳文明铺建筑队工程承包合同纠纷案，法院认定周×组除已付61万元外，尚欠祁阳文明铺工程队工程款34万元，检察机关受理此案后，经审查发现原判认定工程总造价有误，经委托重新鉴定，该工程实际工程量为74.6万元。

1998—1999年，受理民事行政案件599件，立案342件。市检察院受理县、区院提请抗诉案件187件，向法院提出抗诉128件（其中行政诉讼案1件），不予抗诉28件。受理建议提请抗诉案31件，市检察院提请湖南省人民检察院抗诉37件，法院再审开庭63件，审结58件，改判39件（含调解5件），维持19件，二审案再审5件，改判4件（含调解2件），维持1件。全市出席法院再审开庭63场次，其中市检察院5场次。蓝山县院提请抗诉的广东何×展与县林业局经济合同纠纷一案，判决虽认为县林业局违约应负主要责任，却未判决林业局赔偿何×的经济损失，该院向市检察院提请抗诉被改判。建议湖南省人民检察院提请最高人民检察院抗诉1件。湖南省人民检察院向湖南省高级人民法院提出抗诉9件，不抗诉2件，此外向法院提出改判建议5件，均被改判。全市两级法院再审抗诉案件59件，改判40件。新田县院提请抗诉的申请人欧阳×与被申诉人欧×人身损害赔偿一案，办案人员发现被申诉人欧×向法院提供的1500元湘雅医院的医疗发票有涂改现象，到湘雅医院找出存根联，证实欧×的实际医药费为17元，确认法院判决认定数额有误。市检察院审查的祁阳县院提请抗诉的金洞林场与龙×林承包纠纷案，市检察院办理期间，法院冻结金洞林场10万余元。林场职工聚集数百人欲到法院闹事，林场领导向市检察院通报此情况后，市检察院向市中级法院提请抗诉，并要求林场做好职工的思想工作，从而化解上访事件的发生。道县院办理申诉人朱×富与黄×军债务纠纷案，再审改判为当事人挽回经济损失 20 万元。

2000—2001 年，受理各类民事、经济、行政申诉案件 459 件，立案 288 件，11 个县、区院向市检察院提请抗诉 199 件。市检察院提出抗诉 154 件，不予抗诉 45 件。11 个县、区院建议提请湖南省人民检察院抗诉 36 件，市检察院提请抗诉 75 件，湖南省人民检察院审查抗诉至湖南省高级人民法院 5 件。全市法院再审抗诉案件 149 件，改判 97 件。道县院举办三场电视专题讲座，设立五个法律咨询点，向社会发放 1500 余份宣传资料。同时邀请 30 余名律师、法律工作者召开座谈会，重申律师代理申诉制度。市检察院直接受理民事经济案件 3 件，祁阳县水泥厂因兼并金中水泥厂引发的债务纠纷案，诉讼标的 40 余万元，涉案标的则 5000 余万元，经审查，发现该案确有错误，市检察院提请湖南省人民检察院抗诉。冷水滩区院提请和建议提请抗诉案件采纳率 100%，不抗诉或不提请抗诉 53 件。

2002—2003 年，全市检察机关民行检察监督重点为“五类重点”（侵害国家利益、社会公共利益的案件；由于行政干预或地方保护造成错判的案件；新闻媒体和人民群众关注的热点案件；审判人员枉法裁判的案件）。受理各类民事、经济、行政申诉案件 407 件，其中市检察院受理 319 件；立案审查 193 件，经市检察院审查向市中级法院提出抗诉 106 件、提请湖南省人民检察院抗诉 20 件。全市检察机关开庭再审抗诉和检察建议案件 48 件，判决 40 件，改判 32 件。市检察院提请湖南省人民检察院抗诉 1 件，11 个县、区院建议法院再审 12 件。全市法院再审抗诉 35 件，改判 25 件，调解结案 5 件，维持原判 5 件，再审检察建议案件 8 件，全部采纳。宁远县院向县法院发出再审检察建议 6 件，法院审理 4 件，全部改判。冷水滩区联运公司原法人代表陈×庆之弟承包该公司房屋，在该公司进行资产转换清算时，陈×庆之弟向法院起诉该公司对其装修进行补偿，已解除法定代表人资格的陈×庆仍以法定代表人的身份与其弟达成补偿和解协议，由该公司补偿其弟 20 余万元，法院以调解方式结案。联运公司职工向冷水滩区院提出申诉，该院审查认为调解书明显违反法定程序，损害集体利益，向法院发出检察建议，予以受理。

2004 年，是全省检察机关执法质量正式考评的第一年，全市检察机关组织形式多样的宣传活动，努力拓展案源，围绕执法质量考评，采取各种措施保证案件质量。受理各类民事行政申诉案件 162 件，立案 115 件，提请抗诉 53 件，市检察院提请湖南省人民检察院抗诉 19 件，建议提请抗诉 27 件，向法院发出再审检察建议 24 件，经市检察院审查向法院提出抗诉 26 件，提请湖南省人民检察院抗诉 19 件，中止审查 1 件，不予抗诉 6 件，不提请抗诉 8 件。法院再审抗诉和检察建议案件 37 件，其中改变原判结果 31 件（含湖南省人民检察院抗诉 3 件，检察建议再审案件 8

件），中止审查 1 件，当事人申请撤诉 1 件，维持原判决 4 件（含湖南省人民检察院抗诉 1 件），法院根据检察建议再审和改判 8 件。

2005 年，案件线索来源不足是困扰民行检察工作的主要瓶颈。市检察院开展扩大宣传、拓展案源工作。蓝山县院在县“两会”期间，向人大代表、政协委员发放宣传资料；宁远县院在宣传周期间，发放宣传资料 800 余份，召开座谈会 3 次，发出征求意见函 36 份；祁阳、道县、江华、零陵检察院加强与律师、信访等部门的联系，宣传民行检察工作。全年受理各类申诉案件 158 件，立案 95 件，11 个县、区院提请抗诉 26 件，市检察院向法院提出抗诉 13 件；建议提请抗诉 17 件，市检察院提请湖南省人民检察院抗诉 13 件；11 个县、区院向法院发出再审检察建议 22 件，法院再审的 12 件全部改判，再审抗诉案件 19 件，改判 16 件。

2006—2007 年，全市检察机关接待申诉 934 件，受理各类民行申诉案件 230 件，经审查立案 168 件，市检察院立案 26 件；县、区院提请抗诉 48 件，建议提请抗诉 15 件，市检察院提出抗诉 17 件，提请湖南省人民检察院抗诉 25 件。全市检察机关向人民法院提出再审检察建议 41 件，全市法院审理再审抗诉、检察建议案 39 件，法院再审检察建议案件 15 件，全部改判，再审抗诉案件 38 件，改判 29 件。调解 2 件，当事人再审期间自行和解 1 件，维持原判 3 件；法院审理和改判再审检察建议案件 6 件。2007 年，根据最高人民检察院的改革精神，取消县、区院建议提请抗诉环节，不服市中级法院生效判决的申诉由市级检察院直接受理。市检察院办理的曾×钢与许×忠借款纠纷案，原审判决曾×钢偿还许×忠本金 286 万元及利息，该案提请湖南省人民检察院抗诉，再审改判驳回许献忠的诉讼请求，该案获湖南省优案。道县院在审理蒋×喜、刘×梅与杨×吉客运班线经营权转让纠纷案时，法院欲对申诉人强制执行，申诉人情绪激动，准备上访。该院向法院发出再审检察建议，建议暂缓执行并立即再审，法院再审改判，化解上访事件的发生。

2008 年，最高人民法院和湖南省高级人民法院下发“法院档案原件概不外借”规定，给检察机关借卷、调卷和复印带来诸多不便，导致案件下滑。4 月，全市检察机关开展上街咨询、走村入户、流动宣传，印发宣传资料 5000 余份，出动干警 130 余人，接待群众咨询 800 余人，接收各类申诉材料 27 份，受案 5 件。全市受理民行申诉及各类案件 86 件，立案 78 件，其中市检察院受理 24 件、立案 25 件。市检察院提请湖南省人民检察院抗诉 10 件，被全部采纳。向市中级法院提出抗诉 8 件，发出再审检察建议 8 件。人民法院再审改判 13 件。民行申诉案件大幅下滑，11 个县、区院民行申诉案件受理 27 件，立案 18 件。市检察院办理的唐×德合伙纠纷申诉案，因需要进行笔迹鉴定，向市中级法院调借原卷受阻，经与该院协商调出该案卷宗。修正后的《中华人民共和国民事诉讼法》规定人民法院对检察机关的抗诉案件作出再审裁定的期限，但并未规定再审审结期限，存在抗而不审、审而不结的现象，有 29 件抗诉案件经法院裁定再审，但未开庭审理，最长时间为 4 年。11 个县、区院根据市检察院要求，与审判机关联系促审促判 21 件，收到法院审结抗诉案件裁判文书 30 件，改判、调解、发回重审 24 件；收到一审抗诉 16 件，改判 13 件，市检察院提请抗诉的张×申诉案，湖南省高级人民法院裁定市中级法院再审，在二个月内审结。

2009 年，市检察院做到一案一讨论、一案一总结，保证办案质量。受理各类民行申诉案件 79 件，立案 75 件，其中市检察院立案 23 件。11 个县、区院提请抗诉 12 件。向法院发出再审检察建议 8 件，其他检察建议 4 件。市检察院提起抗诉 9 件，作出不予抗诉决定 2 件；提请湖南省人民检察院抗诉 16 件，予以抗诉 12 件，办理不提请抗诉案件 4 件，终止审理 9 件。收到一审案件再审判决书 7 份，改判 4 件，调解 1 件，维持 2 件。宁远县院办理的胡×秀与黄×生民间借贷纠纷案，该院审查认为原判错误，向县法院发出再审检察建议，予以改判。

2010 年，市检察院针对申诉案源下降，在全市范围内展开调研，通过举办大规模的宣传周活动、在新闻媒体上发布典型案例和加强与人大、市委政法委、信访部门以及相关企事业单位的联系，与社区建立长效联络机制。全年受理各类民行申诉案件 128 件，立案 59 件，其中市检察院受理 55 件，立案 22 件，11 个县、区院提请抗诉 7 件。向法院发出再审检察建议及检察建议 20 件。市检察院抗诉 8 件，作出不予抗诉决定 3 件，提请湖南省人民检察院抗诉 15 件，不提请抗诉 1 件，终止审查 2 件。对作出不立案、不抗诉和不提请抗诉决定的 35 件案件，均做好当事人的息诉服判工作。收到一审抗诉案件的再审判决书 11 件，改判 5 件，调解 2 件。市检察院提请湖南省人民检察院抗诉案件 9 件，发出正式法律文书 11 件，接待申诉 1034 件，其中不符合受理条件 906 件，受理后作出不立案、不抗诉、不提请抗诉决定的 35 件案件都息诉。

2010 年 7 月，市检察院举行民行检察宣传活动

2011 年，全市检察机关对作出不立案、不抗诉和不提请抗诉决定的案件，均做好当事人的息诉服判工作。受理各类民行申诉案件 141 件，立案 84 件，其中市检察院受理 45 件，立案 18 件。11 个县、区院提请市检察院抗诉 23 件，市检察院提起抗诉 20 件，作出不予抗诉决定 1 件。市检察院提请湖南省人民检察院抗诉 10

件，不提请抗诉9件，终止审查3件。向法院发出再审检察建议及检察建议10件。市检察院提请抗诉的叶×与袁×合伙结算纠纷申诉案，湖南省高级人民法院采纳后改判金额近100万元。向法院提出再审检察建议4件，全部改判。

2012—2013年，全市检察机关对不符合受理条件的民行申诉案件，配合控申做好息诉服判工作。受理各类民行申诉案件82件，立案54件。全年接待当事人申诉237件，办结申诉案件24件，11个县、区院提请抗诉5件。市检察院提出抗诉6件，提请湖南省人民检察院抗诉10件。向法院发出再审检察建议4件。办理申诉和解案件11件，办理不立案、不抗诉、不提请抗诉和终止审查的案件48件，均做好息诉服判工作。抗诉案件法院再审18件，其中改判17件，调解1件。冷水滩区院提请抗诉、市检察院抗诉的黄×民与永州市第十建筑工程有限责任公司建设工程施工合同纠纷案，纠正一起涉案金额达290万元的虚假诉讼。该案被评为“全国检察机关优秀案件”。

2014年，市检察院民行处审查不服法院生效裁判监督案件70件，办结59件，向法院提出抗诉3件，提请湖南省人民检察院抗诉4件，不支持监督申请48件，终结审查4件。11个县、区院审查各类案件54件，办结52件。办理生效裁判监督案件5件，其中不支持监督申请2件，提请市检察院抗诉2件，检察建议1件，法院再审1件并改判。市检察院抗诉的蒋×与刘×等人买卖合同纠纷案，经核实和委托技术部门鉴定，证实蒋×系公司发起人的工商登记材料上，蒋的签名系伪造，也未委托他人办理，不能要求其对公司债务承担连带责任，法院改判，为蒋挽回经济损失13万元。

2015年，审查、办结不服法院生效裁判监督案件108件。向市中级法院提出抗诉3件，提请湖南省人民检察院抗诉8件，湖南省高级人民法院改判2件。不支持监督申请93件，终结审查2件，发出纠正违法检察建议2件。11个县、区院审查各类案件121件，办结113件。办理生效裁判监督案件13件，其中不支持监督申请9件，提请市检察院抗诉3件，发出检察建议1件。市检察院办理的永州市湘江职业技术学校与市就业服务管理局租赁合同系列纠纷案，市检察院作出决定后，学校原法定代表人兰×不服信访，民行部门事先做好息访预案，事中耐心劝导，释法说理，事后形成书面汇报材料，兰×息诉。

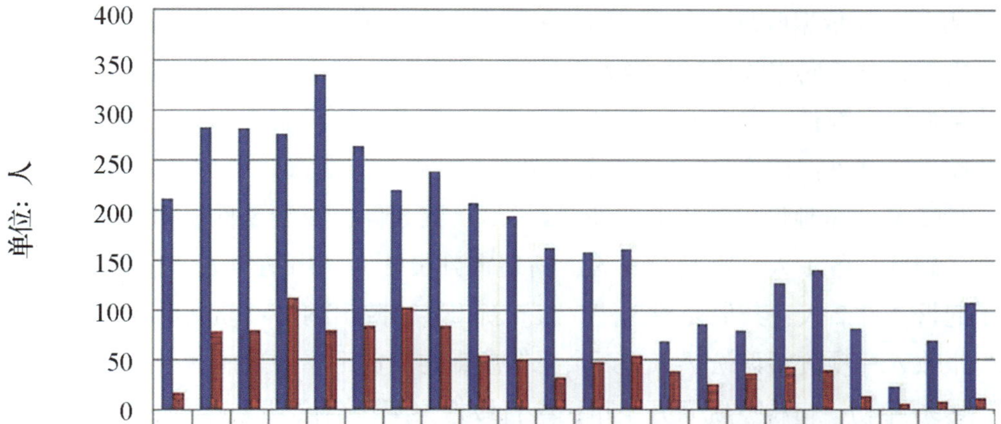

	1994	1995	1996	1997	1998	1999	2000	2001	2002	2003	2004	2005	2006	2007	2008	2009	2010	2011	2012	2013	2014	2015
受理案件	212	283	282	276	335	264	220	239	207	194	162	158	161	69	86	79	128	141	82	24	70	108
支持监督申请	17	78	79	112	79	84	102	84	54	51	32	48	54	39	26	37	43	40	14	6	8	12

1994 年—2015 年永州市检察院民行检察部门受理案件统计图

第二节　审判程序监督

1991—2007 年，根据《中华人民共和国民事诉讼法》第四十四条第三款规定：“审判人员有贪污受贿，徇私舞弊，枉法裁判行为的，应当追究法律责任；构成犯罪的，依法追究刑事责任”（以下简称“44·3”案件）。民行检察部门把办理民事行政抗诉案件同查办“44·3”案件结合起来，注意从判决、裁定明显不公、群众反映强烈的案件中，发现审判人员贪赃枉法、徇私舞弊、索贿受贿问题，对构成犯罪的坚决依法查办。

1994 年 9 月 20 日，零陵分院向零陵地区中级人民法院发出《关于纠正乱收费问题的建议》，被最高人民检察院在《检察院情况反映》（第 137 期）采用，最高人民法院副院长高昌礼作出批示，湖南省高级人民法院院长詹顺初批转零陵分院，零陵分院督促零陵地区中级人民法院纪检、监察室就“情况反映”的问题逐件调查核实。7 月，全地区法院以组织生活会、整风的方式，开展制止乱收费专题教育整顿活动，清出乱收费 4 万余元。地区中级法院为彻底解决乱收费问题，于 8 月 1 日在全地区法院实行立、审分离，各审判庭不准收费，统一由法院财会室收费，从机制上解决乱收费根源。10 月 18 日，零陵地区中级人民法院向湖南省高级人民法院、最高人民法院上报“关于对《检察院情况反映》（137 期）中有关问题的处理情况报告”。全地区立案“44·3”案件 4 件。其中个人受贿 2 件 2 人，涉案金额 5. 23

万元；集体索贿1件2人，涉案金额8000元；个人受贿和挪用公款1件1人，涉案金额5000元，侦查终结3件4人。发现法院系统违法案件7起，三种违规收费2.65万元；无依据收取其他费用1.29万元。冷水滩河东法庭原副庭长胡××受贿案，由零陵分院向零陵地区中级人民法院提起公诉；蓝山县法院原副院长陈××徇私枉法被撤销副院长、审判委员会委员、审判员职务，留党察看两年，并对作伪证的县法院民事庭书记员徐×给予党内警告处分。

1995年，全地区检察机关查处“44·3”案8件，查办5件，初查3件，其中庭长、副庭长各1人，审判员3人，助理审判员2人，出纳1人，逮捕1件1人，免予起诉2件2人，其他处理3件3人。新田县法院出纳肖××贪污诉讼费案，肖采取少报收入一项贪污诉讼费2.7万余元，涉嫌构成贪污罪被逮捕。

1996年初，市检察院召开全市民事行政检察工作会议，这是第一次由11个县、区院主管副检察长、民行科长参加的工作会议。市检察院检察长赵光华要求“继续狠抓办案，突出抗诉，确保案件质量，力争突破‘44·3’案，创一流业绩”。初查“44·3”案件线索13起，查办3件3人。

1997—2000年，市检察院在重点办理人民法院裁判不公的民事、行政、经济案件的同时，认真查办个别审判人员贪污受贿、徇私舞弊、枉法裁判等案件。初查“44·3”案件5件6人，立案查处3件4人。零陵区院民行科协助渎侦局查处市中级人民法院民事庭助理审判员吕×滥用职权，挪用公款一案，移送审查起诉。

2001—2003年，民事行政监督把重点放在地方保护、判决裁定显失公平、影响经济发展环境的案件上。冷水滩区院查办区法院民事审判庭原庭长丁×受贿案，是永州市民行检察部门独立查办的第一起“44·3”案件。

2004年，全市检察机关依法查处“44·3”案件2件，作出有罪判决1件，移送起诉1件。宁远县院查处县法院民二庭原庭长胡××贪污案被判刑；冷水滩区院查处区法院民事审判庭黄×枉法裁判案件，移送审查起诉。

2005—2006年，重点对侵害国家利益和社会公共利益、严重违反法定程序判决不公的案件，加大监督力度。对13起侵害国家利益和社会公共利益的案件支持起诉或提起刑事附带民事诉讼。东安县院发现县法院民一庭原庭长谭×佐有枉法裁判行为，初查建议法院给予相关处分，经县法院提请县人大常委会免去其民一庭庭长职务。

2007—2008年，初查“44·3”案件线索3件。市公安机关查处邓×诈骗案中，将零陵区法院个别法官滥用职权行为的情况，移送区检察院。因问题涉及比较专业的民事程序法和实体法，该院渎侦部门将材料移送民行部门进行审查，查明3名法官制作假笔录、造假案，对3名法官以涉嫌民事枉法裁判罪，移送审查起诉。在办案中，又发现珠山法庭原庭长在办理邓×申请诉前财产保全案中，擅自修改当事人双方签订的协议内容，从中收受贿赂，涉嫌滥用职权罪移送审查起诉。同时初查两起执行案中3名法官（副院长、法警大队长、执行局长）滥用职权的行为，2人被捕，1人立案后被取保候审。办案中还发现该院法警大队政委滕×，在办案中有受贿、渎职行为，经查办后取保候审。9月上旬，市检察院、零陵区院、市中级人民法院、零陵区纪委在零陵区法院召开投案自首大会后，8名法官主动到相关部门说明情况。

2009—2010年，全市初查6件违法犯罪线索，法院作出有罪判决5件。东安县粮油经营公司因改制转让某处房地产（系国有资产），永州市众福房地产公司竞拍买受上述房地产后，拖欠房地产转让款159.465万元，东安县院支持县粮油经营公司提起诉讼，为国家挽回经济损失100余万元。

2010年7月，市检察院举行民行检察宣传活动

2011—2012年，进行渎职行为调查28件，涉及执行领域10件；发出《纠正违法通知书》8件、检察建议2件，法院纠正违法行为、采纳检察建议5件；移送反渎部门查办10件；查实无违法行为3件。东安县院针对群众反映法院在立案中，不立不裁和对民事案件超期审理等违法行为，经查实后向法院发出《纠正违法通知书》和检察建议，并主动与法院纪检监察部门沟通，由其督促办案部门及时纠正和反馈纠正情况，该院立案调查法官违法行为案5件，发出纠正违法通知书4份，检察建议2份。

2013年，积极开展司法人员诉讼渎职行为调查6件7人，对涉嫌犯罪的司法人员查办2件2人，开展对审判人员违法行为调查31件，全部结案，查实无违法情况2件2人；向法院发出检察建议23件；移送反渎部门5件5人，反渎部门查办并移送审查起诉2件2人；移送党政纪部门处理1件2人，1人被县人大免职后被县纪委记大过处分，1人被县纪委警告处分。全市检察机关对违法行为的调查工作得到湖南省人民检察院民行处肯定，并将永州确定为违法行为调查重点推进地区和湖南省“两法两规则”（《中华人民共和国刑事诉讼法》《中华人民共和国民事诉讼法》《人民检察院刑事诉讼规则（试行）》《人民检察院民事诉讼监督规则（试行）》）新增检察职能履行情况专项调研活动的审判人员违法行为监督调研责任单位。市检察院交办零陵区院办理的冷水滩区法院系列涉嫌渎职案，有5名法官分别涉嫌违法执行案外人财产、违法委托拍卖、评估等情况，经查办后移送审查起诉

2件2人。江华县院办理的法官蒋×、曾×涉嫌执行中滥用职权案，该院在查实两人制造“假执行”案件情况后，移送相关部门处理。蒋被县人大常委会免去庭长职务、被县纪委记大过处分，曾被县纪委警告处分，该案被评为全省检察机关优秀案件。

2014—2015年，对审判人员违法行为启动调查6件。祁阳、江华县院强化对审判人员违法行为监督，办理监督案件6件，发出检察建议5件。市检察院在审查雷×与柏×民间借贷纠纷案，查明市中级法院办案人员程序违法，向该院发出检察建议予以纠正。

第三节　执行活动监督

1996年—2002年，《中华人民共和国民事诉讼法》未对民事执行活动实行法律监督作出明确规定。全市检察机关未对该项活动开展监督工作。

2003年，全市检察机关加强与法院的协调与沟通，召开联席会议，成立领导小组，制定实施方案，确定评查重点。密切民事行政检察科与法院执行局之间的联系，在信息通报、调取案卷等方面加强配合，扎实开展执行监督抽样评估工作。冷水滩区院将监督的范围延伸到法院的执行环节。区农机公司与永州市富民房屋租赁公司房屋转让纠纷案，农机公司的房屋评估价值为65万元，而法院下达的拍卖裁定为31万元，该案进入拍卖程序后，农机公司职工集体到检察院申诉，寻求法律监督，该院审查后向法院发出检察建议，法院撤销拍卖裁定。

2004—2011年，办理执行监督案件67件，执行和解36件。市检察院办理的冷水滩区院提请抗诉的尹×军离婚财产纠纷申诉案，经查该案民事判决无错误，导致尹不服反复上访的原因是法院执行问题。冷水滩区院向区法院提出纠正检察建议，并将法律文书送达区人大、区委政法委等相关部门。零陵区院与区法院会签《关于审判监督和执行监督的若干意见》。双牌县院与县法院下发《关于对民事执行案件监督的会议纪要》。2011年，江永县院与县法院会签《关于对民事行政执行案件监督的若干意见》。

2012年8月24日，市检察院举行民行检察宣传活动

2012—2013年，办结执行监督案件3件，执行和解案件35件。江永县法院对永州市裕康房地产开发有限公司与陈×吾、廖×胜的商品房预售合同纠纷一案未采取任何执行措施，损害当事人的利益，江永县院向县法院发

出纠正违法通知书，法院予以纠正。2013 年，对存在执法过错的一名庭长建议法院提请免职。从人民群众关注的“执行难”问题入手，加强对民事执行活动监督 43 件。东安县院监督并配合县法院执结一起多年未执行的民事判决，为县农机公司 100 余名下岗职工挽回经济损失 132 万元。

2014—2015 年，办结执行监督案件 34 件，执行和解案件 5 件，发出检察建议 19 件，纠正违法通知书 1 件。市检察院指导江华县院办理的蒋×山、曾×违法行为监督、执行监督案，被评为 2013 年度全省检察机关十大优秀案件。双牌县院对一件超期执行 4 年的案件，向法院发出纠正违法通知，促使法院对 19371. 54 元赔偿款执行到位。道县院办理舒×奇申请执行监督案，发现法院在该案执行程序中违法，经监督为申请人挽回损失 60 余万元。

第二章　行政检察与公益诉讼

第一节　行政机关履职监督

开展行政执法监督，是检察机关作为法律监督机关的重要责任和服务大局的重要途径。1994—2006 年，全市检察机关积极探索开展行政执法监督，充分发挥检察监督对行政机关的外部制约功能，督促行政机关依法行政，正确履职，办理督促行政履职案件 1124 件。

2007—2011 年，办理督促行政履职案件 172 件。冷水滩区院在办案中，发现案发现场居民修建的住宅楼，离高压线不足 1 米的安全隐患，经向市规划局、国土局、冷水滩电力局等单位发出检察建议，得到及时处理。零陵区院民行科从反渎部门了解到区国土资源局管理责任缺失，对某矿场毁损土地 2. 9 万余平方米，按照国家有关规定应缴纳土地复垦费 58 万余元尚未收取，遂向区国土局发出检察建议，要求林×缴纳相关费用。同时因该矿场系区政府招商引资项目，为不影响本地经济建设，区检察院主管副检察长同办案人员多次组织双方协商，帮助企业发展。东安县院在办理民事申诉案件中发现该县一些房地产开发商，在商品房预售中存在无证售房现

2012 年 9 月 24 日，省人大代表到市检察院视察办案区

象。该院向县房产部门发出检察建议，房产局采纳并书面回复。

2012—2015 年，办理督促行政履职案件 149 件。祁阳县院办理督促履行职责案件 10 件，为国家追收应收款项 50 余万元。零陵区院开展的水污染督促履职案，为城区供水的娘子岭水厂取水点上游不足 800 米处，存在数个排污口，包括附近学校、居民 3 万余人的生活、生产污水未经处理直接排入河道，严重污染饮用水源。该院调查取证后发出检察院建议，督促相关部门履职，得到区委、区政府支持，相关部门分别采取治污措施。

第二节　检察调解

1994—1997 年，全市检察机关坚持以服务人民群众利益需求为出发点、落脚点，积极探索民行检察调解工作机制。办理和解案件 103 件，多名当事人送锦旗感谢，并有多起案件写入市、县院检察工作报告。市检察院办理诉前调解案 11 件，索赔金额 3.1 万元，无不服调解向法院起诉的。刘×与夏×因琐事发生扭打，咬伤夏面部，夏踢了怀孕 6 个月刘×的腹部和咬伤其手指，夏以面部裂伤会留下永久性疤痕为由向刘索赔 5000 元，刘以被踢伤孕妇为由要夏赔偿。办案人员通过摆事实、讲道理，双方接受由刘一次性赔偿夏 600 元调解意见。新田县院为当事人提供法律服务 7 件，执行和解 19 件，其中协助县政府成功调解一起财产纠纷案，为申请方挽回经济损失 12 万元。芝山区院非诉讼调解 28 件，冷水滩区院应法院邀请二次出席一审民事庭审。

1998—2006 年，市检察院主持当事人和解案件 42 件。祁阳县院 2005 年主持和解结案 9 件，该院审查县肖家镇清泉村与大江林场黄沙村不服祁阳县人民政府山林权属纠纷处理决定案，以及县物资局与祁阳农业银行借款合同纠纷案时，先后主持当事人达成和解协议。

2007—2011 年，办理执行和解案件 168 件。宁远县院受理石某申诉案后，及时组织双方当事人达成调解协议并兑现，使 15 年判而未执行的案件三日内和解结案。冷水滩区院受理的王×乾与肖×债务纠纷案，区法院判决后 10 余年未执行，区院审查后发现法院判决的 9 万余元债务，本金只有 2 万余元，其余均为利息。办案人员组织双方当事人达成和解协议，由王一次性付给肖 3 万元结案。

2012 年，办理执行和解案件 11 件。匡×奎、蒋×根与唐×元民间借贷纠纷一案，祁阳县法院判决匡、蒋赔偿唐×元 10 万元。判决生效后，匡×奎提供出已归还蒋×根 9.2 万元的证据，向祁阳县院申请抗诉，经调解，蒋×根同意匡×奎偿还借款 1 万元本金及利息。

2013—2015 年，办理执行和解案件 30 件，所有案件全部执行到位。盛×芳机动车交通事故责任纠纷案，经法院判决赔偿经济损失 90675 元，但法院一直未执行到位，当事人向市检察院申请监督，双牌县院与县法院做好其赔偿工作。

第三节　督促、支持起诉与公益诉讼

全市检察机关注重发挥诉前、诉讼综合功效，把督促行政机关依法行政、促进法治政府建设作为开展公益诉讼试点工作目标。为生态和环境资源保护领域、国有土地使用权出让领域、国有资产保护领域、食品药品安全领域服务。

2000—2001 年，全省检察机关对开展公益诉讼进行探索和部署。2001 年，最高人民检察院下发《关于开展公益诉讼试点工作的通知》，正式启动公益诉讼工作。

2003 年，市检察院积极探索创新公益诉讼工作，成为开展公益诉讼试点单位。祁阳县院办理县原种场低价转让国有土地案，该院立案查明县原种场低价将 2000 平方米土地转让给郑×生、潘×平等 6 人，造成国有资产损失 15 万元，祁阳县院以县原种场和郑×生、潘×平等 6 人为被告提起诉讼并胜诉。

2004 年，全市民行检察部门通过学习和探索后，在公益诉讼方面取得新进展。办理公益诉讼案件 7 件，直接起诉 2 件，支持起诉 1 件，刑事附带民事诉讼 4 件，出庭审理二审公益诉讼案件 2 件。宁远县院初查国有资产流失案件 6 件，直接起诉 2 件均胜诉，为国家挽回经济损失 27. 26 万元。冷水滩区院提起刑事附带民事诉讼 2 件，法院判决艾×、刘×滥伐林木补种外国松 580 棵；判决唐×、蒋×破坏电力设备赔偿 1. 3 万元。

2005—2007 年，全市在办理公益诉讼案件时紧扣案件公益性，对损害国家利益、社会公共利益的案件，积极向党委、人大汇报和与法院协调，通过提起刑事附带民事诉讼等方式，维护国家利益、社会公共利益。提起刑事附带民事诉讼涉农案件 26 件，全部胜诉，为国家和集体挽回经济损失 45 万余元。东安县院支持该县芦洪市镇坝塘口村 4、5、6 组起诉的环境污染索赔案，为群众挽回经济损失 34 万元。双牌县院立案各类公益诉讼案件 6 件，为国家挽回经济损失 17 万元。

2008 年，全市检察机关办理公益诉讼案件 35 件，其中刑事附带民事诉讼 28 件，支持起诉 4 件，督促起诉 3 件。法院判决胜诉 26 件，为国家挽回经济损失 600 余万元。零陵区院办理魏×环失火罪案，魏在承租山上烧荒造林致过火面积 120 余亩，损失 10 余万元，该院支持受害村组起诉。新田县院支持起诉的张×成等 16 人财产损害赔偿案，为村民挽回经济损失 60 余万元。

2009—2010 年，积极推进公益诉讼，提起刑事附带民事诉讼 18 件，挽回损失 500 余万元。对侵害社会公共利益的刑事案件，提起附带民事诉讼 14 件，督促当事人起诉 5 件。办理刑事附带民事诉讼、支持起诉和督促起诉案件 64 件，挽回经济

2013年3月6日，市检察院青年志愿者服务队上街开展交通安全防护行动和宣传公益诉讼

损失800余万元。双牌县院因陈×失火烧毁有林面积120.5公顷，造成130余万元的损失，经提起刑事附带民事诉讼，法院判决其补栽林木并保证成活。道县院督促县民政局对万×交通肇事致流浪人员死亡提起刑事附带民事诉讼，该案被湖南省人民检察院评为“全省优秀案件”。

2011年，全市办理、支持和督促起诉案件25件。3月初，东安县院向县法院发出《关于法检两家联合开展公益诉讼活动倡议书》，得到县法院支持。该院支持县粮油经营公司提起诉讼，为国家挽回经济损失100余万元。

2012—2015年，十二届全国人大常委会第28次会议通过“关于修改《中华人民共和国民事诉讼法》决定”，建立公益诉讼制度（含环境公益诉讼制度）。全市检察机关加大办理公益诉讼案件力度，以保护永州的青山绿水。办理支持起诉53件和督促起诉6件。杨×坤、张×忠、杨×华等27人与国家电网湖南省电力公司永州供电分公司和东安供电分公司劳动争议纠纷案，东安县院支持扬×坤等27人起诉，要求两家公司按《东安电力公司内退休养协议书》的约定，支付2004—2011年期间少发的工资待遇，并依法承担赔偿金及利息。

第七篇　检察技术

1991 年，零陵分院所辖 11 个县、市院全部设立技术科，配备专职、兼职法医、司法会计、文件检验和视听技术等专业技术人员，并经过专业培训逐步取得技术鉴定资格，检察技术工作全面展开，包括司法鉴定和信息技术，其中司法鉴定包括法医检验鉴定、文件检验鉴定、司法会计检验鉴定和视听与痕迹检验鉴定 4 个门类；信息技术包括专线网建设、局域网建设。1994—2015 年，全市检察机关大力提升技术工作水平，不断扩大技术受案范围，形成“侦、监、捕、诉、技”工作格局，实现检察技术工作与办案紧密结合，有效维护法律公平公正。

第一章　司法鉴定

第一节　法医检验鉴定

1994—1995 年，全地区进行法医检验 1194 件。宁远县黄×平被伤害案，原法医鉴定被害人有“脑震荡”，属轻伤，零陵分院法医经重新鉴定为轻微伤，公安机关撤回该案。零陵分院、永州市（现零陵区）、冷水滩市、祁阳、东安、江永、宁远县院自办或与其他单位合办法医门诊 7 个，办结民事纠纷、治安案件造成的人身伤害案件 2528 件。宁远县公安局太平派出所干警邓×、何×、欧×等 5 人，非法拘禁殴打蓝山县公安局南岭分局干警黄×、彭×和南岭林场职工杨×，致一死两伤。宁远县院鉴定认定：死者黄系钝器打击致全身 37 处损伤，造成失血性休克死亡。彭、杨被他人殴打致轻伤，该院及时立案，逮捕邓、何等 5 人。

1996—1997 年，全市检察机关坚持为办案服务，狠抓法医等工作，受理并办结人体损伤法医学鉴定案件 1263 件。东安县公安局向县院移送被告人蒋×云故意杀人案，公安法医鉴定死者生前被他人用霰弹枪击死亡。市检察院法医开棺验尸重新鉴定，确认死者胸腹部损伤为单刃刺器与霰弹两种工具所造成，且单刃刺器伤及心脏，损伤严重，为绝对致命伤，霰弹创铁砂已进入胸腔及肺组织，为相对致命伤。

办案人员根据此鉴定，查实被告人蒋×平（蒋×云之子）持刀刺杀蒋×庄的犯罪事实。1997年，市检察院、芝山区（现零陵区院）、冷水滩区、祁阳、东安、江华、江永、宁远县院配备法医技术人员8人，市检察院法医唐大立取得主检法医师资格。全市受理并办结法医检验鉴定897件。江华县居民兰××被人持菜刀砍伤面部，该县公安法医鉴定为轻伤，兰不服要求重新鉴定，该县检察院重新鉴定为重伤。兰持鉴定书要求公安机关处理时遭拒绝，该院领导向县委政法委书记汇报后，对检察法医秉公办事，依法办案、坚持原则的做法给予肯定和表扬。市检察院办理高×生被杀案，公诉部门提出因同案犯秦×林在逃，主犯高×生辩称死者系被秦×林用钢筋打击头部而死，死因存在疑问。法医通过文证审查时发现原鉴定尸检不全，没有开颅检查，经开棺验尸鉴定，排除颅脑外伤致死的原因，确定死者系被有刃锐器致死，为办案部门提供出科学证据。

1998年，受理法医检验鉴定623件，文证审查705件。全市法医撰写的“浅谈法医活检鉴定审查注意的几个问题”“前纵膈囊性畸胎破裂通至左胸腔一例”“关于检察法医参加重大责任事故鉴定问题的法律思考”等6篇法医论文，在湖南省检察技术第二期《检察技术论文、案例汇篇》刊发。4名法医评定为主检法医师（中级职称）。

1999年，受理并办结法医检验鉴定761件。5月17日，市检察院技术科和监所科联合下发《关于开展对保外就医罪犯病情鉴定进行文证审查和重新鉴定的通知》，加强对保外就医工作的法律监督力度，配合监所部门开展保外就医法医监督。办结法医文证审查131件，纠正原错误结论10件，防止错捕7件7人、错诉3件3人。宁远县国土局干部黄×被人殴打致伤，县法医鉴定黄的损伤属轻伤，被告人在庭审

1999年4月8日，市检察院召开全市检察技术工作会议

时申请重新鉴定。宁远县法院委托市检察院重新鉴定认定黄的损伤不构成轻伤，法院宣告被告人不构成犯罪。

2000—2001 年，受理并办结检验鉴定 502 件，文证审查 163 件。市检察院对全市法医检验鉴定案件进行抽查，没有发现错案，但案件委托手续不全，鉴定书格式书写不规范，市检察院组织全体技术人员进行学习，严格按照技术档案的组卷要求进行组卷存档。东安县因“水利”纠纷发生一起致人伤害案。被害人程×被鉴定为轻伤，被告人不服要求重新鉴定，市检察院重新鉴定为轻微伤，法院据此宣告被告人不构成犯罪。

2002—2004 年，市检察院加大对 11 个县、区院办理案件的指导力度，全市受理并办结法医检验鉴定 556 件，市检察院法医唐大立取得副主任法医师资格（高级职称）。市检察院重新鉴定方×生自缢身亡案，方因盗伐林木在祁阳县金洞林业公安分局留置室自缢身亡，死者亲属对县级法医鉴定不服，市检察院法医受指派联合市级法医组成鉴定小组，邀请死者亲属代表参加开棺，对尸体重新鉴定为自缢身亡，死者亲属信服鉴定结论。永州市戒毒人员彭×，用毛巾在水龙头上缢颈死亡，死者亲属认为他杀。市检察院作出彭×系自缢身亡的鉴定结论，死者亲属对检察院法医的工作态度及死因解释表示信服。2004 年 9 月，市检察院配合湖南省人民检察院技术处及监所部门对全市监狱、看守所 2002 年以来办理的罪犯保外就医，是否符合法定疾病条件和法定程序进行专项检查，审查保外就医罪犯的疾病档案 300 余份，70%不符合法定条件保外就医，且一些程序不规范，为监所、监狱管理部门提供第一手资料。

2005 年，受理并办结法医文证审查 60 件。市检察院法医配合监所部门对 2003 年以来全市监狱、看守所的保外就医有关资料进行文证审查，发现不符合保外就医条件的证据 20 余份，为收监和提出检察建议提供科学依据。受市委政法委委托，市检察院法医牵头组织市级法医鉴定小组，对“8・22 东安县白牙市镇蒋×清死亡事件”进行法医鉴定，查明死因，平息村民到县政府“申冤”。市检察院法医唐大立被评为“全省优秀办案能手”。

2006—2007 年，全市检察技术整合资源，以市检察院技术处为中心开展各项检察技术工作，按规定进行检察技术机构注册及技术人员登记公示工作。法医技术将工作重点转移到履行监督职能，适应新形势下司法鉴定工作要求。受理、办结法医检验鉴定 40 件，文证审查 32 件。市检察院侦监处送审的一起故意伤害案，犯罪嫌疑人廖×中受伤的致伤物认定，成为案件定性的重要问题，市检察院法医对区、市不一致的法医鉴定书及相关医学资料进行法医学文证审查，认为原零陵区公安分局第一次法医学鉴定中损伤系锐器伤依据充分，并建议送湖南省人民检察院重新鉴定认为，被鉴定人廖×中头部损伤系锐器伤。市检察院侦监处根据重新鉴定结论认定犯罪嫌疑人廖×中系正当防卫行为，作出不捕决定。2006年2月10日，受市委政法委委托，由市检察院法医牵头组织市级法医鉴定小组，对蓝山县公安局看守所在押人员伍×死亡案，进行法医鉴定为外伤致颈髓损伤致死。公安机关根据鉴定结论重新侦查，查清伍×外伤致死案件事实真相。

2008年，全市检察机关抓规范化管理，转变技术工作思路，适应司法鉴定改革形式，开展文证审查，履行监督职能，受理、办结法医检验鉴定案22件。8月30日，全市检察机关有6名法医被授予"永州市人民检察院司法鉴定中心"鉴定机构鉴定资格。市检察院法医受理江华县院报送的"胡×涉嫌强奸幼女案"文证审查，原办案机关确定受害人的年龄仅是永州市人民医院DR检查报告。市检察院审查建议办案部门需提供新的证据重新作出鉴定。经办案部门补充侦查，对受害人的引产儿与犯罪嫌疑人胡×进行亲子鉴定为：胡×与受害人的引产儿没有血缘关系。江华县院对胡×作出不逮捕的决定。

2009年，受理并办结法医检验鉴定6件，文证审查50件。经最高人民检察院审核批准全市检察机关有21名技术人员被授予鉴定资格，其中法医6名。宁远县院送审的骆×被他人故意伤害一案，原鉴定单位鉴定为轻伤，市检察院法医文证审查认为轻伤依据不足，建议重新鉴定，经永州市法医鉴定中心重新鉴定为轻微伤。

2010年7月，市检察院技术人员进行双录工作

2010年，市检察院针对全市刑检部门在办理人身伤害案中，时有错案发生及监狱对罪犯不当保外就医发生后重新犯罪情况，市检察院法医对此进行专题调研，发现问题出在技术性证据上。全市除退休或调离的法医外，只有3名法医，不能满足对全市人身伤害案件技术性证据审查需要。为使办案人员初审时把好第一道证据关，市检察院法医在6月通过视频会议，为全市刑检、监所部门进行"刑事诉讼中对司法医学鉴定的文证审查"专题培训。全年受理并办结法医检验鉴定40件，在送审的37件伤害案中，发现结论错误及有问题的鉴定7件。驻永州监狱检察室提供的多名服刑人死亡、保外就医鉴定书及相关资料，经文证审查发现有的资料不全，有的只有尸检报告检验记载，无明确死因结论，文书制作不规范等。通过法医文证审查，市检察院驻狱检察室及时向监狱分管领导通报情况并发出检察建议书。监狱进行整改，规范鉴定程序，确保鉴定结论科学准确。

2011年，受理法医学检验鉴定35件，文证审查案件20件，发现并纠正其他机关错误鉴定结论3件。市检察院技术处配合监所处对全市检察机关保外就医进行专项检察活动，对全市所有保外就医的原医学鉴定材料进行审查，审查保外就医医学鉴定26件，发现存在问题、有缺陷的医学鉴定7件，向驻狱检察室及狱政科提出检察建议，使保外就医文书及相关资料更加规范。12月31日，市检察院受市委政法委委托办理江永县看守所在押人员蒋×平死亡事件。蒋死亡后其亲属等100余人围住县委及相关部门。省、市相关领导先后赶到现场，防止事态扩大。市检察院组织法医技术人员对死者尸体进行检验，同时，邀请死者亲属代表全程参与尸检过程，经检验鉴定系自缢死亡。在大量证据面前，死者家属对鉴定结论和市检察院法医对问题的解释表示信服。

2012年4月，市检察院召开全市检察技术工作会议

2012年，受理并办结法医鉴定1件，法医文证审查50件，通过法医文证审查，发现并纠正其他鉴定机关错误鉴定结论2件。9月，市检察院公开招录1名法医技术人员。市检察院受理东安县院公诉科办理“犯罪嫌疑人倪×元故意伤害案”文证审查，认为原四份鉴定中对朱×损伤程度评定为轻伤依据不足，同意原鉴定结论中轻微伤鉴定意见，公安机关作出撤回案件调解处理，双方当事人息诉和解。市检察院法医受理冷水滩区院公诉科委托的“刘×林涉嫌过失致人死亡一案”文证审查，该案发生在2007年，案发后犯罪嫌疑人刘×林潜逃至2012年归案。因被害人吕×姣在案发二天内，先后有两次受伤的经历。市检察院法医通过对原尸体解剖报告及尸检照片进行比对分析，得出吕×姣系第一次头部损伤致严重颅脑损伤而死亡。该分析意见被办案部门采用，法院以刘×林过失致人死亡罪判处有期徒刑。

2013年5月14日，市检察院举行网络技术培训讲座

2013年初，市检察院为解决全市办案部门送审文证审查难的问题，技术处自主研发“网络文证审查系统”，使文证审查效率明显提高。受理并办结法医检验鉴定13件，文证审查261件。通过法医文证审查，发现并纠正其他司法鉴定机构有问题的鉴定30件。市检察院受理驻永州监狱检察室

委托对“抢劫犯段×云保外就医案医学鉴定”文证进行审查，原医学鉴定段符合保外就医条件。经市检察院法医审查认定：段×云目前疾病状况不符合保外就医条件。永州监狱将其收监。

2014 年，受理并办结法医检验鉴定 3 件，法医技术性证据审查 428 件，通过法医技术性证据审查，发现有问题瑕疵鉴定及错误鉴定 38 件。道县院送审的“犯罪嫌疑人杨×保故意伤害案”，杨先后二次被县、省级鉴定为轻伤。市检察院建议重新鉴定，经湖南省法医学技术咨询委员会会诊作出“失血性休克的诊断依据不足，其损伤程度评定为轻伤依据不足”的分析意见。道县院对杨×保作出不起诉决定，该案被湖南省人民检察院技术处评为优秀案件。

2015 年，受理并办结法医检验鉴定 3 件，技术性证据审查 627 件，通过法医文证审查，发现有问题不同意原鉴定意见 20 件，存在明显瑕疵 39 件。市检察院办理“雷×华保外就医案文证审查”案，雷因贪污、私分国有资产罪被判处有期徒刑十年六个月，送往永州监狱执行期间，被批准暂予监外执行被举报，市检察院认为雷不符合保外就医条件，向永州监狱发出检察建议，对罪犯雷×华收监执行；该案被湖南省人民检察院技术处评为技术办案优案。

第二节　文件检验鉴定

1994—1995 年，零陵分院在宁远县召开文检技术工作会议，研究部署抓办案，保质量、促发展的具体措施。受理并办结文检 290 件。

1996—1997 年，文检技术发挥其在“两反”斗争中的攻坚破垒作用，将技术手段运用于检察业务各环节。受理并办结文件检验 361 件。市检察院连续两年被评为全省技术工作先进单位。道县院在查处县种子公司经理何×仁、业务经理吴×胜、会计何×等 7 人贪污、受贿窝案时，文检技术人员在初查阶段主动配合反贪部门收集固定、甄别证据，出具 4 份笔迹鉴定书，证实何×仁等人采用私分公款、提高单价、多报、虚报支出及监守自盗等手段，贪污 50 余万元的犯罪事实。被告人何×仁、吴×胜、何×被分别判刑。

1998—2000 年，文检技术部门坚持提前介入，统一调配全市技术力量，集中查办重大疑难案件，跟踪服务的工作方法，将技术手段运用于检察业务的各个环节。全市配备文检技术人员 13 人，办结文检案件 407 件。协助反贪部门认定于×兰贪污 7 万余元，被法院作出有罪判决。

2001—2003 年，充分发挥文检技术手段，着重办理一批有影响的技术鉴定案。文检办结案件 184 件。宁远县在打黑除恶专项斗争中，文检员对一起绑架儿童致死的恶性勒索案件中，对犯罪嫌疑人恐吓信进行笔迹鉴定，为锁定犯罪嫌疑人提供证据。

2004—2005年，市检察院加大文检技术鉴定在职务犯罪中提供侦查方向、案件线索作用力度，为案件的侦破发挥关键性作用。文检办结案件22件。市检察院自侦部门在查办市中级法院出纳李×海、高×挪用公款案中，文检技术员通过对财务账目审查及有关取款现金支票和转账支票的笔迹鉴定，为侦查发挥重要作用。

2013年7月15日，市检察院召开全市检察技术工作上半年电视电话会议

2006—2010年，全市检察机关技术部门与民行、公诉、自侦部门密切配合，充分发挥文件检验等检验鉴定门类的技术优势，对业务部门在办案过程中遇到的涉及检验鉴定的问题，对具备条件的及时收集检材委托上级检察机关或具备相应鉴定资质的鉴定机构进行检验鉴定；同时严格把握检材质量关，对不具备进行检验鉴定条件的案件，不予受理，避免错案发生；并围绕庭审前准备、庭审答辩采取“四个提前（提前查阅卷宗，熟悉案情，提前与公诉人沟通，提前备齐出庭所需资料，提前熟悉出庭作证的程序）、三个注意”（注意鉴定人的从业履历以及专业职称的介绍、注意保持鉴定人的中立性、注意讲究庭审的答辩技巧）工作机制，为规范司法办案提供有力、有效的技术支持和保障。文检办结案件105件。市检察院办理东安县交通局公路站原站长何×在修通乡公路过程中，涉嫌受贿19万余元。搜集大量样本，最后鉴定7张取款凭条签名是嫌疑人所签，为办案提供侦查方向。冷水滩区院审查起诉犯罪嫌疑人费×、熊×合同诈骗案中对案卷中收款凭证、收据、保证书、借条等证据，互相推责不是自己所写；文检人员通过搜集材料和科学比对，作出鉴定，嫌疑人在证据面前供认不讳。市检察院办理湖南省永州市汽车运输总公司原党委书记、总经理陈×吾（正处级）受贿案，文检鉴定为定案、定罪起到关健作用。

2011—2015年，全市检察机关以司法鉴定工作为抓手，深入办案一线，发现案件线索，为侦查部门提供侦查方向，发现、提取、固定证据，作好检验鉴定，较好地服务和保障检察中心工作。市检察院引进一批最新电脑硬盘数据恢复分析、手机数据采集终端、可视化数据智能分析等系统，通过技术鉴定协助检察机关侦破案件。文检办结案件137件。江华县院受理县公安局提请公诉周×涉嫌信用卡诈骗案，对有关材料上“周×”的签名字迹提出质疑，这是对周×是否构成犯罪的关键，经鉴定鉴名不是“周×”的字迹，该院作出不起诉决定。市检察院

2015 年 11 月 4 日，湖南省人民检察院网络信息计财处到市检察院对高清晰视频会议等系统进行验收

办理“零陵区公安分局干警贺×、蔡×群刑讯逼供案”，因侦查工作受阻，技术人员提前介入调取零陵区公安分局特警大队资料 36 本，收集样本字迹 65 份。通过鉴定，为贺×刑讯逼供案立案打开突破口，此案被评为全省十大优案之一。市检察院办理宁远县工业区管委会主任王×平、副主任肖×飞等人贪污受贿案，文检技术人员提前介入，对有关资料进行鉴定，为案件侦破提供有力依据，王以零口供被起诉判刑，该案被湖南省人民检察院技术处评为十大优案之一。

第三节　司法会计检验鉴定

1994 年，全地区检察机关通过建立健全司法会计人员参与办案工作机制，组织司法会计人员参与案件协查工作，积极做好引导侦查、帮助办案部门锁定犯罪、扩大战果。全市有司法会计技术人员 11 人，其中 1994 年新增 3 人，办理司法会计检验鉴定 60 件。祁阳县院规定自侦部门办理的贪污、挪用、偷税等案件必须进行司法会计鉴定，否则在下一个环节的办案部门不予受理。零陵分院司法会计在反贪局查办的零陵地区建行恒发房地产公司经理首×雄贪污案时，经审查 50 本账薄，查出有疑问资金 90 多万元，出具查明首×雄贪污挪用公款 60 多万元，涉案 200 多万元的分析意见书，为侦破案件发挥了作用。

1995—1996 年，全地区检察机关为发挥好检察技术协助办案作用，新增司法会计 5 人，办理司法会计检验鉴定 184 件。司法会计和文检人员联合查办道县种子公司经理何×理、业务经理吴×胜、会计何×等 7 人，监守自盗贪污 50 万元案。

1997—1999 年，全市检察机关先后出台《关于加强办案中科技含量的通知》《关于规范司法会计送检案件受理、鉴定的通知》《关于进一步规范文证审查工作的规定》《司法会计工作实施细则》等文件，指导和规范办案工作。办理检验鉴定 375 件。中国银行祁阳县支行出纳于×明在 1996 年携款潜逃，1999 年归案。时过 4 年，因初查材料疏漏，对于×明经管资金的亏空数额和携款潜逃金额难以确定。司法会计受理检验鉴定后，审核于×明经管资金的账目，库存盘点表，结合其他案件材料，核实于携款潜逃金额为 88 万元，司法会计鉴定结论被法院采纳，于被判刑。

2000—2002 年，司法会计办理检验鉴定 349 件。芝山区院办理水口山信用社湾夫分社会计杨×国贪污案，经司法会计检验鉴定，杨×国贪污 62 万余元、挪用公款

19 万余元。宁远县工商银行副行长邓×平从 2000 年 7 月—2001 年 12 月，利用审批贷款和到客户收取大额存款的职权，采用后笔补前笔的办法挪用公款赌博。司法会计对每笔资金的来龙去脉进行跟踪追查，文检人员对单据上的字迹签名予以确定，从数万笔数目中查明邓×平挪用公款 176 万元，96.4 万元未归还，邓被判刑。

2003 年，司法会计办理检验鉴定 46 件，其中大要案 3 件。司法会计协助查办江永县人大常委原主任、古宅水库指挥部指挥长胡×科、会计卢××、出纳黄××贪污窝案，犯罪嫌疑人自认为审计已过关，拒不交代犯罪事实。司法会计通过审核其单位的会计资料和银行往来账单，确认江永古宅水库指挥部 1996 年 12 月虚列一级隧道衬砌工程 107 万余元，该款没有付给承建单位，另有 41 万余元水泥差价没记收入账，合计 148 万元，被胡×科等人套取私用。法院以贪污罪判处胡×科等人十年以上有期徒刑。胡不服上诉，二审维持原判。宁远县人民政府原副县长、猪头山开发小区蒋×勇等人受贿、贪污大要案，受理委托出具司法会计鉴定书，涉案人员均被判刑。

2004—2007 年，司法鉴定体制改革后，司法会计工作重点从检验鉴定为主转变为技术协助为主，办理检验鉴定 35 件。在查办东安粮食系统虚报粮食损失案件中，司法会计人员发现东安粮食系统虚报粮食损失 224 万元，截留销粮款 540 余万元。

2008—2010 年，全市司法鉴定中心成立，保留司法会计技术人员 5 人，其中 4 人兼任。办理检验鉴定 17 件。江华县院司法会计潘德炳身患骨癌，强忍病痛，查办江华药材公司陈×隐瞒销售收入 44.8 万元。道县院司法会计协助查办道州商业乐园建设指挥部将 1550 万元公款借给欧×利使用，唐×能收受欧×利 10 万元。

2013 年 12 月 11 日，技术法警支部组织理论和业务学习

2011—2015 年，市检察院通过建立健全司法会计人员参与办案工作机制，组织司法会计人员参与案件协查工作，积极做好引导侦查、帮助办案部门锁定犯罪、扩大战果。办理检验鉴定 21 件。市检察院司法会计查办冷水滩区人民法院会计李×挪用公款案，李经管冷水滩区法院标的款长达 8 年，资料账目混乱，司法会计将传统司法会计技术与现代信息技术相结合，运用自主研发的会计账目分析软件，从 1 万多本资料中查清李×挪用公款 5 笔 241 万余元。该案被湖南省人民检察院评为 2011 年度优秀案件。司法会计办理检验鉴定 4 件，对永州市第一公共交通公司经理挪用公款

窝案进行检验鉴定为：经理杨×挪用公款1053万余元、财务科长冯×陵挪用公款140余万元、出纳杨×玲挪用公款200余万元，三人均被判刑。市检察院和零陵区院司法会计联合查办永州市第四人民医院原出纳彭×生挪用公款398.6万元。司法会计和文检、电子证据人员协助湖南省人民检察院司法会计一起参与查办湘南学院肖×楚贪污受贿案。

第二章　网络信息和电子证据

第一节　网络信息技术

1994—2000年逐步开展网络信息工作。2001年，最高人民检察院规定在12月31日前开通省、市州院二级网，市检察院技术处配合湖南省人民检察院做好二级检察专线网的建设工作。

2002—2003年，市检察院根据最高人民检察院《2002年检察机关信息化建设与应用实施意见》，把信息化网络建设作为工作重点来抓，认真实施“213”工程，狠抓“业务归口，人员归位，技能培训”工作，积极筹建二级专线网和局域网，市检察院在新建侦查技术大楼时，投入20万元为局域网布线，道县、宁远、冷水滩县、区院率先做好局域网的准备工作。全省检察二级专线建设完成并投入使用，同时开通二级专线网视频会议系统，专线电话系统（湖南省人民检察院与市州院、市州院之间、市检察院内设机构之间上下、横向畅通的安全保密、音质清晰、通话免费的专线电话系统），积极配合湖南省人民检察院技术处加强相关数据传输、文件传送等。市检察院投资70余万元加强侦察技术大楼的信息网络化建设，确保建成集数据信息网、视频会议系统、语音系统“三网合一”。

2004—2005年，开通外网、专线网、局域网。改进监控室设备，在原有一套摸拟信号传输的基础上，增加一套数字信号传输，为网上指挥审讯系统的使用提供强有力的保障，同时又为大楼的安全监控提供保障。彩色显示屏及背景音乐、多功能会议室、数字广播建成并投入使用。内线电话由24门扩容至80余门，完成全市三级专线网建设任务，视频会议系统及专线电话系统开通使用。

2006年，市检察院投入70余万元完善信息化建设工作，并决定信息化应用以市检察院为中心，带动全市信息化工作全面发展。全市按时完成三级专线网建设目标，市检察院全部安装全省统一应用办公办案软件，开通处室及市检察院干警专线网邮箱。

2007年4月下旬，市检察院在江华县院召开全市检察技术工作会议，传达全省检察技术工作会议精神，根据永州实际提出检察技术工作重点，对江华县信息化工作的先进经验进行推广。除双牌、祁阳、蓝山县院外，其他8个县、区院完成局域网建设。市检察院、零陵区、江华、东安、江永、宁远县安装使用办公办案软件。对视频会议室的灯光等设施进行完善，对内线电话系统进行扩容，加强规范化管理，市检察院下发《检察内网使用规定》《视频会议系统管理使用规定》《指挥室和特审室管理使用规定》，从制度上加强三级网的维护、保养、防火防盗及使用规范，保障三级网络和视频等系统的正常运行。

2008—2009年，全市检察机关均完成局域网建设，购置全省统一使用的办公、办案软件，实现全省上下贯通的信息化网络。配合湖南省人民检察院完成专线网防火墙安装，对视频会议系统升级，安装瑞星杀毒服务器、系统漏洞补丁服务器。在完成检察专线网办公、办案软件安装的基础上，大力推进管理和应用，对出现的问题及时排除，检察专线网得到充分运用，网上办公、办案正常运行。

2010—2011年，全市检察机关坚持把检察信息网络建设作为科技强检主要内容来抓，从思想认识、组织领导、技术力量、资金投入给予有力保障。实现与上、下级检察院之间的专线电话、视频会议和计算机传输的“三网合一”功能，建成计算机局域网，形成现代化的检察信息网络体系。2010年1—6月，配合湖南省人民检察院进行二级网线路扩容，7—12月，将三级专线网宽带扩容到10兆。开发应用实用型软件，设计开发《全市检察技术检验鉴定案件登记软件》，规范案件编号，弥补案管软件不足，方便每月统计报表填报。对软件进行升级更新，不断增加新功能。自行开发案件查询系统，作为检务公开的重要内容，在市检察院一楼大厅内展示，方便群众查询案件信息。2011年，完成三级网线路升级扩容工作，市检察院至11个县、区院线路带宽扩容到10兆。全市检察机关至驻狱、所检察室分支网建设项目在建。开发检务公开案件查询系统，在检务公开触摸屏上显示全院案件信息，方便群众查询。

2012年，市检察院机房更换一台因老化出现故障的内网核心交换机，保障检察专线网畅通。建立涉密存储介质管理制度，启用干警内网专用保密U盘。4月，对市检察院机关专网使用情况和安全保密管理工作方面进行全面检查，彻底清查网络安全隐患，杜绝涉密事故发生。对内网栏目进行调整，为全市检察机关建立检务公开网页，对全市检察机关概况、内设机构及工作机构情况、检察职能、业务流程、大事记、文件报告等应当予以公开内容进行公开，并提供案件信息查询服务，方便社会和公众的查询、监督。

2013年，市检察院对院内办公电脑、使用互联网情况进行全面检查，升级三级专线网至30兆带宽，对全院不符合软件要求的电脑进行更换，拆除隔离卡，做好全市加密机、保密系统的安装工作，采购安装防火墙、入侵防御系统、杀毒软件，对内网电脑统一分配IP地址，为各部门超级案件测试提供支持。11月，与北京法意公司签订运维合同。对全市办案工作区改造进行验收，安排全市“两网一线”建设工作，协调解决设备噪音过大等问题，经湖南省人民检察院网络信息处、监所处验收合格，并自主开发使用《全市检察技术案件网上办案系统》。

2014年7月，市检察院就机房建设专程到湖南省人民检察院网络信息处、办公室征求意见，实地考察，对建设方案多次修改后，制定“市检察院机房改造和大楼综合布线方案”。9月，湖南省人民检察院网络信息处经研究讨论，认为该方案基本满足需求，于10月8日出具审查建议。通过政府采购招标，购置外网服务器、防火墙等硬件设备，确定网站建设。

2015年，市检察院办公大楼综合布线和机房改造项目建设经过四个月施工，大楼综合布线和机房改造全部完成。机房面积由38平方米增加至82平方米，配备精密空调、新风系统、动环监控、气体消防等，实现内网、外网完全物理隔离。大楼综合布线工程层楼架设楼层交换机，垂直子系统采用光纤，水平子系统采用六类屏蔽网线，与外网网线间距符合分保要求。全市高清视频中心建设完成。道县院被确定为全国第一批科技强检示范院。市检察院技术处自主开发《全市统一业务应用系统运维管理平台》，为全市干警和运维人员提供学习、交流、下载的平台。

第二节 电子证据技术

1994—2001年逐步开展电子证据技术工作。

2002年，市检察院建成一套摸拟信号审讯监控室。2004年，市检察院在原摸拟信号传输的审讯监控室基础上，增加一套数字信号传输，为网上指挥审讯系统的使用提供硬件平台。

2006年，市检察院根据工作需要及上级院的要求，对办案工作区进行调整及升级改造，增加询问、医疗、法警值班室及指挥室，新添置2台光盘刻录机、四画面分割器等设备，保证办案工作需要。

2007年，市检察院开展讯问职务犯罪嫌疑人同步录音录像工作区建设，召集全市未建“双录”工作区的9个县、区院，在市财政招标办、市纪委的组织下进行公开招标。市检察院与江华、江永、东安、零陵区院完成工作区建设，并验收达标投入使用，其他7个县、区院完成方案设计审定。市检察院投资30余万元建设全程同步录音录像系统，经湖南省人民检察院技术处验收合格，3月29日正式投入使用。制定“自侦案件侦审过程全程录音录像实施规范”“监控室管理办法”“视听技术人员操作规程”，使“双录”工作走向正轨。全市检察机关在湖南省人民检察院统一招标购置移动“双录”设备 13 台。10 月 1 日，全市“双录”工作全部铺开。

2008—2009 年，市检察院成立由检察长王蓟零为组长的 10 人“市检察院讯问全程同步录音录像工作领导小组”，加强对全市“双录”工作的领导和管理。新田、双牌、祁阳、冷水滩、蓝山县、区院完成办案工作区建设，验收合格并投入使用。加强对 11 个县、区院“双录”在办案程序、视听资料建档等方面进行具体指导。组织全市 10 余名技术人员参加湖南省人民检察院举办的“双录”培训班。全市检察机关在院内讯问职务犯罪嫌疑人“双录”工作区建设基本完成，市检察院技术处制作全程同步录音录像技术协作卷范本，在检察专线网上发布，并对相关具体问题通过视频会议系统进行技术指导。定时、不定时的对设备进行开机保养，发现问题及时解决，保证全市“双录”工作正常开展。

2010 年，湖南省人民检察院组织召开全省看守所检察专用审讯室建设现场会后，全市检察机关在看守所检察专用审讯室建设房间，审讯室数量、办案安全及“双录”设备安装均达到上级院规定。与电信部门就租用光纤及建设的要求进行协商，技术上满足网络正常运行要求，全市看守所专用审讯室建设全面铺开。

2011—2012 年，全面完成看守所专用审讯室建设任务，利用视听技术力量，为查办职务犯罪服务。全市（除市看守所整体搬迁外）均按照上级院的要求完成看守所专用审讯室建设任务，经湖南省人民检察院抽查验收合格投入使用。视听技术人员与自侦部门密切配合，严格执行技术规范和程序要求，全力做好全程同步录音录像工作，制作视听技术 225 件。市检察院运用计算机技术办理的冷水滩区法院会计李×挪用公款案，在湖南省人民检察院技术处举办的研讨会上对有关办案情况作经验介绍。

2013—2014 年，电子数据技术是适应检察自侦案件办案需要新开展的一门技术服务。市检察院为提高电子数据技术人员的业务技能，组织全市电子技术人员参加最高人民检察院、湖南省人民检察院举办的电子证据培训 4 次 27 人。自侦部门办案实行全程同步录音录像 829 次，案件数 575 件，录制人数 970 人，录制时间累计达 2524.91 小时。市检察院技术处运用计

2014 年 4 月 8 日，市检察院技术室学习业务和党的群众路线教育实践活动集中学习讨论

算机技术指导道县院办理范×生受贿案被湖南省人民检察院技术处评为全省技术优案。道县院利用电子证据成功破获秦×云、唐×庆挪用公款案。

2015 年，为自侦部门办案实行全程同步录音录像，录制 245 件，560 次，录制人数 260 人，录制时间累计约 1300 个小时。7 月 15 日，市检察院举办“永州市检察电子证据技术培训班”，从湖南诚上电子科技发展有限公司、北京瑞源文德科技有限公司聘请电子技术专家、工程师进行授课，全市检察机关信息技术骨干及自侦部门侦查人员骨干 28 人参加培训。

第八篇　案件管理与检务公开

第一章　案件管理

第一节　办案质量评查

1998年，全市检察机关根据《全省检察机关开展“办案质量年”活动的实施意见》，完善内部制约机制、建立办案责任制度、加强宏观指导，解决重立案轻结案、重数量轻质量、重侦查轻起诉、重实体轻程序法的问题，贯彻最高人民检察院“九条卡死”硬性规定。

1999年，市检察院狠抓案件质量，认真开展“执法效果年”活动，先后两次部署自查工作。7月，全市检察机关对1998年后所办的282件287人案件进行自查，重点是人大交办、决定不捕或不起诉、自侦部门撤案、法院判决无罪、当事人不服检察机关处理、决定赔偿、严重超期羁押、群众反映强烈、其他可能影响公正执法的“九类”案件。其中，市检察院自查17件19人，所办案件无一件冤、假、错案，初查、立案、批捕、起诉和撤销案件均符合法定要求，没有出现违法办案、越权办案、办人情案、关系案等现象；在赃款赃物追缴和处理方面没有违法违纪现象；未发现滥用强制措施和违规办案导致刑事赔偿等问题。8月，市委政法委对全市检察机关的办案情况进行检查，没有发现有违法办案情况。11月中旬，市人大常委会组织人大代表对市检察院1998—1999年10月的办案情况进行重点抽查，对办案质量表示满意。市检察院为贯彻最高人民检察院“九条卡死”的硬性规定和湖南省人民检察院“十条规定”（坚持有案必办的原则，做到发现一件就查办一件；严禁越权办案，坚持归口承办；坚决禁止搞地毯式的调查；坚决禁止专查单位的小钱柜；进一步建立健全办案责任制；在办案中牢固树立服务的观念，防止负面影响，严禁随意传讯当事人和妨碍发案单位的正常工作、生活秩序；凡查办市直单位的案件，必须经市检察院批准；严禁吃请和索拿卡要；严格“收支两条线”，依法追缴赃款赃物和非法所得；凡经初查或立案调查后不能成案的案件，必须做出结论），建立健全办案责任制度、错案追究制度、安全办案制度、办案举报奖励制度、领导干部一岗双责制等，做到用制度管人、管事，规范干警行为，提高办案责任性。

2000—2001年，市检察院继续开展“执法效果年”“案件质量年”活动。对1996年以来的案件进行自查。进一步健全办案责任制，制定《错案责任追究制》《安全办案责任制》《主诉主办检察官办案责任制》《领导干部一岗双责制》等。通过备案审查，对应捕未捕的15件20人提出纠正意见。对办理的起诉案件进行调卷审查，纠正6件7人。对个别不捕偏高的县、区院进行重点督查指导，并组织人员进行调查研究，出台《关于严格控制不捕率的若干意见》，解决批捕环节中存在的问题。要求11个县、区院对有影响的重特大案件在作出处理决定后24小时内报告。确定专人审查请示案件，对“严打”整治斗争中11个县、区院请示的51件疑难刑事案件及时作出批复。

2002—2003年，全市检察机关严格遵守最高人民检察院“九条卡死”硬性规定和湖南省人民检察院“八个不准”“五条高压线”等办案纪律，严格规范从受理初查、侦查终结各个环节的工作，防止侦查工作中利益驱动、违法违规办案等问题。通过采取强化初查、慎重立案、加强侦查取证等措施，提高办案质量。在查处涉及国有企业的案件中，注意维护企业正常生产经营，尽力为企业挽回经济损失，返还企业涉案款200余万元。市检察院以迎接市人大案件质量抽查为契机，对全市检察机关2001—2003年6月所办案件全部进行自查和检查。12月，市检察院根据湖南省人民检察院制定的《全省检察机关执法质量考评办法》，成立专门的案件质量考评小组，对县、区院2003年所办案件随机抽查445件，把办案结果是否公正和办案过程是否依法依规一并进行考评，逐案打分。

2004—2005年，全市检察机关认真开展“案件质量年”活动，切实提高办案质量。建立办案质量考评考核制度，以执法质量考评为核心，建立以案件质量流程控制为主体的工作机制，对每一起案件进行严格的质量考核考评，并落实责任追究制度。开展重点案件专项检查，对2001年以后做撤案、不起诉处理和判决无罪的自侦案件所冻结、扣押的款物进行专项清理，对2003年以后不捕、不起诉案件进行全面复查。切实落实办案安全防范制度；逐案进行办案安全防范检查和督查，及时纠正个别单位防范制度不健全、措施不落实、安全监督员不到位的问题，杜绝办案安全事故的发生。12月在全省执法质量考评中，市检察院排名前四，冷水滩区、双牌、道县、东安、宁远县院进入前20位，其他县、区院均进入优秀行列。

2006—2007年，严格执行诉讼参与人权利义务告知制度，推行不起诉公开审查和多次上访案件公开听证制度，促进严格公正规范执法。自2003年开展执法质量考评后，全市检察机关经湖南省人民检察院考评均为优秀。同时，加强对11个县、区院执法行为的领导和监督，对所有检察执法干警建立执法档案。

2008—2009年，把切实整改人民群众最不满意的执法不公不廉不规范问题作为队伍建设的重点。在社会主义法治理念教育和“大学习、大讨论”活动中，市检察院把唐×错捕案，徐×明受贿案等9个存在执法不公、不廉、不规范问题的典型案例，印发到县、区院和市检察院内设机构，组织反思讨论，举一反三，吸取教训。引进先进管理理念，开展“每一个步骤都是精心、每一个环节都是精细、每一起案件都是精品”的精细化管理活动。市检察院进一步修改完善30多项规章制度，确保规范执法。同时，改变轻平时管理、重年底考核的方式，实行日清、周清、月点评，加强平时考核管理，强化干警责任意识。市检察院对年初出台的“四个严禁”制度的落实情况和对6起有反映的案件进行检务督察，开展2次全面执法质量检查。对发现的问题，按照严管、严查、严处的要求不姑息、不迁就。对存在执法过错责任的3个部门负责人进行诫勉谈话，对泄露案件秘密的1名工作人员予以辞退。市检察院坚持自侦案件“双报批、双报备”制度，全面推行讯问职务犯罪嫌疑人全程同步录音录像，认真落实职务犯罪审查逮捕上提一级改革措施，开展职务犯罪案件扣押冻结款物专项检查，确保办案质量。对检察职能相关的网络热点问题，组织调查17件次，及时公布事实真相，回应群众关切的问题。

2010—2011年，市检察院加强以案件督办督察、案件评查和效能考评为主要内容的执法规范化管理，全市检察机关执法质量经湖南省人民检察院考评达到优秀等级。推行内部监督制约机制改革，实行职务犯罪审查逮捕权上提一级、职务犯罪案件“双报批、双报备”和讯问职务犯罪嫌疑人全程同步录音录像，建立干警执法档案，实现对办案各环节的全程动态监督。量刑建议、刑事和解等工作机制改革顺利推进。通过推进检察改革，办案质量和效率明显提高。2009—2011年，全市检察机关有11件案件被评为全省优秀案件。

2012年，市检察院开展“执法质量年”活动，推进规范执法，提升办案质量，每季度召集县、区院检察长和市检察院主要业务部门进行案件质量汇报、分析和点评，强力推动活动深入开展。全市检察机关执法状况经湖南省人民检察院考评为优秀等次。坚持全面审查案件，坚决排除非法证据，准确适用法律规定。对事实证据、案件性质存在合理疑问的，在立案、拘留、逮捕、起诉等环节慎之又慎，坚决严格依法惩治，作出无罪、证据不足不捕决定558人、不起诉决定33人。市检察院针对一些可能影响社会稳定的重大敏感案件，暂时不符合刑事拘留、逮捕法定条件但确有必要羁押的实际情况，经认真调研，提出先行适用行政拘留的建议。推进案件集中管理改革，统一受案结案、重要法律文书、律师查询接待和案件质量管理，加强办案过程的全程监管。狠抓《人民检察院执法工作基本规范》（以下简称《基本规范》）的学习和贯彻，组织《基本规范》考试，对考试不及格的6名执法干警暂停执行职务。严格依照《基本规范》对所有案件进行质量考评，对存在不符合《基本规范》的问题一律扣分并计入干警个人执法档案。凡所办案件考评平均低于85分的干警取消个人评先资格，凡案件质量考评居全市后两名的单位取消参评先进县、区院资格。切实加强对执法办案的监督制约。实行讯问职务犯罪案件犯罪嫌疑人、询问重要证人由检察技术部门全程同步录音录像制度，杜绝刑讯逼供和指供、诱供的发生。实行县、区院不捕、不起诉案件报市检察院备案审查，职务犯罪案件的撤案、不起诉报市检察院批准制度。实行涉访案件、意见不一致的维稳案件请示上级院制度，确保敏感案件的正确处理。

2013年，市检察院继续抓案件质量和检察业务考评。3月18—22日，市检察院党组成员、副检察长罗厚清带领市检察院、零陵区院、江华县院分管案管工作的人员，到娄底、常德、长沙等7个市、县、区院，对案件管理、案件质量监管等工作进行学习考察。期间采取现场观摩与座谈交流相结合的方式，增强学习效果。市检察院根据外地先进经验，结合本市工作实际，制定《市检察院执法质量监管及个案奖惩办法》，规定案件办结后，案件承办人应对案件质量进行自查，交部门案件质量督查员复查、部门负责人审查，再交案管办检查。案管办和湖南省人民检察院的考评结果与市检察院科学化管理中“执法质量”的得分挂钩。考评结果记入干警执法档案，作为晋级晋升、评先评优的参考依据。11个县、区院也制定执法质量监管及奖惩办法，强化责任落实，提高执法质量。市检察院从5—10月，分别对11个县、区院的案件进行抽查。对市检察院机关内部，按照《市检察院执法质量监管及个案奖惩办法》，对各业务部门办理的案件质量进行日常监管。2013年，市检察院的执法状况考评在全省排名第一。

2014年，市检察院成立案件评查组，每月在统一业务应用系统中对全市的案件进行随机抽检，月底公布考评情况。针对1月26日前部分案件未入系统的情况，市检察院决定对部分案件进行实物案卷考评，评查案件655件，其中市检察院案管办评查案件337件（网上评查286件，实体卷宗评查51件）。建立网上案件质量把关机制。承办人对自己承办的案件负责，部门负责人对本部门办理的案件负责，分管院领导对分管部门办理的案件负责。部门案件质量督查员对本部门办理的案件进行日常案件质量监控。部门负责人、分管院领导对案件进行审批时，对案件质量进行审查。院案件质量检查组对全院办理的案件进行质量监控。部门负责人与部门案件质量督查员随时检查本部门办理的所有案件。案管办每周至少抽检一次本院办理的案件。院案件质量检查组每周至少检查一次本院已办结的案件。8 月，市检察院案管办根据规定从统一业务应用系统中随机抽取《审查逮捕意见书》《起诉书》各 24 份，交侦监、公诉部门评查。组织年度法律文书评优工作，评选出全市检察机关的优秀法律文书 24 篇。开展个案督察活动，全年对 4 件案件进行个案督察。

2015 年，市检察院按照见人、见事、见原因、见整改措施、见整改结果、见责任追究、见经验教训总结的“七见”标准，深入开展规范司法行为专项整治活动，着力整治司法不规范行为。强化日常监管、全程监控，提升办案质量。案件质量、民意调查、涉检信访、检务公开等执法状况考核指标由 2011 年的全省末位争创到全省先进行列，在 2015 年执法状况考评和执法质量评查等名列全省第一。

第二节　案件系统管理

一、辩护人、诉讼代理人接待

2012 年 5 月，全市检察机关明确案管办为窗口部门，负责对外联系和接待工作；在案管办设立接待专岗，实行专人接待、统一受理；阅卷方式以电子卷宗为主，纸质卷宗为辅；强化保密意识，加强办案安全，与市律师管理部门沟通协调；在案管办执行严格的办案纪律，接受外部监督五项措施优化阅卷环境，切实保障辩护人及诉讼代理人的阅卷权。

2013 年，全市案管部门收到律师、诉讼代理人阅卷申请 105 次，在规定期限内给予接待和安排，提供律师查阅电子卷宗、安排专人为律师复印案卷及相关材料。侦查期间律师申请会见 2 次，安排 2 次。

2014—2015 年，全市案管部门收到律师、诉讼代理人阅卷申请 929 次，均在规定期限内给予接待和安排，提供律师查阅电子卷宗、安排专人为律师复印案卷及相关材料，依法保障律师阅卷权利。

二、检察机关统一业务应用系统管理

2013 年 10 月 31 日—11 月 1 日，最高人民检察院召开全国检察机关统一业务应用系统部署工作会议，要求将该系统尽快上线运行，达到“全员、全面、全程、规范”的总体要求（全员就是要求所有办案干警都要使用系统进行办案和业务管理工作。全面就是所办理的各类案件，除绝密级以外，都要通过统一业务系统进行办理，严禁案件网外运转，凡是未从初始阶段纳入网上运行的案件，一律不审批、不讨论、检委会不研究、检察院不考核，并追究相关人员的责任。全程就是从案件的受理、办理、流转、审批、监督到用印，各个环节都要在网上操作，确保案件在网

上全流程运行，非规定情形，不得网外制作法律文书、使用印鉴，领导不得在纸质文件上签批。规范就是要严格遵守系统设定的办案程序，期限规定等要求，及时、完整、准确录入案件信息，确保信息的准确性、可靠性、可用性）。市检察院先后收集整理电子印章和个人签章信息、统一业务应用系统配置信息等，按要求及时上报湖南省人民检察院。以统一业务应用系统（试运行版）为基础，进行案件流转练习，以提高实际操作能力。

2014 年 1 月 26 日，统一业务应用系统正式版上线。市检察院规定，除在此之前已办理的案件外，所有案件均须进入统一业务应用系统，所有的办案步骤均在系统中完成，所有的法律文书均在系统中制作。要求各办案单位、检察人员，坚持“全部、全员、全程、全面”使用应用系统，案件的受理、办理、流转、审批、监督、文书用印、打印等环节必须在系统中操作，任何人、任何单位均不准对案件和法律文书进行系统外流转。全市检察机关为确保统一业务应用系统全面平稳运行，为每位检察官订购《全国检察机关统一业务应用系统使用指引手册》，并督促各部门组织办案人员学习，了解统一业务应用系统的研发背景、工作原则、部门分工以及基本流程、权限管理、运行维护等。组织办案人员学习《人民检察院刑事诉讼规则》《检察机关执法工作基本规范》《统一业务应用系统使用管理办法》等规章制度，结合统一业务应用系统使用指引手册，做到人人学、人人会，规范操作。市检察院案管部门专门到 11 个县、区院对系统运用情况进行调研，收集系统使用过程中遇到的问题，与运维部门分析研究，提出解决办法。市检察院针对系统内法律文书审批最低审批权限设置是否合理的问题，案管办组织各业务部门对系统内的法律文书最低审批权限设置情况进行调研，反复征求意见，提出修改方案，经湖南省人民检察院案管办同意后对权限进行调整。零陵区院将运维人员调配到案管办，即时解决各部门遇到的问题 300 多条，同时编写 14 份“统一业务应用系统解决问题汇总”。全市案管部门定期对网上案件办理情况，通过抽查、巡查等方式进行监督、检查。市检察院案管办先后下发《关于清理法律文书文号的紧急通知》《关于清理统一业务应用系统中确需删除案件的通知》《关于做好统一业务应用系统信息填录工作的通知》《关于清查案件的通知》，对文号、信息录入、案件录入等进行全面清理，规范操作。7 月，市检察院案管办对全市删除案件信息情况进行通报。12 月，对删除案件信息情况进行分析研究，提出整改意见。

2015 年，全市检察机关按照最高人民检察院、湖南省人民检察院的要求，对一审公诉部门、报请上级院逮捕案件等部分案件以及 2015 年以后办理案件的检察内卷，全面制作上传电子卷宗。电子卷宗系统上线以来，制作上传电子卷宗 7486 案 11748 卷 111 万余页，其中市检察院 387 案 725 卷 8 万多页。

第二章　检务公开

第一节　检务信息公开

1997 年 9 月 3 日，全市检察机关将中央政法委员会下发“四条禁令”（绝对禁止政法干警接受案件当事人请吃喝、送钱物；绝对禁止对告诉求助群众采取冷漠、生硬、蛮横、推诿等官老爷态度；绝对禁止政法干警打人、骂人、刑讯逼供等违法乱纪行为；绝对禁止政法干警参与经营娱乐场所或为非法经营活动提供保护），印制成小卡片发给每位干警严格执行。

1998 年前，全国检察机关根据各地实际，对检务公开各自采取相应的工作措施。10 月 25 日，最高人民检察院作出《关于在全国检察机关实行“检务公开”的决定》的通知，要求全国检察机关普遍实行“检务公开”。全市检察机关提出“检务十公开”（人民检察院的职权和职能部门主要职责；人民检察院直接查办案件的范围；贪污贿赂、渎职犯罪案件立案标准；侦查、审查起诉阶段办案期限；检察人员办案纪律；在侦查、审查起诉阶段犯罪嫌疑人的权利和义务；在侦查、审查起诉阶段被害人的权利、义务，证人的权利、义务，举报须知，申诉须知），规范干警行为。

1999 年，全市检察机关贯彻落实“检务公开”工作逐步完善、深入、全面。市检察院与 11 个县、区院先后在办公楼大厅或群众能看到的地方开辟“检务公开”橱窗、专栏；先后设置大型电子显示屏 12 个，滚动播出与人民群众密切相关的各项检察业务知识。将《检务公开指南》等资料印发给群众，公开检察机关的概况、性质、职能、机构设置、班子成员、执法人员、执法依据、举报电话号码等内容。同时，还利用报刊、广播、电视和办宣传专栏及设置“心连心”墙报等形式，公开执法程序和办案结果等。除对诉讼程序予以公开外，还通过法律文书公开的形式将在检察环节作出终结处理的案件的事实认定、证据采信等内容予以公布。全市检察机关不断扩展公开渠道，多角度、全方位落实“检务公开”。

2000—2001 年，全市检察机关通过报刊、电视、网络等媒体和检务公开内容上墙等形式公布检察工作情况，接受社会各界和广大人民群众监督。邀请《永州日报》，永州电视台、永州有线台的领导、记者召开座谈会，部署检务公开和“公正执法县区行”宣传报道事宜，于 11 月 13—16 日，组成“公正执法县区行”宣传组，到新田、江华、道县、宁远等县院进行采访、调查和宣传。

2002 年，市检察院出台《关于进一步深化检务公开的实施意见》，明确规定公开的主体、客体、内容和范围，确定检务公开的形式及其采取的公开措施，规定违反检务公开的法律责任及其考核、奖惩制度等。每个科室结合工作实际，制定相应的检务公开工作措施，完善接待举报、受理申诉、出庭等窗口部门工作程序的公开制度，诉讼参与人的权利义务告知制度，刑事申诉案件的公开审查制度，拟不起诉案件的公开审查制度，民行抗诉案件的公开审查制度等。各业务部门在及时办结案件的基础上，加强法律宣传、政策解释、思想疏导等工作，充分阐明案件处理的过程、事实、理由和依据。

2003 年，市检察院在办公楼一楼设置检务宣传栏，开设电子查询服务系统，设立电子显示屏，方便群众对诉讼程序、诉讼期限、办案流程、案件处理、法律文书、办案纪律等信息进行查询。11 个县、区院逐步在一些乡村、社区建立“检务公开墙（栏）”，方便群众了解检察工作。检察干警到乡镇巡访、下访经常化、制度化。开展“检察官进校园、进企业、进社区、进农村”活动，在宣传检察工作、化解社会矛盾、帮助解决困难的同时，广泛征求社会各界对检察工作的意见建议。

2004 年，市检察院推行“办案告知卡”制度，将诉讼参与人的权利义务及时告知；建立申诉案件听证制度，对影响重大的案件不起诉、不抗诉和上访案件实行公开听证、审查；落实阳光鉴定制度，依法全面公开司法鉴定的受理、标准、程序、过程及结论，特别对涉及当事人有异议的案件，邀请当事人及法定代理人、委托的律师和专业人员全程见证鉴定过程。完善“检察服务进社区”制度，在全市部分镇街区建立社区检察联络室，为群众提供“一站式”服务。完善“一案三卡”、网上监督、执法档案等制度。自觉接受人大对执法活动的监督检查，先后就开启民事行政检察监督、职务犯罪查办和预防、法律监督工作情况，向市人大常委会作出专题报告。

2005 年，全面推行申诉案件听证制度，对拟不起诉以及当事人不服不起诉、不抗诉和重信重访的案件，逐步实行公开听证审查。对一些有影响的、群众关注度高的案件，主动邀请社会各界人士参与听证会，公开听证、公开评议，并到案发地公开宣布处理决定，进一步提高执法办案透明度。对当事人不服检察机关决定而重信重访的，主动邀请人民监督员、特约检察员参与检察长接访日等活动，通过他们的参与和答疑，增强执法办案的说理性和消除来访人员的顾虑。发挥外网网站服务功能，公布检察职能以及案件办理情况等，供群众查阅、咨询；建立移动、联通、电信短信发布平台，定期向社会公众发布检务公开相关信息 42 次。

2007—2011 年，全市检察机关建立阳光检务为民中心、打造“两微一端”自媒体平台、扩建升级案件管理中心大厅；落实公开原则、公开方式、公开环节，确保公开程序的规范性和严谨性。市检察院向市人大常委会专题报告《中华人民共和国刑法》《中华人民共和国刑事诉讼法》执行情况和职务犯罪案件审查逮捕上提一级改革情况。对不起诉、申诉案件实行公开审查，设立检务公开大厅和服务窗口，增强检察工作透明度。把互联网等媒体作为听民生、察民意的重要渠道，主动回应社会关切的热点问题。2010 年，市检察院就在办公楼一楼大厅设置查询台，因设备软件等多方面的原因，效果不理想。

2010 年 3 月 31 日，市检察院启动“人民检察进社区，排忧解难促和谐”活动，检察干警深入社区和群众家中听民生、察民意

2012—2013 年，全市检察机关组织开展“检察开放日”“开门评检”等活动 17 次，邀请人民监督员参与执法检查 11 次，邀请高校专家、律师、县区群众参与案件论证会 3 次，邀请高校、社区、媒体的公众代表 400 余人观摩庭审，参观交流。冷水滩、零陵区院率先建立乡镇、社区检察联络室，聘请人大代表、政协委员担任检察联络员。2012 年，市检察院在硬件设备上加大投入，研发配套软件，在查询台“检务公开”栏目中，可轻松查询到检察院基本概况、检察工作报告等众多内容，从 8 月 1 日开始可任意查询所有受理案件的程序性信息。

2014 年，市检察院成立检务公开工作领导小组，在全市检察系统下发《关于印发检务公开意见的通知》，通过建立互联网门户网站，开通官方微博、微信，及时召开新闻发布会等举措，不断深入推进检务公开工作。为增加工作透明度、方便群众监督，全市检察机关进一步完善检务公开平台。加大检务公开力度，除法律法规和组织规定明确禁止公开的信息外，一律向社会公开；完善“阳光检务大厅”，实现预防信息查询、案件进度反馈等功能，更加方便群众查询检察工作信息。邀请人大代表、政协委员、社会各界人士参加“检察开放日”“开门评检”等活动 20 次，邀请人民监督员参与执法检查 16 次，高校专家、律师、县区群众参与案件论证会 8 次。

2015 年，全市检察机关大力推行案件信息公开，公布案件程序性信息 1 万余条、重要案件信息 21 条、法律文书 1937 份，居全省前列。邀请人大代表、政协委员、社会各界人士参加“检察开放日”“开门评检”等活动 19 次，全市同步开展以“查办和预防职务犯罪”为主题的“检察开放日”活动。

第二节　案件信息公开

2014 年，按照湖南省人民检察院统一部署，案件信息公开系统于 9 月 28 日上线运行，10月1日公开运行，10—12月，全市检察机关公开案件程序性信息1751条，发布重要案件信息20条，公开法律文书147份。11月14日，市人大常委会内司委将《关于审查监督肖×、李×霞玩忽职守案及邹×飞滥用职权案的交办函》交市检察院办理。检察长文兆平安排案管部门“就办案时效等问题进行个案督查”；市检察院案管办对该案的办理程序和文书制作等方面，进行重点督查，撰写督察情况及时上报市人大内司委。

2015年，全市检察机关公开案件程序性信息8365条，发布重要案件信息15条，公开法律文书1655份。其中市检察院1191条，发布重要案件信息6条，公开法律文书19份。4月17日，市检察院案管办发出《关于加强案件信息公开工作的通知》，提出强化责任落实、积极开展案件信息公开工作、规范操作的实施意见。市检察院案管办对可能成为生效判决的公诉案件、刑事申诉复查案件进行全面核查，并将相关案件的具体名单发给市检察院相关业务部门和11个县、区院，督促各单位认真核查，及时公开。通知发出后，全市检察机关公开法律文书1467份，发布重要案件信息12条，其中市检察院公开法律文书19份，发布重要案件信息6条。

第三节　人民监督

一、人大代表、政协委员的联络

1994—1996年，办理湖南省委政法委、湖南省人民检察院、市委、市人大常委会批办、交办案件21件。冷水滩区院、祁阳县院主动接受县人大的执法检查和评议。

1997年，全市检察机关实行开门整顿，主动向市人大领导汇报教育整顿工作，向人大代表、政协委员寄发征求意见函和上门走访；同时召开人大代表、政协委员座谈会和设立举报箱、公布举报电话；邀请电视台、报社等新闻单位召开座谈会、新闻发布会，向社会各界征求意见建议46条，全面接受人民监督。

1998—1999年，对湖南省委政法委、湖南省人民检察院、市委、市人大批办、交办的14件案件，办结13件，对未按时办结的一起案件及时反馈进展情况。

2000—2001年，全市检察机关加强与人大代表的日常联络，及时收集意见，反馈信息。开展与人大代表“结对联系活动”，聘请158名人大代表为检察机关监督员，召开专门座谈会14次，征求代表意见、建议120余条，全部落实。坚持重大工作部署、重大案件向人大汇报制度，向人大作专题汇报3次。

2002—2003年，全市检察机关认真办理人大代表、政协委员在永州市人大、政协二届二次会议通过市检察院2001年工作报告后，提出的意见建议37条。办理人大交办的议案、意见24件，办理代表提出的有关事项9件。市检察院办理的李×华上访案、胡×跃交通肇事案，向市人大主任和常委会分别作专题汇报；并对市人大常委会抽查发现的办案质量问题及时整改。

2004—2007年，全市检察机关坚持检察长阅批，专人督办，主动听取人大代表、政协委员意见，认真办理人大代表的议案、意见建议和交办案件25件。2007年12月，市检察院组织人员到11个县、区征求人大代表对检察工作报告的意见；并在“两会”期间组织人员到各代表团听取人大代表审议、政协委员协商检察工作报告的意见建议。

2008—2010年，全市检察机关认真办理市人大常委会交办的24件案件、15项建议。接待人大代表、政协委员及有关人民群众分批参观市检察院荣誉室、图书室、办案区和立案大厅；组织干警听取“两会”代表对检察工作意见建议；向市人大代表、政协委员寄送检察工作情况报告2450余份。

2011—2012年，全市检察机关加强代表联络，积极配合开展执法检查和专题调研，认真办理人大交办案件9件，先后到祁阳县、零陵区就检察短信平台情况回访了市三届人大代表胡顺花、陈萍。2012年7月7日，市检察院印发《永州市人民检察院关于人大代表列席检察委员会会议的规定（试行）》，规定检察委员会在讨论一些事项、重大疑难案件或者检察长认为可以请人大代表列席的其他事项和案件时，应邀请人大代表列席。以争取人大代表对检察工作的监督和支持，推进检委会决策的科学化、民主化，实现人大监督与法律监督无缝对接。2012年，市检察院检察委员会两次邀请人大代表列席会议，讨论研究了三起重大疑难案件。同年9月24日，市人大常委会内司委主任谭红一带领8名委员到市检察院听取反渎工作述职报告和查看市检察院立案大厅、荣誉室、办案区等，市检察院党组书记、检察长文兆平，党组成员、副检察长邓忠新，党组成员、反渎局长屈芳玲等领导和相关部门的负责人参加汇报会。

2013—2015年，全市检察机关加强与人大代表、政协委员的联系，认真办理代表建议7件、委员提案13件，主动接受视察工作12次，召开座谈会27次。邀请高校专家、律师、县区群众参与案件论证会12次。市检察院邀请全国、省、市人大代表开展以“规范司法行为、提高司法公信”为主题的视察活动3次。

二、人民监督员

人民监督员制度是为完善检察机关自侦案件的办理机制，促进检察工作健康发展而推行的一项外部监督机制。2003年9月，最高人民检察院报经全国人大常委会并经中央同意，开展人民监督员制度全面试点工作。2010年10月，《最高人民检察院关于实行人民监督员制度的规定》发布，人民监督员制度在全国检察机关全面推行。2015年3月，最高人民检察院和司法部联合下发《深化人民监督员制度改革方案》，将监督员的选任管理交给司法行政机关，并进一步拓宽监督范围，完善监督程序和人民监督员知情权的保障机制。

全市检察机关采取加强培训，提高履职能力；加强协调，疏通监督渠道，保证每一起案件都进入监督程序；加强规范，严格监督程序，保证从案件受理到监督终结都严格执行监督程序；加强协商，尊重监督意见，检委会认为人民监督员的意见符合有关法律规定和“宽严相济”刑事政策，都会采纳；加强联系，发挥监督实效，将检察工作及时发送其手机上，不断完善人民监督员知情权的方式和为其履职创造条件，做好人民监督员工作。

2003年，全市检察机关进一步建立健全执法监督员制度，聘请人大代表、政协委员和社会各界人士担任执法监督员，对检察工作实行经常性的监督，以改进和加强检察工作。

2004年8月，经党中央批准，人民监督员试点工作开始逐步向全国推进。10月1日，全市检察机关严格执行人民监督员监督程序，对人民检察院直接受理的职务犯罪案件中，犯罪嫌疑人不服人民检察院逮捕决定的，或者侦查终结后拟作撤销案件的或不起诉的案件进行监督评议，对庭审进行旁听，参加申诉、赔偿案件听证等。按照最高人民检察院和湖南省人民检察院的规定，全市检察机关以检察长的名义聘请91名人民监督员，均设置人民监督员办公室，配备专（兼）职工作人员，负责处理日常事务。

2005—2006年，全市检察机关提请人民监督员监督的“三类案件”（即拟不起诉案件、拟维持逮捕决定案件，拟撤销案件，以下简称“三类案件”）23件28人，其中拟不起诉案件19件22人、拟撤销案件4件6人，人民监督员对检察机关拟处理意见的同意率为100%。8月，市检察院出台《永州市人民检察院人民监督员监督“三类案件”实施办法（试行）》，规定人民监督员公平公正履行监督职责与促进人民检察院正确行使检察权相一致；监督遵循案件的政治效果、法律效果和社会效果相统一；案件实体监督与诉讼程序监督并重；检察机关内部监督制约与人民监督员外部监督相衔接。而且人民监督员在对“三类案件”监督过程中，享有独立发表意见和表决的权利，表决实行少数服从多数的原则。同时，全面推行“五种情形”监督试点（当立案而不立案或者不应当立案而立案的；超期羁押的；违法搜查、扣押、冻结的；应当给予刑事赔偿而不依法予以确认或者不执行刑事赔偿决定的；检察人员在办案中有徇私舞弊、贪赃枉法、刑讯逼供、暴力取证等违法违纪情况的）。人民监督员发现检察干警在查办职务犯罪中有以上“五种情形”的，可以提出意见。

2007—2008 年，全市检察机关提请人民监督员监督的“三类案件”56 件 60 人，其中拟不起诉案件 49 件 52 人、拟撤销案件 7 件 8 人，人民监督员对检察机关拟处理意见中有 2 件 2 人不同意。2008 年，最高人民检察院检察长曹建明不断推进人民监督员制度改革，并在全国推广。2008 年，改选第二届人民监督员。全市检察机关从 2007 年 10 月—2008 年 6 月，按规定对人民监督员进行换届，聘请了 83 名人民监督员。市检察院在征求市人大、市政协意见的基础上，慎重选任 9 名同志担任永州市人民检察院第二届人民监督员。

2009—2011 年，最高人民检察院将人民监督员制度在全国正式推行，成为检察机关加大自侦案件外部监督制约机制的一道必经程序。全市检察机关以“监督者更应接受监督”理念为指引，受理“三类案件”47 件 56 人，其中撤销案件 21 件 24 人，拟不起诉案件 26 件 32 人，人民监督员监督评议，对检察机关承办部门提出的意见均同意。

2012 年，市检察院按照深化检察体制和工作机制改革的要求，根据最高人民检察院规定，结合永州实际，制定人民监督员选任工作实施方案；成立人民监督员选任委员会，通过主流新闻媒体发布选任人民监督员的公告，接受组织推荐报名和群众自荐报名，并对报名人员进行资格初审后，由选任委员会组织评选、考察，向社会公示，作出选任决定。在全市范围内选任 59 名人民监督员，其中人大代表、政协委员 29 人，全年对县、区院申请监督的 5 件案件依照法定程序提请人民监督员进行监督，其中拟撤销案件 1 件，拟不起诉案件 3 件 3 人。

2013 年 7 月 1 日，市检察院检察长文兆平（左）副检察长付玲玲（中）走访人大代表和人民监督员

2013 年，根据《检察机关执法工作基本规范（2013 年版）》以及湖南省人民检察院出台的《人民监督员监督案件工作基本规范》规定，对照全市检察机关人民监督员制度实施，制作“全市检察机关两类案件的人民监督员监督简易流程图”，便于县、区院及时查阅，并严格按照规定要求提请启动。对部分县、区院提请监督的 19 件案件（拟撤销案件 6 起、拟不起诉案件 13 起）及时启动人民监督员监督程序，人民监督员对 2 件案件提出与承办人不同的意见。祁阳县院拟对李×国涉嫌

挪用公款一案作不起诉处理，报市检察院人民监督员办公室提请案件监督。市检察院随机抽取3名人民监督员评议，一致不同意对该案作不起诉意见，同时建议调查所挪用资金的去向，视情况再决定是否起诉。祁阳县院采纳人民监督员的意见，对该案依法提起诉讼，李×国被判处免于刑事处罚。新田县院拟对肖×飞涉嫌受贿案作撤销案件处理，报市检察院人民监督员办公室提请案件监督。市检察院受理后提请人民监督员评议，一致不同意对该案作撤案处理。新田县院认真研究人民监督员的评议和表决意见，该案继续侦查，肖被判刑。

2014年，全市人民监督员监督“三类案件”12件14人，其中拟撤销案件8件10人，拟不起诉案件4件4人；人民监督员同意检察机关原（拟）处理意见13件13人，不同意检察机关原（拟）处理意见1件1人。宁远县院拟对李×良涉嫌玩忽职守罪案作撤案处理，人民监督员评议表决不同意撤销李×良涉嫌玩忽职守罪一案，宁远县院检察委员会认真研究人民监督员的评议和表决意见和对李涉嫌玩忽职守案进行讨论后作撤案处理。

2015年，全市检察机关邀请人民监督员参与执法检查26次，邀请高校专家、律师、县区群众参与案件论证会12次，启动人民监督员监督程序14次，监督部分县、区院业务部门案件26件，人民监督员参与案件监督78人次。在提请监督的26件案件中，拟撤销案件3件，拟不起诉案件23件。通过监督，有25件案件人民监督员同意承办人的意见，有1起案件人民监督员提出与承办人不同的意见。宁远县院拟对雷×涉嫌诈骗罪一案作不起诉处理，经人民监督员评议表决，不同意对该案作不起诉处理，该院检委会讨论时，认真分析采纳了人民监督员的处理意见，决定作不起诉处理。

人物与集体

一　人物传

陈运周，男，汉族，中共党员，湖南新田人，1965年4月出生。1986年7月从零陵商校毕业分配在新田县检察院工作，历任书记员、助理检察员、检察员，反贪局副局长、局长、副检察长、党组副书记。从检28年扎根基层，奋战在反贪一线，坚持严格公正文明规范执法，先后参与并组织指挥查办职务犯罪案件428件，其中大要案158件，为国家挽回经济损失数千万元，被称为“反贪斗士”。2012年7月，在被诊断患有鼻咽癌后隐瞒病情，以顽强毅力全身心投入办案，为检察事业战斗到最后一刻。2014年8月11日，湖南省人民检察院作出“开展向陈运周学习的决定”，11月18日，最高人民检察院追授陈运周“全国模范检察官”；12月12日，中共湖南省委追授陈运周为“湖南省优秀共产党员”，2015年2月13日，被评为全国首届十佳“守望正义——群众最喜爱的检察官”，并当选中央电视台年度法治人物。

二　人物简介

（一）市检察院历任检察长简介

卢腊庆，男，汉族，湖南双牌人，1935年1月出生，中共党员，1951年—1954年在零陵县中初中读书。1957年10月—1959年12月在零陵县人民法院任助理审判员，1959年12月—1963年7月在零陵县人民法院任秘书；1963年7月—1965年12月零陵地区中级法院干部，1965年12月—1967年12月在零陵地区

中级法院任庭长，1967年12月—1969年9月零陵地区公检法军管会干部，1969年9月—1970年12月零陵地区革委会人保组干部，1970年12月—1972年5月任零陵地区革委会人保组秘书组副组长，1972年5月—1973年5月任零陵地区革委会人保组党委委员、秘书组长，1973年5月—1983年11月任零陵地区公安处副处长，1983年11月—1989年4月任零陵地区公安处处长，1989年4月任湖南省人民检察院零陵分院检察长，1998年11月被最高人民检察院评为二级高级检察官。1996年5月退休，2015年1月病逝。

赵光华，男，汉族，湖南双峰人，1944年6月1日出生，中共党员，大专文化。1964年2月—1978年10月，在双峰县公安局工作，历任办事员、秘书股副股长、股长。1978年10月—1983年10月任娄底地区公安处办公室副主任、主任。1983年参加公安部举办的全国公安处、局长培训班学习，1983年10月—1990年7月任中共娄底地委政法委副书记，1990年2月—7月参加中共湖南省委党校中青年干部培训班学习。1990年7月—1992年10月任娄底地区公安处长、党组书记兼武警支队第一政委、党委书记。1992年10月—1996年4月任湖南省人民检察院娄底分院党组书记、检察长，1996年6月—2005年4月任市检察院党组书记、检察长。2005年6月退休。

王蓟零，男，汉族，天津蓟县人，1953年1月出生，中共党员，大专文化。1970年12月—1975年2月，在铁道兵某独立舟桥团服役，历任战士、文书、班长。1975年3月—1979年11月，在零陵地区汽车队当工人。1979年12月调入零陵分院工作，1987年8月任零陵分院刑二科副科长，1990年4月任零陵分院反贪污贿赂工作局局长，1993年6月任零陵分院副检察长、党组成员（期间：1995年5月—1996年10月挂职任最高人民检察院反贪总局助理检察员、法纪检察厅渎职案件侦查处和侵权案件侦查处助理检察员），1995年4月任市检察院党组成员、副检察长、正处级检察员，1997年3月任市检察院党组副书记、副检察长、正处级检察员，2005年4月—2006年2月任市检察院党组书记、代检察长，2006年3月—2012年3月任市检察院党组书记、检察长，2011年7月—2013年3月任市检察院党组副书记。2013年4月退休。

文兆平，男，汉族，1958 年 11 月出生，湖南长沙人，中共党员，研究生学历。1978 年 3 月—1983 年 8 月，任长沙市披塘中学教师。1983 年 9 月—1993 年 6 月，在长沙市郊区检察院工作，历任干部、办公室副主任、主任等职，1991 年 4 月任长沙市郊区检察院副检察长。1993 年 7 月—2011 年 3 月在湖南省人民检察院工作，1996 年 6 月任湖南省人民检察院培训中心副处级干部，1997 年 1 月任湖南省人民检察院培训中心副主任、副处级检察员，2000 年 9 月任湖南省人民检察院培训中心正处级检察员，2001 年 11 月任湖南省人民检察院政治部干部教育培训处副处长，2002 年 10 月任湖南省人民检察院政治部干部教育培训处处长兼培训中心主任，2007 年 10 月任湖南省人民检察院民行处处长，2009 年 3 月任湖南省人民检察院检察委员会委员。2011 年 4 月任市检察院党组副书记、副检察长，2011 年 7 月任市检察院党组书记、副检察长，2012 年 3 月—2016 年 12 月，任市检察院党组书记、检察长。2016 年 12 月调湖南省人民检察院任检察委员会专职委员。

吴秋菊，女，汉族，湖南华容人，1963 年 7 月出生，中共党员，硕士研究生、法学硕士学历。1985 年 7 月—1990 年 7 月任湖南省司法学校教师、政法管理干部学院教师；1990 年 7 月—1993 年 11 月任湖南省政法管理干部学院专业课部刑事诉讼法教研室副主任；1993 年 11 月—1995 年 10 月任湖南省政法管理干部学院教务处图书馆馆长。1995 年 10 月—1999 年 7 月任湖南省人大常委会法规工作委员会（以下简称省人大法规委）二处主任科员；1999 年 7 月—2001 年 9 月任省人大法规委二处助理调研员；2001 年 9 月—2003 年 12 月任省人大法规委二处副处长（期间：2000 年 3 月—2003 年 6 月，参加湖南师范大学法学院法学基础理论专业学习，获硕士学位）；2003 年 12 月—2008 年 12 月任省人大法规委二处处长；2008 年 12 月—2013 年 1 月任省人大法规委一处处长、副主任；2013 年 1 月—2016 年 10 月任省人大法制委员会副主任委员、省人大法规委副主任。2016 年 10 月—12 月任市检察院党组书记；2016 年 12 月—2017 年 3 月任市检察院党组书记、代理检察长；2017 年 3 月任市检察院党组书记、检察长。

（二）全国先进模范人物

付玲玲，男，汉族，湖南祁阳县人，1955 年 3 月出生，中共党员，大学本科。1975 年 2 月 16 日参加工作，1997 年 2 月从道县县委组织部调县检察院，1997 年 2 月—2002 年 10 月任道县院检察长，2002 年 10 月调入市检察院任党组成员、副检察长、正处级检察员、党组副书记。付玲玲 1997 年任道县院检察长以来坚持公正执法，清正廉洁，不怕威胁、恐吓，排除干扰，顶住压力，每年办理一批在当地有影响、有震动的大要案，在人民群众中赢得良好声誉，多次被记功授奖。2001 年 8 月 16 日，成功处置恶性绑架爆炸事件，被选为中国共产党第十六大代表、荣获“全国模范检察干部”“优秀共产党员”“人民卫士”“全国十大杰出检察官”、全国见义勇为先进个人、“湖南省十大杰出检察官”等称号。

蒋冬林，男，汉族，湖南省永州市零陵人，1954 年 11 月出生，中共党员，大学本科。1975 年 3 月在原零陵县农机局参加工作，1988 年 10 月通过招考进入零陵区院，任民行科检察员。蒋冬林先后在零陵区院控申科、反贪局、驻狱检察室和民行科工作，历任书记员、助理检察员、检察员、副科级检察员。从检 20 多年始终保持廉洁自律作风，他母亲因脑梗塞，生活上不能自理，女儿 5 岁时患罕见的怪病（色素沉着绒毛结节性滑膜炎），家庭生活十分困难，用自己的言行书写对法律的忠诚，诠释检察干警的高尚情怀，展示人民检察官的高大形象，赢得广大人民群众的赞誉。先后被评为湖南省政法系统“十杰政法干警”并记一等功，获“全国先进工作者”“全国模范检察官”荣誉称号。2017 年被中央文明办评为“敬业奉献——中国好人”。

屈芳玲，女，汉族，1965 年 11 月生，湖南永州市冷水滩区人，中共党员，大学本科（学士学位）。1985 年 3 月参加工作，先后任市检察院侦查监督处副处长、处长、检委会委员、检委会专职委员，党组成员、反渎职侵权局局长。2010 年 4 月，被全国妇联评为“全国维护妇女儿童权益先进个人”，2011 年被湖南省人民检察院评为“全省十佳检察官”、荣记二等功，“全国三八红旗手”，2013 年，被省妇联评为“巾帼建功标兵”。

2018 年 1 月转隶市监察委委员。

潘振仕，男，汉族，1956 年 11 月出生，湖南祁阳人，中共党员，大学专科。1975 年 3 月—1978 年 12 月祁阳栗林公社杨池大队知青，1978 年 12 月—1984 年 9 月任祁阳县院法警、助理检察员；1984 年 9 月—1986 年 7 月，在省政法干部管理学院法律专业大专学习；1986 年 7 月—1998 年 4 月，先后任祁阳县院检察员、刑检二股副股长、反贪局副局长、党组成员、副检察长（正科级）；1998 年 5 月—2002 年 11 月任双牌县院代检察长、检察长；2002 年 11 月—2010 年 6 月任市检察院反渎局局长、正处级检察员。多次被评为先进工作者和记功，2008 年 1 月 16 日，被最高人民检察院评为“全国优秀侦查员”；2010 年 1 月，被最高人民检察院评为深入查办危害能源资源和生态环境渎职犯罪专项工作先进个人。

王祁平，男，汉族，1966 年 12 月 18 日出生，湖南祁阳人，中共党员，大学本科。1983 年 7 月参加工作，先后任助理检察员、检察员、纪检组长；70 多次冒着生命危险救助各类遇难群众 90 多人，10 多次冒着生命危险抗洪抢险、救火救灾，为受害人和困难群众捐款捐物 10 万余元，义务为群众化解矛盾 200 多起，先后被评为：湖南好人、中国好人、全国见义勇为好人，省市见义勇为道德模范、中国法制人物候选人、全国道德模范候选人、感动中国候选人、法制强省功勋人物，多次被省、市检察院荣记二、三等功。

卿东江，男，汉族，1971 年 11 月出生，湖南东安人，中共党员，大学本科。1993 年参加工作，先后任江华县院书记员、反贪局助理检察员、检察员、起诉股检察员，反贪局副局长、控申科科长，检察委员会委员、反渎局局长（副科级），党组成员、副检察长、检委会委员（正科级）。多次被评为先进工作者和记功，2010 年，被中央政法委评为“全国政法系统优秀共产党员干警”。

朱龙凡，男，汉族，1967 年 12 月出生，湖南江华人，中共党员，大学本科（学士学位）。1991 年 7 月参加工作，先后任江华县院办公室科员，法纪、批捕股副股长、检察员，1998 年 7 月—2001 年任江华河路口镇党委副书记（副科级）；2001 年—2017 年先后任江华县院监察室主任、反贪局局长、民行科长、检察员（副科级），反渎局教导员、检委会委员（享受正科级待遇）；2018 年 1 月转隶江华县监察委。多次被评为先进工作者和记功，1995 年 4 月 27 日，被最高人民检察院评为“全国检察机关第三次先进个人”。

屈素芳，女，汉族，1964 年 11 月 22 日出生，湖南省衡阳县人，中共党员，大学本科。1985 年 3 月 25 日参加工作，先后任零陵区院助理检察员、检察员，控申科副科长、反渎局副局长、监察室主任、检察院联合工会主席（正科级）。2005 年被湖南省人民检察院评为“全省检察机关优秀检察干部”，2013 年被省总工会评为“湖南省优秀工会积极分子”，2015 年，被中华全国总工会评为“全国优秀工会工作者”。

王蔚，女，汉族，1975 年 12 月出生，湖南祁阳县人，中共党员，大学本科。1992 年 6 月调入祁阳县院，任办公室书记员、助理检察员、副主任。2006 年 1 月—2013 年 1 月任办公室主任、检察员（副科）。2013 年 1 月—2017 年任党组成员、检察员（副科）。多次被评为先进工作者和记功，2012 年被最高人民检察院评为“全国检察机关计财装备工作先进个人”。

三　先进集体与省部级以上先进个人名录

（一）先进集体

2003 年 1 月，市检察院被最高人民检察院评为“全国检察机关查办打黑除恶‘保护伞’犯罪案件先进集体”和“全国检察机关办案用房和专业技术用房建设先进单位”。

2004年12月，市检察院被最高人民检察院评为“全国检察系统服装管理工作先进单位”。

2006年4月，市检察院被最高人民检察院评为“全国检察、公安机关追逃专项行动先进集体”。

2007年11月，市检察院被最高人民检察院评为“全国检察机关查办刑罚执行和监管活动职务犯罪案件先进集体”。

2007年，宁远县院被最高人民检察院评为“全国检察机关查办刑罚执行和监管活动中职务犯罪先进集体”。

1998年，祁阳县院被湖南省委、省人民政府评为“文明单位”。

2002年2月，祁阳县院在最高人民检察院举行的全国检察机关第五次“双先”会上被评为“集体一等功。”

2002年12月，道县院被省委、省人民政府评为“文明单位”。

2004年12月28日，祁阳县院被最高人民检察院评为“1997—1999年、2000—2002年度全国检察机关‘文明接待室’”。

2007年11月，祁阳县院被最高人民检察院评为“2007年度全国二级规范化检察室”。

2008年11月11日，祁阳县院被最高人民检察院评为“全国文明接待室”。

2013年4月18日，祁阳县院被湖南省委、省人民政府评为“文明单位”。

2015年11月15日，东安县院被中央精神文明建设指导委员会授予“全国文明单位”。

2015年，祁阳、东安县院被最高人民检察院评为“三级规范化检察室”。

（二）省部级以上先进个人

涂晓震，男，汉族，1971年8月出生，广西壮族自治区灵川县人，中共党员，大学本科。1990年10月在道县水利局参加工作，1994年考入道县院工作，任书记员、助理检察员、检察员，反贪局副局长、党组成员、控申科长（副科级），党组成员、副检察长（主任科员）；2013年4月调市检察院任助理检察员、检察员（正科级），反渎局副局长（正科级），2018年1月转隶市纪委第六纪检监察室主任。多次被评为先进工作者和记功，2012年8月荣获“湖南检察职业道德标兵”称号，荣记一等功。

盘树高，男，瑶族，1970 年 11 月出生，湖南零陵区人，中共党员，研究生。1989 年参加工作，先后任市中级法院助理审判员、审判员，办公室副主任、刑事审判第一庭副庭长，1999 年挂职东安县委政法委副书记。2012 年任职回避调入市检察院，参与震惊中外的“衡阳破坏选举案”等大要案的侦办工作，先后任检察员，反渎局综合科长、办公室副主任、机关党委专职副书记。在《人民日报》《人民法院报》《湖南日报》等 40 多种报刊杂志上发表文章 400 多万字，被称为“秀才法官”。连续 8 年被最高人民法院评为《人民法院报》“优秀通讯员”。先后被评为首批“湖南省优秀法官”、“书香家庭”和第五届“湖南省优秀青年卫士”“十佳热爱读书检察官”等荣誉称号，被永州市人民政府推荐参加 2005 年度“全国劳动模范和先进工作者”评选，被提名。中央电视台、新华网、凤凰网、《人民法院报》、《湖南日报》等 30 多家媒体，分别以不同题材报道了他的事迹。已出版发行《零陵名胜印谱》《盘树高篆刻集》《法眼》和主编《善良与公正》《秋叶落潇湘》五本书。书画、篆刻作品曾多次在国内外书画赛上展出获奖，多家博物馆、档案馆和海内外人士予以收藏。其中 2011 年 6 月，篆刻作品在中国最高展馆——国家博物馆展出；2012 年，国画《板桥听竹》在全国检察机关廉洁从检书画展上获二等奖。

周益群，男，1956 年出生，湖南东安人，中共党员，本科文化。1976 年 12 月入伍，1994 年 9 月从部队转业分配到东安县院工作，先后任书记员、助理检察员、检察员、驻东安监狱检察室主任。2005 年，被湖南省人民政府评为“先进工作者”，荣记一等功。

桂来诚，男，汉族，1963 年 4 月出生，湖南祁阳人，中共党员。1984 年 6 月—1992 年 8 月在祁阳县商业战线工作，1992 年 8 月—1998 年 8 月任祁阳县院书记员、办公室主任、司法会计。1998 年 8 月—2003 年 1 月任祁阳县委政法委办公室主任、县综治办副主任（副科级），2003 年—今任祁阳县院党组成员、政工科长、检察员（正科级），多次被评为先进工作者和记功，2003 年 7 月 1 日，被湖南省人民政府、省社会治安综合治理委员会评为“1999—2002 年度全省社会治安综合治理先进个人”，记二等功。

蒋梅芳，女，汉族，1971 年 12 月出生，湖南祁阳县人，中共党员，大学本科。1992 年 8 月调入祁阳县院先后任刑检一股、二股书记员、助理检察员。2002 年 7 月—2008 年 4 月任民行科副科长、科长。2008 年 4 月—2011 年 2 月任监察室主任、检察员（副科级）。2011 年 2 月—2017 年 7 月任检察委员会委员、监察室主任（副科级）。多次被评为先进工作者和记功，2008 年被共青团省委等 14 个部门联合评为第五届“湖南省优秀青年卫士”。

蒋晓勇，男，汉族，1977 年 1 月出生，湖南宁远县人，中共党员，大学本科。1997 年 7 月调入宁远县院，先后任科员、反贪局副局长、助理检察员，2008 年 10 月任反贪局副局长兼预防科科长、检察员，2010 年被共青团省委等 14 个部门联合评为第六届“湖南省优秀青年卫士”。

刘鲲，男，汉族，1970 年 10 月出生，湖南新田县人，中共党员，大学本科。1990 年 3 月—1992 年 10 月在 32535 部队服役，1993 年—1996 年在县水利局工作（借调至县检察院），1996 年—2004 年任科员、办公室副主任，2004 年 2 月—2008 年 1 月任法警大队教导员，2008 年 2 月—2010 年 2 月任办公室主任、检委会委员（副科），2010 年 2 月—2017 年 5 月任党组成员、检委会委员（副科级）政工科科长、副检察长、党组副书记。多次被评为先进工作者和记功，2014 年 9 月书法作品入选湖南省文化厅、中国人民解放军湖南省军分区等 10 个单位联合举办的“第二届湖南省国家公务员书法大赛作品展览”。

附　录

一　重要文件辑录

中共永州市委永州市人民政府关于向蒋冬林同志学习的决定

（2010 年 3 月 11 日）

蒋冬林，男，汉族，中共党员，1954 年 11 月出生，零陵区人。现任零陵区人民检察院民事行政检察科副科级检察员。1975 年 3 月在原零陵县农机局参加工作，1988 年 10 月，考入零陵区人民检察院工作至今。他先后在该院控申科、反贪局、驻所检察室和民事行政检察科工作，历任书记员、助理检察员、检察员、副科级检察员。该同志 20 年如一日，爱岗敬业、严格执法，廉洁奉公、甘守清贫，用自己的行动诠释了一名人民公仆为人民的高尚情操，展示了人民公务员的崇高形象，赢得了广大人民群众的普遍赞誉。李长春、刘云山等中央领导同志先后作出重要批示. 对深入学习宣传蒋冬林同志先进事迹提出明确要求。

为表彰先进，弘扬正气，树立典型，市委、市政府决定，在全市党员干部中开展向蒋冬林同志学习活动。

学习他勤奋学习、刻苦钻研的拼搏精神。蒋冬林同志并非法律科班出身，但就是凭着自己对学习的追求和敢于较真的韧劲，拿到了法律自考本科文凭。参加工作后，他从不放松学习，常常在繁忙工作之余的晚上，将老人、孩子安顿好后挑灯读书。在家庭非常困难的情况下，他购买各种业务书籍 1000 多册，从网上下载资料，汇编成法律图书 200 多本。先后发表论文 30 余篇，累计 20 余万字。通过学习，蒋冬林同志的办案能力得到很大提高，成为了全院检察业务工作的行家里手。全市党员干部要像蒋冬林同志那样，牢固树立终身学习的理念，坚持用科学发展观武装自己的头脑，在刻苦钻研中提升自己，在勤奋学习中充实自己，不断提高业务水平和工作能力。

学习他不计名利、乐于奉献的高尚品德。蒋冬林同志在检察机关工作，克服着常人难以克服的家庭困难。他母亲因脑梗塞生活不能自理. 出门后经常找不着家。女儿5岁时患罕见的怪病——色素沉着绒毛结节性滑膜炎。爱人下岗后一家人仅靠他一个人的工资维持生活，为给女儿治病，欠下一身债务。蒋冬林的家可谓是一贫如洗，没有一件像样的衣服，他常年累月一身制服，一双胶鞋，一辆自行车，参加工作至今没有用过手机。面对困难，蒋冬林从不怨天尤人、从不在领导和同志们面前诉苦、从不向困难低头，更没有懈怠耽误工作。单位组织向四川灾区和重病干警捐款时，他总是最先献出自己的爱心。1998年以来，他先后捐献救灾、扶贫等款物2万余元。2009年10月，蒋冬林同志被评为“永州市道德模范”，他将市里奖励给他的5000元和市、区有关单位捐助他女儿治病的钱，共计1.7万元全部捐给慈善机构。蒋冬林同志参加工作34年，至今仍是普通干警，他却坦然面对，工作从不放松。全市党员干部要像蒋冬林同志那样，淡泊名利，乐于奉献，在工作实践中彰显自己的人格魅力。

学习他爱岗敬业、忠于职守的工作作风。蒋冬林同志参加工作34年，干一行爱一行。虽然工作岗位多次变动，他都愉快地服从组织安排，从不讲价钱。在工作中，他严格要求自己，从不迟到早退，敷衍应付。1999年，蒋冬林同志正在办理一件经济大案，得知女儿又发病在床，同事们都劝他回去照顾女儿，他却坚持帮最后一个证人做完笔录，才拖着疲惫的身子回到家中。1998年以来，他主办控告申诉、民事行政和贪污贿赂案件近100件，为国家挽回经济损失近1000万元。多次立功受奖，年年被评为先进个人。全市党员干部要像蒋冬林同志那样，热爱工作、忠于职守，不断增强责任意识和使命意识，始终做个忠于祖国、忠于人民、忠于事业的人。

学习他秉公执法、清正廉洁的优秀风范。从事检察工作20年来，蒋冬林同志始终保持廉洁自律的作风，从不把手中的权力当作谋取私利的工具。1999年，在反贪局工作期间，他主办刘某涉嫌受贿案时，刘某的家属托人找到蒋冬林并送来8000元现金，说是给他女儿治病的。面对利诱，他不为所动。当即将钱退还，并义正辞严地说：“我家庭困难，确实需要钱，但我不需要肮脏的钱。”在检察工作岗位上，蒋冬林先后拒贿6万余元，拒请吃喝130余次。全市党员干部要像蒋冬林同志那样，坚持自重、自省、自警、自律，做到常修为政之德、常思贪欲之害、常怀律己之心，做让组织放心、人民群众满意的公务员。

市委、市政府号召，全市各级各部门、党员干部要紧密结合实际，对照先进，着力查找思想观念、执法行为、纪律作风等方面存在的突出问题；结合正在开展的深入学习实践科学发展观活动，引导广大党员干部自觉端正工作思想，规范工作行为，提高工作水平，切实做到严格自律。恪尽职守，敬业奉献，勤政为民，为永州经济社会又好又快发展作出新的更大贡献。

中共永州市委
关于开展向陈运周同志学习活动的决定

（2014 年 7 月 4 日）

陈运周，男，汉族，中共党员，大学文化，1965 年 4 月出生，新田县人。现任新田县人民检察院党组副书记、副检察长。该同志于 1986 年 7 月从零陵商校毕业分配在新田县人民检察院工作，历任书记员、助理检察员、检察员，反贪局副局长、局长，副检察长，党组副书记。他二十多年如一日，勤奋好学、爱岗敬业、秉公执法、务实为民、清正廉洁，用自己的行动诠释了一名人民公仆为人民的优良品质，赢得了广大人民群众的普遍赞誉。2012 年 7 月，该同志患鼻咽癌后，用坚强的意志与病魔作斗争，身先士卒，仍坚守办案第一线，用实际行动诠释了一名共产党员、一名人民检察官、一名基层领导干部忠诚、为民、公正、清廉的价值追求和崇高品质。陈运周同志的先进事迹，反映了新时期我市共产党员的高尚情操，体现了新时期检察机关干部的精神风貌，为全市广大党员干部树立了一面光辉的旗帜。为表彰先进，弘扬正气，树立典型，市委决定在全市各级党组织和广大党员干部中，广泛开展向陈运周同志学习活动。

一、学习他勤奋好学、刻苦钻研的进取精神

陈运周同志勤奋好学，刻苦钻研，28 年来，全身心投入查办贪污贿赂案件所需专业知识的学习中，不断提高自身理论素养和业务素质，从一位非法律科班出身的财会人员，成长为一名全省反贪业务工作的行家里手。他学以致用，善于办案，用智慧和谋略，查办了一大批在全省有影响的大要案件。2004 年 1 月，他任副检察长之后，以老带新、以案说法，大力加强队伍建设，打造了一支能攻善战、团结协作的优秀团队。近 6 年，从新田县人民检察院考入湖南省人民检察院和外地检察院

达16人，其中考入广东省人民检察院的广州市“十佳青年卫士”陈波等8人都是他一手培养出来的办案骨干。2009年，他撰写的《新田反贪工作实现五个转变》的文章，被最高人民检察院反贪总局和湖南省人民检察院推介。他靠前指挥，一线办案，亲自询问和审讯，近几年来，立案查处了全市有影响的大案要案40多件，荣立集体二等功一次，2008年反贪工作被评为全省先进，2011年院反贪局被评为永州市首届“十佳政法单位”。他多次被评为全市办案能手、“全能标兵”，1998年还被省人民检察院授予“全省优秀侦查员”光荣称号。2013年被永州市人民检察院记三等功。全市广大党员干部要向陈运周同志那样，发扬勇攀高峰，追求卓越的进取精神，在勤奋学习中充实自己，在刻苦钻研中提升自己，不断提高业务水平和工作能力，在平凡岗位上干出不平凡的工作业绩。

二、学习他爱岗敬业、忠诚担当的职业操守

陈运周同志爱岗敬业，干一行爱一行专一行。二十多年来，始终奋战在反贪工作的第一线。他舍小家为大家，周末和节假日常常加班，很少顾及家里。2011年9月，父亲心脏病突然发作，当时他正在赴广东抓捕重要行贿人，为了不影响办案，直到把犯罪嫌疑人抓获才匆匆回家。当他赶回家时，父亲已离开人世，面对家人的埋怨，他也只能把悲痛和遗憾深深埋在心底。办案中，敢于碰硬、秉公执法。他时刻想着的是党和人民的利益，既没有过多考虑案件查办的阻力和对自己的负面影响，更没有被威胁和恐吓所吓倒，每接到一个线索，都全力排除干扰，精心组织干警周密排查，析疑查微，一旦发现犯罪事实，决不心慈手软。他曾多次抽调到中纪委和省、市检察院、纪委参加专案调查和侦查工作。2002年，该同志被评为“全省优秀检察干部”，并记二等功。全市广大党员干部要像陈运周同志那样，视使命重如生命，视职责重如泰山，认真履职，牢记使命，把工作岗位作为施展才能、实现人生价值的舞台，始终做个忠于祖国、忠于人民、忠于事业的人。

三、学习他顽强拼搏、乐观向上的高尚品质

陈运周同志意志顽强，乐观向上，不仅对检察事业执着、忠诚，而且还有强烈的正义感，他把检察事业融入到生命中的一部分。正如他说的，“我选择了检察事业就选择了奉献，为了这份职业，我愿意奉献一切，甚至生命”。他有强烈的事业心，总是有使不完的劲。在询问和审讯工作面临困难的时候，他既当指挥员，又当战斗员，反复进行思想开导和政策攻心，在他的职业生涯中，没有攻不破的案子。2012年7月，陈运周同志被诊断患有鼻咽癌时，县人民检察院正与市纪委联合办理一起处级领导干部受贿案件，案件处于突破攻坚阶段，作为办案的主要骨干，他对

同事和家人隐瞒了病情，积极克服病患带来的身心压力，以顽强的毅力，全身心投入办案中。直到8月底，医院反复催促后才离开办案点，到医院接受治疗。他身在医院，心系案情，不断地通过电话指挥办案。治疗期间，15次化疗、治疗的痛苦，他从容面对，不被病魔吓倒，依然热爱生活，努力工作，消瘦42斤的陈运周每次化疗后，又重新出现在办公室和审讯室。全市广大党员干部要像陈运周同志那样，始终把本职工作摆在第一位，把心思和精力都用在工作上，勇于吃苦、敢于拼搏、甘于奉献，以一流的工作实绩赢得广大干部群众的普遍赞誉。

四、学习他清正廉洁、心系群众的公仆情怀

陈运周同志一身正气，清正廉洁，始终做到“常在河边走，就是不湿鞋”，始终保持共产党员的高尚情操和优秀品质，自觉践行理性、平和、文明、规范的执法理念，带头维护人民公仆的良好形象。2008年至今，他拒绝吃请60余次，拒收和退回礼金10余万元。2011年8月，他的父亲因病去世，许多单位和企业老板都去吊唁。事后，他将5万多元礼金全部退还。他从没穿过名贵衣服，同事评价他“办案执着像大侠，生活俭朴像农民”，亲切地称他为“农民检察官”。这位对自己十分吝啬的人，面对困难群众时总是尽最大努力伸出热情的双手给予帮忙。2010年9月，陈运周同志回乡探望父母，得知本村一特困户家的小孩考上了大学，但因家庭困难准备放弃学业时，他特意赶到特困户家里，为小孩捐助了3000元，还联系县教育局，为其解决困难补助5000元，使孩子重返校园。全市党员干部要像陈运周同志那样，自觉加强党性修养，克己奉公、乐于助人，用自己的实际行动，践行习近平总书记“三严三实”要求，树立为民务实清廉的公仆形象。

市委号召，全市各级各部门党组织、广大党员干部要认真组织学习陈运周同志的先进事迹，做到深学、细照、笃行，对照先进，着力查找理想信念、务实为民、执法行为、纪律作风等方面存在的突出问题。结合正在全市开展的党的群众路线教育实践活动，学先进、找差距、见行动。全市广大党员干部要以陈运周同志为榜样，忠诚于党和人民的事业，把坚定理想信念和在本职岗位上创先争优结合起来，把爱党、爱国之情转化为报效祖国、服务人民的实际行动，忠于职守、认真履职、勤政务实、清正廉洁，以奋发进取的精神、饱满的工作热情和务实真干的工作态度，努力在平凡的岗位上，争创先进、争当优秀，为实现后发赶超、科学跨越、富民强市目标，建设品质活力永州作出新的更大贡献。

关于贪污贿赂犯罪案件线索管理的规定

第一条 为了加强和规范案件线索的统一管理，提高案件线索的利用率和办案工作效率，切实加大查办贪污贿赂案件的工作力度，根据湖南省人民检察院《关于实施反贪污贿赂犯罪侦查一体化实施细则》、湖南省人民检察院反贪污贿赂局《关于案件管理工作制度》的有关规定，结合我市反贪污贿赂工作的实际，特制定本规定。

第二条 线索管理是指对贪污贿赂犯罪线索信息的获取、筛选、评估、审批、分流。

第三条 贪污贿赂犯罪案件线索由永州市人民检察院侦查指挥中心办公室（以下简称市检察院侦查指挥中心）实行统一管理。市检察院侦查指挥中心反贪办公室设立案件线索管理员，建立案件线索登记本，配备专用电脑加密储存案件线索，设立保密专柜保存重要线索原件。

第四条 各县区人民检察院反贪污贿赂局（以下简称各县区院反贪局）受理的全部贪污贿赂犯罪案件线索都必须报市检察院侦查指挥中心备案，统一进行归口管理。

第五条 各县区院反贪局上报市检察院侦查指挥中心反贪办公室归口管理案件线索的范围：

（一）办案中发现的线索；

（二）本院举报中心转办的线索；

（三）接受理的线索；

（四）上级机关直接批转的线索（不含市检察院侦查指挥中心转交的案件线索）；

（五）备案审查中发现的线索；

（六）市级人大代表、政协委员涉嫌贪污贿赂犯罪的线索；

（七）涉及市属重点工程贪污贿赂犯罪的线索；

（八）涉及市直属单位贪污贿赂犯罪的线索；

（九）其他途径获取的线索。

上述案件线索在上报市检察院侦查指挥中心归口管理的同时，最高人民检察院、省人民检察院规定有其他程序的，同时履行其他程序。

第六条 对贪污贿赂犯罪案件线索分为四类：A 类为厅、局类；B 类为县、处级；C 为科级；D 类为其他人员。

第七条 各县区院反贪局上报的案件线索，应当于受理或自行发现后七日以内逐案填写《检察机关反贪部门案件线索备案表》连同线索材料复印件一并上报，情况紧急的应当及时报告。

第八条 市检察院侦查指挥中心建立和执行严格的线索管理制度，确保线索来源清楚、流向明确、流转手续完备。

案件线索管理员对收集的案件线索信息，应逐件登记、审查、提出处理意见，报领导审查批示后登记分流。由本院侦查部门初查的，由主管副局长签收复印件，案件线索原件存保秘柜；属于交各县区人民检察院办理的案件，由各县区人民检察院侦查部门负责签收，保存案件线索复印件；属于转办的，由线索管理员负责转办，保存案件线索复印件；属于暂存备查的，存原件于保密柜。

第九条 案件线索分流后，市检察院侦查指挥中心办公室确定专人，负责案件线索分流后的跟踪、监督、指导；受案单位应将查处情况及时反馈。

第十条 造成案件线索泄密、丢失，或者违规作其他处理的，对案件线索隐瞒不报、拖延上报、压案不查的，应当视情节和后果追究有关人员的责任。

永州市人民检察院
2006 年 5 月 9 日

渎职侵权犯罪案件备案审查制度

第一条 县区检察院反渎职侵权部门、市检察院反渎职侵权部门立案侦查的所有渎职侵权犯罪案件，均需逐级层报市检察院反渎职侵权局、省检察院反渎职侵权局备案。

第二条 报送的文书包括：

1.《提请立案报告》《立案决定书》；

2.《侦查终结报告》；

3.《起诉意见书》或《不起诉意见书》；

4.《撤销案件决定书》；

5.《起诉书》《不起诉决定书》；

6.《判决书》。

所有文书均报复印件或副本。

第三条 报送要求：

1. 县区检察院的法律文书应在产生后七日内一式二份报市检察院反渎职侵权局，市检察院的法律文书应在产生或收到后七日内一式一份报省检察院反渎职侵权局。

2. 判决书包括一审二审及再审判决书，包括有罪判决书和无罪判决书，都应按前述期限及时续报，不得年终一次性报送或漏报。如属抗诉案件，应报抗诉书。

3. 对于特大案件、要案、犯罪嫌疑人系县区政法部门正副职领导职务的案件、中央和最高人民检察院领导批办交办并由渎职侵权检察厅发函要结果的已立案侦查的案件、重特大案件责任事故背后的渎职犯罪案件等五类案件的《提请立案报告》《立案决定书》副本或复印件应在作出立案决定后六日内一式四份上报市检察院反渎职侵权局，由市检察院反渎职侵权局层报最高人民检察院渎职侵权检察厅；侦查阶段的其他法律文书和公诉、审判阶段制作的法律文书应当在作出决定后十日内报送副本或复印件一式二份。在报送上述五类案件的同时，应同时填写上报《渎职侵权案件备案登记表》一式一份。

4. 法律文书要求格式规范行文准确内容清晰。

第四条 市检察院反渎职侵权局设专人负责备案材料的审查和管理。

市检察院反渎职侵权局对备案材料应妥善保管，并于每月五日前主动到市检察院统计部门拷贝或打印《渎职侵权案件登记卡》，建立渎职犯罪案件备案管理台帐。

市检察院反渎职侵权局应当及时审查备案材料，发现疑问应及时向办案单位询问，发现错误应及时提出纠正意见报局领导同意后，通知办案单位纠正；对久拖不决的，应及时督办落实；对少报、漏报、迟报的，要及时催报。

撤案案件、立案侦查后决定移送审查不起诉的案件，县区检察院应在作出决定前报市检察院审查同意。

市检察院反渎职侵权局应按季对备案材料、统计报表进行分析，写出有情况有问题有对策的专题分析报告报市检察院党组、省检察院反渎职侵权局，为领导决策和指导办案提供依据。

永州市人民检察院

2008 年 8 月 7 日

保障律师在刑事诉讼中依法执业的规定

为依法维护诉讼参与人的合法权益，进一步保障律师在人民检察院直接受理案件立案侦查、刑事案件审查起诉工作中依法执业，促进人民检察院严格、公正执法，根据《中华人民共和国刑事诉讼法》及有关法律的规定，结合检察工作实际，制定本规定。

一、关于保障律师会见权

1. 人民检察院直接受理立案侦查案件，受犯罪嫌疑人委托的律师自检察人员第一次讯问犯罪嫌疑人后或者人民检察院对犯罪嫌疑人采取强制措施之日起，受委托的律师凭律师执业证书、律师事务所证明和委托书或者法律援助公函，有权会见犯罪嫌疑人、被告人并了解有关案件情况。受犯罪嫌疑人委托的律师向人民检察院了解犯罪嫌疑人所涉嫌罪名及犯罪嫌疑人的关押场所时，人民检察院应当告知受委托律师。

2. 律师会见犯罪嫌疑人、被告人不被监听。

3. 人民检察院立案侦查案件，律师要求会见在押犯罪嫌疑人的，对于涉及国家秘密的案件，侦查部门应当在律师提出申请后五日内作出批准或者不批准的决定。批准会见的，应当向律师开具《批准会见在押犯罪嫌疑人决定书》，并安排会见。不批准会见的，应当向律师开具《不批准会见在押犯罪嫌疑人决定书》，并说明理由。对于不批准会见的，人民检察院还应当及时通知看守所，不安排律师会见犯罪嫌疑人。

4. 律师会见在押犯罪嫌疑人一律在监管场所内进行。

5. 人民检察院应当依法保障律师会见权的落实。

二、关于保障律师阅卷权

1. 受委托的律师自案件审查起诉之日起，有权查阅、摘抄和复制与案件有关的诉讼文书及案卷材料。受委托的律师自案件被人民法院受理之日起，有权查阅、摘抄和复制与案件有关的所有材料。

2. 人民检察院要完善律师阅卷的具体工作制度，明确律师阅卷的申请、时间、地点、摘抄、复印等具体问题，安排专门地点和专人接待，尽量为律师阅卷提供方便。在审判阶段，律师查阅材料应当根据具体情况确定查阅的地点和方式。对于移送案卷的，律师一般应当到法院查阅；没有移送案卷的，律师应当与检察人员具体商定，加强相互之间的配合和协助。

3. 对于受委托的律师要求查阅、摘抄、复制本案相关材料的，公诉部门受理后应当依法安排办理；不能当日办理的，应当向律师说明理由，并在 3 日内择定日期，及时通知律师。

4. 在人民检察院审查起诉期间和提起公诉以后，受委托的律师发现犯罪嫌疑人无罪、罪轻、减轻或者免除处罚的证据材料向人民检察院提供的，人民检察院公诉部门应当接受并进行审查。

三、关于保障律师调查取证权

1. 受委托的律师根据案情需要，可以申请人民检察院收集、调取证据或者申请人民法院通知证人出庭作证。

2. 受委托的律师根据案情的需要，向人民检察院申请收集、调取自己无法收集和调取的证据的，人民检察院应当及时收集或调取。

3. 律师依法调查取证的，不能干扰、阻拦。

四、关于听取律师意见

1. 根据刑事诉讼法有关规定，在审查起诉阶段检察人员应当听取受委托律师的意见。在侦查和审查批捕阶段，可以采取适当方式主动听取律师意见，加强与律师的交流与沟通。对于受委托的律师在侦查、批捕和起诉阶段提出无罪、罪轻或者减轻、免除其刑事责任的意见以及相关证据材料的，检察机关应当认真审查，必要时可与律师交换意见。

2. 人民检察院在侦查终结前，案件承办人应当听取受委托的律师关于案件的意见，并记明笔录附卷。受委托的律师提出书面意见的，应当附卷。

3. 人民检察院立案侦查案件，犯罪嫌疑人被决定逮捕的，受犯罪嫌疑人委托的律师可以为其申请取保候审；受委托律师认为羁押超过法定期限的，可以要求解除或者变更强制措施。人民检察院应当在七日内作出决定并由侦查部门书面答复受委托的律师。

4. 人民检察院审查移送起诉的案件，受委托的律师认为人民检察院采取强制措施超过法定期限的，有权要求解除或者变更强制措施。人民检察院应当在七日内作出书面决定并由公诉部门书面答复其委托的律师。

5. 人民检察院审查移送起诉案件，应当听取犯罪嫌疑人、被害人委托的律师的意见，并记明笔录附卷。直接听取犯罪嫌疑人、被害人委托的律师的意见有困难的，可以向犯罪嫌疑人、被害人委托的律师发出书面通知，由其出具书面意见。律师在审查起诉期限内没有提出意见的，应当记明在卷。

五、关于律师投诉的处理

1. 要严格区分律师依法行使执业权利、维护当事人合法权益与毁灭、伪造证据、妨害作证等行为的界限，认真落实和执行最高人民检察院及湖南省人民检察院的有关规定，对于严重侵害律师执业权利的，要按照有关规定严肃处理；对于国家机关工作人员在刑事诉讼中报复陷害律师构成犯罪的，要及时严肃查办。

2. 律师在办理刑事案件的过程中，发现人民检察院办案部门和办案人员违反法律和本规定的，可以向承办案件的人民检察院或者上一级人民检察院投诉。

3. 各级人民检察院接到律师投诉后，应当依照有关法律和本规定的要求及时处理。律师对不依法安排会见进行投诉的，人民检察院应当在接到投诉后 5 日内进行审查并作出决定，通知办案部门执行。

4. 各级人民检察院应当及时向投诉人书面告知处理情况。

5. 对于律师投诉检察人员违法办案的，有关人民检察院应当及时调查；确属违法违纪的，应依法依纪追究有关人员的法律和纪律责任。

永州市人民检察院
2007 年 2 月 27 日

永州市中级人民法院　永州市人民检察院
关于办理公益诉讼案件若干问题的意见

为防止国有资产流失、公共利益受损，根据《中华人民共和国宪法》《中华人民共和国民事诉讼法》《中华人民共和国行政诉讼法》关于保护国有财产和公共利益的原则，经永州市人民检察院和中级人民法院研究决定，在我市建立公益诉讼制度，开展公益诉讼活动，对国有财产和公共利益实行司法保护。

1. 公益诉讼是指在国家财产和社会公共利益受到侵害，无民事主体或者当事人无法行使诉讼权利，而由检察机关代表国家或者社会公共利益，向人民法院提起民事诉讼或者支持当事人向人民法院起诉的诉讼行为。

2. 公益诉讼案件范围：

（1）因民事违法、行政失职致使国有资产流失而无人起诉或者当事人无法起诉的案例；

（2）涉及社会公共利益、大众利益无人起诉或当事人无法起诉的案件；

（3）因其他民事、行政违法造成无人起诉或者当事人无法起诉的案件；

（4）因其他事由需要提起公益诉讼的案件。

3. 人民检察院参与公诉利益的方式：一是以支持起诉人的名义支持起诉，二是代表国家以原告的身份对侵害国家财产和损害公共利益的行为直接提起诉讼。

4. 人民检察院发现应当提起民事行政诉讼的案件，应报请检察长批准立案。

5. 人民检察院对决定立案的公益诉讼案件，有权调查收集有关证据。

6. 人民检察院提起公益诉讼的法律依据是：《中华人民共和国宪法》第十二条第二款、第十五条第三款、《人民检察院组织法》第四条和《中华人民共和国民法通则》第五条、第七十三条的规定。

7. 提起公益诉讼的案件，必须符合《中华人民共和国民事诉讼法》第一百零八条和《中华人民共和国行政诉讼法》第四十一条规定的起诉条件。

8. 公益诉讼案件的管辖，按照《中华人民共和国民事诉讼法》第二章和《中华人民共和国行政诉讼法》第三章及人民法院的有关规定执行。

9. 人民法院收到人民检察院的起诉书后，应当在七日内作出是否立案的决定，并通知人民检察院和其他当事人。

10. 人民法院审理公益诉讼案件，按照《中华人民共和国民事诉讼法》《中华人民共和国行政诉讼法》的有关规定进行。

11. 人民检察院在诉讼中的法律地位是原告人的地位。

12. 人民检察院在诉讼活动中的权利和义务，因参与诉讼的方式不同而异，以支持起诉人的方式参与诉讼的，主要是支持原告依法主张权利，没有独立的诉讼权利和义务；检察机关代表国家直接提起诉讼时履行《中华人民共和国民事诉讼法》《中华人民共和国行政诉讼法》规定的原告义务，享有除实体处分权外的其他权利。

13. 鉴于公益诉讼案件的特殊性，人民法院在受理案件时，经院长批准，可不收取诉讼费用，或者暂缓交纳诉讼费；案件审结后，由人民法院判决败诉的一方承担案件的诉讼费。

14. 人民法院审理公益诉讼案件不适用调解程序。

本意见自发文之日起生效，全市人民法院、人民检察院必须遵照执行。本意见与法律和上级规定相抵触的，执行法律和上级规定。

本意见不明确，或在执行中遇到问题的，由市中级人民法院和市人民检察院协商解决。

永州市中级人民法院　永州市人民检察院

2003 年 4 月 20 日

二　优秀检察文汇

以实际行动模范实践“三个代表”重要思想
最高人民检察院、湖南省委、省政府授予付玲玲荣誉称号

（记者徐运平）　最高人民检察院，湖南省委、省政府授予道县人民检察院检察长付玲玲同志荣誉称号暨表彰大会今天在这里举行。最高人民检察院检察长韩杼滨和湖南省委书记、省人大主任杨正午为付玲玲颁发荣誉证书和奖章。

会议宣读了最高人民检察院授予付玲玲全国“模范检察干部”称号的决定；湖南省委、省政府作出关于开展向付玲玲学习活动的决定并分别授予他“优秀共产党员”和“人民卫士”称号。

今年 8 月 16 日早晨，犯罪嫌疑人钟×为报复个体诊所医生杨×，伙同周×绑架杨×女儿未遂又另生恶念，携带炸药驾车闯入县城一加油站，图谋制造恶性爆炸事件。付玲玲挺身而出，与歹徒斗智斗勇，经过 3 个多小时的生死较量，成功地制止了一场重大恶性爆炸事件的发生。

韩杼滨检察长在今天的讲话中号召全国检察干警向付玲玲同志学习。他指出，付玲玲同志是“严打”整治斗争中涌现出来的英雄模范，他在生与死的考验面前，表现出了一个共产党员、一个人民检察官、一个领导干部的英雄气概和高尚品德。付玲玲同志是实践“三个代表”重要思想的先锋战士。在平时的工作中，他恪尽职守，秉公执法，刚正不阿，维护法律的尊严；在担任检察长后，他坚持狠抓领导班子建设和队伍建设，带领全院干警奋发进取，使道县院的工作一年上一个新台阶；在危急关头，他奋不顾身，慷慨赴险，维护人民的利益。他以自己的实际行动模范地实践了“三个代表”的重要思想，对“人民检察为人民”作出了生动的示范。

付玲玲同志是新时期检察官的优秀代表。他的模范事迹再一次表明，检察队伍是一支党和人民可以信赖的、在关键时候能打硬仗的队伍。在他身上，集中展现了人民检察官忠于党、忠于人民、忠于法律的高尚情操，展现了人民检察官坚定地维护人民利益、无私奉献、勇于牺牲的优秀品质，展现了新时期领导干部勤政为民、忘我奉献、身先士卒的精神风貌。

湖南省委书记、省人大主任杨正午在讲话中指出，付玲玲同志在处置“8・16”事件中的英雄壮举和所表现出来的高尚的人格力量、熟练的法律政策水平和高超的斗争艺术，是各级党组织长期培养教育的结果，是他坚持学习，与时俱进，不断提高政治素养和工作水平的结果。向付玲玲学习，就是要像他一样对党赤胆忠心，对人民满腔热忱，视人民利益高于一切，努力实现好、维护好、发展好人民的根本利益。

忠实实践“三个代表”（短评）

付玲玲不论在哪个岗位，都牢记全心全意为人民服务的宗旨，兢兢业业，身先士卒，勇挑重担。付玲玲同志是人民检察官的优秀代表，是广大检察干警的榜样，是共产党员和领导干部学习的楷模，是“三个代表”重要思想的忠实实践者。

付玲玲同志的先进事迹，充分体现了新时期人民检察官忠于党、忠于人民、忠于法律的精神风貌，展示了当代检察官视人民的利益高于一切、无私奉献、勇于牺牲的高尚品质，鲜明昭示了新时期共产党员努力实践“三个代表”重要思想的不懈追求。

每个共产党员都要像付玲玲那样，时刻牢记全心全意为人民服务的宗旨，树立正确的世界观、人生观和价值观，努力提高自身素质和为人民服务的本领，切实增强学习实践“三个代表”重要思想的自觉性和坚定性。每个政法干警都要像付玲玲那样，在开展“严打”整治斗争中，积极履行职责，忠实地实践“三个代表”重要思想，为经济发展和社会稳定做出新的贡献。

2001 年 10 月 12 日　《人民日报》

新从创中来

——永州市检察机关开展“三创”工作走笔

（通讯员　于文辉）　2013 年来，湖南省永州市检察机关按照“全局性工作创新思维、常规性工作创先争优、特色性工作创制经验”的工作要求，围绕“做好服务、办好案件、带好队伍”三个方面想办法、下功夫，全市检察工作取得新成效。

创新思维　做好服务

全市检察机关坚持把检察工作置于全市大局中来谋划和推进，在严格依法的前提下创新思维，创新方式，主动服务大局、服务发展、服务群众。

优化环境促发展。市检察院出台了《全市检察机关服务企业、优化发展环境的若干规定》，要求做到“五个慎重”“十个严禁”，做到执法想到大局、办案想到稳定，绝不因执法不力而影响经济发展环境，绝不因执法不当而损害企业合法权益。坚持铁面办案柔情服务，在查办案件的同时努力服务企业、服务项目，全市检察机关与16家工业企业建立经常性联系。市检察院在2012年联系长丰集团沙发有限公司的基础上，2013年又增加了时代阳光等5家医药企业，想方设法帮助这些企业进行产能升级、结构转换、改造创新。市检察院还联系城南大道等重点项目，积极为项目建设排忧解难。充分发挥职务犯罪预防功能，为涔天河水库建设等4个重点工程项目开展专项预防，为项目建设保驾护航。

化解矛盾促和谐。顺应人民群众对检察工作的新要求、新期待，认真处理涉检信访问题，尽力解决群众合理诉求。2013年来，没有发生非正常赴省进京涉检信访事件。在积极化解矛盾的同时，注重源头预防，避免新的矛盾发生。在全市检察机关推行执法风险评估预警制度，坚持每案必评、每环节必评，对影响社会稳定的矛盾隐患早发现、早预警、早处置，有效化解执法办案风险。同时，不断延伸检察触角，推进检察联络室建设，在重点乡镇、街道设置检察联络室30个，安排专职联络员60名，聘请兼职联络员30名，履行接受群众举报申诉、法制宣传、调处矛盾等六个方面的工作职责，深受人民群众欢迎。

联系群众促民生。坚持检察工作的人民性，深入基层，帮助群众解决实际困难和问题。全市检察机关在2012年为芝麻坪社区、塘家村等58个联系村组社区筹集帮扶资金201万元，干警捐款24.18万元的基础上，2013年又为这些联系社区村组筹资10多万元，干警捐款2.14万元。市检察院与相关帮扶单位为塘家村完成村级活动场所建设，维修3公里灌溉水渠。市检察院干警2012年捐款资助的3名贫困生全部考上大学，2013年又确定3名资助对象。为进一步加强同人民群众的联系，市检察院在创办《永州检察》报纸的基础上又创办《永州检察》手机短信平台，及时向人大代表、政协委员和人民监督员报告工作，发送各类信息6000人次。

创先争优　办好案件

坚持业务立检，以执法办案为中心积极履职，以实际业绩创先争优，努力推动全市检察工作提质跨越。

狠出重拳保稳定。充分发挥刑事检察职能，切实维护社会大局稳定。把打击锋芒指向危害国家安全犯罪、严重暴力犯罪、黑恶势力犯罪、多发性侵财犯罪和毒品犯罪，批准逮捕故意杀人、爆炸、强奸、投放危险物质、贩卖毒品、抢劫、抢夺、盗窃犯罪嫌疑人512人，起诉571人，保持对严重刑事犯罪的高压态势。李××等人以高额利息为诱饵，非法吸收公众资金一亿余元，社会影响极大，检察机关在快捕快诉的同时，配合有关部门做好稳定工作，李已被法院一审判处死缓。

严惩腐败保廉洁。坚持既打“老虎”又拍“苍蝇”，着力查办职务犯罪大要案件和人民群众关注的民生民利案件，促进形成廉洁高效的政务环境。立案侦查职务犯罪案件52件76人，其中贪污贿赂犯罪案件37件53人，渎职侵权犯罪案件15件23人。其中，立案侦查贪污贿赂大案28件43人，立案侦查渎职侵权犯罪重特大案件5件8人。在查办大要案的同时，坚持“群众利益无小事”，以涉农惠农领域案件为突破口，加大对发生在群众身边、损害群众利益的职务犯罪的查处力度，立案查处民生民利案件35件49人。

强化监督保公正。坚持依法、规范、理性、有限监督，在依法履职的同时，加强与公安、法院的沟通协调，形成既有制约又有配合的良性监督机制，切实维护司法公正。对认为确有错误的刑事判决提出抗诉12件，改判或发回重审7件。对诉讼中渎职违法行为开展调查，办理违法行为调查案件8件10人，立案侦查2件2人。积极稳妥开展执行监督，东安县院有效监督法院执行一起已经生效的民事案件，为该县农机公司120名下岗职工挽回经济损失132.5万元，平息了这起长达8年的信访案件，《检察日报》等媒体做了专题报道。

创制经验　带好队伍

把检察形象与检察工作放在同等重要的位置，着力在抓作风、带队伍上出经验、见成效。

健全机制抓班子。以机制建设为重点，切实提升班子的凝聚力、战斗力。实行班子成员分工负责制、层级负责制、点评考核制和工作季度点评制，班子成员人人有责任、个个有压力，极大地激发班子带队伍、抓管理、干事业的积极性和主观能动性。把素能建设作为提升班子能力的重要抓手，推行检委会学习例会制，确定每月5日、20日为检委会学习日，学习新法律、新业务、新知识，探讨工作过程中的热点、难点问题。这一做法得到了省检察院检察长游劝荣的高度肯定，批示在全省推广。市检察院党组被市委确定为学习型党组织建设两家示范点之一。

上下联动抓创建。坚持全市检察机关“一盘棋”，统一部署，上下联动，积极创建文化型机关、人民满意单位、文明行业，以创建提士气、鼓干劲、展风采、树形象。2012年全市检察机关均进入市级以上文明单位行列，市检察院和零陵、冷水滩、宁远、祁阳四个县区院被评为省级文明单位，东安县院晋升为全省文明标兵单位。在此基础上，市检察院在全市首个提出创建文明行业申请，目前各项工作正在有序进行。在积极创建文明行业的同时，鼓励支持开展其他创建活动。市检察院团支部被评为全省五四红旗团支部，市检察院侦监处被评为全省优秀青少年维权岗，市检察院公诉处被评为省级青年文明号。祁阳县院被评为全省检察文化建设示范院。东安县院被评为全市廉政文化进机关先进单位。

集中整顿抓作风。为进一步加强干部作风建设，市检察院在全市检察机关开展了干部队伍集中教育整顿活动。邀请省检察院专家、市纪委主要领导作纪律作风专题讲座。院党组成员到所属支部参加民主生活会，与党员逐个谈心谈话。针对干部队伍中存在的突出问题，市检察院开展以明察暗访、案件回访、主动走访为主要内容的“三访”活动，开展明察暗访14次、案件回访24次、主动走访13次。为强化内部监督，市检察院还在各支部聘请兼职纪检员11人，加强廉洁从检情况监督。经过集中教育整顿，全市检察机关继续保持风清气正的良好面貌。继“全国模范检察官”蒋冬林、“全国见义勇为好人”王祁平等先进模范人物之后，又涌现出勇斗歹徒、智擒嫌犯、抢救交通事故伤员等好人好事20余人次。

2013年9月11日《中国永州新闻网》

适用羁押措施处置突发维稳案件的思考

——对行政拘留的积极审视

文兆平

在突发维稳案件处置中，恰当运用羁押措施，可以起到立竿见影的实际效果，对迅速处置案件有重要作用。但羁押措施尤其是刑事羁押措施作为一种法律手段，有严格的适用条件和明确的法律后果，适用不当会带来负面的法律和社会效果。因此，如何科学、合理运用羁押措施，既有效平息事态、又确保公正执法，具有较大的现实意义和研究价值，也是领导者和执法者应当深入思考的课题。

一、突发维稳案件中适用羁押措施的利弊分析

目前我国经济社会发展既处于战略机遇期，也处于矛盾凸显期。因经济、社

会、文化、思维模式深刻变化所带来的各种利益冲突日益激烈，由此引发的群体性事件以及相关突发维稳案件也随之增加。依法妥善处置有关突发维稳案件，切实维护社会和谐稳定，有效调和利益冲突，积极化解社会矛盾，成为司法机关重要职责要求。从近年来处置突发维稳案件的司法实践来看，运用羁押手段来实现维稳，已经成为有效平息事态的常见手段。主要原因是，运用羁押措施将相关当事人予以控制，可以迅速达到如下几个方面的效果：

一是可以理顺当事人过激情绪。某些突发维稳案件发生后，司法机关经常会遭遇来自当事人及其相关群体的直接压力。被害人和家属利用社会同情弱势群体的心理，向司法机关提出严惩肇事方等各种诉求。如果得不到满足，则可能纠集人员闹访缠访，甚至采取跳楼、自杀等极端手段施压。特别在某些经济落后、思想守旧的地区，普遍流行“同态复仇”的观念，杀人偿命、欠债还钱，犯罪者应当被严惩，而惩罚的首要判断标准就是羁押当事人。因此想要迅速理顺当事人情绪、有效平息事态，采取羁押措施是一种不可或缺的手段。

二是可以化解公众舆论压力。司法机关要切实履行客观义务，从实质上应当有效避免社会舆论“未审先判”对司法公正所形成的负面影响。但在突发维稳案件所引发的社会舆情浪潮中，社会公众往往一致要求严惩犯罪嫌疑人，形成强烈的社会反响。特别当前大量无利益关联的群体热衷于在有关事件处置中行使知情权、表达权与监督权，一些网民在“半了解、零思考、双倍反应”的思维定势中积极制造有关网络舆情，与之相伴的是传谣信谣现象可能急剧增加。在这种社会压力下，及时采取羁押措施，有效平息社会质疑，成为司法机关迫不得已的现实选择。

三是可以迅速平息事态恢复秩序。社会和谐稳定是衡量执政、行政公信力的重要标准。各级党委、政府高度重视维稳工作，高度重视对突发群体性事件的快速、妥善处置。如何在突发群体性事件发生后第一时间恢复正常社会秩序，成为党委政府维稳工作的首要选择。在群体性事件中，涉及可能采取羁押措施的往往有两类对象：一是诱发突发维稳事件的肇事方，一般是特定关联案件中的违法犯罪嫌疑人；二是在参与突发群体性事件中具有教唆造谣、组织煽动、阻碍执法甚至打砸抢等情节行为的违法犯罪嫌疑人。对这两类人采取羁押措施，都有可能实现快速理顺情绪、化解社会围观的处置效果。正是在这种维稳压力下，党委政府往往会责成司法机关从大局出发，及时采取羁押措施来尽快平息事态，恢复社会秩序。

正是因为羁押措施可以起到立竿见影的效果，少数地方司法机关在处置突发维稳案件中，过于依赖羁押措施尤其是刑拘、逮捕等刑事羁押措施，通过抓人捕人来获得暂时的“稳定”。但从近年来突发维稳案件的处置实践看，存在较多启动刑事程序刑拘、逮捕后因无法定罪难以起诉的案例，后期的案件处理和维稳工作常常将司法机关和党委政府逼入左右为难的尴尬处境。以某市肖×交通肇事案为例，犯罪嫌疑人肖×违规将载货的三轮摩托改装成客运摩托，进行非法营运。案发当日，肖×搭载8名乘客与他人驾驶的一辆无牌东风大货车对撞，造成5死3伤的特大交通事故。案发后，被害人及家属反映强烈，聚集数10人上访。当地公安机关考虑案情重大和维稳的压力，以交通肇事罪对货车司机和肖×予以刑事拘留，后经检察机关批准予以逮捕。但根据责任划分，货车司机应负事故主要责任，构成交通肇事罪；肖×负次要责任，不构成此罪。因肖×的刑拘已既成事实，且二人均无赔偿能力，被害方要求一并追究肖×与货车司机刑事责任的呼声十分强烈。迫于压力，办案机关勉强将肖×定性为以其他危险方法危害公共安全罪。后经请示省级司法机关，邀请专家论证，确认肖×的行为不构成犯罪。但如何向被害方解释，不至造成强烈的社会反响，成了一个比案件本身还难处理的问题。当地党委、政府和有关部门组成专门班子和人员，同时进行释法说理和救济补偿工作，才最终稳控局势，妥善处置了事件。

该案具有一定的代表性，反映出目前处置突发维稳案件的几个特点：一是被害人和社会公众的反响强烈，案件处理关系到稳定大局，维稳压力巨大且紧迫；二是案发之时案情不清、证据不足，罪与非罪的性质不明，一时难以作出准确判断；三是公安机关均予以刑事立案并采取了刑事拘留措施，案件在极短时间内进入诉讼程序，事态得以暂时平息；四是案件最终不能定罪，以羁押换取的“稳定”面临着再次爆发事端的可能性。这警示我们，在突发维稳事件中运用刑事羁押措施要非常慎重。如果司法机关迫于维稳压力在法定条件尚未成就的情况下采取刑拘、逮捕等刑事羁押措施，极有可能导致案件侦查后却不能批捕、起诉或宣告无罪。不仅面临国家赔偿的法律风险，而且可能带来新的社会矛盾，引发当事人上访、申诉甚至群体性事件的维稳风险。既损害司法公正，也无法真正维护社会稳定，造成的实际后果明显弊大于利。

针对这一社会现实，确有必要研究在现有条件下，准确把握在突发维稳案件中正确采取羁押措施的原则要求与方式方法。既充分发挥羁押措施在处置突发维稳案件中的积极作用，又防止不当羁押引起的负面法律、社会效果。笔者认为，优先采取行政拘留等非刑事羁押措施处置突发维稳事件，不失为一种较好的选择。

二、突发维稳案件中依法适用行政拘留措施的制度价值

基于上述利弊分析，结合维稳司法实践，笔者认为应当优先运用处理人民内部矛盾的方式处置突发维稳案件，在必须使用羁押措施的情况下，注重先行适用更为和缓的行政羁押措施来代替刑事羁押措施。主要理由如下：

一是具有现实可行条件。羁押措施目前主要有两种，一是行政羁押即行政拘留，二是刑事羁押即刑事拘留、逮捕。对行政违法处以行政羁押，刑事犯罪处以刑事羁押，不存在争议。但突发维稳案件在处置之时如果处于事实不清、证据不足、性质不明状态，采取何种手段羁押当事人以平息事态，难以迅速准确判断和决定。行政违法行为的社会危害性小于刑事犯罪，行政羁押的法定要件、证据要求也低于刑事羁押，两者之间存在一种轻重递进的关系。因此对于突发维稳案件中罪与非罪尚不明了的违法行为，如果必须采取羁押措施平息事态，完全可以先行适用行政拘留措施。通过在行政拘留的法定期限内查清事实证据，再决定是否转作刑事处理。这一做法有司法实践的现实基础，有相对成熟的行政执法与刑事司法衔接工作经验可循。

二是具有法理基础与法律依据。法理上，行政和刑事羁押虽然有着严厉性和适用方式上的差别，但都具备限制人身自由这一共同本质，以及递进性的特征，决定了两者之间存在转化的可能性。法律上，治安管理处罚法、行政处罚法等法律明确了行政执法向刑事执法的衔接转化原则与方式，规定违法行为构成犯罪的，依法追究刑事责任。同时，修改后的刑事诉讼法第五十二条规定，行政机关在行政执法和查办案件过程中收集的物证、书证、视听资料、电子数据等证据材料，在刑事诉讼中可以作为证据使用。这一证据转化的规定，同时也隐含着行政责任向刑事责任的转化。上述立法规定，为行政羁押和刑事羁押的转化提供了明确的法律依据。

三是契合了突发维稳案件特征。突发维稳案件具有突发性、复杂性，往往罪与非罪的事实、证据交织在一起，一时难以收集和辨明，需要一个调查、核实的时间和空间，也需要一个辨析、判明真相的过程。在是非未明之前，运用行政拘留措施高度契合处置突发维稳案件的时效性要求，比刑事拘留等其他手段更具优越性。

四是彰显了人权保障法治精神。尊重和保障人权是我国宪法确立的一项重要原则，体现了社会主义制度的本质要求。修改后刑事诉讼法将“尊重和保障人权”明确写入立法原则，进一步明确了惩罚犯罪与保障人权并重的思想。同时刑事诉讼法第十二条规定“未经人民法院依法判决，对任何人都不得确定有罪”。因此在未查明事实真相前，将涉案人员作为人民内部矛盾处理，在必要时依法采取非刑事羁押措施先行处置，不仅是尊重与保障人权的司法工作需要，也进一步彰显了理性、平和、文明、规范的执法理念。

五是不易引发后续矛盾。在需要采取羁押措施平息事态的情况下，依法优先适用行政拘留，给真相未明的突发维稳案件留下一个调查取证、判明案件性质、确定罪与非罪的缓冲时期，有利于掌握妥善处置案件、依法追究法律责任的主动权。如果查明构成犯罪，可进一步刑事立案和采取羁押措施，不构成犯罪亦能安然释放当事人，避免错误刑事拘留后导致的国家赔偿责任和信访问题，并可有效防范因后续矛盾引发的风险，真正实现案结事了。

三、突发维稳案件中行政拘留措施的具体运用

在突发维稳案件处置中先行适用行政拘留等非刑事羁押措施，有利于妥善处置案件。在具体实践中，应注意把握如下几个方面的问题。

一是建立羁押风险评估预警机制。突发维稳案件处置中，一些司法机关之所以倾向于采取刑事羁押措施，与其缺乏羁押风险评估预警机制密不可分。因此必须建立羁押风险评估预警机制，全面排查案件存在的风险和隐患，分析研判羁押措施不当是否可能引发的新的矛盾纠纷，及时制定应急处理办法和工作预案，尽早化解风险。

二是充分运用行政拘留相关法律规定。按照治安管理处罚法的规定，行政拘留有严格的程序规定，在经过依法受理、调查后，确认违法行为存在，应当给予治安处罚，才能作出处罚决定，并宣告和执行。亦即行政拘留决定前，有一个受理、调查的阶段，需要一定的时间。而一些突发案件中维稳压力极其紧迫，要求立即羁押肇事方，由此可能导致时间上的矛盾和冲突。解决这一矛盾的最佳方式，就是积极运用询问查证时间，并在必要时采取留置措施。治安管理处罚法规定可能适用行政拘留处罚的，可以有不得超过 24 小时的询问查证时间，人民警察法同时规定人民警察对有违法犯罪嫌疑的人员，可以留置 24 小时，特殊情况可以延长至 48 小时。利用上述时间，公安机关可快速受理案件和调查取证，并在法定期限内作出行政拘留的处罚决定。因为对行政违法行为的调查远较刑事犯罪容易，在突发维稳案件中一个难以判断是否为刑事犯罪的行为，一般均能构成行政违法。只要公安机关积极应对，短时间内认定当事人的违法行为并作出处罚决定是完全可行的。此外由于行政拘留是一种非终局性的行政处罚措施，其“既判力”受到行政复议、行政诉讼等监督行为的制约。治安管理处罚法第一百零七条规定，被处罚人不服行政拘留处罚决定，申请行政复议、提起行政诉讼的，可以向公安机关提出暂缓执行行政拘留的申请。该规定是对执行拘留的一种法定限制，目的为确保公正执法，防止不当处罚被执行。但这一救济措施给突发维稳案件中的处置工作实效带来制约，当事人可以借口要求复议或者提起诉讼，规避羁押的即时执行，从而使羁押维稳的目的难以实现。解决这一问题，应立足于法律本身。治安管理处罚法规定暂缓执行有一个前提，即“公安机关认为暂缓执行拘留不致发生社会危险”，该规定赋予了公安机关自由裁量的权力，为排除妨碍提供了有力的法律武器。司法实践中，对于突发维稳案件中暂缓执行处罚决定可能严重影响处置工作进展、影响社会情绪稳定的违法行

为，公安机关可以根据案件具体情况，依法决定不予暂缓执行，从而达到维稳目的。

三是准确认定羁押措施适用对象。对于突发群体性事件的参与人员，采取行政拘留等羁押措施同样必须注重贯彻“宽严相济”原则、准确区分群体对象。在群体性事件中，许多参与人员目的只是要求党委、政府解决合理诉求，希望以过激方式引起党委、政府重视，谋求问题的解决。也有一些盲从者，没有具体诉求，仅借群体性事件起哄、取乐。对于这两部分群众可以通过说服、教育、劝阻的方法予以平息。但也有一部分人借机发泄不满情绪，这部分人混杂在群众中间，通过鼓动、唆使、胁迫甚至花钱雇佣一些不明真相的群众故意制造事端，乘机实施打砸抢烧。这些人员是事态扩大和升级的罪魁祸首，需要严厉打击。对这些不同群体需要正确区分，根据违法犯罪行为情节依法决定是否采取羁押措施以及采取何种羁押措施。

四是依法及时开展调查取证。证据是执法与司法活动的基础，无论实施行政拘留还是刑事拘留，都必须符合法定的羁押要件与证据条件，否则将导致违法拘留或“以罚代刑”等消极后果。由于群体性事件的参与者、围观者混杂在一起，人员复杂、场面混乱，违法行为与犯罪行为交织错杂，证据收集难度较大。因此公安机关必须严格遵循突发维稳案件的查办工作规律，紧密结合群体性事件的取证工作实际，及时准确查明事件组织者、指挥者和幕后策划操纵者，积极建立健全以实物证据为核心、“由证到供”的科学取证模式。特别是要切实强化突发维稳案件处置中的人力资源投入和科技装备保障，较好适应对突发事件中各类实物证据特别是物证、视听资料、电子证据的收集、固定和鉴别的需要。同时，检察机关也要重视提前介入侦查，以起诉的证据规格标准，引导侦查人员收集、固定各种证据。通过检警各自优势形成取证工作合力，提高突发维稳案件处置工作质量与效率。

五是依据事实证据分类处理。在采取行政拘留措施期间，公安机关经过进一步调查取证，基本上能确认事件性质、固定案件证据、区分当事人行为责任。在此基础上，可以根据“宽严相济”的刑事政策予以分类处理：对涉嫌犯罪的，进行刑事立案，按诉讼程序采取刑事强制措施，追究刑事责任；对不构成犯罪但涉嫌违法的，执行现有行政拘留决定，符合劳动教养条件可以按程序作劳教处理；对一般不明真相且情节轻微的，可训诫教育后解除行政拘留措施。

省领导评价：永州市检察院检察长文兆平根据永州市检察院在处置突发维稳案件中积累的实证经验，经与湖南省人民检察院研究室共同研讨，就突发维稳案件处置中如何合理适用羁押措施问题进行了深入的理论思考，并撰写了《适用羁押措施处置突发维稳案件的思考——对行政拘留的积极审视》一文。该文由《湖南省情要报》2012年第16期全文刊发后，获得了有关省领导的高度评价。

省政府副省长盛茂林2012年10月31日对该文批示："兆平同志的《思考》，有很强的针对性、实践性，是一篇有价值的好文章，建议抄送全省各市州政法委、法院、检察院、公安局、维稳办、信访局，供领导参阅。"

湖南省人民检察院检察长龚佳禾2012年11月2日对该文批示："兆平同志从司法实践中对刑事强制措施适用的思考具有现实针对性和理性深度，对提高刑事措施的必要性把握和化解群体性矛盾具有积极意义。关键是如何与公安营造共识，共同提高执法能力和水平。请建国书记、旭曦厅长阅示。"

现将该文转发，以供全省检察机关参阅借鉴。

三　重要案例选介

曾×钢与许×忠借款纠纷案

（湖南省人民检察院2009年度优秀案件）

2004年6月，张×华因赌博欠雷×国赌债290万元，偿还部分后尚欠260万元。雷×国又因赌博向许×忠借高利贷数百万元未还。后张、雷、许商定，雷×国将对张×华的赌债转给许×忠。张×华因无力偿还赌债，便向雷×国提出该赌债由曾×钢帮其偿还。后经雷、许、张、曾商定，曾×钢向许×忠出具写有："今借到许×忠人民币现金260万元（2个月还清）的欠条。因曾×钢未按期还钱，又向许×忠出具一张26万元的欠条，算作利息。许×忠以民间借贷纠纷为由，诉至永州市冷水滩区人民法院。经一、二审法院审理，均认定该案系民间借贷，由曾×钢偿还本金286万元及利息。曾不服，向检察机关提出监督申请。湖南省人民检察院将该案交由永州市检察院办理，经查曾×钢向许献忠出具286万元的欠条，是连环高利贷和赌债转让而成，应系赌债纠纷而非民间借贷，建议提请湖南省人民检察院抗诉。该案经永州市中级人民法院再审改判：撤销原一、二审判决，驳回原审原告许×忠要求曾×钢返还286万元借款的诉讼请求。

对祁阳县观音滩镇供水工程项目预防调查终结报告

（湖南省人民检察院2011年优秀预防个案）

一、对祁阳县观音滩镇供水工程项目预防调查

1. 调查事项。根据《永州市水利局开展党风廉政教育和预防职务犯罪活动实施方案》（永水办〔2011〕27号）文件精神，按照《湖南省检察机关预防职务犯罪调查工作规程》的要求，市检察院、永州市水利局联合对祁阳县观音滩镇供水工程项目，通过听取汇报、实地查看、查阅资料、召开座会谈和分析会的形式，对该项目建设情况进行预防调查。

2. 调查立项的原由。首先，水是生命之源，建设和发展农村饮水安全工程，保障农村居民饮用水的安全和卫生，可以极大地减少农民群众水介传染病、水致地方病以及中毒性疾病的发病率，改善农村居民生活条件，提高农村居民的健康水平。其次，农村饮水安全工程的建设，对农村的健康有序发展和乡镇企业的生产经营提供了重要的物质保障，能推动农村城镇化进程和乡镇企业的发展；第三，有利于实行水资源的统一管理，为水资源的合理配置、高效利用和有效保护提供体制保障。通过对祁阳县观音滩镇供水工程的预防调查，发现该水利工程项目建设方面可能存在的问题，包括该工程招标投标、质量管理、资金拨付方面，以及渎职侵权、贪污贿赂方面的线索，查找问题的原因，提出整改意见；并且在预防调查过程中，开展警示教育预防宣传活动，预防职务犯罪，更好地服务永州市的水利工程建设。

3. 调查经过、方法和步骤。

（1）按照《湖南省检察机关预防职务犯罪调查工作规程》的要求，全面开展预防调查工作。

（2）市检察院、永州市水利局和祁阳县水利局共同研究调查方案，共同分析问题原因，共同商讨预防对策；祁阳县院协助工作。

（3）深入祁阳县观音滩镇供水工程项目，实地调查，查阅资料，了解工程真实情况。

（4）组织祁阳县水利局工作人员和参建各方，召开座谈会、分析会。

（5）通过研究分析各方面的调查情况，认真撰写预防调查终结报告。

（6）严格执行最高人民检察院的《预防职务犯罪工作告知卡》和《预防职务

犯罪工作监督卡》并用制度，自觉接受社会监督，切实推进预防工作规范化建设。

（7）严格遵守预防调查工作各项纪律。

4. 调查的主要内容

（1）工程基本概况。祁阳县观音滩供水工程位于湖南省永州市祁阳县境中略西北，距县城12km。2014年7月，祁阳县水利局委托永州市水利水电勘测设计院对观音滩供水工程改扩建工程进行初步设计，是年9月完成，并通过了省水利厅专家评审。观音滩镇供水工程本次设计供水规模为2000T/d。工程下达计划投资522.39万元，其中中央资金413.77万元，省配套资金47.16万元，市县配套资金36.20万元，群众自筹资金25.26万元。计划解决观音滩镇1个乡镇企业，6个行政村及3个居委会，1.1867万人饮水不安全问题。

该工程于2014年12月6日开工，完成的主要工程建设内容有：取水工程、穿孔旋流式反应池、重力式无阀滤池、清水池、办公房、加药消毒房、供水管网、部分输水管网、厂区大门、挡土墙及围墙砼工艺栏，完成工程投资量约530万元，其中管材设备费163万元。

二、预防调查发现的主要问题

1. 缺岗现象比较严重。项目施工单位为湖南凯迪建设工程有限公司，该公司项目负责人张道明、技术负责人彭泽美均未按合同约定到岗到位，现场施工管理人员不能适应工作需要。监理单位为湖南省余辉水利水电建设监理咨询有限公司，项目总监魏金华未按合同约定到岗到位，现场监理员杨国东不是该公司注册人员。

2. 部分工程存在质量缺陷。红砖砌体砂浆砼表面发白，存在养护不到位的问题。反应沉淀池基础砼结构表面，存在气泡、蜂窝麻面的现象。

3. 变更手续不到位。主体工程平面布置存在较大变更，未履行变更手续。

4. 未进行质量检测。5月19日现场检查时，施工单位未对原材料、中间产品进行自检，业主或监理单位未进行抽检。

5. 施工安全意识不强。工程施工现场未按要求设置安全警示牌，高空作业大部分施工人员不戴安全帽，材料乱堆乱放。

6. 工程资料不完善，手续不到位。已完单元工程、分部工程未进行质量评定，重要隐蔽单元工程未进行质量等级联合签证，已完分部工程没有组织法人验收。法人日志记录过于简单，未见监理日志和施工日志。

7. 部分工程存在安全隐患。靠近取水泵房处河岸冲刷严重，天然护坡较高，已出现滑坡，由于未进行护岸处理，泵房人行桥支墩尚未建成，存在一定的安全隐患。

8. 招投标程序不规范。未进行招投标程序，项目法人已组织施工队伍提前进场施工，出现了“施工在前、招标在后”的现象，违背建设管理程序和招投标法。

三、调查结论

1. 祁阳县观音滩镇供水工程项目，基本情况尚可，但是问题有以上八个方面的问题。

2. 经过向该工程项目发出整改通知书和向全市通报批评后，该工程项目管理部门和施工单位，大力整改，后在湖南省水利厅组织的检查活动中，以 90 分的高分名列湘南地区第一名，永州市水利局被考核评为 A 等单位。

3. 经过我们的预防调查工作，查出问题并予以整改，有效地预防了渎职行为的发生，效果明显。

4. 没有发现贪污贿赂等职务犯罪行为。

四、意见和建议

1. 该项目法人要加强工程建设管理，督促监理和施工单位严格履行合同规定，按合同规定及时派遣现场管理人员，加强施工质量控制，确保工程质量安全。

2. 该项目法人要加强对已完工项目的质量抽检和质量评定，尤其是存在质量隐患的砼和砌体砂浆，对不合格的部位要坚决进行返工处理。

3. 祁阳县水利局要严格履行工程项目四制，即项目法人制、招投标制、工程监理制、合同管理制，在确保工程质量的前提下加快工程进度。

4. 祁阳县水利局要严格资金管理，按合同约定及时支付工程款，切实做到专款专账专用，严禁挤占、截留和挪用。

5. 项目相关人员要加强政策理论学习，强化法制教育，健全制度依规办事，增强责任感和使命感。

冷水滩区院办理特大非法收购、运输、出售国家二级保护野生动物案

（湖南省人民检察院 2016 年度十大优秀案件）

2016 年 12 月，永州市冷水滩区特大非法收购、运输、出售国家二级保护野生动物—虎纹蛙案所涉及的 6 名案犯全部被判处三年六个月至十年六个月不等。这是

永州市建市以来首例获十年以上刑期的非法收购、运输、出售珍贵野生动物案件。

2015 年 5 月以来，犯罪嫌疑人颜××、喻××、彭××在没有办理野生动物经营许可证的情况下，在田间、池塘采用特殊方式捕捉泥蛙（学名“虎纹蛙”），通过娄底开往永州的班车以每公斤 32—44 元不等的价格贩运给永州商人唐×元、唐×回。截至案发，颜先后 36 次出售给唐×元泥蛙 1599. 4 斤，交易金额达 61150 元。喻××先后 55 次出售给唐×元泥蛙 2162. 1 斤，交易金额达 72940 元。

2015 年 8 月 25 日，犯罪嫌疑人李××将从彭××处收购来的泥蛙 40 斤（计 272 只）、喻××将自己捕捉的泥蛙 51 斤（共计 358 只）、颜××又将自己捕捉和收购来的 213 只泥蛙通过娄底开往永州的班车运输销售给犯罪嫌疑人唐×回、唐×元，当货物运送至二广高速永州东出口时被现场查获。经湖南省野生动植物司法鉴定中心进行野生动物种类及保护级别鉴定：843 只泥蛙均为国家二级重点保护野生动物——虎纹蛙。

该案中被查获的 843 只虎纹蛙由冷水滩区院及时督促有关部门有序放生。

相关链接：虎纹蛙是国家二级保护水生野生动物，俗名“田鸡”、“泥蛙”，在沼泽、山涧、水库、田间经常能够发现它们的踪迹，由于其个体大，肉质鲜美，成为大家喜欢捕捉和食用的对象。近年来，由于生态环境的变化，加之人为的过度捕捉，虎纹蛙的野生种群的数量日趋减少，成了濒危动物，蛙类中受国家重点保护的种类仅此一种。

何某等人强迫卖淫案

（全国“十佳检察建议书”）

永州市人民检察院
检察建议书

永检侦监建〔2010〕2 号

永州市××区社会治安综合治理委员会办公室：

2010 年 2 月，我院办理何×、王×、张×涉嫌强迫卖淫一案。经审查查明：该案是由吴×（女，不满 12 岁）为获取永州市公安局××分局干警王×的破处费，上网时纠集、指挥三名犯罪嫌疑人以及另外两名未成年人唐某、管×一起从永州市第×中学将正在上课的该校女学生洪×、胡×（均未满十四岁）强行劫持出校，对两人实行殴打逼迫卖淫，在将两人带至宾馆卖淫途中，因学生家长及时解救，逼迫卖淫未果。

一、通过该案的办理，发现零陵区在社会治安综合治理方面存在以下问题

1. 存在适龄学生辍学情况。案件中反映出辍学的未成年人达 10 人，据吴××反映，另外还有 4 名 15 岁以下的未成年女孩辍学在外，而这些人均是九年制义务教育阶段接受教育的对象。

2. 存在个别在校学生外出卖淫情况。从案件中反映出有多名卖淫的女孩是在校学生，甚至还有在校上课的女学生被强行带离学校，被殴打逼迫卖淫的情形，涉及的学校有接××镇中学、石××乡中学、朝×中学、市×中等学校。

3. 存在部分网吧接纳未成年人上网情况。从案件反映出这些未成年人都是伍×君、吴×艳的 QQ 群，相互间常上网联系，而作案的这几个未成年人也是吴××通过上网纠集作案的，吴×艳等人卖淫也是通过网络联系卖淫女孩、嫖客，而七×树咖啡屋对面的友×网吧、前×街的心×印网吧、新××部落网吧、学×网吧、三×树网吧、名×网吧、河西的海×网吧等网吧存在接纳未成年人上网的问题，违反国务院《互联网上网服务营业场所管理条例》第二十一条的规定。

4. 少数宾馆存在未成年人卖淫活动。案中未成年女孩的卖淫场所均是在贵×宾馆、南×渡宾馆、零陵万×宾馆、冷水滩×商务宾馆、零陵×记大酒店等宾馆，上述宾馆未严格履行住宿实名登记制度，违反公安部《旅馆业治安管理办法》第六条、第十二条的规定。

二、出现上述问题的原因

1. 家庭教育缺乏或管教不当。涉案未成年人家庭有几个共同特点：一是生活在社会底层，父母工作不稳定，谋生压力大，无力管教孩子。二是父母离异，家庭不稳定。三是父母外出务工，无人照管。

2. 学校教育、管理缺位。一是学校安全保卫措施不严，对学生日常管理不到位，老师、家长之间缺乏沟通，导致出现学生管理真空；二是学校只重升学率，忽视对学生法制意识、道德观念的培养，对有不良行为的孩子另眼相看，简单地以更换教育环境为由将有不良行为的孩子拒之门外，导致辍学。三是法制教育流于形式。有的学校虽聘请法制副校长，但一年只上一堂课，法制教育课形同虚设。四是学校性教育缺失，基本没有开展性生理教育课程。

3. 网吧泛滥且疏于管理。一些小网吧不严格执行上网身份登记，接纳未成年人上网，而网上黄流不断蔓延，暴力、色情充斥银屏，社会丑恶现象对未成年人带来了强烈的感官冲击，借助网络平台，未成年人间的不良行为又相互影响，交叉感染。

4. 宾馆住宿登记把关不严。部分小宾馆价格低廉，登记流于形式，房内可以上网，许可未成年人长期留宿，成为未成年人违法、犯罪聚集的主要场所。

三、整改建议

针对上述问题和出现问题的主要原因，特向你办提出以下建议：

1. 切实解决未成年人义务教育的问题。鉴于未成年人辍学问题涉及面广，请与教育部门联系，澄清辍学未成年人的底数，对义务教育阶段辍学的学生进行劝返，根据《中华人民共和国义务教育法》第四十四条、《中华人民共和国未成年人保护法》第十三条规定，采取由政府补助或结对帮扶等多种方式解决家庭困难学生的入校教育问题，防止其流入社会。

2. 切实加强学校的内部安全管理。与有在校学生出外卖淫和有正在上课的女学生被强行带离学校被殴打强迫卖淫情形的学校共同研究，加强对学生请假的管理，加强学校保卫，强化学校的内部安全管理，切实防止刑事案件和治安案件的发生。

3. 切实加强网吧管理和整顿。与文化部门联系，对违反《中华人民共和国未成年人保护法》第三十六条规定容留未成年人上网的相关网吧进行重点整治，切实落实禁止未成年人进入网吧的管理规定，对违反规定的网吧要根据《互联网上网服务营业场所管理条例》第三十条的规定从严查处，该停业整顿的停业整顿，该吊销经营许可证的要坚决依法吊销。

4. 切实加大对卖淫嫖娼、涉及毒品等犯罪的查处和惩治力度。与公安机关联系，对身份登记把关不严从而方便未成年人卖淫的相关宾馆进行整顿，切实落实实名登记制度，并查清卖淫的背后是否有成年人操纵。查清案件中反映的常与未成年人王×凤开宾馆住宿、玩耍的“凯凯”的真实身份（成年男子，据反映系是涉毒品贩子），加强歌厅等场所的管理和整顿，防止其成为容留未成年人吸毒的场所。

以上建议，请你办与相关部门认真研究，采取有力措施予以落实，并于2010年5月30日前将落实情况书面回复我院。

2010年5月10日

黄×民与永州市第×建筑工程有限责任公司建设工程施工合同纠纷案

（最高人民检察院 2015 年度“全国检察机关优秀案件”）

火眼金睛揪出虚假诉讼 依法监督维护司法权威

——永州市检察院、冷水滩区院依法纠正虚假建设工程施工合同纠纷案

【要旨】

虚假诉讼是指民事诉讼的双方当事人恶意串通，合谋编制虚假事实和证据向法院提起诉讼，利用法院的审判权、执行权，非法侵占或损害国家、集体、公民的财产或权益的诉讼行为。虚假诉讼行为钻法律空子，把司法制度变成实现自己非法利益和目的的工具，侵害他人合法权益，浪费国家司法资源，扰乱正常诉讼秩序。这种行为是对法律制度的极端蔑视，损害了法律权威和法院的公信力。为保障国家利益和公民权益，维护司法公信力，促进社会诚信体系建设，人民检察院应善于发现虚假诉讼线索，对虚假诉讼坚决予以纠正。

【办案单位】

永州市人民检察院、永州市冷水滩区人民检察院

【基本案情】

2004 年 12 月 9 日，黄×民取得了永州市冷水滩区零陵中路原东×美食城的土地使用权及少量房屋产权。因该地与永州永×房地产开发有限公司（以下简称永×公司）开发的潇湘文化娱乐城毗邻，经双方多次协商，2005 年 10 月 25 日，黄×民与永×公司的法定代表人许×约定：许×以 780 万元人民币受让××美食城产权。许×在协议履行期间，于 2005 年 11 月至 2006 年 5 月付给黄×民转让款 200 万元，其余约定事项未能如期履行。2006 年 6 月 11 日，许×与黄×民再次就转让东×美食城产权的事宜协商约定：许×欠黄×民不动产转让款人民币 680 万元整，在 2006 年 6 月 26 日前一次性全部付清。但永×公司及许×没有按约给付黄×民转让款。为此，黄向市中级法院提起诉讼，该院于 2007 年 8 月 22 日做出民事判决：1、许×偿还黄×民不

动产转让款680万元；2、许×按680万元本金自2006年6月27日起所产生利息的2.5倍的数额赔偿损失（利率按中国人民银行发布的同期同类贷款利率确定，至清偿完毕）；3、永×公司对本判决一、二项承担连带责任；4、驳回黄×民的其他诉讼请求。永×公司和许×不服上述判决，向湖南省高级人民法院提起上诉。2008年1月16日，湖南省高级人民法院作出（2008）湘高法民一终字第1号民事判决：驳回上诉，维持原判。许×和永×公司在判决生效后拒不执行，黄×民于2008年3月3日申请市中级法院强制执行并查封了原东×美食城地面上所建房产。

为达到转移财产逃避执行的目的，许×和永×公司便恶意串通永州市第×建筑工程有限责任公司（以下简称×建公司），伪造证据，编造虚假的工程款，进行了一场虚假诉讼：2008年8月20日，永州市冷水滩区人民法院依法受理原告×建公司诉被告永×公司建设工程施工合同纠纷一案。该院经审理认为：本案系建设工程施工合同纠纷。原告与被告签订的《永闽房地产公司黄×民私人建房合同》是双方的真实意思表示，且无法律禁止性规定，其合同是合法有效的。合同签订后，原告积极履行合同约定的义务，且主体工程完工。但由于被告永×公司的原因，导致原告资金周转无法正常运行。从而使合同不能完全履行，其责任应由被告永×公司承担。判决：1、限被告永×公司在本判决书生效后十日内支付原告×建公司290.65余万元并按同期银行贷款利率支付逾期付款利息；2、驳回原告×建公司的其他诉讼请求。

2011年9月27日，黄×民向永州市冷水滩区人民检察院申诉：许×、永×公司拒不履行（2008）湘高法民一终字第1号民事判决，恶意串通×建公司编造虚假诉讼来达到逃避执行，从而转移被法院查封财产的目的。请求冷水滩区院通过审判监督程序，依法纠正冷水滩区人民法院的民事判决。

【再审结果】

冷水滩区院依法受理此案后，通过认真审查，于2011年11月4日提请市检察院就黄觉民申诉案进行抗诉。市检察院通过审查后于同年12月6日向市中级法院提起抗诉。同月14日，市中级法院裁定，指令冷水滩区人民法院另行组成合议庭进行再审。2012年10月9日，冷水滩区人民法院经再审裁定：一、撤销（2008）永冷民初字第574号民事判决；二、驳回原告×建公司的起诉。

【办案启示】

虚假诉讼案件往往发生在亲属、朋友之间，牵扯到多方的经济利益，从表面证据看，通常存在着假证言、假书证，审查难度较高。本案的成功办理，给我们在司法实践中依法监督民事虚假诉讼行为，提供了一些启示。

1. 重视立案审查，细化审查内容。对当事人之间的身份关系、经济往来等事项进行细致梳理，仔细审查案件有关材料、证据，并认真听取申诉人的陈述和观点，结合办案经验和法律常识对案件是否存在虚假诉讼的可能性进行分析，重点审查证据形式的合法性和内容的合理性。

2. 重视涉案人员关系的调查。虚假诉讼往往发生亲属、朋友之间，因此应调查案件双方当事人以及关联人员的亲属、朋友关系，分析当事人之间经济往来的情况，了解相互间人身、财产关系和其他利害关系，对涉案人员的文化程度、职业、社会阅历等方面进行综合性掌握，以便合理安排询问内容和方式。

3. 要注意横向沟通，加大部门间合作力度。一方面，要加强院内部职能部门间的合作，在人力资源调动、办案场地借用等方面获取尽可能多的支持，加大内部合作力度；另一方面加强与法院等司法部门的外部合作，争取在信息传递方面实现跨部门资源共享，取得相互间的“双赢”和“多赢”。

【推荐理由】

本案涉案金额近300万元，通过检察机关的抗诉，避免了虚假诉讼案的当事人双方串通转移财产，使申诉人的合法权益得到保护。

黄×参故意杀人案

（全国省级院办理的首例刑事申诉检察部门出庭支持再审抗诉案）

一、原审被告人及其他诉讼参与人基本情况

1. 原审被告人基本情况

黄×参，曾用名“黄×心”，男，1981年6月15日生，汉族，湖南道县人，小学文化，农民，住道县白芒铺乡野竹福村9组。系原案被告人。

2. 被害人基本情况

被害人黎×鸥，男，1976年10月1日出生，汉族，湖南省宁远县人，农民，已死亡。

3. 原审附带民事诉讼原告人基本情况（申诉人）

原审附带民事诉讼原告人共五人，系被害人的父母、妻子及两个女儿，均系农民，其中父亲黎×锋现年65岁，母亲蔡×桂66岁，妻子钟×33岁，女儿黎×欢4岁，女儿黎×2岁。

二、基本案情

2009年4月25日下午3时许，被告人黄×参因赌博输了钱，从宁远县城租乘被害人黎×鸥的面的车（湘M86585）前往道县蚣坝镇沿河塘村蒋老板处借钱，双方约定往返费用100元。返回时，黎×鸥以超出约定路程太多为由，要求黄×参增加20元费用，遭到拒绝。下午5时许，当车行至道县蚣坝镇草鱼塘村路段时，黎×鸥停车并要求黄×参下车，双方发生争执和扭打。黄×参从其坐的位置下面的工具箱内取出一把铁锤，与黎×鸥打斗至公路边水沟处，将黎打倒在地，随即又朝其头部猛击数下，致黎昏迷。后黄将黎拖至附近的尾巴山中，怕其未死，遂捡起鹅卵石继续朝黎的头部猛砸数下，致黎当场死亡。作案后，黄×参驾驶面的车逃离现场，并在途经道县上关乡政府对面的公路时将车烧毁。经价格鉴定，被烧毁面的车价值为37800元。经法医鉴定：死者黎×鸥生前系被他人用钝器打击头面部致重型开放型颅脑损伤，硬膜下血肿，广泛性蛛网膜下腔出血，脑挫伤及创伤休克而死亡。案发后，被告人黄×参于2009年10月29日在广东省深圳市被公安机关抓获归案。

三、诉讼过程

黄×参故意杀人一案由道县公安局侦查终结，该局以被告人黄×参犯故意杀人罪于2010年1月7日移送道县院审查起诉，于同年2月2日报送市检察院审查起诉，市检察院于同年3月22日指控黄×参犯故意杀人罪向市中级法院提起公诉，附带民事诉讼原告人黎×锋、蔡×桂、钟×、黎×欢、黎×向市中级法院提起附带民事诉讼，请求判令赔偿50万元，市中级法院于同年4月22日判处黄×参无期徒刑、剥夺政治权利终身，赔偿附带民事诉讼原告人经济损失18.9余万元。附带民事诉讼原告人于同年5月21日就判决中的刑事附带民事部分予以上诉，请求二审法院判处被告人赔偿经济损失30万元，湖南省高级人民法院裁定驳回上诉，维持原判。

黎×锋、蔡×桂、钟×等人不服市中级法院刑事附带民事判决，于同年6月3日向市检察院提出申诉，要求判处黄×参死刑。市检察院提请湖南省人民检察院抗诉。2012年8月7日，市中级法院对黄×参故意杀人案依法改判：原审被告人黄×参犯故意杀人罪，判处死刑，缓期二年执行，剥夺政治权利终身。

四、永州市检察院办理情况

一审法院认为：被告人黄×参因为被害人追要增加的路费而与被害人发生争吵、扭打，并在打斗的过程中用铁锤、鹅卵石将被害人打死，非法剥夺他人生命，其行为已构成故意杀人罪。但从本案的起因上看被害人有一定的责任且被告人黄×参系初犯，犯罪后认罪态度好，案发后已交付 18 万元赔偿款，愿意赔偿附带民事诉讼原告人经济损失，有悔罪表现，故依法可以对其酌情从轻处罚。

黎×锋、蔡×桂、钟×等人不服市中级法院判决，向市检察院提出申诉，市检察院提请湖南省人民检察院抗诉的理由是：

（一）被告人黄×参故意杀人情节特别恶劣，手段特别残忍，后果特别严重，应当处以死刑。黄×参因为被害人追要延长行驶的道路而增加的路费与被害人发生争吵、扭打，因比预期的路程远，作为出租车司机追讨路费是应该的，被害人并没有过错。被告人黄×参不但不付增加的租车费，还从其座位下面的工具箱内取出一把铁锤，将黎打倒至公路旁的水沟处，随即又朝其头部猛击数下，致黎昏迷。后黄还将黎拖至附近的尾巴山中，怕其未死，仍捡起鹅卵石继续朝黎的头部猛砸数下，致黎当场死亡。作案后，黄×参驾驶面的车逃离现场，并在途经道县上关乡政府对面的公路时将车烧毁。可见，被告人的行为毫无节制，其主观恶性大，情节特别恶劣，后果特别严重。因此，一审判决属量刑畸轻。

（二）一审判决从轻处罚的理由不能成立。一审法院认为被害人在本案的起因上有一定的责任且被告人黄×参系初犯，犯罪后认罪态度好，案发后已交付 18 万元赔偿款，愿意赔偿附带民事诉讼原告人经济损失，有悔罪表现，故依法可以对其酌情从轻处罚。市检察院认为法院认定的理由不能成立：

1. 虽然被害人在追要增加路费未果的情况下，被害人坚持要被告人下车这完全符合情理。

2. 法院在判决书明确认定被害人是追讨延长的路费而引起双方争吵、打斗，因比预期的路程远，作为出租车司机追讨路费并无不妥，被害人在本案中并没有过错。但法院又认为被害人在本案的起因上有一定的责任，自相矛盾。

3. 杀人犯罪不应存在初犯的问题。

4. 被告人在将黎×杀害之后立即逃跑到广东深圳六个多月才被公安机关抓获归案，且被告人租车的目的是在赌博将钱输完后，再次去借钱准备参与赌博。因此，被告人开始的行为就是一种违法行为。

5. 案发后被告人的家属虽然交付 18 万元赔偿款到法院，愿意赔偿附带民事诉讼原告人经济损失，但被告人及其家属没有就民事部分与死者黎海鸥家属达成赔偿协议，被告人的行为没有得到被害人家属的谅解。

市中级法院认为检察机关的抗诉意见正确，应予支持，最后决定黄×参犯故意杀人罪，改判死缓。

五、案件特色以及取得的效果

一是忠实履行职能，维护司法公正。该案是不服法院生效刑事裁判申诉案件办理程序改革以来我省湖南省人民检察院刑事申诉检察部门出庭支持再审抗诉的第一案，在全国省级院也属首例。该案申诉人对市中级法院判决不服依法到市检察院来申诉，市检察院对该案高度重视，积极履行法律监督职能，对案件进行认真的审查、评估，严格依照国家法律的相关规定认为该案符合提起抗诉的条件，依法报请湖南省人民检察院提起抗诉，最终对该案予以纠正。保障了当事人的合法权利，诠释检察机关法律监督职能的客观义务与社会责任。

二是积极化解矛盾，切实维护社会和谐稳定。检察机关在办理该案中积极与申请人沟通，做好思想工作。一是解读法律，消除疑惑。针对被害人家属反复提出的要求判处被告人黄登参死刑立即执行，检察机关向其详细解读相关法律条文，做好其释法说理工作，消除其心理疑惑。二是跟踪回访，实意为民。案件依法得到改判后，检察机关对被害人家属进行了回访，进一步听取被害人家属的意见，帮助其解决一些生活困难，被害人家属对检察机关依法公平、公正办案，表示感谢。

三是加强业务学习，创新办案方式。市检察院及时总结经验，组织召开全市控申检察工作会议，以黄×参抗诉成功案例为典型。使干警充分认识到控申检察部门办理不服人民法院生效刑事裁判申诉案件不仅是检察机关依法履行“对内制约、对外监督”的监督职能，也是检察机关深入推进三项重点工作、服务大局、维护稳定的重要内容，教育引导干警切实增强做好该项工作的责任感和使命感，积极探索，创新工作方式，推动检察工作上新的台阶。

四　检察文化

2015年9月6日，永州市检察官文学艺术联合会在新田县成立

2015年9月6日，永州市检察官文学艺术联合会在新田县成立，市检察院党组成员、政治部主任季建军、行装处处长刘兴华为名誉主席，政治部副主任刘念湘为主席，副主席杨志强、曹智华（女）、刘鲲、唐国元、徐爱华（女）、盘树高（兼秘书长），常务理事唐承志、文静（女）、李梦醒、沈阳、周涛、欧阳旭勇、郑定忠、唐广益、唐艳华（女）、唐碧玉（女）、桂来诚、高满荣、盘文光；有64名理事，150多名会员，8个专业委员会，较好的

发挥联络、协调、服务作用，紧贴检察工作，深入检察实际，开展文艺汇演、书画摄影作品展、文化走廊等许多文化活动，印发《永检文苑》10期。

2015年，永州检察官文联成立后，在省检察官文联、市民政局、市文联，院党组和政治部等有关部门的领导、关怀下，积极开展各种文化活动。

2016年10月8日，市检察院举行全市检察机关首届书画诗词摄影展

2016年1月29日，市检察院干警盘树高、盘文光参与永州市书协举办的“迎新春，送春联”活动，先后到零陵区工人文化宫、珠山镇为群众书写春联。4月25—30日，安徽淮南书画家王殿斌在市检察院，零陵区、道县、新田等县、区创作60余幅书画作品，助力永州检察文化。市检察院检察长文兆平、副检察长刘高，政治部主任季建军等领导接待和看望画家，零陵、新田、道县检察长冯湘琳、蒋长春、蒋江陵接待画家。5月4日，开办《永检文苑》电子刊物，编发6期，用稿50余篇，鼓励干警职工积极创作文艺作品。5月27—29日，市检察院曹智华、盘树高、廖君、盘文光，零陵区院屈素芳，祁阳县院李传发到郴州市永兴检察院，参加全省检察机关第二届“光影检察”（永兴杯）摄影比赛，创作10余幅摄影作品参赛，有9幅（组）入选，市检察院获组织奖。7月7—9日，市检察院盘树高、盘文光，江华县院欧杰友到郴州嘉禾县检察院，参加全省检察机关首届文学创作研讨班，湖南省人民检察院党组成员、政治部主任董石桂到会讲话，湖南作协主席、著名作家王跃文到会授课，永州参会人员创作4篇散文。8月5—31日，市检察院举办首届暑期青少年书画培训，培养孩子们的文化自信，是永州市直机关近年来所办的第一个少儿书画培训班。9月21日，市检察院组织摄影家到宁远中和镇西江源扶贫村采风，拍摄《精准扶贫在瑶寨》画册，被湖南省人民检察院选送参加最高人民检察院评比。10月15日，市检察院盘树高、盘文光参加永州市举办的书法创作骨干培训暨“湖南省首届中青年书法展”创作活动，向省里报送书法作品，1幅在永州美术馆展出，1幅国画、1件摄影作品在湖南省政法系统第

2016年11月17—19日，省检察官文联摄影委员会主任谭鸽群（左三）等人到永州拍摄作品

25届书画诗词摄影展分别获三等奖。11月17—19日，省检察官文联摄影委员会主任谭鸽群一行4人到市检察院、江永、双牌、零陵拍摄省委政法委主办“长安杯”摄影大赛作品。永州检察机关向“长安杯”摄影赛投稿23幅（组），2件作品获优秀奖；11月19日，毛泽东文学院副院长刘哲等作家来永州采风，检察官文联主席刘念湘等陪同。文体竞赛显实力。4月25日，市检察院在全市工间操比赛中荣获优胜奖。6月3—5日，湖南省人民检察院举行首届“湘检杯”羽毛球团体赛，永州检察机关获团体赛优胜奖。9月初，市检察院盘树高、江华县院胡华清、余鸿源写的“对少数民族地区基层检察文化建设探析”论文，获中国检察官文联“第五届文化论坛”优秀奖。9月14日，永州检察机关篮球队在全省检察机关首届“湘检杯”男子篮球赛中获第四名。12月，永州检察机关篮球队在全省检察机关第二届“湘检杯”男子篮球赛获优胜奖。零陵区检察院于6月23—30日组织纪念建党95周年摄影大赛，厨艺、工间操和气排球赛等活动，被湖南省人民检察院评为全省检察机关“检察文化活动”先进单位。

后 记

根据永州市人民政府和市党史与地方志征集编纂办公室的部署，市检察院于2016年11月4日成立由党组书记、检察长为主任，党组成员、院领导为委员，各处室负责人参与的《永州市检察志》编纂委员会。编委会下设编辑部，由副检察长罗厚清为主任，盘树高（兼主笔）、唐承志为副主任，具体负责检察志的编纂工作。同时确定市检察院研究室主任蒋利清、反贪局盘文光，零陵区院蒋冬林，协检员蒋凡参加编修工作，并进行编写分工。

《永州市检察志》编辑部成员合影

会后，在市检察院10楼设立《永州市检察志》编辑部，配置电脑、打印机等办公用品；并到常德、益阳市检察院学习后形成志稿篇目，同时编定市检察院文书档案分类目录、索引。同年11月11日召开“《永州市检察志》编修工作动员大会”，《永州市志》副总纂、市史志办副主任高波，科长王劲梅到会指导，11个县、

2016年11月11日，市检察院召开《永州市检察志》编修工作动员大会

区院分管编修工作的领导和办公室主任、市检察院各内设机构主要负责人、联络员60余人参会。重点研究如何使检察志篇目及各项业务分类更符合志书体例。会后，编辑部重新修订篇目，并确定搜集资料的方向和内容，要求市检察院各部门在2017年1月30日前将本部门的资料交编辑部。同时，编辑部通过各种方式广泛收集历史资料、查阅文件档案、走访亲历者和见证人，全面收集资料。

2017年3月，编辑部发现各部门收集资料的力度不大，副检察长罗厚清于3月21日组织召开推进会，各部门在4月30日前将资料报送编辑部。编辑部按照先“全”、再“精”、后“价”（有史料价值）的思路编修，即第一次收集资料要求全面，避免因资料不全而让各部门重新补写资料的麻烦。6月21日，市史志办副主任高波、科长王劲梅到市检察院对81万余字的《永州市检察志》初稿进行第一次审稿，提出大事记应确定标准，不要在机构设置方面写过多篇幅等修改意见。编辑部按照审稿意见和围绕文字、内容“精”的标准进行修改。8月18日将54万余字的《永州市检察志》第二稿送市史志办审核，编缉部根据史志办审核提出的具体意见，进行修改调整后印成“征求意见稿”，于9月30日上午再次召开推进会，将征求意见稿返回市检察院机关各部门核对数据和补充完善资料，于10月20日送编辑部汇总；10月27日呈院领导审阅和集中讨论后，送市史志办第三次审核，确定2018年1月5日召开评议大会，《永州市志》编纂委员会总纂、副总纂、市史志办的领导等专家学者45人，对《永州市检察志》进行评议后，编辑部按照《永州市志》总纂蒋政平提出“六加二”的篇目和参与评议其他专家学者提出的具体要求，从七个方面进行调整、修改和打磨成45万余字后，于同年5月3日送市史志办第四次审稿。编辑部按照市史志办的要求，进行反复校正后第五次送市史志办审核修改。6月4日，报送《永州市志》总纂、市史志办终审，根据市史志办提出承修单位完成评议会意见修改后，需报送志稿验收的请示报告。我院于6月14日向市史志办提出“永州市人民检察院关于验收《永州市检察志》的申请报告”，同时编辑部于6月21—26日在四楼远程案件讨论会议室，集中

2018年1月5日，市检察院召开《永州市检察志》评议会

2018 年 1 月 5 日，参与《永州市检察志》评议会的专家、领导合影

统一校正审稿，做好送出版社打印志书清样的前期准备。6 月 26—29 日，编辑部人员跟随市史志办副主任高波前往衡阳编辑样书和到北京方志出版社申报正式出版书号，8 月 1—6 日，编辑部人员在衡阳按照方志出版社的评审意见，进行修改校正、反复打磨后于同月 16 日—21 日第三次将志书返回各部门修改校正、核实数据、案例和补充完善资料；同月 23—27 日，编辑部人员到印刷厂修改形成第三次出版样书。

《永州市检察志》编辑部先后查阅档案、图书 4420 卷册，照片 6000 多张；收集各类志书 10 本，资料 10000 余份，摘抄整理卡片近 800 张，从 81 万字精编成 40 多万字的出版样书由概述、大事记、八篇、二十章、六十三节及人物与集体、附录组成。主编罗厚清负责协调统筹及总校，副主编唐承志负责第一篇、副主编兼主笔盘树高除负责第二、第四、第六、第七篇和全书的组稿及篇目的设计、修改、审核和总纂外，还负责完成概述的撰写，蒋利清负责第五篇的编撰，盘文光负责第三篇的编撰，蒋冬林负责前期的资料收集整理编排和第八篇的编撰，离退休老同志积极参与审阅，其中唐高清参与后期调整、修改、校对和作序。“大事年表”图片由黄进、蒋凡负责收集资料并形成“大事记”初稿。志书初稿、数据和案例均由各部门提供，办公室副主任吴建华负责数据图表的统一核定。市检察院历任党组成员、领导成员、检委会一览表中信息由政治部干部科、研究室提供。第九篇人物志、附录中先进集体与省部级以上先进个人名录内容在 2018 年 3 月 16 日全市检察机关政治工作会议上，要求市检察院机关和 11 个县、区院在同年 4 月 10 日前按要求将资料上报编辑部（逾期不候）。

检察志的编纂工作始终得到市检察院党组高度重视和院领导亲切关怀及全体干警职工、离退休老同志、11个县、区院的大力支持。历任检察长十分重视，均要求：要以对历史负责的态度，严把政治关、史实关、体例关、文字关、出版关，做到内容精粹、资料精准、著述精深、体例精当、文字精炼、印刷精美。编好《永州市检察志》，给历史交一份满意的答卷。编修《永州市检察志》事关检察工作的延续与发展，要真实反映全市检察机关的发展历程，把《永州市检察志》编修成经得起历史检验、具有鲜明时代特征和检察特色的精品佳志。

《永州市检察志》得到《永州市志》总纂蒋政平、副总纂高波，永州市党史与地方志征集编纂办公室主任李俊江和相关部门及人员的精心指导；得到市检察院办公室、政治部、行政装备处、技术处、研究室、各业务处室在人力、物力、财力和提供资料等方面的大力支持；得到市检察院原检察长文兆平、吴秋菊等领导的关怀，在此一并致以谢意。

由于本志内容上起1994年，下讫2015年，尤其是2004年机关搬迁新侦查技术大楼之前的一些历史资料散失较多，加之编纂者经验、水平所限，故虽经编辑部全体同仁努力，但疏漏、失误之处仍在所难免，诚望关心本志的专家、同行和读者批评指正。

编　者

2018年8月30日